对外汉语

专业建设的理论与实践

全国高校对外汉语专业建设研讨会论文精选

主　编　程　娟　华学诚
副主编　施家炜　郑贵友　张宁志

北京语言大学出版社
BEIJING LANGUAGE AND CULTURE UNIVERSITY PRESS

图书在版编目(CIP)数据

对外汉语专业建设的理论与实践：全国高校对外汉语专业建设研讨会论文精选 / 程娟主编. — 北京：北京语言大学出版社，2013.11

ISBN 978-7-5619-3699-3

Ⅰ.①对… Ⅱ.①程… Ⅲ.①对外汉语教学—学科建设—中国—文集 Ⅳ.①H195.4-53

中国版本图书馆 CIP 数据核字（2013）第 273610 号

书　　名：对外汉语专业建设的理论与实践——全国高校对外汉语专业建设研讨会论文精选
DUIWAI HANYU ZHUANYE JIANSHE DE LILUN YU SHIJIAN—QUANGUO GAOXIAO DUIWAI HANYU ZHUANYE JIANSHE YANTAOHUI LUNWEN JINGXUAN
责任印制：姜正周

出版发行：北京语言大学出版社
社　　址：北京市海淀区学院路15号　　邮政编码：100083
网　　址：www.blcup.com
电　　话：编辑部：010-82303647 / 3592 / 3395
国内发行：010-82303650 / 3591 / 3648
海外发行：010-82300309 / 3365 / 3080
读者服务部：010-82303653 / 3908
网上订购：010-8230 3653（国内）/ 3668（海外）service@blcup.com
印　　刷：北京京华虎彩印刷有限公司
经　　销：全国新华书店

版　　次：2013 年 12 月第 1 版　　2013 年 12 月第 1 次印刷
开　　本：710 毫米×1000 毫米　1/16　印张：31
字　　数：481 千字
书　　号：ISBN 978-7-5619-3699-3 / H · 13288
定　　价：79.00 元

汉语教学的新形势与汉语教学人才培养*
——兼论汉语师资培养要有针对性

（代序）

北京大学　陆俭明

一、汉语教学的新形势

新中国成立至今，汉语教学已经有60个年头了。80年代有较大的发展，但真正大发展是从90年代开始的，这跟当时我国进入世贸组织（WTO）、申奥成功、申博成功，特别是跟在90年代爆发的亚洲金融风暴中我们中国起了中流砥柱的作用这几件大事有关。而五年前，即2005年7月，我国在北京举行了首届世界汉语大会，更成了中国汉语教学的转折点、分水岭——开始变“请进来”为“请进来”与“走出去”并举，变“对外汉语教学”为“进行对外汉语教学”与“开展国际汉语教学”并举。客观现实告诉我们，汉语正越来越受到世界各国人民特别是各国年轻人的注目与青睐。这是因为随着中国经济的飞速发展，综合国力的日渐提升，国际地位的不断提高，世界各国的朋友们，尤其是青年人，都希望到中国来看看。现在，在世界各国的朋友尤其是青年人的眼里，中国有着古老而又神秘、深邃的文化，中国充满了巨大的商机。他们越来越意识到，学好汉语就意味着掌握了与世界五分之一人口交流的机会，也就意味着能进入中国的文化宝库，也就意味着取得了进入拥

* 本文根据陆俭明教授在“2010年全国高校对外汉语专业建设研讨会”上的大会报告修改而成。

有13亿人口的庞大市场的钥匙。因此，汉语与世界日趋息息相关，汉语与世界越来越贴近了；汉语教学确实出现了新形势，发生了新变化。这体现在：(一)教学环境——开始要大面积地在非汉语环境下开展汉语教学；(二)教学对象——除了非华裔的外国学生，还将逐渐增加华裔华侨学生，甚至在有些国家(如东南亚各国)，更多的将是华裔华侨学生；汉语教学对象的年龄层次，呈现下降的趋势；(三)教学任务——我们国内已设立作为二级学科的"汉语国际教育"硕士点，国内各个高校都将面临承担海外汉语教学任务的新局面。

新变化带来新问题。最大的问题是缺乏高素质的教师队伍和高素质的汉语教学管理人才。要推进汉语国际教学，必须抓紧汉语师资的培养与培训。那么，作为一支高素质的汉语教师队伍，到底需要什么样的素质？具体说，需要有什么样的知识结构、能力结构（或"技能结构"）和思想心理素质呢？这里说说我的一些想法。

二、汉语教师应有的知识结构

汉语教学是一个独立的学科，这已经成为共识。但对于该学科性质，当前不是所有人都认识得很清楚。必须看到，汉语教学是一个以汉语言文字教学为基础的、关涉到其他许多学科（如应用语言学、教育学、心理学、哲学、文学、社会学、人类学以及文化、艺术和其他学科）的交叉性学科。(陆俭明，2004)汉语教师"必须是综合性人才"(陈绂，2005)。从业务水平上来说，汉语教师必须具备合理的知识结构。

首先要有扎实的汉语言文字学的功底。这一点需要特别强调。因为汉语言文字教学是汉语教学中最核心、最基础的教学内容；汉语教学最直接的目的是要让外国学生尽快地学习、掌握好汉语；汉语教学中出现的最多的问题是有关汉语言文字方面的问题。卞觉非（1997)早就指出，汉语教师要胜任汉语教学，"必须掌握现代汉语语音、语法、词汇、修辞、文字等基础理论、基本内容和基本技能，能解决教学中出现的种种问题"，这是从事汉语教学的基本要求。

汉语教师还要具备有关中国的方方面面的知识。为什么要有这个要求？须知，在外国汉语学习者眼里的汉语老师，如同小学生眼里的老师那样——

在小学生眼里，凡是自己不知道而想要知道的事情，一问老师就会知道，因为天底下什么事情，老师都知道；同样，在外国汉语学习者眼里，凡是自己想要知道的有关中国的事情，一问汉语老师就会知道，因为中国的事情，汉语老师都知道。这就是说，在外国汉语学习者心目中，汉语教师是“中国”的代名词——凡是自己想要知道的有关中国的事情，一问汉语老师就会知道。当然，汉语老师哪能有关中国的什么事情都知道啊？但是外国汉语学习者要想知道中国某个情况，不问汉语老师问谁呀？这里，不是要求汉语老师对中国任何事情都必须了如指掌，但要求知道有关中国的基本常识，懂得如何获取关于中国的相关信息。

汉语教师还要有一定的教育学和外语教学的知识，因为汉语教学本身就属于外语教学的范畴，与针对母语为汉语者的汉语教学相比，性质完全不同。一个合格的汉语教师应该能自觉运用教育学和外语教育理论，“组织课堂教学，调动不同层次学生的积极性，能精当地讲授教学的内容，使学生在轻松的气氛中又快又好地学习汉语，把学到的汉语知识迅速地转化为交际技能”（卞觉非，1997）。同时，能运用外语教育理论中的第二语言习得理论、课堂教学理论、语言测试与评估理论来更好地指导自己的教学活动。

汉语教师还要有一定的心理学的知识，这有助于了解外语习得的心理机制，更好地了解什么样的教学方式更有利于习得汉语。

汉语教师也还要有一些百科知识。这是崔希亮（2008）提出来的。他在2008年10月于云南师大举行的有关汉语国际教育与汉语研究的学术报告会上，说了这么一件事。有位外国留学生问他们的汉语老师：“公路两旁的树干上为什么刷上白的水？”那位汉语老师竟不假思索地回答说，那刷的是石灰水，那是因为我们中国还是发展中国家，电力供应不足，公路上不能都安上很亮的路灯，将公路两旁的树干上刷上石灰水可以便于汽车夜间行驶。事实完全不是那位汉语老师所说的那样。树干上刷上石灰水只是为了防虫。（其实刷的不是纯粹的石灰水，其中还加有杀虫剂）我很同意崔希亮的意见，汉语教师要有一些百科知识。当然，这主要也是要知道到哪里去查找。

三、汉语教师应有的能力结构

汉语教师需要合理的知识结构，更需要优化的能力结构。张和生（2006）曾指出，知识是个“快变量”，易增也易忘；而能力是个“慢变量”，“一旦形成，就轻易不会失去”。这话很有道理。知识是能力的基础，而理想的实现得靠能力，能力也有助于知识的进一步积累。

作为一名汉语教师，首先要有较好的语言素养和能力，包括母语语文素养和能力、外语素养和能力。张德鑫（2001）将母语语文素养和能力看作汉语教师的“内功”，将外语素养和能力看作汉语教师的“外功”，并认为只有练就过硬的内功与外功，“才能当一名合格的、称职的乃至出色的对外汉语教师”。要求汉语教师要有较好的母语语文素养和能力，这好理解。为什么还要提出要有外语素养和能力的要求呢？从大的方面说，这是时代的要求，正如联合国前任秘书长安南在迎接21世纪的一次讲话中所指出的，21世纪的年轻人起码要掌握三种语言（包括母语在内），这样才能适应21世纪时代的需要。具体到汉语教师本身，具有一定的外语素养和能力，其好处是：第一，可以适当使用外语作为媒介语来促进教学；第二，有助于进行学习者母语和目标语的对比，以服务于教学；第三，有助于学习、吸取新知；第四，有助于境外独立生活以及跟外界交流，特别是在境外任教。

作为一名汉语教师，一定要有较好的组织课堂教学的技能，要有较好的讲课艺术。到目前为止，课堂教学还是外语教学的一种主要形式。多位从事汉语教学的学者都强调，汉语教师必须要有“课堂教学意识”，包括“实践意识、目的意识和效率意识”，并认为这是“成功的外语课堂教学应遵循的基本原则”，是“影响课堂教学活动及其效果的关键”（崔永华，1990；李泉，1996；刘晓雨，1999；黄锦章等，2004）。汉语教师所面临的课堂教学的挑战可能比其他专业的教师更多。例如，面对零起点的外国汉语学习者，怎么激发和调动学生学习汉语的兴趣和积极性？汉语教师可能会面对来自不同国家、不同语种、不同年龄层次的学习者，怎么激发和调动不同学生学习汉语的兴趣和积极性？怎么使学生喜欢自己所上的课？怎么使学生觉得汉语不难学，觉得学汉语有乐趣？总之，能让非母语学习者在最短的时间里尽快地学习、掌握好汉语，可不是一件容易的事。没有高超的教学艺术，没有一定的教学技能，不采用有效的教学语言策略（彭利贞，1999），是很难达到上述要求的。

作为一名汉语教师，一定要有很强的研究意识，要有一定的研究能力。为什么这样要求？理由有三：第一，汉语教学中所遇到的问题，往往不能从现有的教材、工具书、汉语语言学论著中找到现成的、令人满意的答案。这些问题只能由教师自己通过学习、研究来解决。第二，提高教学质量的三大条件是，“需要有一支高素质的教师队伍，需要有一整套高质量的汉语教材，需要有高效率的教学模式和教学方法。而这都有赖于对外汉语教学的基础研究”（陆俭明，1999）。这种研究，不能光指望从事汉语本体研究的学者，主要得依靠处于汉语教学第一线的广大汉语教师。（陆俭明，2005a）第三，汉语教师也可能成为为汉语语言学做出贡献的研究者。语言学家和语言教学家之间并没有一条不可跨越的鸿沟。像著名语言学家朱德熙先生就从事过汉语教学。汉语教学研究不仅是汉语本体研究的试金石，还能拓展汉语本体研究。（陆俭明，2005b）一个汉语教师有了很强的研究意识，有了一定的研究能力，加之能做个有心人，自己就会从必然王国走向自由王国。

汉语教师要具有教学预测能力和意外情况应对能力。（吴勇毅等，2010）教师备课时，就应该考虑在正常情况下，学生在学习所讲授的内容时可能会有哪些方面的困惑，可能会提出哪些方面的问题，等等。但教师课前再怎么考虑，课堂上也难免有时会发生一些非预测情况。例如：某堂口语课的教学内容是“谈一谈我的爸爸妈妈”。教师原先设计好了让每个人都开口发言。谁知到了课上，有个韩国女生因为父母早逝说着说着就哭起来了，有个越南学生因为父母离异而不愿意说出口，还有个美国学生认为这是个人隐私而拒绝作答。面对诸如此类的非预测情况，作为汉语教师要具备较好的现场应对能力。汉语教师具备了这种对意外情况的应对能力，就不至于遇事慌张，不知所措。

汉语教师要有使用计算机的能力，要有一定的设计、制作和使用网络多媒体汉语教学课件的能力。这可以说是当代社会对外语教师的普遍要求。

汉语教师要有查阅资料的能力，包括网上搜索资料的能力。这一点我想无须多做解释。

汉语教师最好也要具备一些教学管理能力，特别是如果被派往海外从事汉语教学，接受单位会将其视为汉语教学的专家，往往会请其做一些教学管理工作。

汉语教师，特别是去海外从事汉语教学的教师，要学习、掌握一两种体现中华文化的技艺，如书法、绘画、太极拳等。

汉语教师要有亲和力。这种亲和力除了来自教师本身形象外，主要来自教师的三个方面：一是教育水平；二是教育责任心，特别是对学生的爱心；三是平易近人，诚信相待。汉语教学的成功需要学生的密切配合与合作；教师没有亲和力，很难构建和谐、亲密的师生关系，教学也就较难顺利开展。

四、汉语教师应有的思想、心理素质

作为一名汉语教师，首先要有高度的教育责任心。具体说，要“具有敬业、精业和创业精神”（卞觉非，1997）。汉语教学是国家的民族的事业，也是我们国家向世界开设的让外国朋友了解中国的一个窗口。作为一名汉语教师，担负着艰巨而光荣的任务。成千上万的外国朋友希望能学好汉语，以便更好地了解中国，更好地找到与中国有关的工作，更好地跟中国人交朋友。作为一名汉语教师，有责任来满足这些外国朋友的要求与愿望，应该在教学中处处为学生着想，考虑怎么能让这些外国朋友尽快、更好地学习、掌握汉语。而高度的教育责任心也将促使自己经常检讨与反思教学实践和教学效果，不断改进教学内容、教学思路与教学方法。

作为一名汉语教师，要有不卑不亢的心态。汉语老师在学校经常接触的是外国学生或外国教员，特别是在境外任教。国力弱的时候，我们不要有自卑的心态，做到在外国人面前不自卑；国力强的时候，我们不要有自傲的心态，做到在外国人面前不傲慢。应该让外国学生和教员从我们汉语教员身上看到中国人的正气。

作为一名汉语教师，在教学中要有实事求是的态度。在教学过程中，我们面对外国学生所提出的各种各样的问题，都应采取一种求实的态度。当时能回答，就给回答；一时不能回答，就如实地对学生说“你提的这个问题我得考虑考虑再回答你”。在汉语教学中，最忌讳的一句话是“这是汉语的习惯”。有的老师，包括在中国国内教留学生的某些汉语老师，当学生问到一些语法或词汇方面的问题时，特别是当问到“为什么要那么说，不这么说”的时候，常常就用“这是汉语的习惯”把学生的问题顶回去了，以为这就解决了学生的问题。其实学生是最不愿意、最害怕听到这样的回答的。这种回答会影响学生学习汉语的积极性，会让一些学生产生“汉语大概没有什么规律”的错误想法，也会影响教员自身的形象。

作为一名汉语教师，还一定要有跨文化交际意识。出国从教的汉语教师更需要具备这种意识。“跨文化交际是指不同文化背景的人们之间的交际行为。”（刘珣，2000）母语为汉语的汉语教师与外国汉语学习者，文化背景不同，都会面临“文化依附”问题。（黄宏，2002）外国汉语学习者到中国来，面对的是全然陌生的异文化环境，会感到不适应；我们的汉语教师到国外任教，面对的也是全然陌生的异文化环境，也会感到不适应。作为汉语教师，无论是言语行为、非言语行为，还是价值观，必须坚定对自己汉语言文化的依附，同时也要尊重外国汉语学习者的语言文化；而在互相交流上一定要注意彼此在语言文化上的差异。

作为一名汉语教师，还要有较好的应对各种环境的心理素质，特别是在境外任教。面对国外举目无亲、一个人独立生活的陌生环境，面对国外多姿多彩的花花世界，既要有独立、坚强的心理素质，也要有“富贵不淫”的品格。

作为一名汉语教师，要有自尊、自重的意识。（陆俭明，2005a）现在，把汉语教学看作“小儿科”的人可能越来越少了，但是社会上、教育界有许多人还是认为从事汉语教学的教师只能是个教书匠，不能成为“家”，从事本体研究的才能成为“家”，甚至我们自己也有相当一部分教师这样看。我认为，这种想法是很不对的。事实上，在高校或研究单位从事汉语本体研究和理论研究的教师和研究人员也未必一定都能成为“家”；而在高校从事汉语教学的教师也未必一定不能成为“家”。事在人为，一个人能不能成为“家”，全在自己的信念和努力，当然其中也会有机遇的问题。丹麦著名的语言学家叶斯柏森（Otto Jespersen, 1860—1943）和英国著名语言学家帕默（Frank R. Palmer, 1922—）就都是从事英语作为第二语言教学出身的语言学大师。我在这里更要强调的是，首先是自己要看得起自己，要自尊自重。有了这种自尊自重的意识，加上不懈的努力，就有可能成为与其他学科的“家”齐名的“家”。

五、汉语教师培养要有针对性

上面所谈的知识结构、能力结构、思想心理素质是就整个这支汉语教师队伍来说的。如果这些要求（除思想心理素质外）都要落实到一个人身上，那是不现实的。而从汉语教学的形势看，汉语教师培养不能“一刀切”，不能仅有一种模式。周小兵（2007b）曾提出海外汉语师资培训要分类分层分科进行。我很同意这个意见，并进一步认为，就整个汉语教师培养工作（包括国内和海外）来说，汉语教师培养一定要有针对性。

首先，汉语教师得分类要求。截至2010年6月，全国已有285所高校开办对外汉语本科专业。（崔希亮，2010）各个高校似都按一个模式培养汉语教师。这种状况必须改变。这如同高校，有像北京大学那样的综合性大学，有像清华大学那样的工科大学，有像北京师范大学那样的师范类大学。这些学校都有化学院系，但培养目标同中有异。汉语教师也得分类培养，分类要求。起码要区分两种不同的培养目标：一种是培养大学汉语教师，一种是培养中小学汉语教师。在大学教授汉语，教学对象是外国的大学生、研究生；在中小学教授汉语，教学对象是未成年的外国学生，甚至是少儿。二者的教学过程、教学要求有明显的区别。“学生是成人还是少儿，对教师要求不同。”（周小兵，2007b）大学汉语教师更需要有更扎实的中文功底，因为在大学任教的汉语老师常常要面对学生所提出的、自己碰到的汉语言文字教学中许多“为什么”的问题，得有能力、有责任去解决、去回答这些问题。中小学教师更需要具有一定的教学技能和教学艺术，因为面对的问题更多是怎么组织好各个环节的教学活动，引发学生的学习兴趣。

（二）人才培养模式

目录

上编

下编

（一）专业定位与特色

其次，对外汉语/汉语国际教育专业一定要明确汉语作为第二语言教学这一学科的培养目标。课程体系要围绕汉语教师应有的知识结构、能力结构和思想心理素质来设置。教学计划与教材，不是简单地将中文系或外语系的拿来删繁就简就行的，而得充分考虑汉语教学的需要，要考虑：该给学生什么样的知识与技能？学生最需要什么？学生常见的偏误是什么？

拿现代汉语词汇、语法来说，最基本的词汇知识、语法知识当然得告诉对外汉语/汉语国际教育专业的学生，但他们更需要的是下面两方面的知识：

第一，词语或句法格式的具体用法，即某个词、某个句法格式在什么场合能用，在什么场合不能用，使用的语境是什么。外国学生词语使用不当，句式选用不当，不仅因为他们不了解这个词语、这一句法格式的基本意义，而且因为不了解其使用的语境。而现有的工具书、参考书都还不能很好地给出词语或句法格式的基本意义，更谈不上讲具体用法和使用的语境。（陆俭明，2005c）

第二，词语或句法格式如果是多义、多用途的，该怎么合理地分层次、分阶段地进行教学。（吕文华，2002；周小兵，2002、2007a；邓守信，1998、2009；陆俭明，2007、2010）上述观点也已为汉语习得研究成果所证明。（施家炜，1998、2002）

现在普遍不注意上述两方面问题，这必须引起汉语教学界的高度重视。汉语教学本体研究要建立在汉语本体研究和汉语教学、习得研究的基础之上。只有搞好汉语教学本体研究，才能编写出适用于师资培养的教授汉语语言知识的教材。举例说来，对外汉语本科专业的《现代汉语》课本，就要根据上面说的两方面需求来重新编写，而不是简单地搬用中文系的《现代汉语》教材。当然，这是要研究后才能逐步做到的，而研究则又不能指望从事汉语本体研究的学者，得靠汉语教师自己。因此，必须强调以科研引航，要做踏踏实实的科学研究。只有坚持以科研引航，才能确保汉语健康、稳步而又高速地走向世界！

（三）课程体系与教材建设

（四）专业建设与发展

（三）课程体系与教材建设

（四）专业建设与发展

上编

全国普通高校对外汉语专业本科教育情况调研报告*

北京语言大学　程　娟　施家炜　童小娥

摘　要：对外汉语专业本科教育是汉语国际教育专业师资培养的重要基础环节。本项调研旨在对全国各普通高校对外汉语专业本科教育的基本情况、发展现状进行全面细致的调查，深入分析其教学模式、培养模式、课程设置、评估模式、管理模式与发展前景，及时发现其中所存在的问题。调研将全面而客观地呈现普通高校对外汉语专业本科教育的发展现状和存在的问题，为政府制定汉语国际教育发展中长期规划提供科学的依据，并将有助于我们在总结、梳理和提炼已有建设成果的基础上，科学地制定专业规范，建构适应汉语国际推广新战略与新形势的汉语国际教育人才培养体系（对外汉语本科专业）。本项调研分为两期进行，一期调研涉及全国30所高校，二期调研共涉及全国56所高校。

关键词：对外汉语专业本科教育　发展现状　调研

一、普通高校对外汉语专业本科教育情况的调研目的与意义

对外汉语专业本科教育是汉语国际教育专业师资培养的重要基础环节。普通高校对外汉语专业本科教育情况的调查研究旨在对普通高校对外汉语专业本

* 本文为北京市教育委员会共建项目“汉语国际推广背景下的首都留学生教育研究”子课题“首都汉语国际教育体系研究（对外汉语本科专业）”的部分研究成果，总课题负责人崔希亮教授，子课题负责人程娟教授、施家炜副教授。

科教育的基本情况和发展现状进行全面细致的调查，深入分析其教学模式、培养模式、课程设置、评估模式、管理模式与发展前景，及时发现其中所存在的问题，在此基础上科学地制定专业规范。

我们认为本项调研具有较高的理论及现实意义，其成果对汉语国际推广与汉语国际教育事业将产生重要的应用价值。具体表现在如下两个方面：

（1）本项对普通高校对外汉语专业本科教育情况的调研，将全面而客观地呈现普通高校对外汉语专业本科教育的发展现状和存在的问题，为政府制定汉语国际教育发展中长期规划提供科学的依据。

（2）本项调研将有助于我们在总结、梳理和提炼已有建设成果的基础上，建构适应汉语国际推广新战略与新形势的汉语国际教育人才培养体系（对外汉语本科专业），这将推进国际汉语教育的理论建构与实践创新，对国际汉语教育起到积极探索和典型示范作用，具有重要的应用价值。

二、普通高校对外汉语专业本科教育情况的调研设计

本项调研拟从发展历史、人才培养模式、教学计划、教学大纲、课程设置、课程规范、质量评估与管理体系、精品教材与精品课程建设、培养效果与社会反馈等方面，分析各普通高校对外汉语专业本科教育的基本情况、发展现状和存在的问题。调查问卷具体包括以下内容：

2.1 对外汉语本科专业基本情况

主要调查开设对外汉语本科专业的各普通高校的类型、所属中文学科本科是否设置其他专业以及对外汉语本科专业的培养规格（如学位授予门类，是否实行学分制，本科学制，是否实行弹性学制，毕业生是否授予学士学位，所属中文学科是否具有硕士、博士学位授予权，专业设置历史，招生规模，方向设置等）。

2.2 对外汉语本科专业的课程设置与教学情况

主要调查各普通高校对外汉语本科专业的教学总时数，总学分数，专业必修课、专业选修课和外语课程所占的比例，专业必修课和专业选修课的课程设

置（含名称、学分、学时、开课学期、所用教材等），外语要求，现代化教育技术手段的应用以及精品课程和教材等情况。

2.3 对外汉语本科专业实验 / 实践教学情况

主要调查各普通高校对外汉语本科专业的实践教学情况，如：教学体系中是否设置实践 / 实习环节，有无固定的实践 / 实习基地，实践 / 实习基地的性质和主要类型，实践 / 实习的学分设置、主要内容、时间安排和组织方式以及专业毕业论文的形式等。

2.4 对外汉语本科专业办学基本条件

主要调查各普通高校对外汉语本科专业的办学基本条件。具体包括：

2.4.1 师资情况

包括专业课任课教师的来源、学历结构、职称结构、专业结构、性别结构、年龄结构，专业教师人数与本科生人数的师生比，专业教师是否担任本学院或本校的公共课程教学等情况。

2.4.2 图书资料查阅条件

包括学校图书馆资料是否适应本专业所需、是否有一定数量的数字化资源和相关检索工具、是否拥有专业图书资料室、是否建有网络平台供辅助教学及开展交流、图书资料经费数等。

2.4.3 经费保障情况

包括本专业正常教学经费是否可得到保障、每年正常教学经费生均数以及学校近三年累计向本专业投入的建设经费等。

2.5 对外汉语本科专业人才培养目标和培养模式

调查各普通高校对外汉语本科专业的人才培养目标（涉及专业口径，学生深造的适应方向，从业的可能范围，人才的类别，如基础研究型、应用研究复合型、职业型等方面）和人才培养模式。

2.6　对外汉语本科专业的质量评估与教学管理体系

调查各普通高校对外汉语本科专业的质量评估体系（包括教学效果评估和学习效果评估方式）和教学管理体系（主要涉及教学管理规章制度、监督机制等）。

2.7　近三年对外汉语专业本科毕业生深造与就业情况

调查各普通高校对外汉语本科专业的学生培养成效与社会反馈，包括毕业生深造的比例、类别、毕业生就业率、就业去向、培养效果的满意度等。

2.8　对制定高等学校中文学科本科指导性专业规范的建议

包括各普通高校对外汉语专业本科教育中存在的困难或不足、对对外汉语专业本科教育发展的规划和建议、对制定高等学校中文学科本科指导性专业规范的建议（可涉及：是否认为需要分类制定；若分类，其范围如何；本类别所需强调的特点以及规范的刚性程度，等等）。

三、普通高校对外汉语专业本科教育情况的问卷调查实施步骤与问卷回收情况

3.1　问卷调查的实施步骤

（1）根据研究目的，确定调查方案。

（2）根据调查方案，进行问卷设计。

（3）准备调查问卷说明，训练调查人员，对调查程序与要求做出详细规定，以确保调查的可靠性和有效性。

（4）调查实施：根据具体程序要求，分发和回收问卷。我们通过教育部、国家汉办、网络搜索等多种途径共查找到设置对外汉语本科专业的普通高校共200余所（注：截至2010年度，教育部最新准确数据为285所高校）。本项调研分为两期进行：一期调研于2008年开展，涉及全国30所高校；二期调研报告于2009年开展。截至2009年11月，共回收调查问卷56份。调查问卷分别通过电子邮件和文本邮寄的方式对高校发放。

（5）对调查结果进行量化处理和统计分析，撰写调查报告。

3.2 调查问卷的回收情况

3.2.1 学校分布情况分析

这56所高校分布于华北、东北、华东、华中、华南、西南、西北各个地区。其中华东地区最多（14所：上海4所、山东4所、江苏3所、浙江2所、福建1所），占总数的25%；华北地区次之（12所：北京6所、天津3所、河北2所、内蒙古1所），约占21.4%；分布最少的是华南地区和西北地区，均为4所（华南：广东2所、广西2所；西北：陕西3所、新疆1所），约占7.1%。其中教育部直属高校共有14所，占总数的25%；"211工程"学校共17所，约占30.4%。具体分布情况见表1：

表1 学校分布情况统计

学校分布情况		学校所数	所占比例（%）
分布地区	华东地区	14	25.0
	华北地区	12	21.4
	东北地区	8	14.3
	华中地区	9	16.1
	西南地区	5	8.9
	华南地区	4	7.15
	西北地区	4	7.15
总计		56	100
教育部直属高校		14	25.0
"211工程"学校		17	30.4

3.2.2 学校类型情况分析

这56所高校分属不同的类型，有综合类、外语类和师范类学校，也有经济类和理工类学校，还有一所其他类学校（曲阜师范大学杏坛学院）。其中，综合类学校最多，共有22所，约占39.3%；其次是师范类学校，约占28.6%；再次是外语类学校，约占14.3%。各类学校的具体分布情况见表2：

表 2 学校类型情况统计

学校类型		学校所数	所占比例（%）
学校类型	综合类	22	39.3
	师范类	16	28.6
	外语类	8	14.3
	理工类	6	10.7
	经济类	3	5.3
	其他类	1	1.8
总计		56	100

四、问卷调查部分结果的分析与讨论

4.1 对外汉语本科专业基本情况分析

4.1.1 所属中文学科其他专业的设置情况

在已回收的 56 份问卷中，有 47 所学校（83.9%）所属中文学科本科设置了其他专业，4 所学校（7.2%）无其他专业，5 所学校（8.9%）未填。[1]

在 47 所设置了其他专业的学校中，设置汉语言文学专业的学校最多，有 41 所，约占 87.2%；其次是新闻学专业，共 11 所，约占 23.4%；再次是汉语言专业，共 5 所，约占 10.6%。具体情况见表 3：

表 3 所属中文学科本科设置的其他专业具体分布情况

其他专业名称	所数	所占比例（%）
汉语言文学专业（含中国语言文学专业 3 所、语言文学专业和中文专业各 1 所）	41	87.2
新闻学专业（含广播电视新闻学专业 1 所、文秘和文秘教育各 1 所）	11	23.4
汉语言专业	5	10.6
对外汉语	3	6.4

〔1〕无其他专业的四所学校分别为：东北师范大学、南京审计学院、郑州轻工业学院和上海财经大学；未填的五所学校分别为：上海外国语大学、烟台大学、北京航空航天大学北海学院东盟国际学院、华侨大学华文学院、上海师范大学。

（续表）

其他专业名称	所数	所占比例（%）
汉语言文学教育（含汉语言文学（师范类）1所）	2	4.3
广告学专业	2	4.3
古典文献	2	4.3
中国绘画专业	1	2.1
播音与主持艺术	1	2.1
广播电视编导	1	2.1
中国文学	1	2.1
编辑出版学	1	2.1
华文教育	1	2.1
法律	1	2.1
公共事业管理	1	2.1
国贸	1	2.1
人文科学实验班	1	2.1

4.1.2 对外汉语本科专业培养情况

4.1.2.1 专业设置历史分析

从已回收的问卷来看，这一专业的设置时间还不太长，很多学校都是最近几年刚设置这一专业的，近一半的学校还没有毕业生。具体情况见表4：

表4 专业设置时间具体分布情况

设置时间（年）	85	98	00	01	02	03	04	05	06	07	08	总计
学校所数	4	1	2	2	5	9	7	7	6	8	5	56
所占比例（%）	7.1	1.8	3.6	3.6	8.9	16.1	12.5	12.5	10.7	14.3	8.9	100

4.1.2.2 招生规模和在校生情况分析

大多数学校设置这一专业当年的招生人数在60人以下，有不少学校甚至在30人以下，但也有一些学校当年的招生人数超过了90人[2]。这种过多招生

〔2〕 已回收的问卷中有5所学校当年招生人数超过90人，分别为：洛阳师范学院（2002年开招，招生人数99，毕业生未就业人数比例为39.5%）、西安外国语大学（2004年开招，招生人数113，毕业生未就业人数比例为27%）、重庆师范大学（2004年开招，招生人数98）、四川大学锦城学院（2005年开招，招生人数92）、长春师范学院（2005年开招，招生人数117）。

的做法可能会带来一些问题，如毕业生的就业问题。从其中两所已有毕业生数据的学校来看，未就业毕业生人数所占比例都比较大（39.5%、27%）。从目前的招生规模来看，大多数学校每年的招生人数集中在30—90人，其中招生最少的是北京外国语大学和暨南大学华文学院，每年只招24人，最多的是天津师范大学，每年招200人（疑数据有误，需核实）。现有在校生人数最少的鞍山师范学院，只有28人（2007年开招），最多的重庆师范大学涉外商贸学院，有398人，大多数学校的在校生在200人左右。具体情况见表5：

表5　对外汉语本科专业招生规模和在校生情况

招生情况和在校生情况		学校所数	所占比例（%）
当年招生人数	30人以下（含上海财经大学0）	7	12.5
	30—59人	27	48.2
	60—89人	14	25.0
	90—120人	6	10.7
	未填	2	3.6
总计		56	100
每年招生人数	30人以下	2	3.6
	30—59人	22	39.3
	60—89人	19	33.9
	90—120人	8	14.3
	120人以上	2	3.6
	未填	3	5.3
总计		56	100
现有在校生数	60人以下	8（含武汉大学0）	14.3
	60—99人	7	12.5
	100—200人	23	41.1
	200人以上	17	30.3
	未填	1	1.8
总计		56	100
有无毕业生	有	31（含2所未填）	55.4
	无	25	44.6
总计		56	100

4.1.2.3 学位、学制情况分析

在已回收的56份问卷中，所有的学校在学制上都是四年制，且大多实行弹性学制，可提前或延缓毕业时间；除5所学校（曲阜师范大学、北京外国语大学、华中科技大学、长春师范学院、重庆师范大学）外，其他学校都实行学分制；从学位授予门类看，绝大多数学校都授予文学学士学位，少数学校在这一专业下设置了不同方向；大多数学校（约57.2%）这一专业所属的中文学科具有硕士、博士学位授予权。详细情况见表6：

表6 对外汉语本科专业学位、学制情况

学位、学制等情况		学校所数	所占比例（%）
学位授予门类	文学学士	50	89.2
	对外汉语	2（上海外国语大学、杭州师范大学）	3.6
	学士学位	2（西安外国语大学、北京外国语大学）	3.6
	教育部	1（新疆师范大学）	1.8
	未填	1（北京第二外国语学院）	1.8
总计		56	100
是否实行学分制	是	50	89.3
	否	5（曲阜师范大学、北京外国语大学、华中科技大学、长春师范学院、重庆师范大学）	8.9
	未填	1（华侨大学华文学院）	1.8
总计		56	100
学制	4年	56	100
是否实行弹性学制	是	34	60.7
	否	21	37.5
	未填	1（西安外国语大学）	1.8
总计		56	100
所属中文学科是否具有硕士、博士学位授予权	具有硕士和博士学位授予权	19	33.9
	具有硕士学位授予权	13	23.3
	否	19	33.9
	未填	5	8.9
总计		56	100

（续表）

学位、学制等情况		学校所数	所占比例（%）
本专业下是否设置不同方向	是	14	25.0
	否	42（含2所未填）	75.0
总计		56	100

4.2　对外汉语本科专业的课程设置与教学情况分析

4.2.1　教学总学时、学分和各科比例

（1）对外汉语本科专业的教学总时数和总学分数普遍较高，近半高校为2600—3000学时，160—180学分。

（2）对外汉语本科专业的专业必修课、专业选修课和外语课程所占的比例均呈现分散态势，各校差异较大。专业选修课所占比例较为集中在10%—20%（57.14%）；外语课程所占比例较集中在16%—25%（44.64%）；而专业必修课所占比例极不均衡（最低的为8.58%，最高达85%），急需论证规范、合理布局。

4.2.2　对外汉语本科专业的专业主干课程和教材情况

我们详细考察了56所回收问卷的普通高校对外汉语本科专业的专业主干课程和教材情况，发现课程设置上共性比较明显，已经形成了较为统一的课程格局，分别从普通语言学和汉语言文字学基础理论知识、对外汉语教学的基本理论和方法、文学文化素养、汉语和外语写作能力和口头表达能力四个方面培养学生的综合能力素质，其中有十门专业主干课程在60%以上的高校均有开设，且使用教材也比较统一。详细情况见表7：

表7　对外汉语本科专业的十门专业主干课程和教材情况

课程设置目标	课程名称	比例	使用的主要教材
普通语言学和汉语言文字学基础理论知识	现代汉语	96.67%	黄伯荣、廖序东主编《现代汉语》（增订三版），高等教育出版社。 胡裕树主编《现代汉语》（修订本），上海教育出版社。 北京大学中文系编《现代汉语》，北京大学出版社。

（续表）

课程设置目标	课程名称	比例	使用的主要教材
普通语言学和汉语言文字学基础理论知识	古代汉语	96.67%	王力主编《古代汉语》，中华书局。 郭锡良等主编《古代汉语》，商务印书馆。
	语言学概论	86.67%	叶蜚声、徐通锵《语言学纲要》(第三版)，北京大学出版社。
对外汉语教学的基本理论和方法	第二语言教学概论/对外汉语教学通论/概论	90%	刘珣《对外汉语教育学引论》，北京语言大学出版社。 赵金铭《对外汉语教学概论》，商务印书馆。 盛炎《语言教学原理》，重庆出版社。
	对外汉语(课堂)教学(方)法	63.33%	周健主编《汉语教学法研修教程》，人民教育出版社。 崔永华主编《对外汉语课堂教学技巧》，北京语言大学出版社。 自编讲义。
文学文化素养	中国古代文学(史)	86.67%	袁行霈主编《中国文学史》，高等教育出版社。
	中国现当代文学(史)	90%	钱理群等著《中国现代文学三十年》，北京大学出版社。 陈思和主编《中国当代文学史教程》，复旦大学出版社。 洪子诚著《中国当代文学史》，北京大学出版社。
	外国文学(史)	60%	朱维之等编《外国文学简编》修订本［欧美册］［亚洲册］，中国人民大学出版社。 郑克鲁主编《外国文学史》，高等教育出版社。
	中国文化史纲/中国文化通论/概论	60%	张岱年《中国文化概论》，北京师范大学出版社。 程裕祯《中国文化要略》，外语教学与研究出版社。
汉语和外语写作能力和口头表达能力	汉语(基础)写作	60%	徐振宗、李保初、桂青山《汉语写作学》，北京师范大学出版社。 《应用写作教程》《写作学基础》等。 注：使用教材比较分散。

我们注意到：

（1）这十门专业主干课程基本是以北京语言大学的对外汉语本科专业课程设置为基础的。北京语言大学1985年设立的对外汉语专业，是国内首批设立的对外汉语专业，是北语的国家级特色专业。多年以来，在教育部的直接指导和兄弟院校的大力合作下，北语的对外汉语专业在人才培养模式的改革与创新，课程及课程体系建设，教材建设，教学方法、教学内容、教育技术的改革与创新，实践教学，学习效果评价方式的改革与创新，教育管理制度的建设，师资队伍建设等方面都取得了一定成绩。2007年，该专业荣获“北京市优秀教学团队”称号，并被批准为教育部第一类特色专业建设点，《第二语言教学概论》被评为北京市高等学校精品课程。2009年，“对外汉语专业建设”获北京市优秀教育教学成果二等奖，同年对外汉语专业课程教学团队获得国家级教学团队称号。

（2）这十门专业主干课程与对外汉语专业的培养目标（即培养具有扎实的普通语言学和汉语言文字学基础理论知识，掌握对外汉语教学的基本理论和方法，具备一定的文学文化素养，具有较强的汉语和外语写作能力和口头表达能力，能胜任对外汉语教学与研究及中外文化交流工作并具有进一步发展前途的专门人才）基本一致，体现出专业人才在知识结构和能力结构上的特色。

当然，这56所普通高校对外汉语本科专业的专业主干课程设置和教材使用也存在不小的差异。一些高校设置了富有专业特色的主干课程，如：现代汉语语音（普通话培训与测试）、汉英语言对比、对外汉语教学课堂实践模拟、教育心理学、中外文化比较、中国民俗 / 中国国情与地理、各国文化与礼仪、海外汉学研究、跨文化交际等。但有些课程是否设置为专业主干课程，甚至是专业必修课，还有待科学论证，如：理论语言学、汉语史、教育测量与评估、大众传媒通论、演讲与口才等。

4.2.3 外语要求与双语课程

据统计分析，英语是每一所高校对外汉语本科专业都开设的外语课程语种，另有20所高校除了英语以外，还开设了日、韩、俄、法、西等外语课程语种，占35.71%。

多数高校（89.29%）要求本专业毕业生英语达到一定级别，其中37.5%的高校要求达到普通四级；39.29%的高校要求达到普通六级；8.93%的高校要求达到专业八级。

56所高校中有23所（41.07%）部分课程全程采用双语教学；16所高校（28.57%）部分课程局部采用双语教学；另有17所高校（30.36%）尚未运用双语教学。

开设双语教学的课程范围很广，涉及语言类课程（如：句法学、语言学概论、语言学、西方语言学、西方语言学名著选读、理论语言学、中外语言学史、汉英语言对比、涉外应用写作等）、文学文化类课程（如：中外文化比较、跨文化交际、中国历史专题、西方文化与礼仪、外国文学专题、西方文化、外国文学、文学概论、中国文化概论等）和教学习得类课程（如：语言习得研究/理论、教育心理学等）。

4.2.4 现代化教育技术手段的应用

56所高校中开设计算机及信息技术应用、数据库文献检索等方面的课程的占93.33%。绝大多数高校能够充分运用多媒体教学，其中部分课程全程运用的占83.33%；全部课程全程运用的占10%；全部课程穿插运用的占6.67%。

4.2.5 精品课程与教材

据统计，56所高校中，近半数的高校（24所，占42.86%）在对外汉语专业中有精品课程，其中国家级精品课程2所高校2门：比较文学（四川大学文学与新闻学院）、古代汉语（南开大学汉语言文化学院）；省市级精品课程9所高校15门：北京市高等学校精品课程《第二语言教学概论》，吉林省高等学校精品课程《中国现当代文学》，湖北省高等学校精品课程《古代汉语》《中国现当代文学史》《中国现代文学》《中国古代文学》，陕西省高等学校精品课程《古代汉语》《中国现当代文学史》《中国古代文学》，上海市高等学校精品课程《汉英语对比》，河北省高等学校精品课程《古代汉语》《现代汉语》；校级精品课程18所高校22门。

56所高校中，对外汉语专业有精品教材的很少，仅有7所，占12.5%。已有的精品教材分别是：国家级精品教材1所1套:《立体化古代汉语教程》(南开大学汉语言文化学院)；省市级精品教材3所6套：北京市高等教育精品教材，赵金铭主编《对外汉语教学概论》、刘珣主编《新实用汉语课本》、方铭主编《新标准汉语》，上海市高等教育精品教材，张斌主编《新编现代汉语》以及《汉英语对比》《中国文化通论》；校级精品教材3所3套:《对外汉语教学法》《中国文学》《新编英语教程》。

4.3　对外汉语本科专业实验/实践教学情况分析

对外汉语本科专业是一个实践性、应用性很强的专业，因此，其专业设置中有无良好的实践教学设计就显得尤为重要。从回收的问卷情况看，多数高校在教学体系中有独立设置的实践课程或课程中有一定的实践环节，也有少量高校无课程实践。

约78.57%的高校(44所)有比较固定的课外实践/实习基地(性质多为事业单位，也有一些属于企业单位或政府机构；类型多为教学部门，也有一些是行政管理部门、新闻媒体或文化事业单位)。

在课外实践/实习累计学分数上，各高校的差异很大，有的高校不计学分，部分高校累计4—8学分，但有的高达25、28，甚至30、31、36学分。

课外实践/实习的主要内容一般是参加教学实习，也有少量的参与行政管理、从事新闻报道、承担文字秘书、宣传策划工作等。时间安排多集中在1—3个月，也有长达半年至一年的。

课外实践/实习的组织方式绝大多数是统一安排，个别由学生自找单位，或统一安排与自找单位相结合。

本专业毕业论文形式多为研究性论文，但在字数要求上差异很大，从3000字以上到10000字以上，甚至30000字以上(南开大学)的都有，但多数集中在5000—8000字。

4.4　对外汉语本科专业办学基本条件分析

4.4.1　师资情况

据初步统计，对外汉语本科专业课任课教师主要为专职教师，学历结构以硕士和博士为主，职称结构以讲师、副教授为主，专业结构以语言类和文学类为主，性别结构以女性占优势，年龄结构以30—50岁居多。

对外汉语专业教师人数与本科生人数的师生比平均为1比13.665，其中师生比最低的是1比54，最高的是1比0.65。

56所高校中，多数高校的对外汉语专业教师同时担任本学院或本校的公共课程教学，占75%（42所）。

他们针对本学院（系）其他专业所开设的主要课程有：

教学类：对外汉语教学概论等；

文学类/文化类：中国文化概论/通论、中外名家专题、唐诗宋词选讲、中国现当代文学、中国古代文学、外国文学、中国小说史、诗文欣赏、文学概论、中国传统文化、西方文化引论、汉字与中国文化、文化研究导论、20世纪中外文学名著鉴赏、宋词研究、电影欣赏等；

语言类：古代汉语、现代汉语、语言学概论、普通话、文字学、修辞研究、语用学、逻辑学、基础写作、应用写作、新闻采访与写作、普通话技能培训等；

留学生语言教学类课程：口语、综合、听力等。

针对全校（或理工科专业）所开设的主要课程有：大学语文、职业汉语、演讲与口才、中国山水文化、艺术鉴赏、当代大众文化、桥牌艺术与人生等。

4.4.2 图书资料查阅条件

4.4.2.1 学校图书馆资料是否适应本专业所需

据统计，对学校图书馆资料是否适应本专业所需的满意度均值为3.37（介于一般到基本适应之间）。

4.4.2.2 本校图书馆是否有一定数量的数字化资源和相关检索工具

本次调查中，54所高校（96.43%）图书馆拥有一定数量的数字化资源和相关检索工具。

4.4.2.3 本院系是否拥有专业图书资料室

56所高校中，47所高校（83.93%）本院系拥有专业图书资料室。

4.4.2.4 本专业是否建有网络平台可供辅助教学和开展交流

56 所高校中，18 所高校（32.14%）本专业建有网络平台可供辅助教学和开展交流。

4.4.2.5 图书资料经费数

56 所高校中，年购置专业图书资料（含专业期刊）的经费数多集中在 1—5 万元（64.29%），12.5% 的高校经费为 5—10 万元，另有两所高校（3.57%）采取实报实销方式。

4.4.3 经费保障情况

4.4.3.1 本专业每年的正常教学经费是否可以得到保障

本专业每年正常教学经费保障的满意度均值为 4.08（介于基本可以到完全可以之间），比较理想。

4.4.3.2 每年正常教学经费生均数

对外汉语专业各高校每年正常教学经费生均数平均为 1541.82 元 / 人，最高的是 8918.9 元 / 人，最低的是 100 元 / 人。

4.4.3.3 学校累计投入的专业建设经费

学校近三年累计向本专业投入的建设经费各高校平均为 43.68 万元，最多是 348 万元，最少是 1.5 万元。

4.5 对外汉语本科专业人才培养目标和培养模式分析

教育部于 1985 年正式设立对外汉语专业，最初是布控专业，全国仅有 4 所学校设立。即北京语言大学、华东师范大学、北京外国语大学、上海外国语大学。90 年代仅暨南大学开设了该专业。进入 21 世纪之后该专业在全国范围内迅速发展，截止到 2010 年，开设该专业的学校已近 300 所。早期设立该专业的学校经过 20 多年的探索，已摸索出一套比较成熟的培养模式，可以为新开专业学校起到一定的示范作用。因此在讨论相关问题时，我们一般分两个阶段加以描写。

4.5.1 关于人才培养目标

4.5.1.1 人才培养目标定位

4.5.1.1.1 20世纪八九十年代设立对外汉语专业的学校

20世纪八九十年代设立对外汉语专业的学校，在人才培养目标定位方面比较明确，一般从知识结构、能力结构与所能胜任的工作三个方面加以阐述。[3]同时根据依托学校特点，强调其各自特色。以上三个问题所涉及的情况具体如表8所示：

表8

知识结构	普通语言学和汉语言文字学（或汉语语言学）
	汉语作为第二语言教学（或对外汉语教学）
	文学、文化（或历史文化）
	双语、双文化
	文化、教育、心理
能力结构	外语能力
	汉语作为第二语言教学能力（或对外汉语教学能力）
	跨文化交际能力
	汉语表达能力
	研究能力与创造性思维能力
所能胜任的工作	对外汉语教学与研究
	中外文化交流（或涉外工作，包括文秘、翻译等）
	新闻出版、企事业管理等
	继续深造
	外交

就知识结构而言，每所学校一般从2—3个方面阐述，其中汉语基础与中外文化素养是共核部分，其次为汉语作为第二语言教学基础；就能力结构而言，每所学校多从两个方面加以阐述，其中外语能力是共核部分，再次为汉语作为第二语言教学能力；就所能胜任的工作而言，其共核部分是对外汉语教学、中外文化交流和继续深造。

〔3〕“知识结构”与“能力结构”应属于同一类问题，因各学校描写差异，我们在此分开说明。

4.5.1.1.2　21 世纪设立对外汉语专业的学校

根据问卷调查，21 世纪设立对外汉语专业的学校共有 51 所学校参与了本次调研活动。填写该问题的有效问卷共计 46 份。整体来看对培养目标的认识尚有一定分歧。

（1）有 21 所学校从“知识结构”“能力结构”和“所能胜任的工作”三个方面进行阐述，占该问题有效问卷的 45.7%。其中知识结构多涉及汉语基础、外语基础、文学文化、对外汉语教学、跨文化交际理论等方面，其共核部分主要是汉语和英语基础与文学文化素养；能力结构多涉及外语能力、对外汉语教学能力等；所能胜任的工作有宽泛和具体之分，绝大部分比较宽泛，仅有 6 学校明确定位为培养对外汉语师资，这与专业设置所依托的学校特点有关。

（2）有 23 所学校从“知识结构”和“所能胜任的工作”两个方面进行描述，占该问题有效问卷的 50%。

（3）有 2 所学校仅从“所能胜任的工作”角度描述，占该问题有效问卷的 4.3%。

需要指出的是个别学校在定位方面过于宽泛，没有体现专业特色，与其他专业比如“汉语言文学”等相比无明显区别。具体情况见表 9：

表 9

培养目标包含的内容	数量	比例
知识结构、能力结构、所能胜任的工作	21	45.7%
知识结构、所能胜任的工作	23	50%
所能胜任工作	2	4.3%
合计	46	100%

4.5.1.2　人才类别

4.5.1.2.1　20 世纪八九十年代设立对外汉语专业的学校

从调查问卷来看，有 3 所学校从多个角度对人才类别进行了描述，2 所学校主要强调其中某一方面。具体情况如表 10 所示：

表 10

学校名称	人才类型描述
北京语言大学	国际型、复合型、应用型人才
华东师范大学	国际化、实践型、创新型人才
北京外国语大学	双专业、复合型专门人才
上海外国语大学	应用型人才
暨南大学	汉英双语专门人才

4.5.1.2.2　21 世纪设立对外汉语专业的学校

从调查问卷来看，人才类别的表述有较大差异，关键词主要有“应用型”或“实践型”“复合型”等。

(1)只强调其中一种类型。共计 18 所学校，占 46 所学校的 39.2%。

一是强调“应用型”或“实践型”的特点。据统计，有 14 所学校将人才类型明确定位为“应用型”或“实践型”，占 30.4%；二是强调其“复合型”的特点，有 4 所学校，占 8.7%。

(2)既强调“应用型”，又兼顾“复合型”或“国际型”等。主要有 11 所学校，占 46 所学校的 23.9%。

(3)宽泛表述为“专门人才”的共计 7 所学校，占 15.3%。

(4)未明确提出某种类型的共计 10 所学校，占 21.7%。

上述情况如表 11 所示：

表 11

人才类型名称	具体表述	数量	合计数量及比例	
应用型(实践型)	应用型人才	2	14	30.4%
	应用型高级人才	1		
	应用型专门人才	1		
	实践型语言学高级人才	7		
	实用型人才	1		
	语言学应用型人才	1		
	专门化或应用型人才	1		

（续表）

人才类型名称	具体表述	数量	合计数量及比例	
复合型	复合型人才	2	4	8.7%
	专门复合型人才	1		
	双语人才	1		
应用型和复合型等	复合型、应用型人才	2	11	23.9%
	复合型应用性高级专门人才	1		
	国际化复合型人才	1		
	复合型国际化人才	1		
	汉英双语高级应用型专门人才	1		
	综合性实用型高级专门人才	1		
	应用研究、复合型人才	1		
	双专业、应用型人才	1		
	应用性、复合型涉外人才	1		
	研究型、应用型人才	1		
专门人才	专门人才（包括对外汉语专门人才）	7	7	15.3%
其他		10	10	21.7%
合计			46	100%

4.5.1.3　专业口径与从业趋向

所谓“专业口径”是指专业业务的范围，即专业培养人才的职业适应面。就专业口径而言，国际上的高等教育可以分为大专业模式和小专业模式。大专业模式对应通才教育，业务范围和口径比较宽，对于职业的适应性也较广；后者对应专才教育，口径比较小，对具体职业的针对性很强。当前随着科学技术不断分化又不断综合的发展趋势，专业模式也在发生一些变化，其主要走向是“小专业模式”逐渐向“大专业模式”方向靠拢。20 世纪八九十年代设立对外汉语专业的学校其专业途径我们已经在上文所能胜任的工作中列出，下面主要考察 21 世纪开设该专业的学校其专业口径与从业趋向问题。从调查问卷来看主要有以下几个方面：

（1）在各类学校或汉语培训机构从事对外汉语教学工作以及管理工作；

（2）在国家政府机构主要是涉外单位从事中外文化交流工作；

（3）在新闻媒体、出版部门、企事业单位、外企公司等从事宣传、采编、文秘、翻译、管理等工作；

（4）继续深造。

绝大部分学校是从上述从业趋向角度阐述其专业口径问题，少数学校是从相应的职业角度阐述该问题，比如明确提出“对外汉语师资”“管理人才”以及“翻译”“文秘”等。

4.5.1.4　学生深造的适应方向

从调查问卷来看，仅有8所学校提及深造方向问题，占56所学校的14.3%。

（1）明确提出一个深造方向：比如暨南大学提出可以与“语言学及应用语言学”硕士点相衔接。

（2）明确提出多个深造方向：比如北京语言大学提出可以与“语言学及应用语言学”“课程与教学论”“汉语言文字学”“汉语国际教育”等硕士点相衔接。四川大学提出可以与“语言学及应用语言学”“比较文学”“中国文学”“外国文学”等硕士点相衔接。辽宁师范大学提出可以与“汉语言文字学”“语言学及应用语言学”“教育学”“心理学”等硕十专业相衔接。陕西师范大学提出可以与“对外汉语教学方向”或其他“中国学”研究方向的硕士专业相衔接。

（3）明确提出与硕士点相衔接，但未具体指出硕士专业的有南开大学、武汉大学、上海师范大学。

4.5.1.5　小结

（1）从专业“培养目标定位”角度来看，20世纪八九十年代所设立对外汉语专业的学校比较一致，而21世纪设立该专业的学校尚有一定的分歧。专业定位既要突出专业特色又要符合客观实际情况。从调查问卷看，培养目标的描述究竟应该包括哪些方面，每一方面又应包含哪些内容尚需进一步研讨。有些学校虽然包含知识结构、能力结构和所能胜任的工作三个方面的内容，但每一方面都不够全面。就所能胜任的工作而言，鉴于目前本科生无法在高等学校从事教学工作的现实情况，是否明确定位为培养“对外汉语师资”还有待商榷。若改为“对外汉语储备师资”似乎范围会更大一些，既可以指面向海外的汉语教学志愿者，也可以指继续深造学习者。

（2）“人才类别”的表述无论早期还是后期分歧较大，说明对专业特色的认识还未达成共识。有的是强调多个方面的特点，比如“国际型、复合型、应用型”等；有的仅强调其中一个方面。根据对外汉语专业的定位与特色，我们认为多个角度的描述更为全面、准确一些。

（3）在“专业口径”与“从业范围”中，后期与早期相比具有越来越宽泛的特点，这与当前就业形势相关。其中从业趋向已无法体现专业特色，而与汉语言文学、新闻传播等专业比较相近。

（4）学生深造的适应方向：8所学校所提及的深造方向多是就依托学校自身优势而言，其中大部分学校所列出的深造方向多与汉语语言学学科以及教育学、心理学学科门类相关，个别与文学学科相关。

4.5.2 关于人才培养模式

“人才培养模式”是指在一定的现代教育理论、教育思想指导下，按照特定的培养目标和人才规格，以相对稳定的教学内容和课程体系、管理制度和评估方式，实施人才教育的过程的总和。目前从调查问卷来看所谈的培养模式主要涉及办学思路与培养特色以及培养单位等两个方面的问题。

4.5.2.1 办学思路与特色

从调查问卷来看，主要有两种情况。大部分学校在阐述办学思路和特色时多是从知识结构、能力结构角度出发；有些学校根据自身特点加以阐述。下面分阶段概括其特点。

4.5.2.1.1 20世纪八九十年代设立对外汉语专业的学校

一般是根据学校自身优势提出各自的办学思路与专业特色。

（1）北京语言大学结合培养目标提出“育人目标的国际型特征、培养过程的复合型和应用型特征”等。

（2）华东师范大学根据培养目标，提出突显“双语”“双文化”“双能力”的办学特色，强调创建“国际化、实践型、创新型”人才能力培养链，以及知识传授与能力培养结合、课堂教学与课外实践结合的培养模式。

（3）北京外国语大学结合培养目标，提出“双专业、复合型”的培养模式。

（4）上海外国语大学结合知识结构与能力结构，提出在“对外汉语、英语能力和第二外语三个方面均衡发展”的培养模式。

（5）暨南大学结合知识结构与能力结构，提出在三大块基本知识即汉语、英语、语言教学与习得的基础上注重实践教学环节的培养模式。

4.5.2.1.2　21世纪设立对外汉语专业的学校

一般处于专业探索阶段。主要涉及该专业应具备的知识与能力结构、理论与实践的关系、专业特色、不同阶段的特点、专业方向等问题。从中可以看出关于培养模式大家还有一定的分歧。

（1）有的是强调该专业的知识结构和能力结构，比如语言学知识、外语素养和中外文化素养、教育教学理论或语言素养、文化素养等。有的将其概括为要强化“双语”和“跨文化”教学。

（2）有的在强调知识结构和能力结构的同时，提出理论与实践相结合的问题，提出注重基础，以理论教学与实践教学为双翼，搭建教学平台，实施学分制，强化知识、素质、能力协调发展；有的强调应重视基础理论和基本能力的培养，发挥多学科交叉融合的优势，以其他专业为依托，利用学校大环境让学生参与各项活动，强调知识、素质、能力协调发展。该类学校多为综合类学校。

（3）有的结合培养目标提出应用型、职业型、双语能力或强化外语能力，培养双语型教师；有的提出涉外型、应用型、商务型的复合培养模式；有的提出“宽口径、厚基础、高素质、强能力”的培养策略。该类学校多为师范类或理工类学校。

（4）有的提出分段培养问题：分为通识教育—专业课程—方向模块，或公共基础—学科基础—专业分流。多为师范类或理工类学校。

（5）有的提出专业方向问题：在对外汉语专业中设置对外汉语教学和涉外高级文秘两个方向（或表述为对外汉语教学师资和对外文化交流秘书人才）。该类学校也多为师范类或理工类学校。

（6）有的强调要与国外著名大学建立实质性的合作关系，探索与国外著名大学联合培养学生的新模式，培养和提高学生的国际竞争力；有的学校已实施交换生项目，并通过实行主辅修制、本科生导师制探讨人才培养问题。

（7）有6所学校尚未提出明确的培养模式。或以学制和课程设置代替；或完全等同于培养目标。

4.5.2.2　培养单位

绝大部分学校是在一个单位培养，但各校专业所设院系名称有较大区别。一般来说，学院名称包含“文”“人文”“华文”“对外汉语”“文学与新闻”等字眼的，多为“综合类”“师范类”学校；学院名称包含“国际”“汉文化”等字眼的，多为“外语类”以及“师范类”学校；学院名称包含“中文”“中国”等字眼的，多为“经济类”与“外语类”学校。直接将专业设在校属系中的主要是“理工类”学校。

仅有1所学校（占3.4%）采用2+2培养模式，由文学院与国际汉学院共同培养，即陕西师范大学。但专业定位在“国际汉学院”。

上述情况如表12所示：

表12

<table>
<tr><th colspan="2">专业所设院系名称</th><th>所数</th><th colspan="2">合计数量与比例</th></tr>
<tr><td rowspan="5">一</td><td>文学院</td><td>10</td><td rowspan="5">20</td><td rowspan="5">35.6%</td></tr>
<tr><td>文学院语言学与应用语言学教研室</td><td>1</td></tr>
<tr><td>人文学院</td><td>5</td></tr>
<tr><td>人文学院对外汉语系</td><td>3</td></tr>
<tr><td>人文学院国际文化学系</td><td>1</td></tr>
<tr><td rowspan="3">二</td><td>对外汉语学院</td><td>1</td><td rowspan="3">3</td><td rowspan="3">5.4%</td></tr>
<tr><td>对外汉语学院对外汉语系</td><td>1</td></tr>
<tr><td>对外汉语教育学院</td><td>1</td></tr>
<tr><td rowspan="2">三</td><td>华文学院</td><td>1</td><td rowspan="2">2</td><td rowspan="2">3.6%</td></tr>
<tr><td>华文学院华文系</td><td>1</td></tr>
</table>

（续表）

专业所设院系名称		所数	合计数量与比例	
四	国际教育交流学院	2	9	16.1%
	国际教育学院对外汉语系	1		
	国际交流学院	2		
	国际交流学院对外汉语系	1		
	国际文化交流学院对外汉语系	1		
	国际传播学院	1		
	国际汉学院	1		
五	文学与新闻传播学院	1	2	3.6%
	文学与新闻学院	1		
六	中国语言文学学院	2	3	5.4%
	中文学院	1		
七	汉文化传播学院	1	5	8.9%
	汉学院	1		
	汉语言文化学院	1		
	汉语教育学院	1		
	语言文化学院	1		
八	杏坛学院	1	6	10.7%
	文学与艺术学院	1		
	涉外商贸学院	1		
	北海学院东盟国际学院	1		
	锦城学院文学与传媒系	1		
	外国语学院对外汉语系	1		
九	对外汉语系	1	6	10.7%
	中文系	2		
	外语系	2		
	外语系对外汉语专业教研室	1		
合计			56	100%

从培养单位可以看出，目前专业设置层次还有较大的区别。有的设置在学院，共计 38 所，占 67.8%；有的设置在系，共计 15 所，占 26.8%；有的设置在教研室，共计 3 所，占 5.4%。

4.5.2.3 小结

一是大多数学校对人才培养模式从知识与能力结构等角度阐述，同时都力求从所依托学校的优势与特点出发，突出自身特色。个别学校对培养模式的理解尚不到位，出现了以课程设置代替培养模式的情况。

二是培养单位层次不同，说明对外汉语专业所依托的相关专业有别；此外，师资力量也有一定的差异。有的学校指出其“对外汉语”专业属于人文学院下属的一个教研室，归属不合理，难以发展。有的认为挂靠单位缺乏规范。

4.6 对外汉语本科专业的质量评估与教学管理体系分析

4.6.1 本专业的质量评估体系

从调查问卷看，参加过教育部本科教学评估或省属专业评估的学校一般都有一个比较规范系统的教学质量评估体系。多个大学建立了教学督导制度、教师互评制度、教学反馈制度、毕业论文评审制度等。

4.6.1.1 关于教学效果评估

一般采用教学督导、学生评估、同行评价等形式。

4.6.1.2 关于学习效果评估

一般采用严格考试管理和学年论文、毕业论文审核制度。有的增加了社会声誉、就业率统计等评估内容。

4.6.1.3 关于专业建设评估

目前还比较薄弱，应增加用人单位评估反馈内容。

4.6.2 本专业的教学管理体系

4.6.2.1 大部分学校教学管理体系比较完善

从调查问卷来看，填写了教学管理体系内容的学校共计 45 所，占 56 所学校的 80.3%；其中大部分学校的描写比较细致具体，说明其教学管理体系较为明确规范。9 所学校未填写该项内容，占 16.1%；2 所学校填写“暂无”，占 3.6%。二者合计占 19.7%，说明其教学管理体系还有待进一步加强。以上情况如表 13 所示：

表 13

学校有关教学管理体系情况的分布	数量	比例
填写教学管理体系内容的学校	45	80.3%
未填写教学管理体系内容的学校	9	16.1%
填写“暂无”教学管理体系内容的学校	2	3.6%

4.6.2.2　教学管理体系所包括的具体内容

在管理制度建设方面主要突出开展了以下几个方面的工作：（仅以北语为例）

第一，进一步明确教学管理目标：即提高管理水平，提升教学质量，实现教学管理的规范化、科学化和民主化。

第二，进一步加强教学质量监控措施，包括：（1）机构保障：进一步发挥教学工作委员会、学术委员会和学位评定委员会、教材建设委员会、教学督导组的作用。（2）制度保障：进一步完善目前实施的各种约束机制、监督机制、反馈机制、激励机制。

为适应本专业教学管理实践的需要而逐步建立了一系列严格有效的教学管理规章制度，如建立“考试结果（试卷）分析制度”“毕业论文选题总结制度”“毕业论文质量分析制度”；制定“对外汉语专业毕业论文管理工作流程”“对外汉语专业毕业论文质量标准”和“对外汉语专业毕业论文成绩评定标准”；制定“对外汉语专业中国本科生毕业实习方案”等。这些都对本专业教学的顺利展开及本专业教学质量的保证发挥了积极作用。

4.6.2.3　小结

总体来看管理体系建设还不太均衡，应加强交流，互相学习和沟通，尽快使管理不尽完善的学校形成一套严密的管理体系。

4.7 近三年对外汉语专业本科毕业生深造与就业情况分析

4.7.1 毕业生深造情况分析

在31所已有毕业生的学校中[4]，毕业当年继续攻读研究生的比例都不是很高，约三分之二的学校低于20%。深造的学生大多就读于本一级学科（中国语言文学）；在有毕业生且具有硕士学位授予权的24所高校中，就读于本校的学生比例大多比较高。详细情况见表14：

表14 近三年对外汉语专业本科毕业生深造情况

<table>
<tr><td colspan="3"></td><td>学校所数</td><td>所占比例（%）</td></tr>
<tr><td rowspan="14">毕业生深造情况</td><td rowspan="7">毕业当年继续攻读研究生的比例</td><td>10%以下</td><td>5</td><td>16.1</td></tr>
<tr><td>10—19%</td><td>14</td><td>45.2</td></tr>
<tr><td>20—29%</td><td>5</td><td>16.1</td></tr>
<tr><td>30—39%</td><td>3</td><td>9.7</td></tr>
<tr><td>40—49%</td><td>2</td><td>6.45</td></tr>
<tr><td>未填</td><td>2</td><td>6.45</td></tr>
<tr><td>总计</td><td>31</td><td>100</td></tr>
<tr><td rowspan="7">其中就读于本校的比例</td><td>30%以下</td><td>9</td><td>37.5</td></tr>
<tr><td>30—44%</td><td>3</td><td>12.5</td></tr>
<tr><td>45—59%</td><td>3</td><td>12.5</td></tr>
<tr><td>60—74%</td><td>5</td><td>20.9</td></tr>
<tr><td>90%以上</td><td>2</td><td>8.3</td></tr>
<tr><td>未填</td><td>2</td><td>8.3</td></tr>
<tr><td>总计（有毕业生且有硕/博士学位授予权）</td><td>24</td><td>100</td></tr>
</table>

〔4〕这31所学校分别为：**北京语言大学、北京外国语大学、中国传媒大学、中央民族大学、南开大学、天津师范大学**、天津外国语学院、**河北大学、河北师范大学、内蒙古师范大学、长春师范学院、华东师范大学、上海外国语大学、上海财经大学、上海师范大学**、绍兴文理学院、华侨大学华文学院、南京审计学院、烟台大学、**湘潭大学、郑州大学**、洛阳师范学院、**华中科技大学、暨南大学、广西师范大学**、重庆师范大学、**四川大学文学与新闻学院、西南大学、陕西师范大学、西安外国语大学、新疆师范大学**。（粗体标记的学校具有硕士或博士学位授予权）

（续表）

			学校所数	所占比例（%）
毕业生深造情况	在本一级学科（中国语言文学）就读研究生的占本专业全部读研人数的比例	50% 以下	4	12.9
		50—59%	1	3.2
		60—69%	6	19.4
		70—79%	2	6.45
		80—89%	3	9.7
		90% 以上	13	41.9
		未填	2	6.45
		总计	31	100

4.7.2 毕业生就业情况分析

4.7.2.1 总体情况分析

从已有毕业生的 31 所学校来看，近三年对外汉语专业本科毕业生的就业情况良好：大多数学校（71.0%）一次性就业率都高于 50%，一次性就业率高于 90% 的约占 48.4%；大多数学校就业的“专业对口”比例都在 50% 以上，对本专业学生培养效果的评价与社会反馈情况大多为基本满意，满意度均值为 4.21（介于基本满意和非常满意之间）。具体情况见表 15：

表 15　近三年对外汉语专业本科毕业生就业总体情况

			学校所数	所占比例（%）
毕业生就业情况	一次性就业率（包括自主创业）	50% 以下	5	16.1
		60—69%	1	3.2
		70—79%	2	6.5
		80—89%	4	12.9
		90% 以上	15	48.4
		未填	4	12.9
		总计	31	100
	就业的“专业对口”比例	50% 以下	11	35.5
		50—59%	8	25.8
		60—69%	2	6.5

（续表）

			学校所数	所占比例（%）
毕业生就业情况	就业的“专业对口”比例	80—89%	5	16.1
		90%以上	1	3.2
		未填	4	12.9
		总计	31	100
	对本专业学生培养效果的评价与社会反馈情况	非常满意	6	19.3
		基本满意	18	58.1
		一般	3	9.7
		不太满意	1	3.2
		未填	3	9.7
		总计	31	100

4.7.2.2 具体毕业去向分析

从提供明确数据的20所学校[5]来看，毕业生大多数选择继续深造或就业，未就业的大约占11.1%。从具体的毕业去向看，选择去企业工作的人数最多，约占总人数的21.7%；其次是上研究生继续深造的人数，约占19.1%；人数最少的是去小学，约占1.0%。具体分布情况见表16：

表16 近三年对外汉语专业本科毕业生具体毕业去向情况

毕业去向		人数	所占比例（%）
部委、机关		154	6.0
企业（包括外企和外企在华机构）、公司、银行等		554	21.7
研究生（深造）		487	19.1
出国	深造或就业	185	7.2
	志愿者	159	6.2

〔5〕这20所学校分别为：北京语言大学、中央民族大学、南开大学、天津师范大学、河北师范大学、华东师范大学、上海外国语大学、上海财经大学、上海师范大学、绍兴文理学院、华侨大学华文学院、南京审计学院、烟台大学、洛阳师范学院、华中科技大学、暨南大学、广西师范大学、四川大学文学与新闻学院、陕西师范大学、西安外国语大学。

（续表）

毕业去向		人数	所占比例（%）
学校	高校	36	1.4
	中学	255	10.0
	小学	26	1.0
	其他培训机构	140	5.5
其他		276	10.8
未就业		283	11.1
总计		2555	100

4.8 对制定高等学校中文学科本科指导性专业规范建议的分析

4.8.1 目前学校对外汉语专业本科教育所存在的困难或不足

从调查问卷来看，对该问题的看法与专业设立建设得早晚有一定联系，因此我们将其分为两种类型。

4.8.1.1 20世纪八九十年代设立对外汉语专业的学校所存在的困难和不足

4.8.1.1.1 培养目标与学生就业困难所存在的矛盾

在目前汉语国际推广的新形势和新战略下，国外对汉语师资的需求极为迫切，但是对外汉语专业本科毕业生难以直接从事汉语第二语言教学工作，尤其是在海外大学和相关机构从事此类工作，从而造成人才的流失。

4.8.1.1.2 师资队伍建设问题

该问题不是特别突出，主要是具有高水平和对外汉语教学实践经验丰富的教师不足。

4.8.1.1.3 课程设置与教材建设问题

课程方面应进一步加强专业特色，同时应加强开设实践教学课程；教材方面是特色鲜明的高质量系列教材尚待建设。

4.8.1.2 21世纪设立对外汉语专业的学校所存在的困难和不足

21世纪之后开设对外汉语专业的学校共计51所，在调查问卷中共有46所学校填写了第八项内容。因此以下统计以46所学校为依据。

4.8.1.2.1　师资队伍建设问题（25 所学校提及，占 46 所学校的 54.3%）

主要表现为对外汉语专业师资力量不足（比如第二语言习得与认知、语言心理学专业教师比较缺乏），师资队伍多由汉语言文字学、语言学及应用语言学专业的成员构成，因此急需加强培养；其他一些相应专业教师力量也比较薄弱，或是外语教师不够，或是文化与民俗教师缺乏，或是双语教学师资队伍不够。

4.8.1.2.2　学生就业问题（19 所学校提及，占 41.3%）

21 世纪设立对外汉语专业的学校，部分学校已有两三届毕业生，有的尚未有毕业生，但对学生就业问题普遍感到担忧。所提及的困难如下：

（1）面临两个矛盾。首先是国外对外汉语师资的严重匮乏和对外汉语专业本科学生就业难的矛盾。有的学校反映目前毕业生无法走出国门，志愿者计划虽然可以解决一部分问题，但在选拔志愿者时该专业毕业生并未得到重视，甚至到某些国家去的志愿者很少考虑对外汉语专业的毕业生，仅考虑中文专业（新加坡等）或外语小语种专业毕业生，使该专业毕业生看不到本专业在汉语国际推广的大形势下的优越性。其次是专业建设与社会需求的矛盾。目前本科生已无法在高校任教，培养目标是否明确提出“对外汉语师资”有待商榷。

（2）对外汉语专业毕业生就业前景暗淡，有些学校的毕业生实际是在用外语（英语）谋出路，与开办该专业的初衷相违背。

4.8.1.2.3　课程设置问题（16 所学校提及，占 34.9%）

（1）培养规格不够明晰，课程体系不够完善。

（2）各类课程所占比例不够明晰。

4.8.1.2.4　教学实践问题（22 所学校提及，占 47.8%）

（1）学生实习基地缺乏或不太稳定。原因之一是不少学校的对外汉语专业与从事海外教育实践的院系分离。

（2）实践技能培养不够，理论与实践相脱离；实践课程的开设尚无一个明确的标准。

4.8.1.2.5　其他问题

（1）专业建设经费不足。（8 所学校提及，占 17.4%）

（2）专业特色不突出。（6 所学校提及，占 13%）

（3）教学管理不健全。（3 所学校提及，占 6.5%）

（4）专业资料建设有待进一步加强。（1 所学校提及，占 2.2%）

（5）专业名称更改问题。（1 所学校提及，占 2.2%）

4.8.1.3　小结：早期与晚期设立该专业的学校目前所存在的共性问题与个性差异

（1）就业问题与师资队伍建设问题是开设该专业的学校普遍关注的问题。

（2）21 世纪开设该专业的学校除以上问题之外，还面临课程体系建设、教学实践基地建设、专业特色建设以及教学管理等问题。

4.8.2　对对外汉语专业本科教育发展的规划和建议

4.8.2.1　对 20 世纪八九十年代设立对外汉语专业的学校的规划和建议

4.8.2.1.1　关于如何解决对外汉语人才的出口问题

（1）就“出口”方面，一是建议实行本硕连读机制或是加大推荐免试进入研究生阶段的比例，为汉语国际教育高层次人才培养输送优质生源；二是进一步拓宽就业途径，加强与国外中小学以及相关机构的合作与交流，开拓面向海外汉语教学志愿者的渠道，为优秀毕业生提供做志愿者的机会。

（2）就“入口”方面（指办学规模），建议压缩本专业本科教育，保留一些专业发展比较成熟、就业率相对较高的学校。

4.8.2.1.2　关于如何在汉语国际教育形势之下建设该专业的问题

（1）有关课题研讨，比如积极申报并承担教育部或北京市以及学校特色专业建设。

（2）有关课程研讨，比如在课程设置上应与国家汉办新颁布的《国际汉语教师标准》相衔接，培养方向应增加面向海外汉语学习者的汉语教学。

4.8.2.1.3　关于如何解决师资不足的问题

整合资源，聘请校内外知名专家学者开设对外汉语教学专题讲座。

4.8.2.2　对21世纪设立对外汉语专业的学校的规划和建议

4.8.2.2.1　关于如何解决专业设立不够规范的问题（15所学校提及，占32.6%）

针对目前该专业设置缺乏一定规范、归属不明、培养规格不统一等问题，有些学校提出应在总体规模上有一定的控制和合理布局，实行宏观调控，限定学校，压缩规模，提高办学门槛，严把质量关。建议在充分调研的基础上制定对外汉语专业中长期建设规划。

4.8.2.2.2　关于如何解决专业建设的问题（18所学校提及，占39.1%）

（1）宏观方面，建议开展周期性的专业建设调查活动（有的学校指出这次全国性的大范围调查是早就期盼的事情），组织举办对外汉语本科专业建设规划研讨会。确立全国范围内的对外汉语专业本科教学指导规范，整合一些专业发展历史悠久的成熟经验，对全国设立该专业的高校进行宏观指导，从而改变目前各院校课程设置、教材使用等方面差别较大的现状，提出指导性教学计划和主要课程的教学大纲，并结合国家的政治、经济、文化发展及相关政策提出未来10年或20年高等教育中对外汉语专业本科教育的整体发展规划，指导对外汉语专业良性发展。

（2）微观方面，建议进一步明确培养目标定位，突出专业特色，强调专业知识结构和能力结构，建立并完善课程设置标准，重视教材建设。

4.8.2.2.3　关于如何解决教学实践的问题（10所学校提及，占21.7%）

（1）一是利用外部环境。比如借助孔子学院在海外拓展汉语教学实践基地，搭建更多的国际实践平台，定期外派志愿者或建立外派实习制度。

（2）二是利用内部环境。比如发挥学校自身优势。就学校自身而言，应与教授留学生学院建立合作关系，增加实践性教学比重，加快实习基地建设。

4.8.2.2.4 其他相关问题

（1）希望国家有关部门对本专业的人才发展予以更多的支持。一是建议国家教育主管部门或有关协会对全国所有对外汉语专业进行备案，以便在课题申报、志愿者派遣、国外汉语教育师资选派等项目的选拔上于政策上予以倾斜。二是建议国家相关部门对对外汉语教师能力进行认定，逐步建立通考制度，选择关键课程实行全国通考，学生在通考成绩合格且修满学分后，即可获得初级对外汉语教师能力证书。

（2）建议调整培养目标，拓宽专业口径；同时，细化专业方向，实现毕业分流，学生或继续深造，或参加工作。

（3）建议充分发挥各自的学科优势，结合自身特点来发展。

4.8.2.3 小结

（1）就专业建设而言，宏观上希望国家教育部等相关部门实行宏观调控，充分考虑申报院校的条件、布局，控制招生规模，制定科学合理的发展规划，从而解决就业这一影响专业建设和发展的瓶颈问题。

（2）微观上，首先是师资队伍建设、课程建设和教材建设等。单就课程体系而言有如下具体建议：

① 为了突出本专业的特色，并达到专业培养目标而设定要求，建议在认真论证后，制定本专业的专业必修课、专业选修课、外语必修课、公共必修课、公共选修课的合理比例。

② 课程设置的规范：建议对专业必修课中的主干课程进行规范，包括其课程性质、课程目标、基本内容、考核方式、主要参考书目等。

③ 由于对外汉语专业所具有的应用型、交叉型特色，建议专业规范中应保证专业培养中的教学实践环节。

4.8.3 对制定高等学校中文学科本科指导性专业规范的建议

4.8.3.1 建议实行分类指导

调查问卷显示，有43所学校（占56所学校的76.8%）明确表示高等学校中文学科本科应进行分类指导，认为这有利于促进本专业规范化建设与发展，保证学生的培养质量。

4.8.3.1.1　按学校性质进行分类指导

（1）学校类属差异

有的学校提出，非师范中文传统专业应以培养学术型为主，师范型中文专业应以培养中小学师资为主。

（2）部属重点高校和非重点高校的差异

有的学校指出重点院校应培育可以进入研究生层次的人才，可设置本硕连读制度等。有的指出部属重点高校的自主权可适当增大，刚性不宜太强。对于各校适合自身特点的有创意的教学设置，应予以鼓励。

4.8.3.1.2　按专业特点进行分类指导

（1）有的强调共有的中文学科背景，指出中文学科下的各种专业都是以语言文学为基础的，可以在确定中文基础课程体系的前提下，再进行具体分类，如汉语言文学、对外汉语、文秘、新闻传播等。中文基础课程体系应该统一标准，其他分类规范的刚性不必太强。

（2）有的学校认为中文学科下的不同类别虽属同一学科，却有着较大的差别，对外汉语专业规范应突出与中文专业的区别。比如对外汉语专业除了强调学生深厚的中文功底外，对其外语水平、普通话水平等必须有一定的要求。此外，对外汉语专业的学生不仅要掌握汉语言的本体知识，还应当懂得不同语言的比较、语言的习得、认知心理等一系列知识。因此专业规范应该分类制定，才能保证专业针对性强，具有科学性。

4.8.3.2　对没有明确提出分类指导的学校的建议

有 13 所高等学校（占 23.2%）未明确提出分类建议，其中 8 所学校没有填写该项内容。其他 5 所学校的主要观点如下：

专业依托学校的性质复杂，因而分类不宜太细。

目前对外汉语专业依托的院校性质不同（综合类、师范类、外语类、理工类、经济类等），所在地域不同，办学水平和层次也不同，在专业建设上有共性又有个性，因此中文学科本科指导性专业规范主要应该是粗线条的，分类不可太细，规范不可太具体，应给学科发展留下更多的发展性空间。建议对共性部分进行统一规范，比如主干课的设置问题，其他部分可以相对灵活，提供一定的自由空间，各个院校可以根据自己的优势办出特色，也可以在规范共性的基础上，对个性的问题提出粗线条的要求。

4.8.3.3　小结

有三分之二的学校建议根据专业性质和学校类属等进行分类指导，但应留有一定的发展空间。

五、问卷调查的主要结论和建议

5.1　成绩

在教育部指导下，普通高校对外汉语专业本科教育经过多年努力，在招生规模、人才培养模式、课程设置、课程规范、教学模式、质量评估与管理体系、精品教材与精品课程建设、培养效果与社会反馈等方面，都取得了可喜的发展。尤其在目前汉语国际推广的新形势和新战略下，国内外对汉语师资的需求迫切，使得该专业具有良好的发展前景。

5.2　问题

目前，高校对外汉语专业本科教育也存在若干困难和不足，主要体现在：

（1）人才培养模式和教学模式单一化，特色不够鲜明，不能完全适应汉语国际教育的新形势和学习者的多元化需求。

（2）课程设置存在结构不够合理、前后不够衔接、课程不够规范等问题，需要论证规范，合理布局。

（3）就业“出口”存在瓶颈制约：对外汉语专业本科毕业生难以直接从事汉语作为第二语言教学工作，尤其是在海内外大学或相关机构从事教学工作，这就极大地制约了汉语国际教育事业的发展。

（4）质量评估与教育管理体系急需科学完善。

5.3 建议

鉴于以上分析，我们对普通高校对外汉语专业本科教育提出如下建议：

（1）人才培养模式：汉语国际教育的人才培养应以国际化、应用型、复合型为目标，更加注重学生教学技能、跨文化交际能力与外语能力等方面的实践训练。

（2）教学模式：推出能与国际语言教学水平接轨的高效率的教学模式，拓展学生的知识结构与学术视野，使之能更好地适应海外汉语教学的需求。突出应用性与实践性教学，理论与实践相结合，将教学案例分析、观摩教学、教学实习等方式引入到课程体系之中。由于对外汉语专业所具有的应用型、交叉型特色，建议专业规范中应保证专业培养中的教学实践环节。

（3）课程设置与规范：为了突出本专业的特色，并达到专业培养目标而设定要求，建议在认真论证后，制定本专业的专业必修课、专业选修课、外语必修课、公共必修课、公共选修课的合理比例；建立健全课程规范，对专业必修课中的主干课程进行规范，包括其课程性质、课程目标、基本内容、考核方式、主要参考书目等；课程设置应与国家汉办新颁布的《国际汉语教师标准》（2007）接轨，更加注重跨文化交际与中外文化比较、第二语言习得与学习策略等方面的知识和技能，打造具有典型示范意义和广泛应用价值的优秀教学项目或精品课程。

（4）对外汉语专业实行本硕连读机制（可以采取高年级分流方式），以便更好地培养能适应目前汉语国际教育新形势和学习者需求的高层次人才；进一步拓宽学生毕业后的就业途径，为学生从事面向海外的汉语志愿者工作积极创造机会。

（5）质量评估与管理体系：进行学习效果评价方式的改革与创新，建设与完善教育管理体系。

参考文献

国家汉语国际推广领导小组办公室（2007）《国际汉语教师标准》，北京：外语教学与研究出版社。

附录：

回收问卷的普通高校一览

一期调研问卷回收的对外汉语本科专业高校一览（30 所）

序号	学校和院系名称	省市名称
1	**北京语言大学人文学院对外汉语系**	北京
2	北京第二外国语学院国际传播学院	北京
3	**中央民族大学文学与新闻传播学院**	北京
4	对外经济贸易大学中国语言文学学院	北京
5	**天津外国语学院汉文化传播学院**	天津
6	**南开大学汉语言文化学院**	天津
7	**天津师范大学文学院对外汉语教研室**	天津
8	鞍山师范学院中文系	辽宁
9	辽宁师范大学文学院	辽宁
10	长春理工大学文学院	吉林
11	吉林华侨外国语学院国际交流学院	吉林
12	东北师范大学人文学院对外汉语系	吉林
13	黑龙江东方学院人文学院	黑龙江
14	**上海外国语大学国际教育学院对外汉语系**	上海
15	南京审计学院对外汉语系	江苏
16	绍兴文理学院人文学院国际文化学系	浙江
17	**烟台大学国际教育交流学院**	山东
18	曲阜师范大学杏坛学院	山东
19	郑州轻工业学院外语系	河南
20	中原工学院外语系对外汉语教研室	河南
21	**洛阳师范学院文学院**	河南

（续表）

序号	学校和院系名称	省市名称
22	周口师范学院中文系	河南
23	武汉大学文学院	湖北
24	**暨南大学华文学院**	广东
25	北京航空航天大学北海学院东盟国际学院	广西
26	西南大学文学院	重庆
27	四川大学文学与新闻学院	四川
28	四川大学锦城学院	四川
29	**陕西师范大学国际汉学院**	陕西
30	**西安外国语大学汉学院**	陕西

注：加粗标注的学校为至少已有一届对外汉语本科专业毕业生的高校。

二期回收问卷的普通高校一览（26所）

序号	学校和院系名称	省市自治区名称
1	北京外国语大学中国语言文学学院	北京
2	中国传媒大学对外汉语教育学院	北京
3	河北大学人文学院	河北
4	河北师范大学国际文化交流学院对外汉语系	河北
5	齐齐哈尔大学国际交流学院	黑龙江
6	长春师范学院	吉林
7	华东师范大学对外汉语学院	上海
8	上海财经大学人文学院	上海
9	上海师范大学对外汉语学院对外汉语系	上海
10	南京信息工程大学语言文化学院	江苏
11	金陵科技学院人文学院对外汉语系	江苏

（续表）

序号	学校和院系名称	省市自治区名称
12	杭州师范大学人文学院	浙江
13	山东师范大学国际交流学院对外汉语系	山东
14	济南大学文学院	山东
15	华中科技大学人文学院	湖北
16	三峡大学文学院	湖北
17	广东外语外贸大学中文学院	广东
18	广西师范大学文学院语言学与应用语言学教研室	广西
19	华侨大学华文学院华文系	福建
20	重庆师范大学涉外商贸学院	重庆
21	西南科技大学文学与艺术学院	四川
22	内蒙古师范大学文学院	内蒙古
23	新疆师范大学汉语教育学院	新疆
24	西安建筑科技大学外语系对外汉语专业教研室	陕西
25	郑州大学文学院	河南
26	湘潭大学外国语学院对外汉语系	湖南

回顾与展望*

——北京语言大学对外汉语专业建设25年

北京语言大学　崔希亮

摘　要：本文对北京语言大学25年的对外汉语专业建设进行回顾与反思，着重围绕人才培养和课程建设，探讨在汉语加快走向世界的大背景下，对外汉语专业建设如何创新理念、办出特色。文章主要从三方面展开讨论，一是北语对外汉语专业建设的基本情况回顾，二是对外汉语专业建设的反思，三是北语对外汉语专业在汉语国际教育新形势下的主要发展建设思路。

关键词：对外汉语　专业建设　回顾　反思　展望

对外汉语教学是国家和民族的事业，汉语国际教育体系由教育教学、人才培养、科学研究、教材出版、语言测试、师资培训等环节构成一个有机系统。本文将对北京语言大学25年的对外汉语专业建设做一个简要回顾与反思，尤其是围绕人才培养和课程建设，探讨在汉语加快走向世界的大背景下，对外汉语专业建设如何创新理念、办出特色。主要从三个方面展开讨论，一是北语对外汉语专业建设的基本情况回顾，二是对外汉语专业建设的反思，三是北语对外汉语专业在汉语国际教育新形势下的主要发展建设思路。

* 本文根据崔希亮教授在“2010年全国高校对外汉语专业建设研讨会”上的大会报告整理而成。

一、北语对外汉语专业建设的基本情况回顾

设立于1985年的人文学院对外汉语专业是北语的国家级品牌特色专业，也是全国各高校中唯一连续大规模招收对外汉语本科学生的专业。自20世纪80年代初在国内率先招收了第一批本科生至今，已有29年的历史，共招收、培养对外汉语专业中国本科生1300余名。培养的毕业生分布在世界52所高校，其中包括哈佛大学、哥伦比亚大学、北京大学、中国人民大学等著名高校。

1.1 培养目标与培养模式

1.1.1 培养目标

本专业培养具有比较全面和扎实的普通语言学和汉语言文字学基础理论知识，掌握较系统的汉语作为第二语言教学的基本理论和方法，具备一定的文学文化素养和从事中外文化交流所需要的专门知识和技能，能胜任对外汉语教学与研究及中外文化交流工作，并具有进一步发展前途的国际型、复合型、应用型专门人才。

1.1.2 人才培养模式的国际化、复合型、应用型特色

根据汉语国际传播新形势和北京语言大学多元文化的背景，对外汉语专业在培养目标、服务面向、学习环境和对外交流等方面都体现出较为突出的国际化特色。对外汉语专业是一个以培养复合型与应用型人才为目标的专业，人才培养模式具有鲜明的复合型、应用型特色，旨在培养“厚基础、宽口径、高素质、复合型”人才。我们已与丹麦哥本哈根大学、美国俄亥俄州立大学、英国纽卡斯尔大学等国外多所大学建立交换培养学生的机制。

1.2 知识结构和能力结构

（1）专业基础知识：主要包括语言理论和汉语言学知识，汉语第二语言教学与习得理论，教育学、心理学理论知识，跨文化交际与中外文学文化知识，百科知识等。

（2）专业能力：主要包括外语能力、汉语表达能力、理解能力、跨文化交际能力、独立研究能力等。

（3）四大板块：本体论、方法论、认识论、工具论。

1.3 课程体系

课程总学时：2844学时

课程学分：163学分

专业必修课53学分，占32.5%；

外语必修课44学分，占27%；

专业选修课24学分，占14.7%；

公共必修课32学分，占19.7%；

公共选修课10学分，占6.1 %。

努力打造跨学科应用性学科群，包括语言学及应用语言学、汉语言文字学、课程与教学论等。

1.4 专业主干课程设置

从我们开展的针对全国普通高校对外汉语专业本科教育情况的调研结果来看，56所普通高校对外汉语本科专业的专业主干课程设置上共性比较明显，已经形成了较为统一的课程格局，分别从普通语言学和汉语言文字学基础理论知识、对外汉语教学的基本理论和方法、文学文化素养、汉语和外语写作能力和口头表达能力等方面培养学生的综合能力，其中有十门专业主干课程在60%以上的高校均有开设，且使用教材也比较统一，它们是：现代汉语、古代汉语、语言学概论、第二语言教学概论/对外汉语教学通论/概论、对外汉语（课堂）教学（方）法、中国古代文学（史）、中国现当代文学（史）、外国文学（史）、中国文化史纲/中国文化通论/概论、汉语（基础）写作。这十门专业主干课程基本是以北京语言大学的对外汉语本科专业课程设置为基础的，且与对外汉语专业的培养目标基本一致，体现出专业人才在知识结构和能力结构上的特色。当然，也可根据学校的特色和优势设置富有专业特色的主干课程，如：现代汉语语音（普通话培训与测试）、汉英语言对比、对外汉语教学课堂实践模拟、教育心理学、中外文化比较、中国民俗/中国国情与地理、各国文化与礼仪、海外汉学研究、跨文化交际等。

1.5 对外汉语专业本科毕业生的基本流向

（1）报考攻读与专业相关的硕士、博士学位。（近3年的数据在40%左右）

（2）从事对外汉语教学工作。（10%左右）

（3）从事对外交流工作。每年都有毕业生到政府部门、新闻媒体机构（外事部门、商务部、文化部、新华社、电视台等）从事国际交流与合作工作。

（4）进入企业（外企、外企在华机构）、公司、银行等从事管理、翻译、文秘等工作。（（3）和（4）合计40%左右）

（5）出国。（10%左右）

1.6 北语对外汉语专业建设的主要成绩

北京语言大学1985年设置的对外汉语专业，是国内首批设置的对外汉语专业，是北语的国家级特色专业。多年以来，在教育部的直接指导和兄弟院校的大力合作下，北语的对外汉语专业在人才培养模式的改革与创新，课程及课程体系建设，教材建设，教学方法、教学内容、教育技术的改革与创新，实践教学，学习效果评价方式的改革与创新，教育管理制度的建设，师资队伍的建设等方面都取得了一定成绩，2007、2008年对外汉语专业先后被批准为教育部和北京市特色专业建设点，2009年“对外汉语专业建设”获北京市优秀教育教学成果二等奖。

总结这些年的特色专业建设，我们的优势主要体现在以下三方面：

1.6.1 率先在全国完成了本、硕、博学科一体化建设，形成了多层次的对外汉语师资人才培养体系

北语于1985年在全国首批正式设立对外汉语本科专业，1986年率先招收挂靠在现代汉语专业下的对外汉语方向硕士，1987年成立第一个教育部批准

的对海内外汉语教师进行培训的教师研修部（现教师进修学院），1998年设立全国第一个可以授予语言学及应用语言学（对外汉语教学方向）博士学位的博士点。这标志着北语率先在全国完成了本、硕、博学科一体化建设。现在这一人才培养体系已进一步扩展为：本科专业（1个，对外汉语专业）——硕士专业（4个，汉语言文字学专业、语言学及应用语言学专业、课程与教学论专业和汉语国际教育专业）——博士专业（2个，汉语言文字学专业、语言学及应用语言学专业）。

1.6.2 建立了较为科学完备的学科理论体系、课程体系和配套的教材体系，有多项市级精品教材和精品课程

如：2007年，《第二语言教学概论》被评为北京市高等学校精品课程。2004年，刘珣教授主编的《新实用汉语课本》获"北京市高等教育教学成果"奖暨"北京市高等教育精品教材"奖；2006年，赵金铭教授主编的《对外汉语教学概论》获"北京市高等教育精品教材"奖；2006年，方铭教授主编的《新标准汉语》获"北京市高等教育精品教材"奖。

1.6.3 建设起了一支一流的师资队伍

2007年，对外汉语专业教学团队获北京市优秀教学团队称号；2009年，对外汉语专业课程教学团队获得国家级教学团队称号。

二、对外汉语专业建设的反思

看到成绩的同时，我们也一直在反思专业建设中存在的问题和制约发展的瓶颈，我们也非常关注全国同类专业的建设和发展情况。截至2010年6月，全国已有285所高校开办对外汉语本科专业。我们认为要提高专业发展规划与决策的科学性，建构适应新形势的人才培养体系，必须开展全面、客观、科学的调研。

因此，2008年6月起，我们先后开展了多项专题调研，包括作为北京市教委共建项目的全国普通高校对外汉语专业本科教育情况调研、首都高校对外汉语专业本科教育情况调研、北语对外汉语本科毕业生培养成效和社会反馈调研

等。其中全国对外汉语本科教育情况的调研旨在全面而客观地呈现普通高校对外汉语专业本科教育的发展现状和存在的问题，为科学地制定专业规范，建构适应汉语国际教育新形势的对外汉语本科专业人才培养体系，进而为政府制定汉语国际教育发展中长期规划提供科学的依据。调研内容主要涉及八个方面：对外汉语本科专业基本情况、课程设置与教学情况、实验 / 实践教学情况、办学基本条件、人才培养目标和培养模式、质量评估与教学管理体系、毕业生深造与就业情况和对外汉语专业本科教育中存在的困难或不足等。调研分两期进行，第一期调查了 30 所高校，第二期调查了 56 所高校，分布于华北、东北、华东、华中、华南、西南、西北各个地区。从各项专题调研中反映出的主要问题有：

（1）人才培养模式和教学模式较为单一，还不能完全适应汉语国际教育的新形势和学习者的多元化需求。

（2）课程设置还存在横向纵向关系不够明确、对外汉语教学类课程偏少、必修课过多选修课偏少的现象。

（3）对外汉语教学实践环节较为薄弱。

（4）就业“出口”存在瓶颈制约。

这里我们看到两方面的现象并存：一方面，多数高校设置对外汉语本科专业的历史很短，一半高校并无毕业生，存在盲目招生且招生规模过大的现象（每年招生 90 人以上）；另一方面，从毕业生去向来看，能够直接从事对外汉语教学工作的仅占 10% 左右。尽管对外汉语招生生源很好，但本科毕业生难以直接从事汉语作为第二语言教学工作，尤其是在海内外大学或相关机构从事教学工作，这就导致了部分优秀人才流失。

（5）质量评估与教育管理体系需完善。

三、北语对外汉语专业在汉语国际教育新形势下的主要发展建设思路

鉴于以上回顾与反思，北语对外汉语专业在汉语国际教育新形势下的发展建设指导思想确定为——转变理念，突出特色，服务于国家的发展战略和重大需求。

具体介绍三方面的发展建设思路。

3.1 创新人才培养模式，突出专业特色与优势

（1）人文学院从2007年起开始实行系所结合的机制，以学科建设为龙头，整合人力资源建立了4个研究所，其中2007年年底成立的汉语国际教育研究所，将对外汉语学科建设、科学研究与人才培养有机地结合起来。目前已承担了多项省部级、国家汉办和校级科研项目和教育教改项目。我们认为，学科建设和科学研究将有效促进对外汉语专业各层次的人才培养。

（2）对外汉语专业的人才培养应以国际化、应用型和复合型为目标和特色，更加注重学生汉语和外语技能、教学技能、跨文化交际技能和中华文化技能等方面的实践训练。积极探索适应汉语国际教育人才需求和留学生学习要求的高素质、宽口径、复合型人才培养模式。

（3）北语对外汉语专业人才培养已实现本、硕、博学科一体化，但还需统筹安排、综合协调、科学规范各种横向和纵向关系，明确共性与差异。如硕士4个专业（汉语言文字学专业、语言学及应用语言学专业、课程与教学论专业和汉语国际教育专业）之间的区别在哪儿？共性在哪儿？哪些需要区别以体现特色？需要科学论证。

（4）北语从2003年起实施推免机制，每年免试推荐十几名对外汉语优秀本科毕业生攻读硕士学位。为更好地解决对外汉语本科生的“出口”瓶颈问题，建议进一步实行本硕连读机制，以便更好地培养能适应目前汉语国际教育新形势和学习者需求的高层次优秀人才，可以采取高年级分流模式。

（5）北语从2003年起招收外国学生进入对外汉语本科专业学习，并不断规范和加强外国本科生教育，拓宽对外汉语专业教育的新领域和新模式。

（6）北语从2007年起在对外汉语专业本科培养过程中实施本科生全程导师制，导师分为前期导师（指导学生的学习、生活、社会实践等）和后期导师（指导专业学习和论文写作）。导师制取得了很好的效果，受到学生的欢迎。

3.2 课程体系与特色课程建设

（1）我们认为，课程体系首先应在科学论证对外汉语专业的培养目标和学生应具备的知识和能力结构的基础上，加以完善优化。

（2）我们将各专业统一协调，调整课程体系，优化课程结构，压缩必修课比例，增加选修课比例，进一步完善院内跨专业选修机制。

（3）课程设置应与国家汉办新颁布的《国际汉语教师标准》（2007）接轨，更加注重课堂教学、跨文化交际与中外文化比较、第二语言习得与学习策略等方面的知识和技能，并积极开设双语课程。

（4）在原有精品课程和精品教材的基础上，加强特色课程和特色教材的建设，如《第二语言教学概论》《对外汉语课堂教学方法》和新开设的三大系列专题讲座课程（对外汉语教学系列专题、汉语言文字学系列专题、语言学及应用语言学系列专题）。积极打造具有典型示范意义和广泛应用价值的优秀教学项目或精品课程，在特色专业建设过程中形成特色的课程、特色的教材、特色的教学内容、特色的教学成果和特色的教学团队。

3.3 实践教学与实践能力的培养

由于对外汉语专业所具有的应用型、交叉型特色，教学实践环节是非常重要的。在这方面，我们做的工作主要有：

（1）突出应用性与实践性教学，理论与实践相结合，将教学案例分析、专题讲座、观摩教学等方式纳入到课程体系之中。

（2）北语对外汉语专业目前建设了全国最大的汉语言教学实践基地——本校三大留学生教育单位（汉语学院、汉语速成学院和汉语进修学院），并仍在积极拓展不同的教学实践方式。

（3）进一步完善教学实践的评估系统和管理机制。

总之，从目前汉语国际教育的形势来看，对外汉语专业建设和相关学科建设必须具有前瞻性和开放性，要办出特色，这样我们才能真正建设出国际型和高水平的专业和学科，才能真正有利于汉语国际教育这个国家和民族的事业的科学发展。

新形势下对外汉语专业课程体系的思考

北京语言大学　郭　睿

摘　要：本文立足于新形势下国际汉语教师的素质结构，借鉴教育发达国家的教师教育课程体系，分别从结构和内容两个层面探讨对外汉语专业的课程体系，提出应转变原有“中文＋外文”的设置思路，按照“师范性＋学科性”的思路设置课程，即遵循“通识类课程＋汉语言专业课程＋教育类课程＋汉语教学方法技能类课程＋汉语教学实践课程”的基本框架来安排课程。同时每类课程也应根据对外汉语教学的需要进行必要调整，既突出核心课程，又保证有相当数量的选修课程来满足学生的不同兴趣。

关键词：对外汉语专业　课程体系　结构　内容

长期以来，对外汉语专业课程体系的设置一直受“中文＋外文”理念的影响，表现为语言文学类课程和外语类课程比重过大，门类过多，划分过细。而对外汉语教学所需要的其他课程（比如汉语教学方法类课程和教学实习课程等）则比重较小，门类也少。这不仅不利于对外汉语专业学生合理知识结构的构建，也不能适应对外汉语教学新形势的需要。本文立足于新形势下国际汉语教师的素质结构，借鉴教育发达国家的教师教育课程体系，分别从结构和内容两个层面谈几点对对外汉语专业课程体系的思考，以求抛砖引玉之效。

一、对对外汉语专业课程体系结构的思考

对外汉语专业课程体系结构是指各种不同类型课程之间的比例关系。结构的合理化有利于增强课程体系的整体功能，产生累积效应。当然，要探讨不同类型课程之间的比例关系，首先应明确“不同类型的课程”具体包括哪些课程类型，然后再考虑其比例关系。

1.1　对外汉语专业课程体系应包括的课程类型

在对外汉语专业课程体系这个问题上，尽管《国际汉语教师标准》与各位专家学者的观点有所不同（参阅吕必松，1989；邓恩明，1991；肖祥忠，1997；刘珣，2002），但在基本方面是有较为一致的认识的。即一个合理的对外汉语专业课程体系应该主要由通识教育类课程、汉语言专业课程、教育理论类课程、汉语教学方法技能类课程、汉语教学实践课程等几种课程类型组成。

1.1.1　通识教育类课程

该类课程主要包括人文学科、社会学科和自然学科三大块，涉及各国政治、经济、文化、民族、种族、宗教、社会、艺术、数学、生物等方面的课程，其目的在于拓宽汉语教师的文化视野和基础。现有课程体系中的中国文化史纲、音乐理论与音乐鉴赏、影视鉴赏、金融理论与实务、生物以及宗教与文化等课程都属于这类课程。

1.1.2　汉语言专业课程

该类课程主要包括汉语教师将来要传授的汉语言专业知识和技能，不仅包括汉语语音、词汇、语法、汉字等要素知识，而且还包括汉语听、说、读、写等汉语技能，当然也包括一些语用知识和交际技能。这是对外汉语专业课程体系的核心构成。现有课程体系中的语言学概论、现代汉语、古代汉语、语用学、语义学等就属于这类课程。

1.1.3　教育理论类课程

该类课程主要包括教育学、心理学、教育史、教育科研方法、课程论、教

学论等方面的知识内容，目的在于使汉语教师掌握一些基本的教育教学原则、方法，以及学生身心发展的一些基本规律和学习语言的特点。它也是对外汉语专业课程体系的核心构成。虽不是汉语教师直接要教的内容，但它是用来教汉语言的工具性知识，因此它也叫工具类课程。

1.1.4　汉语教学方法技能类课程

该类课程主要包括汉语教学方法、汉语课程与教学设计、课堂板书技能、课堂教学语言表达能力、课堂教学测量与评价、多媒体辅助教学技能等方面。其内容涉及汉语教师在教学过程中所应具备的方法、技能和技术，因此它更是对外汉语专业课程体系中的核心构成。现有课程体系中的对外汉语教学概论、对外汉语课堂教学方法、对外汉语教学系列专题就属于这类课程。这类课程是前两类知识技能在汉语教学领域的具体化，结合了汉语教学的特点，更容易被直接运用到教学过程中。

1.1.5　汉语教学实践课程

该类课程主要是指汉语教学实习，即把在前面几种课程中所学到的知识运用到汉语教学实践中，并在此基础上基本形成汉语教学的能力。它对合格汉语教师的培养非常关键。否则，汉语教师无法将所学的各种知识运用到汉语教学过程之中。

1.2　不同课程类型之间的比例关系

在对外汉语专业课程体系内，确定以上五种类型课程之间的比例关系是不容易的。因为每类课程都很重要，但总课时和总学分是一定的。我们以教育发达国家教师教育课程体系为参考，结合对外汉语专业的特点来大致提出一个比例。

一般说来，教育发达国家的师范教育课程大致分为三类，即通识类课程、学科专业类课程和教育科学类课程。综合多个国家的经验，三类课程的比例大致为35：35：30。（参阅李大琪等，1997；刘启静，2000；李其龙等，2002；王昌善，2003；张拴云，2005；薛赛男，2006；洪明，2007）我们提到的五类课程中，后三种在性质上都属于教育科学类课程。所以，在考虑对外汉语专业特点的基础上，我们认为，其体系内的五类课程的比例大致应为32∶35∶11∶11∶11。即通识类课程应占32%，汉语言专业类课程应占35%，其余三类课程各占11%。

二、对对外汉语专业课程体系内容的思考

对外汉语专业课程体系内容是指就具体某一类课程而言，应开设哪些具体学科才能保证未来的汉语教师能具备所需知识。合理的学科搭配有利于增强未来汉语教师知识结构的科学性。在实践层面，对外汉语专业课程体系在内容方面仍存在一些值得商榷的地方。我们逐个来看：

2.1 拓宽通识教育类课程，健全学科门类

通识教育类课程意在拓宽学生的知识面，并使其具备宽厚的文化底蕴和基本的文理知识，形成综合化的知识结构。在教育发达国家的教师教育课程体系中，这类课程一直受到重视。考虑到对外汉语教学的特点（即学习者可能问到的问题非常广泛，涉及有关中国的各个方面），这类的课程更应该受到重视，而且应该注重“博”和“杂”，即多涉猎一些学科门类，尽可能广泛一些，但却没必要太深，有个基本了解即可。相比之下，对外汉语专业课程体系中的这类课程并不太令人满意。突出的问题在于有些学科（比如文学课）比重过大，门类太多太细，一些应有的学科（比如种族类、人际交往类）则在各校的课程体系中很少见到。

基于此，我们首先应该整合比重过大的一些课程。比如文学课，往往包括中国文学史（包括古代和现当代）、外国文学史、英美文学史、中国古代诗歌专题、中国现代诗歌研究、唐宋古文研究、中国现当代戏剧研究、明清小说研究、女性文学、世界文学经典精读等十多门课，其实这些课整合成中国文学一门课即可。还有些科目有重复设置之嫌，比如外国文学史和英美文学史两门课，糅合成一门外国文学史就可以了。其次，增开一些可以服务于对外汉语教学的课程，比如自然科学类、民族类、种族类、宗教类、艺术类、各地习俗

类、人际交往类课程等。自然科学类选修课程有助于为学生奠定较为均衡的文理知识结构，提高其科学素质，锻炼其逻辑思维能力。其他几种则可以直接服务于对外汉语教学，甚至还很关键。如开设种族类和习俗类课程则是针对对外汉语教学的需要，以便能对来自世界各地的外国学生有个基本的了解；艺术类课程则直接有利于对外汉语课堂教学；舞蹈有利于丰富教师的肢体语言；美术则可以通过在黑板上画简易图帮助留学生学习汉语，等等。

2.2　整合汉语言专业课程，优化科目设置

汉语言专业课程是未来汉语教师所要教授的内容，其重要性自不待言。但学生掌握这类课程知识要突出基础性、科学性和系统性。应有一定深度，但也不是越深越好，即限于在教学过程中用得着的汉语言水平，而没必要像中文专业那样拔高。原因有二：第一，研究表明，在一定的限度内，教师所掌握的学科专业知识与教学质量是呈正相关的，但超过一定水平后，学科专业知识和教学质量之间就不再具有统计学上的相关性了。（朱昆、庞雪群，2006）第二，对外汉语专业在本质上是一个以培养对外汉语教师为主的师范专业。“教师教育的特殊性就在于教师不一定有高深的学科水平，不必是学科专业的专家，但却必须是教育和教学的专家，他的学科知识只需是严谨的、基础性和系统性的就可以。”（李其龙等，2002：197）而在对外汉语专业课程体系中，这类课程比重过大，而且重视学科知识的纵深发展，分科过细。比如涉及语言的科目往往有语言学概论、现代汉语（一、二）、古代汉语（一、二、三、四）、汉字学、句法学、现代汉语语音学专题、现代汉语词汇学专题、汉语语法分析方法、语用学、语义学、音韵学专题、汉语修辞学、社会语言学、语言应用理论与实践、语言学及应用语言学系列专题、汉语言文字学系列专题、语言学与应用语言学论文导读、汉语语音史概要、汉语词汇概要、汉语语法概要、语言与文化专题等20多门。再如在语用方面，有语用学、语言应用理论与实践、语言学及应用语言学系列专题、语言学与应用语言学论文导读，等等。可是，学科之间的横向综合却十分少见，以至于综合性不强。

基于此，我们首先应该对汉语言类的课程进行调整。考虑到学科知识的基础性，有些课程没必要学得太深，把握其基本即可。比如《古代汉语》学第一、二册就能满足对外汉语教学的需要了，三、四册可以留作学生自学。有些内容相同的课程可以进行适当的删减整合。比如前文提到的语用方面的四门课程完全可以综合成一门语用学。另外，专题研究类的课程往往较为前沿，学界往往还没有定论。考虑到师范专业学科知识的科学性（严谨性），我们建议这类课程在专业课程体系中不宜太多，让学生有个了解即可。其次，我们应该对课程体系中的一些相关课程进行横向联合，以突出汉语言知识的系统性。语言要素类课程就可以跟语用类课程进行横向整合，比如语义学和语用学的整合。它旨在让学生知道，一个语言点的具体意思或某个义项在什么语境下该如何使用，等等。

2.3 增大教育理论类课程的比重，增加学科门类

教育类课程关涉“如何教”的知识和技能，是表明对外汉语专业师范性的标志性课程。它不仅能帮助学生形成正确的教育教学理念，而且能帮助学生掌握有关教育教学和学生学习的知识技能。从世界范围看，很多国家教育理论类课程在其课程体系中的比重远高于我国。但在对外汉语专业课程体系中，教育理论类课程则显得有点儿相形见绌，表现为比重低，门类少。相当一部分学校是近几年才逐渐开设起来，门类也不多，仅限于教育学、教育心理学等几门，课时学分也少。有些学校则至今还没有相关课程。

基于此，我们首先应该增加教育理论类课程的门类，给学生奠定一个较为健全的知识结构。教育理论类课程主要是培养学生的教育理念，包括教育学原理、心理学、中外教育史、教育心理学等。同时，可以考虑开设一些教育类的选修课，为学生提供一个可供选择的学科范围。比如教育哲学、教育与人的发展、教育政策与法规、当代中国教育改革、发达国家教育改革、教育科研方法等。其次，要增大教育理论类课程的比重，具体表现为增加课时。教育学和教育心理学等科目内容繁多，可以考虑增加一个学期，这样学生掌握得也更深入一些。

2.4 增加汉语教学方法技能类课程门类，改变授课方式

汉语教学方法技能类课程内容往往是把汉语语言知识技能、教育教学原则、具体的教学实践情境（包括留学生、环境等）三类知识融合在一起的产物，旨在训练学生一些实际的教学技能技巧和方法，为将来的对外汉语教学打基础。这类课程在实践层面也很需要。有学者（刘晓雨，1999）曾就此做过调查，调查中把进行教学法方面的培训列为第一选择的教师占68%。这类课程虽然重要，但在大多数学校的对外汉语专业课程体系中也受到挤压，大多数学校对外汉语专业的课程体系中仅有一门《对外汉语教学论》，少数学校还开设了《对外汉语课堂教学方法》等课。这样就很难保证学生能获得从事对外汉语教学的各种教学技能。

基于此，我们认为首先应该完善汉语教学方法技能类课程，在原有基础上再增设一些。可以设定第二语言教学概论和对外汉语课堂教学方法为必修课，增设汉语课程设计与教学策略、课程理论与课程改革、运用多媒体进行汉语教学设计、教学原理与方法、对外汉语教学法流派、发达国家二语教学动态、个别化教学、参与式教学、汉语教材开发与教材评价、研究设计、行动研究、教育科研论文的写作等作为选修课。其次，改变这类课程的授课方式。改原来的讲授式为参与式、操作式，以使学生能掌握这些知识和技能，而不是仅仅了解和记住。因为这些都是操作性很强的程序性知识，需要在参与操作中掌握。当然，更好的方法是结合教学实习开展这些课程。

2.5 重视汉语教学实践，建立制度保障

汉语教学实践主要就是教学实习。教学实习是学生积累实践性知识的重要手段，即它能够帮助学生将学习到的知识转化为教学方法和技能。这是培养未来汉语教师教学能力的基本保证。教育发达国家教师教育课程体系中教育实习的时间都比较长，如英国集中实习时间为12—14周，美国约一学期，德国师范教育是两段制，第二阶段是实习阶段，时间一般是一年半到两年（刘捷、谢维和，2002：273）。相比之下，对外汉语专业的教学实践时间太少，仅有2—3周，实际上课时间只有4—6节。实习生往往是刚进入甚至还没进入教师角色，

实习就结束了。这使他们很难真正获得对教师角色和教学活动的感知和体验，更谈不上其教学实践能力的培养了。

基于此，我们认为首先应延长实习时间，增加实习机会。只有时间充足，才能保证学生的实际教学能力得到全面培养。根据教育发达国家培养教师的经验，教学实习时间最好能延长到一学期，最少三个月。而且可以考虑实行两段制，让学生在第三学期先听课观摩 2—3 周，帮助汉语教师改作业、管理学生等，以使学生通过感受真实的汉语教学来发现自己的欠缺之处并能在随后的学习中“有的放矢”。真正学习备课、上课等可在第七学期完成。其次，加强教学实习指导。实习指导教师应由培养单位的教师和实习单位的骨干教师共同担任，一起制订实习计划，对实习活动做一个总体的安排。可以引进英国培养教师的措施“入职与发展档案”(career entry and development profile)。这种“入职与发展档案”对实习生各个阶段的优缺点和进步之处进行详细记录，以促进他们总结经验教训，实现更快的发展。第三，建立制度保障。为了保障教育实习质量，最好能建立相应的规范化制度。其突出表现就是建立稳定的实习基地。可以参考发达国家培养教师的办法，与留学生教学单位建立伙伴关系，联合培养教师。学院负责学生的理论课程，实习则由教学单位负责。培养经费按比例划拨。

三、结　语

总之，新形势下对外汉语专业课程体系应转变原有“中文＋外文”的设置思路，按照“师范性＋学科性”的思路设置课程，具体来说就是遵循“通识类课程＋汉语言专业课程＋教育类课程＋汉语教学方法技能类课程＋汉语教学实践课程”的基本框架来安排课程。同时每类课程也应根据对外汉语教学的需要进行必要的调整，既突出核心课程，又保证有相当数量的选修课程来满足学生的不同兴趣。只有这样，我们才能培养出符合新形势要求的汉语教师。

参考文献

邓恩明(1991)谈教师培训的课程设置，《世界汉语教学》第1期。

洪　明(2007)教师专业化：美国教师职前教育课程设置及借鉴——威斯康星大学麦迪逊分校教育学院实地考察，《大学教育科学》第1期。

李大琪等(1997)中美师范教育课程设置的比较，《上海高教研究》第4期。

李其龙、陈永明(2002)《教师教育课程的国际比较》，北京：教育科学出版社。

刘　捷、谢维和(2002)《栅栏内外：中国高等师范教育百年省思》，北京：北京师范大学出版社。

刘启静(2000)中外教育培养的教育课程设置比较，《东北师范大学学报》(哲学社会科学版)第5期。

刘晓雨(1999)对对外汉语教师业务培训的思考，《北京大学学报》(哲学社会科学版)第4期。

刘　珣(2002)《汉语作为第二语言教学简论》，北京：北京语言大学出版社。

吕必松(1989)关于对外汉语教师业务素质的几个问题，《世界汉语教学》第1期。

王昌善(2003)世界主要发达国家本科学历小学教师培养课程设置述评，《外国中小学教育》第10期。

肖祥忠(1997)对外汉语教师知识结构的合理化浅谈，《教育评论》第2期。

薛赛男(2006)发达国家教师教育课程设置的特点及启示，《世界教育信息》第10期。

张拴云(2005)教师教育课程设置：美国的经验与启发，《外国中小学教育》第1期。

朱　昆、庞雪群(2006)泰国中小学教师教育课程设置及启示，《经济与社会发展》第1期。

北京语言大学对外汉语专业核心课程建设报告之《第二语言教学概论》

北京语言大学人文学院汉语教学论教研室

摘　要：本文是北京语言大学对外汉语专业核心课程《第二语言教学概论》的课程建设报告，从课程发展沿革、教学内容建设、教学方法与手段创新、相关教材建设、课程特色、优势与不足以及今后课程建设的发展设想等方面阐述课程建设的总体情况和发展思路。

关键词：对外汉语专业　核心课程建设　第二语言教学概论

《第二语言教学概论》是北京语言大学人文学院对外汉语教学专业（本科二年级）的一门专业必修课程，也是一部分研究生必选的补修课程（因为这部分学生在大学本科所读的不是对外汉语教学专业），同时也是我校在职研究生班及与外校联合开办的研究生班的必修课程。该课程的内容是从事第二语言教学（包括对外汉语教学和少数民族汉语教学）的专职教师、兼职教师、汉语教学的志愿者及相关专业工作者必备的核心知识之一。它对对外汉语教学实践活动起着重要的指导作用。就对外汉语教学专业核心课程体系的建设来说，它具有非常重要的意义。随着汉语走向世界的进程的不断加快，我们需要培养和培训大量国内外汉语教师。建设好这门课是当前汉语国际推广事业的迫切需要。

一、课程发展沿革

本课程是上世纪80年代，随着对外汉语教学作为一门学科兴起而产生于最早开设“对外汉语”专业的北京语言学院的一门新课。该课由我国对外汉语教学学科理论奠基人吕必松和长期从事对外汉语教学理论研究的知名学者盛炎、刘珣共同创设。1986年吕必松开设《对外汉语教学通论》。80年代末，盛炎据其编写的《语言教学原理》（1990），将课程内容集中于介绍国外的语言教学理论。1992年起，由刘珣主讲并负责该课建设，他综合了盛炎对国外教学理论的介绍及吕必松所提出的对外汉语教学理论体系，突出90年代国内外第二语言教学理论和习得理论的新成果，形成了今天该课程的主要框架。90年代末将其多年的讲稿整理成《对外汉语教育学引论》一书（2000）。该书一直成为本课程的使用教材、国家汉办汉语作为外语教学能力考试教学理论部分参考书及北京语言大学课程与教学论专业硕士生入学考试的指定参考书。进入21世纪，除刘珣外，本课程主要由张宁志副教授、施家炜副教授等主讲。

经过20多年的实施、调整和建设，该课程获得了很大的发展，逐步形成了较为稳定的教学内容和丰富多样的教学方式。

二、教学内容建设（含教学大纲）

《第二语言教学概论》是一门理论性与应用性并重、多学科交叉的课程，与语言学、心理学、教育学、跨文化交际学、文化学、社会学等学科有密切关系，也需要与国外第二语言教学理论接轨。同时，本课程又密切联系教学实际，回答对外汉语教学中出现的具体问题。

本课程的根本任务是从培养对外汉语教师的需要出发，介绍汉语作为第二语言的教学理论和习得理论以及相关学科的基础知识，使学生尽可能地了解汉语作为第二语言教学学科的全貌，为从事汉语国际教育工作打下一个比较坚实的基础。

本课程主要内容分为八个单元。每周2学时，共36学时。

“总论”重点介绍第二语言教学的性质、任务和特点，汉语作为第二语言教学的学科体系及学科发展与现状。（2学时）

“与对外汉语教学相关的基础理论”介绍语言学、心理学、教育学、跨文化交际和文化学与本学科的关系及这些学科的基础知识。（6 学时）

“语言习得理论”介绍第一语言习得和第二语言学习的理论与假说。（8 学时）

“第二语言教学理论”分两个单元，介绍国外第二语言教学法主要流派和汉语作为第二语言的语音、词汇、语法、汉字教学方法。（10 学时）

“对外汉语教材”介绍教材编写或选用原则、对外汉语教材的类型及优秀教材分析。（4 学时）

“语言测试”介绍语言测试的种类、测试的评价标准、试题编制及中国汉语水平考试的特点。（2 学时）

“对外汉语教学中的文化教学”重点介绍语言教学中文化因素教学的原则和方法。（4 学时）

本课程的重点和难点是“第二语言教学理论”中的国外第二语言教学法主要流派和对外汉语语音、词汇、语法、汉字教学方法，学生掌握了教学理论、知识和具体方法，可以直接从事对外汉语教学。

解决办法：

（1）注重培养学生分析和解决问题的能力，采用师生讨论、学生主题发言、分析课堂教学录像、多媒体辅助教学、教学实习等多种教学方式，让学生创造性地学习。

（2）在学生在校的第六学期安排赴教学实验基地进行三周的对外汉语教学实习，教学实习阶段学生通过观摩教学及讲课，将本课程所学内容与教学实践相结合。

三、教学方法与手段创新

3.1 教学方法

在《第二语言教学概论》课程的教学中我们采用课堂讲授为主、讨论为辅的教学方法。同时也经常采用一些案例分析和读书指导等方法。

采用课堂讲授，一方面是因为本课程是本专业的第一门专业课，学生对专业的了解还很初步，需要通过讲授，迅速使学生了解本专业的概貌，为进一步学习打下基础。另外，由于对外汉语教学专业三个班共有90多人，讲授法更便于发挥课堂讲授效率高的优势。

本课程有很强的实用性，学生虽然没有教授语言的经验，但他们有学习语言（外语）的丰富经验，也接触过不止一位外语老师，通过课堂讨论，有意识地促进学生对其语言学习经验进行反思，这样可以在一定程度上使学生将其学习经验转化为教学经验，形成教学思维。同时也能很好地调动学生学习的主动性，培养学习思考问题的习惯。

为了让抽象、枯燥的理论变得更直观、形象、生动，本课程运用了一定比例的教学案例分析，主要是选取汉语教学中的真实事件和典型教学案例，通过观摩和评议，使学生逐步具备观课议课的能力。

因为《第二语言教学概论》是一门概论式的课程，教学时间又仅为一学期，所以有些内容无法深入讨论，我们给学生指定了一些参考书目，让学生自己读书学习，以扩大专业知识面，同时加以适当的指导。

3.2 教学手段

随着北京语言大学办学条件的逐步改善，在《第二语言教学概论》课程的教学中所使用的教学手段非常多样，包括最基本的粉笔黑板，还有多媒体等手段。

由于该课程都在多媒体教室上，本课程目前已经形成了较为完善的PPT课件，以及一些课堂教学的视频、教学录像等，通过多媒体教学技术的辅助和支持，取得了很好的教学效果。同时，本课程还会设计一些专题让学生进行一些教学实践调查等。

四、相关教材建设（含课程主要参考文献与研究现状）

崔永华（2005）《对外汉语教学的教学研究》，北京：外语教学与研究出版社。
李　杨（1993）《中高级对外汉语教学论》，北京：北京大学出版社。

李　杨主编（1997）《对外汉语教学课程研究》，北京：北京语言大学出版社。
刘　珣（2005）《对外汉语教育学科初探》，北京：外语教学与研究出版社。
吕必松（1990）《对外汉语教学发展概要》，北京：北京语言学院出版社。
吕必松（1996）《对外汉语教学概论（讲义）》，内部资料。
吕必松（2005）《语言教育与对外汉语教学》，北京：外语教学与研究出版社。
吕文华（1994）《对外汉语教学语法探索》，北京：语文出版社。
盛　炎（1990）《语言教学原理》，重庆：重庆出版社。
束定芳等（1996）《现代外语教学》，上海：上海外语教育出版社。
王　还（1995）《对外汉语教学语法大纲》，北京：北京语言学院出版社。
杨惠元（1996）《汉语听力说话教学法》，北京：北京语言大学出版社。
杨惠元（2007）《课堂教学理论与实践》，北京：北京语言大学出版社。
赵金铭（2004）《对外汉语教学概论》，北京：商务印书馆。
周　健（2004）《汉语教学法研修教程》，北京：人民教育出版社。
周小兵等（2004）《对外汉语教学入门》，广州：中山大学出版社。

除了以上主要参考文献外，本课程在每一章都会推荐一些该主题的最新科研成果。

五、课程特色、优势与不足

5.1　课程特色

5.1.1　重视基本概念和基本理论

《第二语言教学概论》是一门专业必修课，而且是对外汉语专业课程中的核心课程，要求学生对课程教学内容有比较深入的认识和掌握，以形成、完善适合汉语教学专业需要的知识结构。要达到这个目标，学生需要对该课程所包含和涉及的基本概念和基本理论有一个较为清晰深刻的理解和把握。在教学过程和各种评价中，教师会有意识、多角度、多侧面地强化学生对基本概念和基本理论的认识。

5.1.2 重视结合学生将来工作的需要调整教学内容

对外汉语教学是一个特殊的师范专业，主要是培养推广汉语的教师。他们将要面对的学生来自世界各国，因此在具体教学时，教师从跨文化交际的角度，选取不同国家的文化内容以及不同国家学生学习汉语的不同特点作为课堂内容的重要组成部分，让学生感受不同的教育文化，以免将来面对留学生时出现偏差。

5.1.3 在保证掌握基本概念和基础理论的前提下培养学生教育教学思维能力，使学生有意识地关注教学的理念、原则、方法和技巧，能够经常性地思考、解决教育教学方面的问题

在教学过程中，在保证学生掌握了基本概念和理论等分析工具的前提下，尽可能多介绍教学案例，让学生在分析讨论案例的过程中学会运用这些教育概念和教育理论，而不是仅仅让学生死记硬背知识。

5.2 课程优势

5.2.1 成熟规范

《第二语言教学概论》作为北京市级的精品课程，已经经过了两代教师、学者近 20 年的建设，因此无论是内容体系，还是教材教法，都已经相对成熟规范。

5.2.2 理论与实践并重

《第二语言教学概论》既让学生掌握一些汉语作为第二语言教学的基本概念和基本理论，也培养学生的教育教学思维力和教学操作能力。

5.2.3 适应性强

《第二语言教学概论》在坚持基本体系内容的基础上，直接对应于对外汉语教学专业培养目标的需要。既可作为本科生的专业课（36 学时），又可以作为教师进修的主干课（6—22 学时）。

5.3 不足

5.3.1 教学时间相对不足

《第二语言教学概论》总共36学时，就其应教授的内容来说，时间相对较少，有些内容只能蜻蜓点水，浅尝辄止。

5.3.2 讲授与实习还结合得不够

北京语言大学对外汉语教学专业从上世纪80年代开设本课程，但课堂讲授与教学观摩实习的结合一直不够紧密。学生缺乏实际经验的积累，有时讨论教学问题时不免有隔靴搔痒的感觉。

六、今后课程建设的发展设想

基于以上分析，本课程拟从以下几个方面加强建设：

6.1 继续完善更新课程内容

目前世界汉语教学的发展出现了一些明显的变化趋势，比如国别化、低龄化等等，要研究、解决的新问题很多，相关的研究成果也在不断出现。《第二语言教学概论》的课程内容也要不断追踪新形势、新格局进而不断调整。因此，《第二语言教学概论》的教学内容将会根据实践需要继续进行调整和完善。

6.2 继续尝试其他教学方法，发挥学生的主动性

开展学生自主阅读、专题实践，形成报告，进行辩论，在激发学生参与课堂教学的同时，提升教学效果。

6.3 开发网络课程

从平面课程走向立体课程是课程发展的一种趋势。《第二语言教学概论》将在PPT基础上继续进行视频、录像等方面的录制和建设，并进一步建成一个教学网站。

6.4 教材建设

目前的教材经过比较长时间的使用，已经比较成熟、稳定，但随着汉语教学事业的快速发展，新问题的提出和解决也日益频繁，教材的修订当然也必不可少，这样才能使本课程的知识体系能不断跟上学科发展的步伐。

6.5 教师队伍建设

目前本课程的教师梯队总的说来还比较合理，但后备力量的培养、储备也应该引起我们的重视。除了本课程的教师授课外，我们还准备聘请该领域的专家和优秀一线教师为本课程举办一些专题讲座，使本课程更充实、更丰富、更实用。

北京语言大学对外汉语专业核心课程建设报告之《教育学原理》

北京语言大学人文学院汉语教学论教研室

摘　要：本文是北京语言大学对外汉语专业核心课程《教育学原理》的课程建设报告，从课程发展沿革、教学内容建设、教学方法与手段创新、相关教材建设、课程特色、优势与不足以及今后课程建设的发展设想等方面阐述课程建设的总体情况和发展思路。

关键词：对外汉语专业　核心课程建设　教育学原理

《教育学原理》是北京语言大学人文学院对外汉语教学专业（本科）的一门专业必修课程。同时，它还是支撑“对外汉语教学”这一特色专业的重要特色课程——教育类课程里的核心课程。它对对外汉语教学实践活动起着重要的指导作用。就对外汉语教学专业核心课程体系的建设来说，它具有更为重要的意义。即它有助于对外汉语教学专业的学生树立正确的教育思想，掌握科学的教育规律，在一定高度上从事对外汉语教学活动。对外汉语教学专业的主要目标就是培养合格的对外汉语教师，基本上算是师范专业，而《教育学原理》则是师范专业的标志性课程。可以说，只要对外汉语教学专业有培养对外汉语教师的任务，《教育学原理》就必不可少。

因此，从建设对外汉语教学专业核心课程体系的需要，以及培养合格对外汉语教师的客观要求出发，做好《教育学原理》课程建设工作是非常必要而又十分迫切的。

一、课程发展沿革

客观来讲，在北京语言大学人文学院对外汉语系，《教育学原理》还是个非常年轻的课程。它是课程与教学论教研室于2007年正式开设的，刚满3岁。它的开设，不仅是对“教育部将对外汉语教学专业的对应硕士专业（课程与教学论）初试划归为教育学统考”的顺应，更是一代代对外汉语教学专业负责人对专业培养课程体系主动探索求变的结果。自从上世纪80年代初成立对外汉语教学专业开始，该专业就有了《第二语言教学概论》等涉及教育学理论的课程。后来，又开设了与教育学密切相关的《教育心理学》等课程。随着专业的发展和对外汉语教学发展的需要，该专业的学生需要更为宽广的视野来认识汉语教学，需要更深厚的教育理论来研究汉语教学，这就需要开设一门教育理论方面的课程。

在当时人文学院、对外汉语系、课程与教学论教研室各级领导的直接关怀下，对外汉语教学专业于2007年从北京师范大学招聘一名教育学博士正式开设这门课程。

《教育学原理》虽在北京语言大学对外汉语教学专业课程体系中较为年轻，但它有深厚的师范大学的公共课《教育学》作为基础和源泉。因此，它在开设之初就获得了较高的起点，包括较为成熟的内容体系和教材教法等。在对外汉语教学专业开设此类课程主要就是依据对外汉语教学实践的需要，重新安排相关的理论内容进行教学。

经过三年的调整和试验，该课程获得了很大的发展，逐步形成了较为稳定的教学内容和丰富多样的教学方式等。而且以该课程为核心，还配套开设了《中外教育史》等中外本科生专业选修课程。这在客观上使得该课程获得了稳固的专业必修的定位，而且教学也富有成效。

二、教学内容建设（含教学大纲）

《教育学原理》是对外汉语教学专业的专业必修课程。它是一门理论教育学课程，是教育科学知识体系的最基础部分，主要探讨教育中最基本、最一般的理论问题，是帮助学生构建教育的理性思维的课程。体系复杂，内容丰富。

具体的章节内容大纲包括：

第一章　教育与教育学。主要交代“教育”这一重要的基本概念的内涵及其起源和发展，教育学的产生和发展，以及学习教育的意义与方法。

第二章　教育功能。首先对“教育功能”这一重要概念进行阐述，教育对个体的人及在其发展过程中发挥重要作用，同时阐述教育在社会发展进程中与社会各子系统以及社会整体的相互促进关系，从中强调教育与社会生活不可分割的紧密联系，以及教育功能实现的机制及其所需要的条件。

第三章　教育目的。首先对“教育目的”这个概念进行阐释，同时对从个人本位论到社会本位论的各种教育目的观进行对比分析，并揭示各种层次的教育目的以及它们对教育目标的意义，阐释教育目的选择与确立的过程，最后呈现我国各个时期以及其他各国的教育目的。

第四章　教育制度。主要阐述教育制度和学校教育制度的内涵，现代学校教育制度的形成、内涵，以及我国现行学校教育制度。

第五章　教师与学生。引导学生科学定位教师角色及专业发展，学生的本质属性及其权利和义务，进一步分析师生关系。

第六章　课程。主要阐释分析课程的概念和理论、组织方式以及当代课程改革趋向。

第七章　教学。主要阐释教学的概念和理论、课堂教学设计以及各种课堂教学策略。

第八章　德育。阐释德育的基本概念、各种基本理论及道德发展的各种模式。

第九章　学校管理与班级管理。主要阐释学校管理和班级管理的基本原理、原则等问题。

第十章　班主任。主要阐释班主任的常规工作、班集体的培养，以及班主任工作的内容和方法。

三、教学方法与手段创新

3.1 教学方法

在《教育学原理》课程的教学中我们采用以讲授法和讨论法为主的教学方法，同时也经常采用案例教学法和读书指导法等一些方法。

采用讲授法，主要是发挥其高效的优势。因为对外汉语教学专业三个班共有 90 多人，采用讲授法主要基于教学效率的考虑，同时重视布置相关的练习，做到讲练结合。

采用讨论法，主要是想让学生对教育领域的一些专题取得较为深入的认识，形成教育学思维。同时也能调动学生学习的主动性，培养学习思考问题的习惯。

采用案例教学法，主要是选取教育教学中的真实事件和典型教学案例，采用案例教学，让抽象、枯燥的理论变得形象生动。

采用读书指导法，主要是因为《教育学原理》是一门概论式的课程，教学时间仅为一学期，所以有些内容无法深入，就给学生指定一些书目，让学生自己读书学习，扩大知识面，同时也加以指导。

3.2 教学手段

随着北京语言大学办学条件的逐步改善，在《教育学原理》课程的教学中所使用的教学手段非常多样，包括最基本的粉笔黑板，还有多媒体手段以及社会实践调查等手段。

由于该课程都在多媒体教室上，本课程目前已经形成了较为完善的 PPT 课件，以及一些教育题材的电影、视频、教学录像等。通过多媒体教学技术的辅助和支持，取得了很好的教学效果。同时，本课程还会设计一些专题让学生进行一些社会实践调查等。

四、相关教材建设（含课程主要参考文献与研究现状）

黄 济、王策三主编（1996）《现代教育论》，北京：人民教育出版社。

叶　澜(1991)《教育概论》，北京：人民教育出版社。

王道俊、王汉澜(2009)《教育学》，北京：人民教育出版社。

全国十二所重点师范大学联合编写（2008)《教育学基础》，北京：教育科学出版社。

成有信主编(1993)《教育学原理》，广州：广东高等教育出版社。

袁振国主编(1998)《当代教育学》，北京：教育科学出版社。

孙喜亭(2003)《教育原理》，北京：北京师范大学出版社。

除了以上主要参考文献外，本课程在每一章都会推荐该主题的发表在各种教育学核心期刊上的最新科研文章。

五、课程特色、优势与不足

5.1　课程特色

5.1.1　重视基本概念和基本理论

《教育学原理》是一门专业必修课，而且是教育类课程中的核心课程，要求学生对课程教学内容有较为深入的把握，以使自己的知识结构更加完善。要达到这个目标，学生需要对该课程所包含和涉及的基本概念和基本理论有一个较为清晰深刻的理解和把握。在教学过程和各种评价中，教师会有意识、多角度、多侧面地强化学生对基本概念和基本理论的掌握。

5.1.2　重视结合学生将来工作的需要调整教学内容

与师范类高校开设的公共课《教育学》不同，《教育学原理》主要是培养教汉语的教师。他们将要面对的学生来自世界各国，因此在具体教学时，教师选取各个国家教育制度、教育理念方面的文献资料作为课堂内容的重要组成部分，让学生感受不同的教育文化，以免将来面对留学生时出现偏差。

5.1.3　在保证掌握基本概念和基础理论的前提下培养学生教育学思维能力，能够独立解决教育方面的问题

在教学过程中，在保证学生掌握了基本概念和理论等分析工具的前提下，

多介绍案例，让学生在分析讨论案例的过程中学会运用这些教育概念和教育理论，形成教育思维力，而不仅仅让学生死记硬背一些教育学方面的知识。

5.2 课程优势

5.2.1 成熟可靠

《教育学原理》直接依托于师范类大学的公共课《教育学》，无论是内容体系还是教材教法，都已经相对成熟可靠。

5.2.2 适应性强

《教育学原理》在坚持基本体系内容的基础上，直接对应于对外汉语教学专业培养目标的需要。

5.2.3 理论与实践并重

既让学生掌握一些教育学的基本概念和基本理论，也培养学生的教育思维能力。

5.3 不足

5.3.1 开设时间短

北京语言大学对外汉语专业 2007 年开设本课程，到现在也只有三年的时间，无论其适应性还是针对性都需要进行仔细的研究探索。

5.3.2 教学时间短

《教育学原理》总共 36 学时，就其应教授的内容来说，时间相对较少。有些内容很难做到深入的讲授和讨论。

5.3.3 师资相对薄弱

《教育学原理》课程仅有一名教师开设。

六、今后课程建设的发展设想

基于以上分析，本课程拟从以下几个方面加强建设：

6.1 继续完善更新课程内容

《教育学原理》的课程内容虽然承接了师范类专业的公共课《教育学》的优势，但毕竟教学对象不同，将来运用的领域也不同。因此，《教育学原理》的教学内容将会根据实践需要继续进行调整和完善。

6.2 继续尝试其他教学方法，发挥学生的主动性

开展学生自主阅读、专题实践，形成报告，进行辩论，在激发学生参与课堂教学的同时，提升教学效果。

6.3 开设一些《教育学原理》的下位课程，以形成教育类的课程体系

从对外汉语教学专业发展的角度出发，争取开设《对外汉语课程论》《对外汉语教育史》等下位课程，形成几门课程良性互动的局面。

6.4 开发网络课程

从平面课程走向立体课程是课程发展的一种趋势。《教育学原理》将在PPT基础上继续进行视频、录像等方面的录制和建设，并进一步建成一个教学网站。

6.5 教师队伍建设

在目前仅有一名教师的情况下，准备多请师范类高校的教育学教师开展一些讲座，请一些有对外汉语教学经验的教师讲授经验类内容，并邀请一些相关学科的教师参与课程讨论以及内容选择等，以便在不增加教师数量的情况下也能让学生聆听多位教师的思想。

北京语言大学对外汉语专业核心课程建设报告之《语言学概论》

北京语言大学人文学院现代汉语教研室

摘　要：本文是北京语言大学对外汉语专业核心课程《语言学概论》的课程建设报告，从课程发展沿革、教学内容建设、教学方法与手段创新三个方面阐述课程建设的总体情况和发展思路。

关键词：对外汉语专业　核心课程建设　语言学概论

一、历史发展沿革

北京语言大学人文学院对外汉语系的《语言学概论》课程针对对外汉语系中国二年级本科生开设。1981 年，当时还只是“中文教研室”（对外汉语系的前身）的机构开始承担将部分英语专业的本科生转为现代汉语专业进行正规汉语言本体以及汉语言教学方面的专业培训的任务，其中就已经开设《语言学概论》这门课程。1985 年，汉语教研室独立为北京语言学院语文系，1999 年，语文系正式更名为对外汉语系，而《语言学概论》一直为对外汉语系中国本科学生的必修课程。《语言学概论》课程过去由汉语言文字学教研室主管。2008 年，汉语言文学教研室分为古代汉语教研室和现代汉语教研室，现《语言学概论》为现代汉语教研室主管的课程之一，也是对外汉语专业的主干课程。到 2010 年，《语言学概论》这门课程已经开设近 30 年，培养学生千余名。

二、教学内容建设

教学大纲

课程名称：语言学概论

英文名称：A General Introduction to Linguistics

课程类别：专业必修

授课对象：对外汉语专业二年级中国本科生

学时学分：周 4 学时，共 72 学时，4 学分

采用教材：《语言学纲要》，叶蜚声、徐通锵著，王洪君、李娟修订，北京大学出版社出版。

考试方式：闭卷笔试

教学目的：本课程的目的在于系统地传授语言学的基本知识，帮助学生学习、了解和掌握普通语言学中有关语音、语法、语义、语用、文字、语言演变和接触等方面的基本理论和语言研究的基本方法。要求学生掌握语言学研究的基本方法，了解语言学研究和理论的最新动态，熟悉国内外专业领域的理论和成果以及语言学分支的发展趋势，让学生学会运用理论解释语言现象，具备独立思考的能力。从学术角度来分析实际语言问题，为更深入地进行语言研究工作打下良好的基础。

教学方法：本课程采用课堂教学与课外练习相结合的方法。课堂教学通过教师的讲解和指导使学生掌握语言学的基本理论、观念和研究方法，同时，鼓励学生之间以及学生和教师的课堂讨论。课外练习主要分两方面：一方面是要求学生阅读一些相关的语言学经典文献，另一方面是要求学生独立撰写语言学小论文。

教学内容：（共 72 学时，其中 64 学时讲授知识，其余 8 学时用于作业讲解、复习、期中和期末考试）

（1）导言（2 学时）

【主要内容】语言学的对象和任务；语言学在科学体系中的地位；语言学的分类；语言学的主要流派；语言学的功用和语言学的应用价值。

（2）语言的功能（4学时）

【主要内容】认识语言的社会功能，理解语言是人类最重要的交际工具及其在社会生活中的重要作用，了解语言与思维的关系。

① 语言的社会功能

语言的社会功能主要体现在信息传递和人际互动上。语言不同于说话，是从话语中抽象出来的一套语音、词汇和语法的规则，而说话或话语则是运用语言“生产”出来的“产品”。语言存在于说话或话语之中。语言是特殊的社会现象，具有全民性，它与社会相互依存，是人们交流思想、进行交际的工具。

② 语言的思维功能

语言和思维的关系。思维不同于思想，是指动脑筋、认识现实的过程。思维离不开语言。

语言思维具有一定的生理基础。儿童学会语言的过程与思维能力的发展相辅相成。聋哑人失去语言能力对他的思维能力的发展产生了严重的消极影响。思维能力是全人类共同的，语言是各民族不同的。

（3）语言是符号系统（4学时）

【主要内容】说明语言的性质；理解语言符号的特点；初步认识组合关系和聚合关系；理解语言系统是人类社会特有的这一命题的含义。

① 语言符号的性质和特点

语言符号是音与义相结合的统一体。语言符号的音义结合是社会约定的。正确理解音、义、物之间的相互关系是掌握语言符号性质和特点的关键。语言符号具有任意性和线条性的特点。

② 语言符号的系统性

语言中的各种单位相互间紧密联系，彼此依存，组成一个系统；语言系统是由音位、语素、词、词组、句子等结构单位组成的一种层级体系；组合关系和聚合关系在语言系统中具有重要地位。

③ 语言系统是人类特有的

语言是其他动物和人类之间无法跨越的鸿沟。人类语言和动物“语言”有着根本上的区别。了解其他动物的叫喊之类的性质可以反衬人类语言系统的特点。

（4）语音（10学时）

【主要内容】认识语音的属性，掌握人类发音的基本原理；认识元音和辅音的区别及其特点；掌握音位及音位组合的规则；能划分音位，能用国际音标标注普通话的语音。

① 语音和音系的区别与联系

语音学和音系学的关联和区别；语音和音系的两个最小单位——音素与音位的概念；国际音标的学习和拼写。

② 从声学看语音

语音四要素；音质的声学分析；声学分析的基本手段、方法、仪器和软件。

③ 从发音生理看语音

发音器官；元音和辅音的不同概念及各个元音和辅音的介绍。

④ 音位与音系

对立互补的概念；音位和音位变体；音质音位和非音质音位。

⑤ 音位的聚合

区别特征的概念及其在结构主义语言学和生成音系学中的不同处理；区别特征造成的音位聚合群。

⑥ 语音单位的组合

音节的概念及其在汉英中的不同体现；语流音变和韵律层级；说明语音和句法语义的互动关系。

（5）语法（16学时）

【主要内容】认识语法在语言系统中的地位；掌握语法中的组合规则与聚合规则，并能结合语言事实进行分析；认识变换的意义；认识不同语言的语法结构的特点。

① 语法和语法单位

语言结构是有规则的；语法的组合规则和聚合规则；语法单位（着重说明汉语中不同语法单位的定义和判断）。

② 组合规则

语素组合成词的规则称为构词法。词可分单纯词和合成词两类。合成词包括复合词和派生词两类。掌握汉语合成词的构造类型。词组合成句的规则称为句法。句法的基本结构规则有主谓结构、述宾结构、述补结构、偏正结构和联合结构五种。语句是有层次地灵活运用五种基本结构规则造出来的。掌握组合的层次性和递归性，成分分析法和直接成分分析法。

③ 聚合规则

词类的概念和词类的本质，划分词类的方法；形态的概念及其变化手段；常见的语法范畴，如性、数、格、体、时、态、级、人称等。

④ 变换

变换和句型；变换和句法同义；变换和句法多义。

⑤ 语言的结构类型和普遍特征

语言的结构类型，根据语法结构特点，一般把世界上的语言分为孤立语、黏着语、屈折语和复综语四类。同时介绍现代语言类型学对语言的分类及语言类型学的基本精神。

语言的普遍特征。讨论普遍语法存在的可能，介绍生成语法对普遍语法的认识，说明其基本理念和精神。

（6）语义和语用（8 学时）

【主要内容】认识词汇的构成和词义的特点；掌握词义的聚合与组合；了解词语在思想表达中的灵活运用。

① 词汇和词义词汇及其构成

掌握词汇的概念——一种语言的词的总汇就是该语言的词汇；掌握基本词的特点和一般词的构成。

② 词义的各种关系

词义是和词的语音形式结合在一起的人们对现实现象的概括反映。掌握词义和语素义的关系、一词多义、同义关系、反义关系、词义的上下位关系、词的语义特征和语义场。介绍认知语言学对词义认识的不同观点，说明对意义的不同认识是认知语言学和形式语言学的一个主要不同。

③ 句义

词义和句义的关联；句子的语义结构与人类经验的映像；句子的真值及蕴涵和预设等语义关系。说明形式语言学的某些基本理念和精神；说明认知功能语法对句式语义的看法。

（7）文字和书面语（4学时）

【主要内容】认识文字的性质和作用；了解文字的起源、发展的基本规律和文字改革的原因与基本方向；认识口语和书面语的特点。

① 文字和语言

文字是记录语言的书写符号系统，具有重要作用，对社会发展具有重大影响。认识文字与语言的关系，汉字与汉语的关系。

② 文字的基本性质和文字的产生

认识文字的起源——记事的图画；了解原始文字和科学的文字体系。

③ 文字的发展与传播

造字方法的发展大体上可以分表意、意音和表音三个阶段；汉字的发展：表意、假借和形声，基本上是一种意音文字体系。文字需要随着语言的发展进行必要的改进和改革；认识他源文字的创新与文字的换用，文字适应语言和文字的相对独立性；了解汉字服务于汉语社会，汉字与汉语拼音的关系。

④ 书面语

书面语是在口语的基础上形成的。汉字与汉语的关系特点对汉语书面语的影响；书面语与口语脱节的原因；汉语文言与白话的差异；“五四”的白话文运动和汉语书面语的改革；书面语的规范。

（8）语言演变与语言分化（4学时）

【主要内容】认识语言是不断发展的，应以发展的眼光去认识语言；了解语言发展的特点；认识语言的分化与统一和社会发展变化的关系以及这种发展与语言规范的关系。

① 语言演变的原因和特点

社会、人际交流时语言演变的基本条件；语言中各种因素的相互影响和语言的演变；渐变性和不平衡性是语言发展的两个最重要的特点。

② 语言的分化

语言随着社会的分化而分化；社会方言是社会内部不同职业、阶层等方面的人在语言使用上表现出来的变异；地域方言是全民语言在不同地域的分支。认识方言的成因及汉语的七大方言。地域方言如果随着社会的进一步分化就会发展为独立的语言，从而形成亲属语言，谱系分类就是根据语言的亲属关系对语言所做的分类。

（9）语言的接触（6学时）

【主要内容】认识语言成分的借用与吸收、语言的融合及其原因和语言接触过程中的一些特殊形式。

① 借词

借词不同于意译词和仿译词。认识汉语结构的特点对词语借用的影响。

② 结构规则的借用

③ 语言的替换和底层

④ 通用书面语、民族共同语以及方言与民族共同语的关系

⑤ 语言接触的一些特殊形式——“洋泾浜”、混合语和国际辅助语。

（10）语言系统的发展（6学时）

【主要内容】了解语音、语法、词汇和词义发展的一般规律和特点。

① 语音的发展

方言差异的比较、古今诗韵的区别、不同时期的借词的语音考订等都是研究语音发展的重要线索和途径。认识汉语浊音清化的规律，音变规律的特点，语音对应关系和历史比较法。

② 语法的发展

组合规则的发展，古今语序的差异和语法组合规则的演变；聚合规则的发展，聚合规则的演变主要表现为形态的变化、语法范畴的消长和词类的发展。

③ 语法发展中的类推作用和重新分析

类推在语法演变中的重要作用；语法化的基本概念和个案研究。

④ 词汇和词义的发展

新词的产生和旧词的消亡；词语的替换；词义的演变；词义的扩大、缩小和转移。

三、教学方法与手段创新

在教学方法和手段的创新上，本课程的主要特点有：

3.1　在教学内容上，有很大的创新

过去的语言学概论的教材，其编写的主要理论框架和指导思路为结构主义语言学。但从上个世纪末以来，语言学界各种新的理论和研究方法层出不穷，过去的教材已很难反映现有的研究现状和研究成果。根据这点，本课程在教学内容上有很大创新，这主要表现在两个方面：第一，增加了很多新的知识点。例如，在语言普遍性的教学中，我们增加了语言类型学和生成语法的内容介绍；在语义的教学中，我们增加了形式语义学的介绍。第二，在讨论某一语言学概念的时候，我们会融入当代语言学的新观点和新研究视角。例如，在讨论区别特征的时候，我们不限于结构主义语言学的介绍，增加了生成音系学对区别特征的重新认识；在讨论词义的时候，我们不限于结构主义关于同义、反义、上下位关系的介绍，引入了认知语言学的观点，说明概念结构在意义的表征中所起到的重要作用。

3.2　在教学组织中，本课程采取了更为灵活多样的方式

这主要表现在两个方面：第一，在课堂教学中，强调师生的互动，重视教师与学生的讨论以及学生和学生之间的讨论，采取更多的课堂提问，希望激发学生的学习兴趣和学习热情。第二，在课外，要求学生阅读相关语言学经典文献，如索绪尔的《普通语言学纲要》、布龙菲尔德的《语言论》和乔姆斯基的《句法结构》等。同时，培养学生的独立思考和独立研究能力，要求他们撰写和语言学相关的小论文，教师及时批改和回复。

3.3 在教学手段上，灵活运用计算机和网络平台，发挥多媒体的优势，更好更多地传授知识

这主要表现在，运用形象生动的教学课件，帮助学生快速领会教学内容，利用电子邮箱或BBS讨论区，回答学生课后提出的问题，并可根据教学内容和教学需要，播放一些跟语言学相关的科教节目，说明语言学的社会实用价值。

3.4 根据教师的不同特点，突出专业分工、团队合作的教学方法

针对《语言学概论》各个方面相对独立的教学内容，根据不同教师的个人研究领域和研究强项，让不同的教师讲授不同的部分，做到教师资源充分合理地整合和使用。

对外汉语专业学士学位论文的调查分析报告*

北京语言大学 施家炜 周 韧 邱 冰 刘 宇

摘 要：本项调查研究在北京语言大学人文学院《对外汉语专业学士学位论文信息库》和《对外汉语专业学士学位论文选题库》两个资源库建设的基础上，以1999—2009届对外汉语专业学士学位论文为基础，统计分析十年间论文选题的发展及其与成绩的关系、学科研究的重点和热点、优秀论文的选题特点等，探讨作为专业人才培养的重要环节之一的学位论文与专业课程体系、培养方案、学科建设的关系等问题，从而有效地连接专业人才培养的“输入”与“输出”环节，为客观衡量人才培养质量，全面检验专业培养方案和课程体系并促使其更为优化完善提供科学的依据和翔实的数据支撑。

关键词：对外汉语专业 学士学位论文 选题 调查分析

北京语言大学人文学院对外汉语系最早可追溯至成立于1980年的中文教研室，后历经北京语言学院语文系、文化学院语文系，1999年才正式更名为人文学院对外汉语系。自更名为人文学院以来，我院已经培养了十届对外汉语专业本科生。作为大学学业的重要组成部分，学位论文不仅是检验学生专业素质的关键一环，也是学院教学质量评估的重要标准。因此，本课题组建设了两项

---

* 本文为人文学院科研启动基金项目（集体项目）“对外汉语专业学士学位论文库建设与分类研究”的部分成果，项目负责人：施家炜，项目组成员：周韧、邱冰、刘宇。

资料库（《对外汉语专业学士学位论文信息库》和《对外汉语专业学士学位论文选题库》），对历年（尤其是近十年）对外汉语专业的学士学位论文工作进行科学、系统的整理与分析，为特色专业建设做好资料储备。同时，论文库的资源也为该专业学生进行学位论文写作提供了选题、文献、材料、方法或理论上的借鉴。

以下我们将在信息库和选题库建设的基础上，以1999—2009届对外汉语专业学士学位论文为基础，统计分析十年间论文选题的发展及其与成绩的关系、学科研究的重点和热点、优秀论文的选题特点等，深入探讨作为专业人才培养的重要环节之一的学位论文与专业课程体系、培养方案、学科建设的关系等问题，这将有效地连接专业人才培养的“输入”与“输出”环节，为客观衡量人才培养质量，全面检验专业培养方案和课程体系并促使其更为优化完善提供科学的依据和翔实的数据支撑。

一、选题分布与成绩分布的总体情况

1.1 选题分布

对外汉语专业学士学位论文包括五个方向：

第一，汉语言本体研究；

第二，对外汉语教学研究；

第三，语言习得研究；

第四，汉外语言文化对比与跨文化交际；

第五，其他领域。

具体来说，汉语言本体研究，包括汉语语音研究、词汇研究、语法研究、汉字研究、修辞研究、方言研究、理论语言学研究以及应用语言学研究；对外汉语教学研究，包括汉语作为第二语言教学理论研究、汉语作为第二语言教学法流派研究、汉语言语技能训练的方法与技巧研究、汉语要素教学方法研究、汉语作为第二语言课堂教学活动与教学方法研究、课堂教学组织和管理研究、教学模式与教学设计研究、课程设置研究、汉语作为第二语言的教材研究、汉语作为第二语言的教师素质与教师发展研究、汉语测试与评估研究、现代教育技术在对外汉语教学中的应用研究；语言习得研究，包括学习者语言系统研究、习得外部因素研究、内在习得机制研究、语言学习者研究等；汉外语言文化对比与跨文化交际，包括汉外语言对比、汉外文化对比、语言与文化、跨文化交际等（对外汉语专业学士学位论文选题库的主题分层详见附录）。

根据我们的统计，1999—2009十年间对外汉语专业本科生论文共有659篇，其中汉语言本体研究259篇，占39.30%，居于首位；对外汉语教学研究153篇，占23.22%；语言习得研究78篇，占11.84%；汉外语言文化对比与跨文化交际研究48篇，占7.28%；其他领域的研究121篇，占18.36%。

1.2 成绩分布

1999—2004届本科生毕业论文以百分制为单位进行评定。自2005年起，采用等级评定的方式，分为优秀、良好、中等、及格、不及格五类。为保持评定标准的一致性和统计的有效性，我们按其评分形式分为1999—2004届和2005—2009届两个时段，分别进行统计分析。

1999—2004六年间，论文平均成绩依次为89.17、84.62、88.45、85.54、86.08、86.98。我们将成绩分为四个分数段，90—100、80—89、70—79、60—69，如表1所示：

表1　1999—2004届论文成绩分段汇总

年份 \ 分数段	90—100	80—89	70—79	60—69	总计
1999	12	11	0	0	23
	52.17%	47.83%	0	0	100%
2000	11	20	9	2	42
	26.19%	47.62%	21.43%	4.76%	100%
2001	23	23	1	0	47
	48.94%	48.94%	2.13%	0	100%
2002	16	29	3	0	48
	33.33%	60.42%	6.25%	0	100%

（续表）

分数段 年份	90—100	80—89	70—79	60—69	总计
2003	15	57	1	0	73
	20.55%	78.08%	1.37%	0	100%
2004	17	28	2	0	47
	36.17%	59.57%	4.26%	0	100%
总计	94	168	16	2	280
	33.57%	60.00%	5.71%	0.71%	100%

2005—2009 届论文采用等级评定，2005、2006 两年优秀率较高，自 2007 年起优秀率保持在 10% 上下，优良率在 95% 以上。（见表 2）

表 2　2005—2009 届论文成绩汇总

等级 年份	优秀	良好	中等	及格	总计	优秀率	优良率
2005	7	40	0	0	47	14.89%	100.00%
2006	10	48	0	2	60	16.67%	96.67%
2007	9	77	0	4	90	10.00%	95.56%
2008	9	82	0	3	94	9.57%	96.80%
2009	9	75	4	0	88	10.23%	95.45%
总计	44	322	4	9	379	11.61%	96.57%

综合两段时间成绩的分布，我们可以看到十年间论文成绩总体良好，没有出现不及格的情况，变化不大，比较稳定。从前六年 90—100 分数段比例的下降和后四年优秀率的下降，可以从一个侧面看出论文评定尤其是优秀论文的评定更加严格。

二、历届学位论文选题的发展走势与特点

我们对历届学位论文的选题分布进行了汇总，考察其发展走势与特点。结果如下列图表所示：

表 3　1999—2009 届论文选题分布汇总

选题 比例（%）	本体	教学	习得	汉外	其他
1999	34.78	8.70	0.00	8.70	47.83
2000	30.95	11.90	4.76	4.76	47.62
2001	27.66	10.64	10.64	14.89	36.17
2002	33.33	18.75	10.42	2.08	35.42
2003	21.92	9.60	9.60	5.48	53.42
2004	44.68	29.79	10.64	12.77	2.13
2005	31.91	42.55	4.26	19.15	2.13
2006	33.33	23.33	21.67	11.67	10.00
2007	51.11	31.11	13.33	2.22	2.22
2008	48.94	26.60	15.96	4.26	4.26
2009	51.14	27.27	13.64	4.55	3.41
总计	39.30	23.22	11.84	7.28	18.36

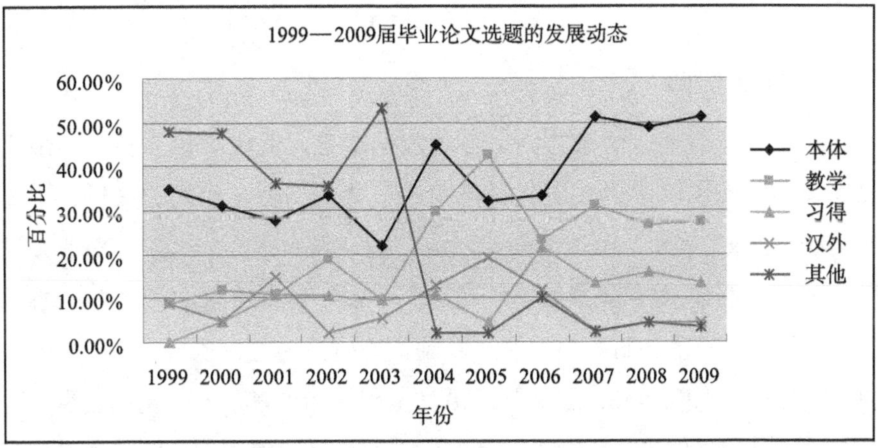

图1　1999—2009届毕业论文选题的发展动态图

从上图可以看出，其他领域论文数量变化最大，2003 年以前均居首位，占到 35% 以上。2003 年达到最高峰，超过半数，占当年全部论文的 53.42%，高出了第二位汉语言本体研究 30 多个百分点。2004 年迅速下降，此后和其他方向论文相比，一直保持最低比例。这也反映了学科论文选题渐趋集中和专业化。汉语言本体研究发展比较平缓，自 2006 年起，数量稳步上升，居于首位，

2009年达到51.14%，与其他领域差距有加大的趋势。对外汉语教学研究方面的论文数量也比较多，2005年居于第一位，占到了42.55%，之后迅速下降并逐渐趋于平缓。语言习得研究由于起步较晚，发展还不太成熟，对外汉语专业本科生对其了解还不深，因此这方面的论文数量上升得比较缓慢。2006年数量最多，也只占到了21.67%。汉外语言文化对比与跨文化交际，经历了2001和2005年两个小高峰，自2006年起下降并趋于稳定，近三年均不到5%。

三、论文选题所反映的学科研究重点和热点

3.1 各领域发展不均衡

总体上来看，汉语言本体研究作为传统的重点领域，研究最丰富；对外汉语教学研究其次；新兴的语言习得研究再次之；汉外语言文化对比与跨文化交际研究最少。

3.2 领域内部

汉语言本体研究：语法方向，古代汉语2篇，近代汉语3篇，其余全部为现代汉语。现代汉语语法研究又集中在：特殊句型、句式的分析，主要有“把”字句、“被”字句、主谓谓语句以及一些特殊的格式，比如“X是X”“谁X谁Y”“不A不B”等；词类相关问题研究，主要有离合词研究、兼类词研究、词性标注问题等；虚词研究，其中又以副词的研究为主，多是几个同义副词之间的比较分析。近些年来，随着篇章语言学和认知语言学的兴起和发展，对外汉语专业本科生学位论文转变了最初的句法、语义、语用的分析，也运用了一些新理论，比如不对称理论、主观化、语法化等。研究方法上注重以语料库为基础进行定量的统计分析。词汇方向，也集中于现代汉语词汇研究。有个案研究，对某个具体词深入分析，但更多的是划定研究范围，进行定量统计。在66篇论文中有14篇以HSK词汇大纲为研究对象，7篇以词典为考察范围，5篇以文学作品作为语料来源。研究重点是：构词法、词义、新词语、词语搭配、同义词和近义词的比较等。应用语言学方向，全部集中在社会语言学方面，研

究对象多是流行语、称谓语、网络语言、新闻标题、广告语、品牌名称等各种语言变体，考察其在性别、年龄、地域等方面的变异。计算语言学由于需要计算机和数理知识，因此多是理工科的人在从事这方面的研究。十年间没有出现计算语言学方向的本科学位论文。方言方向，以方言语音研究为主，近些年来论文中有5篇都采用了单字调实验语音学的考察手段。此外，语音研究、理论语言学、汉字研究方面的论文很少，分别是2篇、1篇、5篇。

对外汉语教学研究：教材研究方面的论文最多，且趋于具体化，即按阶段（初、中、高）、按年龄（儿童—成人）、按技能（口语、阅读、听力等）、按要素（语法、汉字、词汇等）、按内容（如商务汉语）等分类研究。有的对一本教材进行个案分析，也有的对一类教材进行系统研究，还有的对某几本教材进行比较；有些是宏观、全面的考察，有些是对微观项目的研究，比如课文取材、练习、生词注释等。语言要素的研究与汉语言本体研究紧密相连，但更注重教学安排和教学策略。言语技能的研究则常来源于教学实践，同时借鉴教学法、教学理论，探讨教学方法并最终在教学中得以检验。现代教育技术、汉语测试与评估在对外汉语教学研究中属于比较新兴的方向，论文数量不多，但近几年关注度有所增加。教学模式与设计研究、课程设置研究、教师素质与发展研究、教学法和教学理论的研究很少。

语言习得研究：汉语习得研究起步很晚，相比英语习得研究，无论从理论上还是研究方法上都不够成熟，相关专著、论文相比传统的本体研究也少得多。但近几年来，有越来越多的学者专门从事习得研究，语言习得成为研究的热点。学习者语言系统研究和学习者研究占据了研究的主体。前者主要研究汉语习得情况，从国别来说，针对日韩、英语背景留学生的研究较多；从年龄来说，对成人留学生的研究较多，对儿童学习汉语作为第二语言的专门研究较少；从语言要素系统来说，语法方面的研究最多，集中在留学生易错的特殊句式、虚词等上面。此外，汉字由于自身独特性，成为非汉字文化圈的学习者的难点，近年来也出现了一些汉字习得方面的本科学位论文。学习者语言系统研究内容包括：习得过程、偏误分析。近几年的论文中也有些考查学生对语言要素的全面掌握情况，不仅包括偏误，也包括学生正确的表达，避免了偏误分析的局限。学习者研究，主要探究学生个体差异对学习过程的影响。研究重点有学习策略、学习动机、焦虑、交际策略、认知方式、性格、歧义容忍度等，多是实证性的研究，又以定量研究为主。

汉外语言文化对比与跨文化交际：这类研究最少，关注度不够，且选题与对外汉语教学联系不太紧密。汉外语言对比方向，汉英对比方面的研究较多，也有少量的汉韩、汉日对比。对比研究以语法和词汇对比为主，词汇对比常常与文化相连。汉外文化对比，主要是中西文化的对比。语言与文化，主要关注姓氏、委婉语和禁忌语、成语等语言成分之中的文化因素。跨文化交际方面的研究很少，且多是着眼于历史上的文化交流。

其他领域：以文学研究居多，与对外汉语专业距离较远。自 2004 年来这方面的研究也越来越少，都在 10% 以下，这里不再详述。

3.3 多领域交叉融合

对外汉语专业本身就具有多学科背景，包括语言学、教育学、心理学、跨文化交际等。这也决定了研究涉及语言本体研究、教学研究、习得研究、汉外语言文化对比与跨文化交际这四个领域，而这些领域的交叉融合是研究发展的新趋势。汉语言本体研究密切注意与教学的联系，把教学中的重点和难点作为研究的对象，得出研究结果后还提出相应的教学策略。语言习得研究尤其是对学习者语言系统的研究要以汉语言本体研究为基础，而研究的结论又对教学有直接的指导意义。汉外语言对比为研究不同母语背景的留学生学习汉语的不同偏误提供了依据，汉外文化对比与跨文化交际为对外汉语文化因素的教学奠定了基础。总之，四个领域是相互依存、共同发展的。

四、论文选题与成绩的关系

上面我们分别讨论了论文选题和成绩的总体分布，那么二者之间是否有相关性呢？我们依旧分为 1999—2004 届和 2005—2009 届两个时段，探讨选题和成绩的关系。

从图 2（见下页）可以看出，1999—2004 届汉语言本体研究与对外汉语教学研究方向的论文成绩只有微小的差异。语言习得研究方向的论文平均成绩最高，汉外语言文化对比与跨文化交际方向的论文成绩最低，且差距较大，与最高分相差 4.38 分。

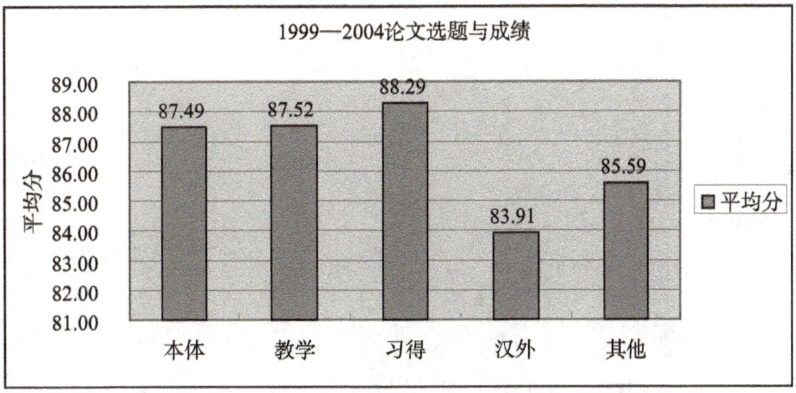

图2　1999—2004届论文选题与成绩的关系图

我们将 2005—2009 届学位论文按照优秀、良好、中等、及格四等，统计各领域各等级的分布，具体见表 4：

表 4　2005—2009 届各领域论文等级汇总

等级＼选题	本体	教学	习得	汉外	其他	总计
优秀	21	11	10	1	1	44
良好	147	93	43	25	14	322
中等	2	2	0	0	0	4
及格	2	5	1	0	1	9
总计	172	111	54	26	16	379
优秀率	12.21%	9.91%	18.52%	3.85%	6.25%	11.61%(平均)
总比例	47.73%	25.00%	22.73%	2.27%	2.27%	100.00%

从图 3（见下页）我们可以直观地看到，按照各方向的优秀论文占优秀论文总数的比例，可排序为：本体＞教学＞习得＞其他＝汉外。汉语言本体研究方向的论文高达 21 篇，占到了 47.73%。但按照各方向论文的优秀率，由高到低依次为：习得＞本体＞教学＞其他＞汉外。习得研究由于论文总数较少，优秀论文数量不及汉语言本体研究，但优秀率居首，达到了 18.52%，超出平均优秀率 6.91%。

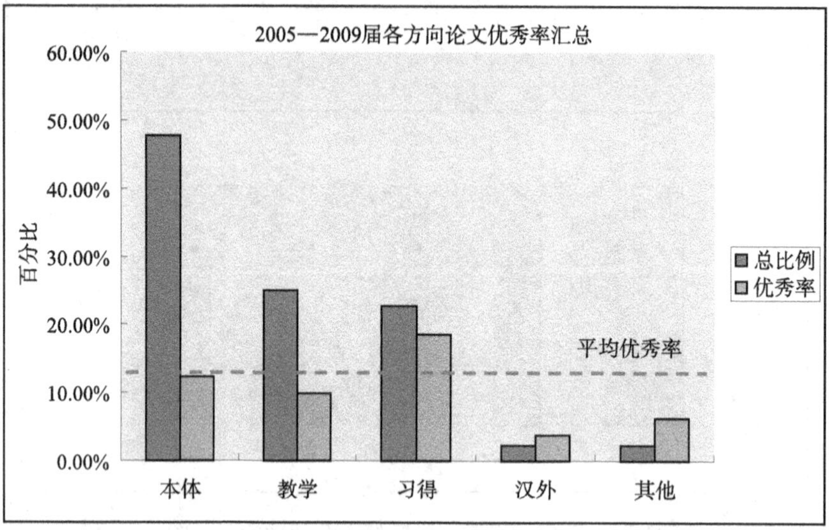

图3　2005—2009届各方向论文优秀率汇总图

综合两个时段的分析，我们发现语言习得研究方向的论文十年间总体成绩最好，本体和教学次之，汉外语言文化对比与跨文化交际方向的论文成绩最低，且与其他方向差距较大。

五、优秀学位论文的分析

1999—2004 年，论文的评定采取百分制打分的方式。我们按照成绩由高到低的顺序选取前 10% 的论文作为优秀论文，共选取了 28 篇。2005—2009 年共 44 篇优秀论文，总计 72 篇。优秀学位论文之所以能够脱颖而出，必定在写作的深度、条理性和严谨性上胜人一筹。除此以外，选题是论文写作的第一步，也是一篇学位论文成功的关键。纵观十年，这些优秀论文在选题上也有一些亮点，值得借鉴和吸收。

5.1 “小”

即题目的切入点小。论文选题最忌大而空，尤其对于本科生来说，对专业前沿了解不深，缺乏研究经验，研究方法和思路都不够成熟。在这种情况下，要在几千字的范围里阐述清楚一个宏大的问题，是难以实现的，恐怕难免

"蜻蜓点水"，各方面都涉及一点，又都一笔带过。总有同学担心论文选题过小，字数不够，实际上"小"和"深"是密不可分的。真正好的论文是"以小见大"，题目小才有可能做得深入。对一篇论文来说，"深"远比"广"更重要。例如《韩国留学生汉语能愿动词"要"的使用情况调查》是2009届的一篇优秀论文，从题目上看，选取了一个国家的留学生、一类汉语动词中具体的某一个"要"作为研究对象，研究范围明确、清晰。又如2007届优秀论文《现代汉语中语气副词"简直"研究》，选取了具体的一个词作为研究对象，如果改为《现代汉语中语气副词研究》，题目就过大，本科生很难驾驭了。总之，要达到"小"的标准，必须明确和细化研究的对象和范围。尤其对语言习得和对外汉语教学研究，研究对象、范围的细微差异很可能直接影响研究结果的可靠性。

5.2 "新"

主要指研究内容新，即前人相关著述不多；研究的方法新，研究结果更加科学可信。

从内容上讲，首先，是新兴的研究领域。对外汉语作为一个独立的学科时间很短，相关的很多研究领域才刚刚起步，专著、论文相对较少，可发掘、研究的新问题较多。语言习得研究以及对外汉语教学研究中的语言测试与评估、现代教育技术的应用等都是近年来新兴的研究领域，从这些方面比较容易找到一些新的研究问题。举例来说，2004届优秀论文《HSK（高等）主观性考试评分员间一致性检验》属于汉语测试方向，国内该方向的研究较少。十年间这一方向的论文仅有3篇，2004年只有2篇。这篇论文选题就以"新"取胜。第二，旧问题新角度。像汉语言本体研究这样的传统研究领域，前人著述已经很广泛、很深入，要想找到无人触碰的问题很难。这种情况下的创新常常表现为"以新的角度审视旧的问题"。《在京北京籍大学生詈语使用的性别差异研究》是2009届的一篇优秀论文。关于詈语前人的论文很多，也有研究专著出版，但对詈语进行性别差异的社会语言学考察的研究还很少，这样就从旧的问题中寻找到了新的角度。第三，各领域的融合。对外汉语教学研究、语言习得研究、本体语言学研究经常会在题目中交叉融合。举例来说，2005年的优秀论文《中级汉语综合课篇章教学的尝试与思考》属于对外汉语教学研究的范畴，但是借鉴了本体研究中篇章语言学的研究成果。

从方法上讲，流行、新兴、科学的研究方法会为研究注入旺盛的生命力。如前所述，近些年来，实验研究、实证性研究、定量研究成为研究者使用频率很高，评价也较高的研究方法。对外汉语专业本科优秀学位论文，有些就采用了这些研究方法。比如2001届优秀论文《HSK甲乙两级复合词词义与语素义关系类型的定量统计考察》采用了定量分析对词汇进行考察，2009届优秀论文《太仆寺旗单字声调的实验研究》采用了实验语音学的研究方法，《北京人广州话韵母习得研究》采用了个案研究的方法考察语音习得。

附录：

对外汉语专业学士学位论文选题库的主题分层

1. 汉语言本体研究

   汉语语音研究

   汉语词汇研究

   汉语语法研究

   汉字研究

   汉语修辞研究

   方言研究

   理论语言学研究

   应用语言学研究（社会语言学研究、计算语言学研究等）

   其他

2. 对外汉语教学研究

   汉语作为第二语言教学理论研究

   汉语作为第二语言教学法流派研究

   汉语言语技能训练的方法与技巧研究（听力 / 口语 / 阅读 / 写作 / 综合课教学）

汉语要素教学方法研究（语音 / 词汇 / 语法 / 汉字 / 文化 / 语篇教学）

汉语作为第二语言课堂教学活动与教学方法研究

课堂教学组织和管理研究

教学模式与教学设计研究

课程设置研究

汉语作为第二语言的教材研究

汉语作为第二语言的教师素质与教师发展研究

汉语测试与评估研究

现代教育技术在对外汉语教学中的应用研究（多媒体教学、多媒体教材、教学资源建设等）

其他

3. 语言习得研究

学习者语言系统研究（偏误分析、习得过程、语言变异性、语用特征研究等）

习得外部因素研究

内在习得机制研究

语言学习者研究（个体差异因素、学习策略等）

其他

4. 汉外语言文化对比与跨文化交际

汉外语言对比

汉外文化对比

语言与文化

跨文化交际

其他

5. 其他

如中国古代文学研究、中国现当代文学研究、外国文学研究等

（注：以前允许选择文学类题目）

国内外汉语教师培训现状与对策调研报告

北京语言大学　张宁志

摘　要：本项调研报告从国际汉语教师的培训模式、培训课程、开设班型等方面系统分析国内汉语教师培训现状，从职前培训和岗中培训两种类型分析国外国际汉语教师培训现状，在对国内外汉语教师培训现状进行详细阐述的基础上，引入汉语教师成长过程的四个阶段（适应阶段、模仿熟练阶段、发展成熟阶段、创新阶段），针对性地提出国际汉语教师培训的相应对策，认为教师培训的工作重点应放在培养教师的实践教学能力和反思研究能力上。

关键词：汉语教师培训　现状　对策　调研

一、国内汉语教师培训现状

1.1　北京语言大学教师进修学院国际汉语教师培训模式、培训课程、开设班型

1.1.1　培训模式和培训课程

教师进修学院总结多年办学经验，结合不断发展的汉语国际教育人才培养的新形势，不断改革创新，大胆探索，经过反复实践改进，逐渐形成了“系统授课＋小组讨论＋实战演练”的汉语教师培训模式。

“系统授课”的课程囊括了汉语教师必须具备的一整套知识和能力体系，包括理论课程和教学法课程。理论课程包括对外汉语教学领域的所有基础学科理论，教学法课程包括对外汉语教学各课型的教学方法和技巧。

系统课程一览表

模块	课程	授课方式	课程目标
理论课程	对外汉语教学理论	专题讲座	(1)通过学习，使学员对对外汉语理论基本知识有全面的了解； (2)掌握汉语习得与学习策略的基本理论和知识，并能运用其指导汉语教学实践； (3)使学员全面了解和掌握中国文化、中国国情方面的知识，并将相关知识应用于教学实践，了解中国文化的丰富内涵和中国基本国情。
	汉语习得理论		
	中国文化（历史、哲学、文学艺术、国情、民俗文化等）		
	现代汉语语音	自学 + 课堂答疑	通过学习，使学员不仅掌握汉语语音、词汇、语法与汉字基本知识，特别是对对外汉语教学语法有一个全面的了解，并能运用于汉语教学实践中。
	现代汉语词汇		
	汉字基础		
	对外汉语教学语法	系统授课	
教学法课程	课堂教学概说	授课	(1)《课堂教学概说》课程使学员理解和掌握对外汉语教学的基本原则和概念，并且对对外汉语教学课程体系有一个清晰的认识； (2)其他七门课程通过系统讲解、模拟课堂和教师点评的授课方式，使学员掌握汉语语音、词汇、语法、汉字教学的方法和技巧及听、说、读、写等技能教学的方法和技巧，并能熟练运用于教学实践中； (3)《教材分析》课使学员对对外汉语教材有一个全面的了解，并且掌握教辅资料的基本编写方法； (4)《汉语多媒体教学》包括多媒体教学资源介绍、课件制作及课堂教学应用等。
	初级汉语综合课教学（语音阶段、语法阶段、短文阶段）	授课 + 研讨 + 课堂模拟 + 点评	
	中高级汉语综合课教学		
	听力口语课教学		
	汉字课教学		
	阅读课教学		
	写作课教学		
	教材分析及教辅资料的编写		
	汉语多媒体教学		

同时，为适应当今汉语教学低龄化、国别化的趋势，我们根据教学对象的不同需要，有针对性地为中小学汉语教师和特定国家汉语教师提供专门的讲授和研讨课程，并收到了很好的效果。此外，为了丰富教学内容，增加课程的多样性和实用性，还开设了中华才艺课程。

中小学汉语教师、特定国家汉语教师培训课程一览表

<table>
<tr><th>模块</th><th>课程内容</th><th>授课方式</th><th>教学目标</th></tr>
<tr><td rowspan="5">中小学汉语教学</td><td>中小学课堂教学方法与技巧</td><td rowspan="3">授课＋研讨</td><td>讲授、研讨中小学汉语课堂教学的方法和技巧，以及如何布置课堂、编排游戏进行教学等。</td></tr>
<tr><td>中小学汉语教材及教辅材料介绍</td><td>介绍、研讨中小学汉语教材和教辅材料的选择和使用。</td></tr>
<tr><td>中小学多媒体教学</td><td>介绍、研讨中小学多媒体教学的课件制作、教学方法。</td></tr>
<tr><td>儿童趣味汉字教学</td><td rowspan="2">研讨
＋
实地考察</td><td>实地考察中小学，研讨儿童趣味汉字教学方法。</td></tr>
<tr><td>中小学汉语教学录像观摩及点评</td><td>观摩中小学汉语课堂，研讨中小学汉语课堂教学方法与技巧。</td></tr>
<tr><td rowspan="2">国别化汉语教学</td><td>母语为英语学生语音偏误和学习难点分析</td><td rowspan="2">授课＋研讨</td><td>学习、研讨英语背景学生常见的语音偏误和学习难点，以及相应的教学对策。</td></tr>
<tr><td>母语为英语学生语法偏误和学习难点分析</td><td>学习、研讨英语背景学生常见的语法偏误和学习难点，以及相应的教学对策。</td></tr>
<tr><td rowspan="5">中华才艺</td><td>中国功夫</td><td rowspan="5">授课＋体验</td><td rowspan="4">通过体验和学习，使学员感受中国传统文化和民间艺术的精髓和魅力，掌握基本操作方法，并能传授给学生。</td></tr>
<tr><td>剪纸</td></tr>
<tr><td>中国结</td></tr>
<tr><td>中国书法</td></tr>
<tr><td>百工坊</td><td>学员亲身体验老北京胡同文化和中国传统民间工艺及游览北京名胜古迹。</td></tr>
</table>

“小组讨论”是以小组为单位，在经验丰富的资深教师指导下，撰写语音、语法、口语等多种课型的教学方案并进行讨论、修改。“实战演练”是让学员走上讲台试讲，模拟对外汉语课堂教学环境，感受体验最大限度贴近真实的课堂教学氛围，从而达到进一步深入理解和掌握课堂教学方法和技巧，提高课堂教

学能力的目的。通过这种新型的理论与实际相结合的培训模式，学员不仅可以学到对外汉语教学的理论知识，打下良好的专业基础，而且可以获得实际汉语教学实践机会，提高对外汉语课堂教学能力。

1.1.2 培训班型

1.1.2.1 国际汉语教师全能培训班

课程目标：全面掌握国际汉语教学的基础理论和教学方法、技巧，并能运用于教学实践中；学会几门中华才艺，并能传授给学生；中小学汉语教师和特定国家汉语教师通过选修课程，提高教学水平，加强交流合作。

招生对象：中国大陆、港澳台地区和海外中小学汉语教师，高等院校汉语教师，业余语言学校汉语教师及其他非专业人士。

课程设置（对应《国际汉语教师标准》）

<table>
<tr><th>类别</th><th>培训课程</th><th>《国际汉语教师标准》</th></tr>
<tr><td rowspan="12">教学理论课程</td><td>汉语语音基本知识</td><td rowspan="4">标准一：汉语知识与技能</td></tr>
<tr><td>汉字基本知识</td></tr>
<tr><td>语法基本知识</td></tr>
<tr><td>词汇基本知识</td></tr>
<tr><td>中国文化及中国国情</td><td>标准二：中国文化</td></tr>
<tr><td>中外文化比较与跨文化交际</td><td>标准四：中外文化比较与跨文化交际</td></tr>
<tr><td>第二语言习得与学习策略</td><td>标准五：第二语言习得与学习策略</td></tr>
<tr><td rowspan="2">对外汉语教学理论</td><td>标准七：测试与评估</td></tr>
<tr><td>标准八：汉语教学课程、大纲、教材与辅助教材</td></tr>
<tr><td>现代教育技术及运用</td><td>标准九：现代教育技术及运用</td></tr>
<tr><td>教师综合素质</td><td>标准十：教师综合素质</td></tr>
<tr><td colspan="2" style="display:none"></td></tr>
<tr><td rowspan="7">教学法课程</td><td>综合课教学——语音</td><td rowspan="7">标准六：汉语教学法</td></tr>
<tr><td>综合课教学——词汇</td></tr>
<tr><td>综合课教学——语法</td></tr>
<tr><td>综合课教学——短文</td></tr>
<tr><td>听力、口语课教学法</td></tr>
<tr><td>汉字、阅读教学法</td></tr>
<tr><td>写作教学法</td></tr>
</table>

（续表）

类别	培训课程	《国际汉语教师标准》
教学法课程	课堂录像观摩与点评	教学实践
	教学小组讨论课	
	模拟课堂	

1.1.2.2 “211”精品周末班

课程特色：“211”意为“两部分课程、导师一对一辅导、能讲一堂精品课”，两部分课程包括精讲专业知识、精练教学方法，导师一对一指导学员，每个学员一个小时。

招生对象：针对准备留学、移民及其他有志于国际汉语教学者

课程设置：

专业知识：对外汉语教学概论、现代汉语（语音、汉字、词汇、语法）

教学方法：语音教学法、汉字教学法、词汇教学法、语法教学法、口语教学法

教学实践：教案研讨、一对一指导、试讲

1.1.2.3 港澳台汉语教师研修班

课程目标：全面掌握国际汉语教学的基础理论和教学方法、技巧，并能运用于教学实践。

招生对象：港澳台地区汉语教师及有志从事汉语教学的人士。

课程内容：国际汉语教师基础课程、选修课程，汉粤对比教学、繁简字对比教学等。

1.1.2.4 国际汉语教师长期研修项目

课程目标：进一步加深在职汉语教师的汉语教学理论造诣，提高实际教学能力。

招生对象：中小学汉语教师、高等院校汉语教师、业余语言学校汉语教师。

课程内容：国际汉语教师基础课程、选修课程，汉语教学专业本科、研究生课程，导师制课程（跟随一线资深汉语教师听课、试讲）。

1.1.2.5 国家汉办汉语教师研修项目、留学基金委教师研修项目

课程内容：

汉语课：高级口语、话题口语

专门课：国别化汉语教学

教学法课：语音与语音教学、词汇与词汇教学、语法与语法教学、汉字与汉字教学、听力课教学、口语课教学

理论课：汉语教学概论、中国文化（国情、民俗文化等）

中华才艺课：剪纸、中国书法

文化考察：名胜古迹游（如长城、天坛、故宫、颐和园、奥运场馆等）、老北京生活体验（如胡同、茶馆等）

1.1.2.6 中华才艺培训班

课程目标：通过体验和学习，使学员感受中国传统文化和民间艺术的精髓和魅力，掌握基本操作方法，并能传授给学生。

招生对象：对中华文化感兴趣或有志于传播中华文化者。

课程内容：中国功夫、舞龙舞狮、剪纸、书法、国画、中国结、中国民族乐器（如二胡、笛子、葫芦丝、箫等）、京剧等。

1.1.2.7 普通话培训项目

课程目标：提高普通话水平的同时，掌握普通话教学的方法和技巧；课程结束后，学员可在我校参加“普通话水平测试”，并获得相应等级证书。

招生对象：欲提高普通话水平，参加普通话水平测试者。（中国大陆、港澳台地区及海外学员均可报名）

课程内容：普通话知识讲解、朗读示范、纠音正音、普通话教学方法及技巧、普通话水平模拟考试。

1.2 国内其他高校汉办汉语教师培训课程

根据培训人群，目前国际汉语教师培训主要可以分成两种：中小学汉语教师研修班和高校汉语教师研修班。

承办中小学汉语教师研修班的院校目前有黑龙江大学、北京外国语大学、北京教育学院、云南大学、云南师范大学、厦门大学、华东师范大学、复旦大学、吉林大学，分别针对俄罗斯、西班牙、葡萄牙、意大利、法国、东盟、东南亚、新加坡和日本等国家的中小学汉语教师。

承办高校汉语教师研修班的院校目前有黑龙江大学、北京外国语大学、北京大学、北京师范大学和北京语言大学，分别针对俄罗斯、西班牙、葡萄牙、意大利等国家的高校汉语教师。

中小学汉语教师研修班的课程主要为了提高学员的汉语本体知识及中小学课堂教学技能，包括现代汉语语音、词汇、语法、汉字知识，中小学汉语课堂教学、教学资源介绍、汉语课堂教学观摩。同时根据学员来源，有针对性地开设不同国家学习者汉语学习偏误分析课程：针对各个国家学习者的语音偏误、语法偏误、汉字偏误分析，找出偏误发生的规律，提出解决和纠正偏误的方法。此外，还开设了中国国情、文化和考察课程。

高校汉语教师研修班的课程主要为了了解汉语教学的基本情况、学科发展趋势以及最新学术成果，提高学员理论修养，完善教师的知识结构，提高教师的教学能力，包括理论模块、知识模块、实践模块、中华才艺模块。理论模块和知识模块包括对外汉语教学概论、现代汉语、中国国情、中国文化、多媒体教学等课程。实践模块包括各种课型（综合课、听说课、汉字课、阅读课、写作课）的教学方法课、教材分析课、教学观摩课。中华才艺模块包括中国功夫、剪纸、中国结、中国书法等技艺。此外，也安排了名胜古迹游和老北京生活体验等文化考察活动。

二、国外国际汉语教师培训现状

国外的汉语教师培训具有更加鲜明的职前培训和岗中培训的特点。特别是以美国几所著名大学（如哈佛大学、普林斯顿大学、哥伦比亚大学等）汉语项目为代表的汉语教师培训，已形成了一套适合美国学生、具有鲜明特色的系统培训模式。

这些项目的培训内容围绕教学的心理学基础和课堂教学模式、技巧，采用微格教学法，对受训者进行全方位、多层次的教学能力培训。

2.1 职前培训

2.1.1 学习相关知识

作为培训的第一步，受训者要先了解、学习本项目的教学理念、教学套路、教学设计、具体教学方法等相关内容。这些内容包括宏观的汉语教学学科知识、本汉语项目的基本教学原则、整体教学安排等（如大班语法课＋小班操练课＋个人辅导＋中文桌子的教学安排），也包括微观的教学活动和教学技巧等（如课堂提问、课堂节奏、教师手势等）。同时，这些项目也非常重视教师的职业特性，灌注以学生为本的思想。

2.1.2 观摩示范

在观摩示范之前，培训教师首先向受训者讲清楚本次教学技能训练（比如生词讲解环节）的具体目标、要求，以及该教学技能的类型、作用、功能及运用的一般原则、使用方法及注意事项。随后，培训教师进行现场示范。在示范过程中，培训教师根据实际情况给予受训者必要的提示与指导。

2.1.3 角色扮演与微格实践

在培训教师现场示范后，组织受训者进行课堂讨论，分析示范教学的成功之处。之后受训者就要根据教学目标、教学内容、教学对象、教学条件进行教学设计，选择合适的教学媒体，编写详细的教案。在充分准备之后，进入角色扮演与微格实践阶段。角色扮演是微格教学中的重要环节，是受训者训练教学技能的具体教学实践过程。讲课时间视教学技能的要求而定，一般5—10分钟。

2.1.4 评价反馈

在受训者角色扮演之后，培训教师对其进行评价反馈。这一环节是微格教学中最重要的一步。培训教师对受训者的教学过程（如课堂教学套路、教学例句的选择、课堂互动、纠错、课堂用语、手势、板书等方方面面）进行集体评议，找出不足之处，必要时还对其需改进的问题进行示范，从而帮助受训者进一步改进、提高。

2.1.5 修改教案

评价反馈结束后，受训者修改、完善教案，再次实践。

2.2 岗中培训

这些项目也非常注重教师上岗之后的岗中培训。

2.2.1 教师互相听课

大班老师给小班老师建议，小班老师观摩大班老师上课，了解大班老师哪些语言点练得比较充分，学生表现如何。通过这种教师之间的相互交流，能够促进刚刚结束受训、走上讲台的新教师快速成熟。

2.2.2 集体备课

这些汉语项目都十分注重教师的集体备课（如普林斯顿大学汉语项目每周有三次备课会议），全体大班和小班教师都要参加。会议上教师们就课堂设计交换意见，内容细致到具体的目标句、模范句的选择。

除此之外，这些项目还建立了严格的教师评价体系，评价结果直接与教师担任的课型和最后的奖金收益挂钩。

综上所述，国外的汉语教师培训尤其以美国这几所著名大学汉语项目为代表，已经形成了一整套适合其教学要求，具备科学性、实用性的固定教师培训模式。其核心理念、培训方式十分值得国内的汉语教师培训借鉴。

三、汉语教师的成长过程

3.1 适应阶段

适应阶段，简单地说就是“教学无法”的阶段。处于这一阶段的教师，成分比较复杂，一般没在对外汉语教学专业中学习过，也没经过正规的汉语教师专业培训，其中条件比较好的是中文和外语专业的毕业生。这一阶段的教师一般是兼职教师，少数是刚参加汉语教学工作的毕业生。由于“教学无法”，他们的教学策略，很大程度上可以概括为“应对”。具体特点有以下几个方面：

对对外汉语教学这一学科缺乏学科意识和专业意识，或多或少地抱有“是中国人就能教汉语”的错误观念。

为对外汉语教学所需的知识结构、能力结构不完善，缺乏本学科的理论知识。根据我们对近几年来我校进修的 442 名中外教师（26 个国家和地区）的调查统计，其中仅没有系统地学习过汉语语音课程的就达 269 人（61%），没有系统地学过汉语普通话语音教学法的达 322 人（73%）。其他跟汉语教学有关的知识也很不完备。他们一般只凭着自己的热情、汉语的语感和过去受教育和从事其他类型教育的经验上课。无论在知识上还是在技能上都有很多漏洞，特别是现代汉语知识和中国文化知识不足。

对对外汉语教学的性质、特点认识不足，对教学对象的特点缺乏认识和把握。教学没有章法，常常照搬对中国学生的教学法，对自己的教学语言也缺少应有的控制。

总体来说，作为对外汉语教师的基本素质不够，表现在其理论基础、教学设计和组织能力、课堂语言组织、跨文化交际的经验和沟通能力、仪容教态等几个方面。

3.2 模仿熟练阶段

模仿熟练阶段是“教学有法”的初级阶段。处于这一阶段的教师，一般已经有了一定的教学工作量，有了一定的教学经验和对教学的感性认识。有些是对外汉语教学专业的毕业生，有一定的理论知识，但缺少教学实践的经验，理论和教学还没有有机地结合起来。所谓“教学有法”的初级阶段是指：他们的教学策略可以概括为“套路”。具体特点有以下几个方面：

有一定的学科意识，对教学的重要性和艰巨性有所认识，甚至具备了不少本专业的理论知识。有提高自己教学能力的强烈愿望。

开始注意完善自己的知识结构和能力结构，注意积累教学经验知识——包括直接经验知识和间接的经验知识，其中的佼佼者试图形成自己的教学套路，并注意套路的系统性（精读、口语、听力等各种课型的套路，努力胜任各课型的教学任务）。有的则通过对老教师课堂教学的观摩，积累间接的教学经验知识，常迅速地、囫囵吞枣地移植老教师的教学套路为己所用，但往往用一种套路应付所有的课型和所有国家语种的学生，以不变应万变。其教学的明显不足是课型特点不突出，教学的针对性不强。与资深汉语教师的教学路子相比，更多的是形似而非神似。

开始注意对外汉语教学活动的特殊性，注意积累对所教国家学生特点的了解、认识，并针对某一国别语种的学生形成一定的教学套路。

作为对外汉语教师的基本素质有所提高，仪容教态基本符合要求。

总的来说，处于这一阶段的教师，能一般性地胜任教学工作，已经不是教学管理人员帮教的对象，教学工作开始逐渐让人放心。但由于对教学活动的理性认识不系统、不全面，对教学的效率追求不够，缺少对自己教学过程理性、科学、客观的审视，还停留在前理性阶段，教学还有相当的盲目性，教学效果不稳定。当教学出现困难和问题时，常归因于客观因素（如教材等）而不能从主、客观两方面进行考虑。

值得注意的是，处于这一阶段的教师很容易对自己放松要求，形成教学的惯性，不断重复自己，不再很认真地备课，只满足于把书教得很熟，甚至很“油”。重“术”的积累，不重“道”的探究，变成毫无生气的“匠人”。甚至逐渐丧失工作的兴趣和热情，教学变成只是谋生的一种手段。

3.3 发展成熟阶段

发展成熟阶段是真正可以称得上是“教学有法”的阶段。这一阶段的教师，最显著的特点是能用教学等理论指导自己的教学实践，分析自己和他人教学的成败。教学策略从套路逐渐发展为“设计”。具体特点有以下几个方面：

学科意识比较牢固，对汉语教学的重要性、艰巨性有比较系统、成熟的认识。

知识结构和能力结构比较系统、完整。对汉语本体的了解、认识比较全面，对教学法理论、教学法流派和语言教学的方法技巧比较熟悉，对中国社会文化有比较广博的知识，在某些方面甚至有所研究、发现。教学经验知识比较丰富，注意总结教学的成败，并已形成自己教学的基本路子，能有意识地运用所学的理论指导自己的教学实践，对教学进程进行较充分的设计。追求教学的规范、科学性及效率。

对对外汉语教学的特点有比较深刻的理解，注意对学生个性特征的把握，并注意研究学生个体差异因素与学习成效之间的关系，注意对学生语言习得过程的了解和研究。在备课的过程中，“备学生”已经占有比较大的比例。

有比较强的跨文化交际能力和与学生沟通的能力，完全能胜任汉语教学工作，并且具备了一定的科研能力。教态从容，教学效果稳定，有比较高的教学效率而受到学生的肯定和欢迎。往往成为教学单位的教学骨干，已经成长成一名合格的汉语教师，然而由于在教学过程中过于拘泥于自己的设计而不免未尽脱“匠气”。

3.4　创新阶段

创新阶段是追求教学“教无定法”的阶段，也是从一个娴熟的教书匠步入语言教育专家的阶段。“应变”应该是其教学策略的主要特色。具体特点如下：

注意教学规范、科学性和个性、艺术性的统一。在教学中能以自己的教学设计为基础而又不拘泥于自己的教学设计。能时刻注意“以学生为中心”并有随时根据学生的学习状况，反映调整自己教学策略、方法、技巧的能力。在教学中，他们常常不是以分析和思考的方式有意识地选择、控制自己的教学行为，而是以直觉的方式随时做出正确恰当的反应，能轻松、流畅地完成教学任务。针对复杂程度不同的教学情境，他们会采取不同的处理方式：当不熟悉的教学事件发生时，他们进行有意识的思考，采取审慎的解决方法；当教学活动进行得比较流畅时，他们的课堂教学行为就成为一种“反射性的行为”，教态潇洒自然，恢恢乎游刃有余，使听课成为一种享受。

能有意识地用理论指导教学活动，并从教学实践的角度对某些教学理论进行某种验证，在教学理论、教学方法和技巧方面有所创新，成为某些方面的专家。不仅仅是教学理论的消费者，也是教学理论的生产者。

四、教师培训的相应对策

汉语教师是一个实践型职业，因此受训者在掌握必要的学科知识的同时，掌握实际的教学方法并能灵活地运用于教学实践，达到较好的教学效果，是汉语教师培训的中心任务。

国内外在教师培训上常用微格教学法，比如上文所述美国这几所大学汉语教学项目的教师培训就具备了微格教学的鲜明特色。因此，针对不同阶段的受训者采用微格教学培养并提高其教学水平和研究能力，也是我们的中心思路。

从培训过程来看，以下流程图可清晰阐述各阶段培训整体思路：

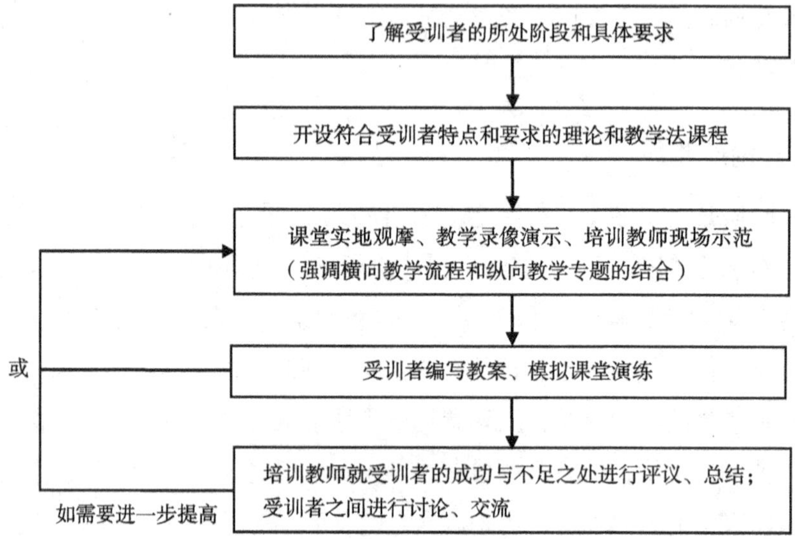

4.1 针对适应阶段的教师培训对策

4.1.1 中心工作

要强化受训者的学科意识，尽快对其知识结构和能力结构进行建构和扩充，尽快使他们了解汉语教学的基本套路。对于一些马上要走上讲台的受训者，课程要与其即将担任的教学工作紧密挂钩，体现职前培训的鲜明特色。

4.1.2 培训课程

4.1.2.1 要给受训者提供一套对外汉语系统理论课程

这其中主要包括对外汉语教学理论、汉语习得理论、中国文化、现代汉语基础知识（语音、词汇、语法、汉字），帮助其建立完整的对外汉语知识结构。

4.1.2.2 要给受训者提供一套完整的对外汉语教学套路

这其中包括初中级/高级综合课的语音教学、词汇和语法教学、听力课教学、口语课教学、汉字教学、阅读课教学以及教材和教学资料的选用和编写、多媒体教学等。套路要环节鲜明，步骤明确，操作性强，保证受训者能够立即付诸实践。

4.1.2.3 要给受训者提供充足的练习时间，使其可以将教学理论和套路运用于教学实践，逐渐站稳讲台

经过教师进修学院这几年的摸索，发现微格教学可以很好地帮助受训者快速掌握教学套路，走上讲台讲一堂比较完整的汉语课。

具体培训流程包括：

a. 培训教师在教学法课上进行讲解的同时，给受训者播放教学录像，或者现场示范，给受训者直观感受；

b. 受训者在学习完教学理论和教学方法课程之后，撰写一篇完整的教案；

c. 培训教师批改受训者的教案，并与其进行讨论和改进；

d. 受训者根据教案，准备 10—15 分钟的试讲；

e. 培训教师对受训者的试讲进行点评，指出成功与不足之处；

f. 受训者对教案和试讲进行改进，并再次进行试讲。培训教师对其进行再次点评。

在循环几次之后，受训者得以基本掌握教学套路，可以比较完整地上完一堂课，并且对课堂各环节的目标、原则有比较清晰的理解。

4.1.2.4 给受训者提供与其就业直接挂钩的培训课程

目前受训者中有很大一部分学成之后要去各大汉语教学机构工作。因此有必要针对这些教学机构的学生特点，为受训者开设有针对性的专题课程，如商务汉语教学课程、一对一辅导课程、HSK 讲练课程。

4.1.2.5 为有需要的受训者开设语言课程，如给中国教师开设外语课程、为外国教师开设汉语提高课程

4.2 针对模仿熟练阶段的教师培训对策

4.2.1 中心工作

由于处于这一阶段的教师已经借鉴和总结形成一些教学套路，已经基本能够站稳讲台，因此培训的中心工作应通过受训者的自我反思和受训者之间的互动讨论，提高教师的理性认识和教学水平。

这一阶段的培训课程不可因追求面面俱到而蜻蜓点水，而应该相对集中，比较深入。一般说来，处于这一阶段的教师，常比较关注自己的教学与其他教师的不同，尝试比较、总结，以形成自己的教学风格。因此，教师培训的课程要引导教师不断比较、总结、提高，使教师对教学的策略不仅要知其然，也要知其所以然。

4.2.2 培训课程

4.2.2.1 为受训者提供适合其教学水平的提高型教学法课程

课程内容更加深入、细化，涵盖课堂教学套路（导入、讲解、操练的具体环节）、各教学环节的具体操作方式（包括教学例句的选择、操练方式等）、课堂互动（纠错、提问等）、教师的课堂用语、手势、体态等。

由于涵盖内容较多，从纵向教学流程的角度来看，一种比较好的培训方式是以一本常用汉语教材为主要载体和脉络，培训教师采用微格教学的方式，逐课讲解并组织受训者反复操练。这种提高式课程具有高度的实用性，可以充分满足受训者在实际工作当中希望进一步提高教学水平的需要。

从横向教学专题的角度来看，可以开设偏误处理与纠错技巧分析、教学活动设计、操练模式设计、教辅资源使用、教师的课堂语言艺术等专题课程以及各种疑难杂症专题等（如学生水平参差不齐、学生认读听说水平严重失衡等）。培训教师通过具体示范并组织受训者进行体验式教学实践，进一步提高其教学

水平。这些专题讨论课不可流于表面，要确保能解决受训者在教学过程中遇到的问题。

4.2.2.2 为特定人群开设特定课程

目前处于模仿熟练阶段的教师，除了一部分来自社会语言培训机构以外，还有相当一部分在国际学校从教，面对的学生不是成年人，而是中小学生甚至幼儿，另外也有相当一部分是在国外某个国家从教。因此，为这些特定人群开设适合其具体需要的提高型课程，也十分必要。

针对中小学、幼儿汉语教师，开设中小学课堂教学方法与技巧微格式练习（观摩示范——讲解——实践——反思）、中小学汉语教材及教辅材料介绍、中小学多媒体教学（如电子白板等）实践、儿童趣味汉字教学、中小学课堂活动的编排和组织等课程。中小学生和幼儿的汉语学习特点与成人有不少差异，尤其是针对低龄儿童，培养其对汉语的兴趣是汉语教师的重要任务之一。因此，通过上述培训课程，引导受训者有必要实践、反思、总结中小学汉语教学方法，进一步提高其教学水平。针对在某一特定国家从教的汉语教师，利用微格教学法开展国别化教学技能的演示、交流和反思，帮助这些受训者总结适合当地国家学生的教学套路和技巧。

4.2.2.3 为有需要的受训者开设中华才艺课程，如中国功夫、剪纸、中国结、中国书法等

4.3 针对发展成熟阶段的教师培训对策

4.3.1 中心工作

由于处于这一阶段的教师已经有了比较高的教学水平，这样，提高教学能力已经不是培训的主要任务，进一步提高教师的理论水平和对教学的设计、评估能力则更为重要。同时，提高教师的研究能力是教师培训的又一重要任务。

4.3.2 培训课程

（1）开设本学科科研现状和研究前沿问题的介绍课程，帮助受训者获得新理念、新知识和新技能，提高学科研究创新能力。

（2）开设教学大纲设计、教材编写、教学评估与测试、反思型教学研究等系统课程和专题讲座，使受训者通过学习和实践，不断提高自身的教学研究、设计能力。

4.4　针对创新阶段的教师培训对策

在这一阶段，教师培训工作对受训者已不再有很大作用，事实上这一阶段的教师已经是教师培训工作的重要师资力量，所以他们需要的与其说是培训倒不如说是研讨和交流。这里就不做讨论了。

综上所述，教师培训的工作重点应放在培养教师教学的实践教学能力和反思研究能力上。尽快地使新教师从教学无法提高到教学有法，这是初级和中级教师进修班的主要任务。

下编

（一）专业定位与特色

论对外汉语专业的定位与发展

华东师范大学　顾伟列

摘　要：汉语国际推广战略的实施对国际汉语教师的数量和质量提出新的要求，以培养国际汉语教师为目标的对外汉语专业，既面临发展机遇，也面临挑战。本文围绕汉语国际教育新形势对合格师资培养的需求，对对外汉语专业的专业定位和专业建设提出新的思考和思路。文章从国际汉语教师应能承担汉语作为第二语言教学和中国文化对外传播的双重任务出发，从目标定位、类型定位、层次定位、学科定位和服务面向定位五个方面做了阐述。目标定位：培养从事国际汉语教育和中外文化交流的应用型语言学人才；类型定位：注重培养学生汉英两种语言和中外文化的基础知识、基本理论以及第二语言教学和中华文化国际传播的能力；层次定位：多方位、多层次的立体化办学模式；学科定位：学科建设的五个层面和六大系列课程的建设；服务面向定位：为国家汉语国际推广战略的实施输送合格人才。文章以汉语国际推广战略的实施与人才的知识结构、专业素养和实践能力为中心，就汉语国际教育新形势下对外汉语专业建设的思路与举措做了四个方面的阐述：改革人才培养方案，适应汉语国际教育事业对合格人才的需求；重构课程体系，建设一批适应汉语国际教育人才培养需求的基础性、实践型、研讨型课程；建设实践基地，切实提高学生的实践能力；编写一批与专业发展相适应的教学理念先进，理论联系实际，具有启发性、实践性和教学适用性的高水平教材。

关键词：国际汉语教师培养　专业定位　专业建设

自2005年9月国家提出“汉语国际推广”的新概念后，世界汉语教学界对对外汉语教学的内涵有了全新的认识。汉语国际教育是国家扩大对外开放、提高文化软实力以及和平发展的战略举措之一。通过汉语国际教育，提高汉语的国际地位和国际竞争力，在世界范围内传播中华文化。当前，汉语国际教学师资的数量和质量是制约汉语加快走向世界的主要瓶颈。胡锦涛总书记指出，汉语国际推广工作“关键是培养合格的师资”。以培养对外汉语教学师资为目标的对外汉语专业既面临挑战，也面临新的发展机遇，对外汉语专业应有与时俱进的专业建设新思路。

一、新形势下对外汉语专业的定位

1.1 目标定位：培养从事汉语国际教育和中外文化交流的应用型语言学人才

根据专业的基本要求和需求选择，我们把对外汉语专业的人才培养目标定位于培养从事汉语国际教育和中外文化交流的应用型语言学人才。如果说改革开放以来对外汉语教学的“主阵地”在国内，各类对外汉语教学机构的主要任务是吸引更多的留学生，那么在今后若干年内，这一“主阵地”将转移到国外。因此，对外汉语专业应立足于培养学生扎实的中外语言和中外文化的基础知识和基本理论，能够将汉语作为第二语言在国际上进行教学的能力；具有能够用母语和英语进行通畅交流，以及中华文化国际传播的能力；具有国际视野和全球意识，以及跨文化交流和思考的能力；具有对新问题进行综合和表达的能力；具有在复杂的信息环境下，对外来文化和变化中的世界了解和判断的能力；具备进一步深造为高层次汉语国际教育的专门人才的潜能。

1.2 类型定位：注重培养学生中外语言和中外文化的基础知识、基本理论以及第二语言教学和中华文化国际传播的能力

对外汉语专业是语言学及应用语言学二级学科下的一个分支，教育部制定的对外汉语专业培养目标有两个——“对外汉语教学师资与中外文化交流的

实践型语言学高级人才”。前一条比较明确，但后一条比较含糊。我们在实践中对此的理解是，汉语国际教育作为一项国家和民族的事业，不仅仅是汉语教学，而且包括通过中国文化的对外传播以积极促进世界不同文明的交流与交融。所培养的学生应能肩负起汉语国际教育和中华文化国际传播的双重任务，要求既能胜任将汉语作为第二语言进行教学的工作，又能胜任用汉语或外语向海外传播中国文化的工作。因此在类型定位上，要坚持在整个教学过程中贯穿双语、双文化基础知识、基本理论的培养，以及对外汉语教学能力和跨文化交际和交融能力的培养。围绕培养目标，注重汉语与外语两种语言和中外两种文化的基本素养的培养，以及第二语言教学和中国文化国际传播能力的培养，是本专业类型定位的基点。对外汉语专业并非简单的中文加外文，培养一加一大于二的复合型人才是本专业类型定位的鲜明特色。

1.3　层次定位：多方位、多层次的立体化办学模式

经过 20 年的实践，对外汉语专业已基本形成多方位、多层次的立体化办学模式。所谓“多方位”，指的是根据教育部规定的培养目标、社会需求以及学科分布，在人才培养上应能适应多方面需求，我们可以把它具体化为四个“一起抓”：对外汉语教学师资和中外文化交流人才一起抓；语言和文化一起抓；基础性和应用性一起抓；知识讲授与能力培养一起抓。所谓“多层次”，指的是在人才培养上不应局限于一个层面。目前，国内部分高校的对外汉语专业既设有本科，也设有该专业方向的硕士点和博士点，较好适应了对外汉汉语教学与研究事业对不同规格人才的需求。

1.4　学科定位：学科建设的五个层面和六大系列课程的建设

学科发展是专业建设的龙头、人才培养的基础。对外汉语的学科建设可以从以下五个层面展开：

（1）汉语本体：现代汉语、古代汉语、汉语史等。

（2）语言学和第二语言教学论与教学法：语言学、应用语言学、对比语言学、第二语言教学理论与教学法、汉外翻译等。

（3）中国本土文化与中国文化传播：中国各代文学与文艺思想、中国文化、中国历史、中国民俗、中国文化经典与中国文学英译等。

（4）中外文化比较：中外文化比较、中外文化交流史、海外汉学研究、中外文学比较、国外汉语教育史、跨文化交际等。

（5）汉语国际推广：汉语网络教学、对外汉语教材开发与研究、国外汉语教学法研究、国外汉语教师培训项目策划与运作等。

课程建设依托于学科建设，对外汉语专业应加强六个系列的课程建设：

（1）汉语系列：必修课如现代汉语、古代汉语、语言学概论等；选修课如汉字概论、现代汉语语音研究、现代汉语词汇研究、现代汉语语法研究、应用语言学等。

（2）对外汉语教学系列：必修课如对外汉语教学通论、对外汉语教学法、汉英语对比；选修课如对外汉语语音教学、对外汉字教学、对外汉语词汇教学、对外汉语语法教学、对外汉语教学心理学、对外汉语教学技术等。

（3）基础英语系列：必修课与选修课如英语精读、英语听说、英语写作、英汉翻译、英语口译、英语泛读、高级英语阅读、英语原著选读等。

（4）专业英语系列：为培养学生中国文化对外传播的能力，用英语讲授的必修与选修课如英译中国文学作品经典、英国文学史及作品、美国文学史及作品、西方文化、中国文化与哲学、当代中国等。

（5）中外文化系列：必修课如中国古代文学、中国现当代文学、外国文学史、文艺理论、中国文化通论、中国民俗学等；选修课如中国思想文化、国际汉学概论、中西文化比较、跨文化交际、东方文学与文化、现代传播学等。

（6）基本技能系列：如对外汉语教学见习、普通话训练、计算机基础、基础汉语写作等。

1.5 服务面向定位：为国家汉语国际推广战略的实施输送合格人才

服务面向定位与培养目标是一致的，即定位于为以外国语言进修生和学历生为教学对象的各类学校，以及对中译英应用型人才有需求的文化机构培养和输送专门人才。据了解，随着中国经济和国际地位的迅速增长和提高，世界范围内学习汉语的热情持续升温，汉语热已成为全球语言交际系统中的一种普遍现象。近年来，中国以外学习汉语的人数增长很快。在亚洲国家，掌握汉语已成为许多人推动事业发展的必要条件，不仅历史上受汉语影响较深的韩、日，越来越多的大学生将第二外语选为汉语，东南亚各国也越来越呈现出汉语将成为该地区第一通用商用外语的趋势；而在欧美国家，近年来学习汉语的人数增辐更是保持在每年 40% 左右。据相关部门的粗略统计，目前，全世界约有一百多个国家的 3000 余所大学开设了汉语课程，中国以外学习汉语的外国人已经超过 4000 万人。美国大学理事会开发的 AP 中文项目在美国就需要约 4000 名中文教师。国家启动的孔子学院于 2010 年将达到 500 所。目前除国家汉办实施的志愿者计划外，尚无类似猎头公司的机构充当国际需求方与国内求职方的中介。于是出现下述现象：一方面国外汉语师资紧缺，一方面国内对外汉语专业的优秀毕业生尚无可行的途径去国外推广汉语和传播中华文化。我们的体会是，实行国内本科加国外硕士的国际合作的办学模式，不失为当下向国外输送汉语教师的有效途径。华东师范大学自 2007 年起与美国纽约大学合作，对外汉语专业本科生在国内完成本科阶段学习后，赴纽约大学继续完成第二语言教学硕士学业并取得美国教师资格证书，从而为毕业后在国外从事汉语教学创造了条件。

二、新形势下对外汉语专业的发展

2.1　改革人才培养方案，适应汉语国际教育事业对合格人才的需求

我国自 1985 年设置对外汉语专业以来，经过 20 多年的实践已形成本专业的基本特色。根据汉语国际教育对人才培养提出的新要求，对外汉语专业建设应以“汉语国际推广战略的实施与人才的知识结构、专业素养和实践能力”为专题，开展深入研讨，形成对外汉语专业人才培养与国家战略紧密结合的先进的办学理念、培养方案、办学模式、课程设置和实习实践环节，形成本专业鲜明的培养目标和专业特色。人才培养方案在坚持双语、双文化和双能力的办学特色的基础上，要突显国际化、应用型、复合型人才的培养特色。

根据汉语国际教育对人才的需求，对外汉语专业应体现培养目标的复合性和课程内容的广泛性，强调综合素质的培养，强调中外语言文化知识和跨文化交际能力的培养。所谓双语、双文化和双能力，是指学生不仅具有扎实的汉语语言能力和汉语语言学知识，还应具有运用准确、流利的外语从事汉语国际教学以及中华文化对外传播的能力；学生不仅要具有深厚的中国文化素养，而且应该熟悉世界文明的发展脉络及国外的文化习俗和传统；学生还应具备文化多元的自觉意识、良好的跨文化沟通和传播文化的能力。

课程体系要努力与国际接轨，使教育内容符合国际标准，得到国际认可，方便学生在国外获得从事汉语国际推广的工作资质。坚持国际化的办学方向，培养外向型人才，大力加强外语教学，确保所培养的师资外语水平达到汉语和中国文化国际教学的要求。大力加强国际合作，通过与世界知名大学及海外教育机构的广泛合作，探索与国外高校合作培养国际汉语教师的模式，拓宽人才输出的渠道。

培养方案和课程体系要处理好以下两大关系：

其一，汉语与英语的关系。教育部规定的对外汉语专业培养目标涵盖两个方面——“对外汉语教学师资”与“从事中外文化交流的实践型语言学高级人才”。通过人才培养实践和需求分析，我们的理解是，汉语国际推广作为一项国家和民族的事业，面临着推广汉语和传播中华文化的双重任务。前者是直接对外国人进行汉语教学；对于后者，我们不能等待外国人全部学会了汉语再来向他们传播中华文化，我们应该有别的手段，其中之一就是通过目前的“准国际共同语”英语来传播中华文化。因此培养方案一方面要加强学生第二语言教学论、教学法与实践能力的培养，另一方面要加强学生中译英能力的培养，使学生具有使用英语传播中华文化的基本素养和基本能力。

其二，语言与文化的关系。语言是文化的载体，文化是语言的根基，文化因素渗透在语言系统的各个层面，语言系统构成了一幅文化通景。我们的体会是，汉语国际教育并不仅仅是教外国人学习汉语，学习语言的同时也在学习渗透于目的语中的文化，语言推广与文化传播相互依存是国际教育界的共识。各国推广本国语的机构如英国的英国文化协会、德国的歌德学院、法国的法语联盟分部，以及我国的孔子学院，都是语言与文化并重的教学机构。因此，对外汉语本科教学要坚持语言与文化并重，所培养的学生应能胜任国际汉语教学和中国文化国际传播的双重任务。

2.2 重构课程体系，建设一批适应汉语国际教育人才培养需求的基础性、实践型、研讨型课程

根据汉语国际教育对师资专业素质的要求，可以将专业课程分为汉语课程、外语课程、文化课程、教学法课程、综合素质课程五大板块，对专业特色鲜明的主干课程要加大建设力度。

2.2.1 大力加强文化课程建设

要加强中国优秀历史文化的教学，改革原有中国文学与文化类课程，变单纯的文学课为内涵更为广泛的文学与社会历史文化相结合的课程，文学类课程中应融入社会历史文化背景的内容，提炼中国文化核心价值体系和中国民族精神；在文化类课程如《中国思想文化概论》《中国文化通论》《中国民俗》《中国日常生活文化》等的教学中，除了要自觉体现当代意识，教学内容要提炼中国传统文化的精髓外，还要特别注重文化的当下性，强调古今贯通，既要展示中国文化的源远流长和博大精深，也要展现当代中国社会和中国文化的鲜活面貌，突显中国文化中具有普适价值的内容，体现教学内容的时代特色。

要重视文化多元性教育及跨文化交际能力的培养。将单纯的外国文学课程，充实为外国文学与世界文明史相结合的课程；《西方文化》《中西文化比较》等课程应引入文化经典的研读，注意培养学生的全球意识和跨文化思考的品质；建设具有实用性的“跨文化交际”技能课程。教学中要贯彻各民族文化“和而不同”的原则，引导学生关注不同文化的特殊性和平等价值，养成不同文化间的相互理解意识和沟通意识，以期自我与他者在不同的文化资源中寻找有益因素，推动人类文明进步，共建和谐的人类家园。

要贯彻理论与实践紧密结合的原则，使理论性课程和知识性课程充分体现实践性。例如，《中国日常生活文化》要从民俗学的理论高度观照中国人固有的

生存方式、生活记忆、生活智慧、思考原型等，引导学生关注与汉语和中国文化国际传播密切相关的社会文化问题。探索通过一些课程让学生参与非物质文化遗产保护、中外文化交流项目等文化实践活动的途径，提高学生深入认识中国文化的价值以及向世界传播中国文化的意识和能力。

2.2.2 大力加强汉语和第二语言教学类课程建设

（1）在原有的《现代汉语》和《古代汉语》课之外，通过开设《普通话与教师口语》《书法与汉字文化》等课程，提高学生的汉语运用能力和汉字书写水平。要求学生在普通话水平测试中达到一级水平；鼓励学生参加汉字应用能力测试。

（2）在原有汉语语言学课程的基础上，加强汉语语言项目教学系列课程建设。建设一批具有较强实践性和应用性的课程，如《对外汉语语音教学》《对外汉字教学》《对外汉语词汇教学》《对外汉语语法教学》《多媒体网络环境下的对外汉语课堂教学》《国外中小学汉语教学》《对外汉语课程设计与课堂教学》《第二语言教材与教学资源》《计算机辅助语言教学》《汉语国际教学案例》《偏误分析》等课程。汉语语言分析与教学要与对外汉语教学实践紧密结合，培养学生对第二语言教学的理性和感性认识，掌握基本的教学技能，使学生走上工作岗位后具有适应性强和发展后劲足的潜能。

（3）在原有语言学理论课程的基础上，进一步建设《汉语语用学》《社会语言学》《文化语言学》《汉英语对比》等必修或选修课程，进一步拓展学生的专业视野和理论素养，增强其对语言现象的敏感性和分析能力。

2.2.3 大力加强外语基础课和双语课程建设

（1）通过基础外语教学，切实提高学生的外语运用能力，学生英语水平必须达到大学英语六级优秀水平，鼓励学生参加专业英语等级考试，使大部分学生达到专业英语八级水平。

（2）通过开设一批用英语讲授的专业课程，进一步提高学生的英语能力，培养学生用英语译介与传播中国文化的能力。当前应加大建设力度，用英语讲授的课程及教材包括《中国历史与文化》《西方文化》《中西文化比较》《当代中国》《中国文化国际传播策略》等。

2.3 建设实践基地，切实提高学生的实践能力

为加强学生实践的能力培养，要花大力气建设好与人才培养目标相符的实践基地，为学生提供贯穿四年学习全过程的开放式实践平台，形成将培养汉语国际教学能力和中华文化国际传播能力贯穿于四年全过程的实践教学模式。实践教学环节应突显国际化、实践型、创新型人才能力培养的特色，学生能力培养具体体现在两个层面：其一，汉语国际教学、中华文化国际传播和跨文化交际能力；其二，科研能力和国外独立工作能力。前者主要通过教学计划内的实践环节加以落实，后者可以组织学生申报和完成校级、省市级和国家级大学生科研基金项目以及课程教学环节加以落实，应努力培养学生的科研意识，提高学生创新能力。积极拓展国际合作的渠道，鼓励和组织学生赴国外高校或机构实习、学习和进一步深造，提高学生国外独立工作的能力。

2.4 编写一批与专业发展相适应的教学理念先进，理论联系实际，具有启发性、实践性和教学适用性的高水平教材

高校教材的选用一般以近年出版的列入国家级规划或为同行认可的权威教材为原则，对外汉语专业文学、文化类和英语类基础课程教材，符合上述原则的教材品种较多。目前所紧缺的教材主要是供专业选修课使用的研讨型、实践型课程教材，因此，对外汉语教学与研究界应充分关注汉语国际教育师资培养和培训教材的建设，确定新教材选题，组织专家合力编写。新教材的编写应充分体现汉语国际教育教学的国际性、应用性和广泛性等特色，具有体现汉语国际教育学科发展前沿以及知识、理论、方法、实践紧密结合的特点，以满足汉语国际教育师资培养和培训的需求。

新形势下对外汉语专业的定位和发展

湖北大学　袁彩云　忻　樱

摘　要：近年来对外汉语专业发展迅猛，但也遇到了一些问题，如对外汉语专业一拥而上、教学质量得不到保证、学生没有教学实践机会、就业前景暗淡等等。本文首先对对外汉语专业现状及问题进行分析；其次对对外汉语专业进行定位，审视该专业本身的人文性、综合性和前瞻性；最后对对外汉语专业的课程设置、实习活动和就业问题进行建言和设想，探讨其发展前景。

关键词：专业定位　人文性　综合性　前瞻性

对外汉语本科专业自1985年在国内最初设置以来，已走过整整25年的发展历程，为我国的对外汉语教学和汉语国际教育事业培养了大批专业人才，为汉语国际化做出了很大贡献。但在新形势下，对外汉语专业的发展面临着种种新问题，如对外汉语专业遍地开花，教学质量参差不齐；地区、学校差距过大，部分对外汉语专业学生没有实习基地、就业不对口，等等。本文试图通过对对外汉语专业之现状的分析，对新形势下对外汉语专业的定位，提出解决这些问题的思路和方法，从而促进对外汉语专业的健康发展。

一、对外汉语专业之现状

2009年5月《新华日报》有一篇题目为《高校竞相开设对外汉语　热门专业还是虚火夹生饭？》的文章，其中例举了某院校两届毕业生没有一个找到对口工作的问题。笔者在百度中对对外汉语专业就业等问题进行搜索，看到是褒少贬多，忧虑重重。新形势下对外汉语专业到底存在哪些问题呢？我们认为对外汉语专业面临以下两个主要问题：

1.1 对外汉语专业遍地开花，教学质量参差不齐

十年前对外汉语专业全国只有16所高校开设，而到2007年已有130所以上院校开设。2009年教育部公布高考新增专业包括对外汉语专业，当年全国共有32所高校同时新增对外汉语专业。到目前为止，全国开设对外汉语专业的院校有285所。北京语言大学等为数不多的著名院校，设立对外汉语专业时间早，师资力量雄厚，课程设置合理，教学质量水准高，学生实习就业有保障，而其他大部分院校设立对外汉语专业时间短，问题颇多。

首先是课程设置问题。新课程开发的门槛高，但就算是复制样板也会遇到很多问题和困难，大多是直接在中文专业的基础上添加对外汉语教学课程；在培养方向上，是培养师范人才还是兼顾文秘等涉外人才，往往摇摆不定或大杂烩。

其次是师资问题。很多院校对外汉语专业的师资，主要是已有的汉语言文学专业的教师。这些教师要从汉语本体研究转向汉语应用研究，有一个转向过程。而真正的对外汉语专业的高级人才却很匮乏，如有的院校要进一个对外汉语专业的博士，好几年都收不到一份对外汉语专业博士的简历。

最后是课程讲授问题。对外汉语专业中的课程基本有语言类（汉语和英语及第二外语）、文学类、文化类及语言教学类，这些课程应该怎么讲？很多院校就是按原有专业授课内容讲授，没有突出对外汉语专业的专业特点和要求。

以上多方面的问题直接影响了对外汉语专业的教学质量，也将阻碍对外汉语专业的健康发展。

1.2 地区发展不平衡，专业差距加大

不同地区的院校专业发展不平衡，差距过大，具体表现在学生实习、就业上。很多近几年开设此专业的院校没有建立教学实习基地，也根本没有条件建立这样一个基地，因此学生没有对外汉语教学的实习机会，只能从理论到理

论，缺乏实践机会，加上专业开设时间短，未建立良好口碑，在就业竞争中，这都会成为学生就业的不利条件。而相对的中心城市及沿海地区的学校留学生较多，有条件建立实践基地，学生有较多机会进行专业实习，并且开设这个专业也比较早，在市场上有良好的口碑，增强了学生就业的竞争力。

总之，中心城市及沿海地区相对于内陆地区有较大的地理优势和留学生生源优势，这些地区的对外汉语专业呈现出繁荣景象，这也是学生选择对外汉语专业、许多学校开设对外汉语专业的原因之一。但是由于资源缺乏、人才流动不畅以及缺乏全局性的规划和管理，导致这个专业发展的不平衡性加大。

二、对外汉语专业之定位

基于以上分析，我们认为对外汉语专业的现状是挑战也是机遇。如何使对外汉语专业良好发展，使学生对本专业树立信心并获得理想的出路是我们常思常想的问题。我们认为要解决这些问题首先应该从对外汉语专业本身的定位着手。专业定位不仅有助于课程设置，在指导学生实习活动和就业问题上也有参考价值。我们常说对外汉语专业具有不可替代性，从专业定位来说，具体表现为对外汉语专业应该具有综合性、人文性和前瞻性。

2.1　综合性

综合性是指对外汉语专业的培养目标及培养人才所具备的能力是综合性的。

对外汉语专业的培养目标是系统掌握对外汉语基本理论、基本技能以及相关学科的基本知识，培养有较深汉语言文化功底、熟练掌握英语、日后能在国内外从事对外汉语教学的师资，或从事对外文化交流工作的实用型专门人才。并且很多院校对学生的英语都有不同的规定，高者要求通过专业八级，低者要求通过大学英语六级。

一方面，要求学生掌握的知识是综合性的。要求学生掌握汉语本体知识、外语知识（包括小语种）、跨文化交际知识、教育技术以及中华才艺等知识。

另一方面，学生的能力是综合性的。学生不仅要学好以上方方面面的知识，还要具有综合运用这些知识的能力。

2.2 人文性

人文性是现代教育中非常重要的观念。这里的人文性不仅指对对外汉语专业知识的人文性，还应该包括对学生的人文关怀。

第一，对外汉语专业的培养目标、培养课程中都体现了人文性。作为汉语及中国文化的推广者，必然要了解自身祖国文化和别国文化，具有文化包容心和良好的适应能力，因此文化类课程在对外汉语专业课程体系中应占有较大的比例。

第二，高等教育不仅要教给学生知识和技能，还应该使学生完善人格，给学生多方面关怀。应重视学生的需要，尊重学生的选择，把专业和就业的指导作为一门课程，让学生感受被教育的快乐。

2.3 前瞻性

前瞻性是指对对外汉语专业的相关理论研究及理论应用要有超前意识，从而保证专业活力。培养的学生不仅要知识丰富，并且要拥有自我发展的能力，是适应市场需要的人才。

对外汉语相关的理论借鉴西方的比较多，但如何把这些理论与对外汉语研究结合起来，有很多的课题可做，相关研究领域潜力巨大。专业理论的深入和创新是专业存活的必要保证，同时培养学生理论研究品格有助于拓宽学生的综合性能力，无论对他们走上研究道路还是求职都会有很大的帮助。

对外汉语专业着眼于对外汉语教学和涉外事务，重点是国际汉语推广。汉语推广在不同的国家面临不同的问题，要根据不同的国家，进行小语种培养、文化礼仪的教育，这样具有针对性的教育有利于学生的实习，从而顺利实现就业。针对需求量来确定培养学生数量，需要我们通过各个方面的调查进行预测，避免一窝蜂，盲目扩招。

以上我们简单地论证了对外汉语专业在新形势下的定位，由于篇幅所限，不展开讨论。

三、对外汉语专业之发展

在对外汉语专业定位的基础上，我们对如何发展对外汉语专业提出以下看法：

3.1 课程设置

课程设置是专业建设的核心环节。我们通过对学生的访谈以及问卷调查，对现有的课程设置提出一些相关建议。

第一，突出对外汉语专业的综合性。在与学生访谈的过程中，我们了解到，不少学生实际上并不是完全将就职目标放在对外汉语教师职位上，而是对进入企事业单位从事涉外事务相当感兴趣，因此希望能增加例如有关文书写作的课程。写作课程中应突出“应用”这类工具性课程。现有的如《中国文化概论》课中讲授古代文化和传统文化较多，而如何使用和现实的跨文化交流教授得比较少。

第二，突出对外汉语专业的特色，有目的地培养学生的外语能力。这里的外语主要是指英语和小语种两个方面。我们建议全方位强化对外汉语专业学生的英文能力，不仅仅是口语课程，还应该包括英文写作、英语听力等方面。考虑到学生的课程安排时间较紧，有些课可以安排双语教学；小语种的教学在师资要求上比较严格，因此我们认为小语种教学的开展应该保证课程质量，在严格论证的基础上开设，教学时间和质量都要得到保证。

第三，学生自主选择方向。对外汉语专业的课程设置面临一个很大问题就是各种课程的比例问题。对外汉语专业教学、应用、研究等方面课程种类多，很多院校重视“教学类课程”，将这个方向的课程大多设为必修课程，而其他课程，或开设较少甚至没有，或设为选修课，学生由于时间、精力限制，无法按照自己的意愿自由选择。在这种情况下，我们认为应尊重学生意愿。因此我们建议首先全面筛选相关课程，在保留“必要基础课程”基础上，将各种方向的课程设置为选修课，展开院际合作，请其他学院的老师为学生开设管理、行政文案写作、跨文化交际的相关必修或选修课程，满足不同需求。在保证学生“宽基础”的同时，将选择权交给学生。

3.2 实习活动

对外汉语专业主要的实践活动是对外汉语教学实习，但是现在的情况是留学生教学资源不均。在留学生资源较少的情况下，我们建议：

第一，鼓励民办教育或民营企业介入，提供实践就业机会。民办教育机构和民营企业都是现代市场上不可忽视的力量。首先是民办教育机构方面的合作。民办教育机构近几年来开办了不少为外国留学生提供语言培训的汉语学习班，如何保证自己的特色也是这些机构要考虑的。因此可以针对它们的经营服务来制定实习方案：对有意愿的外国人开展“个性化”的辅导，推出“个性化”辅导的项目，实习生在这个项目中可以实际面对外国学生，进行实习活动；学校还可以帮助这些机构开设各种中华文化特色兴趣班，通过文化课程来传播语言文化知识，这些课程可以由实习生来主讲。其次是民营企业。现在民营企业涉外事务实际也有不少，相对于中文专业和外语专业，对外汉语专业学生在这个领域有较强的优势，因此可以有选择地进行合作，实习生可以体验实际的公司运作。

第二，突破传统的语文教学实习模式。语文教育教学实习实际上也是一个可以利用的渠道。对外汉语专业的本科学生，就目前情况下进入社会后，所从事的职业大部分是中学语文教师。这虽然并不是理想的契合专业的职业，但这也是不可忽视的事实。值得注意的是，我们曾在今年 6 月做过一个关于语言教育的调查，里面有涉及双语教育的内容，有高达 73.2% 的学生（调查总人数为 190 人）支持双语教育，认为应该在初中以下（包括初中）开展双语教育的有 91.1%。双语教育我们认为是非常有前途的，但现在进行双语教育的中学较少，对外汉语专业学生可以在普通中学尝试开展一些兴趣班，将这些兴趣班建成双语课堂。在进行传统语文教学实习的基础上，寻找与自己专业相关的契合点。

第三，关注学生，注意实习活动的反馈。实习活动是学生走入社会的第一步，学生不可避免地会遇到一些困惑和问题。因此学校在学生实习之前就应该进行一些讲座活动，提供相关咨询；实习过程中密切注意学生的变化和实习进度，关注学生发展，保证实习质量；实习后进行总结，对学生表现不足的地方提供改进方案，帮助学生制定就业目标和相关规划。

3.3　就业问题

学生最终要走上社会，实现自己的人生价值。完善课程设置，探索实习方式都是要为就业打好基础。在就业方面，我们也相应地提出一些建议。

第一，扩大志愿者平台。对外汉语专业的特殊之处在于它的快速成长离不开国家大力推广汉语的背景。因此对外汉语专业，特别是其中选择师范类的学生大部分是被“海外汉语教师（志愿者）”的前景所吸引。但现在海外志愿者绝大部分是在研究生中选拔，本科生很难进入这个竞争平台。我们希望这个平台范围更大一些，并向本科毕业生倾斜。

第二，与民办教育机构和企业公司合作。与民办教育机构、企业和公司的合作不仅在实习方面，也可以延伸到就业层面。毕业生通过实习，获得表现机会，从而得到优先录取的机会。

第三，端正学生就业观念。就业观念实际上是学生求职中的一个重要因素。对外汉语专业学生被专业本身所吸引，对专业本身期待值很高，普遍希望能在沿海及中心城市的大学中教授留学生或是从事涉外事务。但近几年来，就业情况发生变化，如进入大学当老师必须是研究生学历，对外汉语专业毕业生的就业前景不如预期。因此，应帮助学生降低期望值，正确认识现实情况，鼓励学生进入二、三线城市工作或进入中学工作。

第四，建立学生回访制度。对已经就业的学生建立长期联系制度，定期回访。邀请已经就业的学生和在校生进行经验交流。对外汉语专业是实用性非常强的专业，实际经验的汲取非常必要。

综上所述，对外汉语专业在快速发展的同时，也面临着不少现实的难题。我们对对外汉语专业的现状、定位和发展做了一些分析和论证，提出了一些解决问题的思路和方法，希望能对本专业的健康发展尽一些绵薄之力。

参考文献

郭智辉（2007）谈对外汉语的现代汉语教材建设，《语言教学研究》第12期。

胡弼成（2007）《大学课程体系现代化》，长沙：湖南大学出版社。

胡旺盛、张庆亮（2008）《高等教育市场营销研究》，合肥：合肥工业大学出版社。

曲振国（2008）《大学生就业指导与职业生涯规划》，北京：清华大学出版社。

汪青松（2006）《科学教育和人文教育》，合肥：合肥工业大学出版社。

杨晓黎（2009）《对外汉语实习教程》，合肥：安徽大学出版社。

曾冬梅、唐纪良（2008）《协同与共生：大学“学科—专业”一体化建设研究与探索》，北京：北京理工大学出版社。

新形势下对外汉语专业的定位和特色培养问题

——以俄语方向对外汉语专业人才培养为例

辽宁石油化工大学　李　枫

摘　要：汉语是中华文化的重要载体，汉语国际教育事业的核心内容是传播汉语言文化知识，而承担这一重要任务的主要是对外汉语专门人才。目前，对外汉语专业人才的培养还存在一些问题。本文通过对对外汉语专业学科发展问题的研究，全面客观地呈现普通高校对外汉语专业本科教育的发展现状和存在的问题，建构适应汉语国际教育新形势的对外汉语本科专业人才培养体系，进而为对外汉语专业建设规划提供一些科学的依据。

关键词：汉语国际教育　对外汉语　专业定位　特色培养

汉语是中华文化的重要载体，一个国家语言国际推广能力的强弱是国家综合实力的重要象征。当今时代，汉语国际推广在促进国家外交、经济发展、文化推广中的实用价值正日益突显，加快汉语走向世界已经成为增强我国文化影响力、提高国家“软实力”的重要战略举措。新兴对外汉语专业的创办，对创新办学理念，强化办学特色，提升汉语国际教育水平，对今后汉语国际教育事业的发展必将具有深远的意义。

一、关于汉语国际教育事业的发展建设问题

1.1 汉语国际教育的学科定性

发展是硬道理，发展是科学发展观的第一要义。学科建设对学校的发展来说至关重要。它包括多个方面内容，比如人才队伍建设、学位点建设、科研项目建设、课程体系建设等。

汉语国际教育事业所依赖的最基础、最核心的学科是汉语言文学，这是由其性质所决定的。众所周知，汉语国际教育事业涉及多门学科，具有高度的交叉性、综合性。从教学本体上看，它无疑具有语言学的学科特性；从教学的方式方法上看，它又具有教育学、心理学等学科的特质；从教学对象上看，它又有着第二语言认知科学的独特本质。汉语言文学所属的九个二级学科，目前以人文为主建设的有中国现当代文学、文艺学、中国古典文献学、中国古代文学。几十年以来，从事对外汉语教学与研究的几代学人，始终呼唤着“对外汉语教学是一门科学”。近年来，国家陆续设立“汉语国际教育”为二级学科硕士、专业硕士学科点，这在某种程度上有助于栖身在“语言学及应用语言学”二级学科中的“对外汉语”方向脱胎而出，经过科学论证而实现独立自主的学科建设。

1.2 汉语国际教育事业发展建设思路

第一，应以学科建设为重点，优化学科，整合教育资源，深化特色化专业内涵，全方位打造精品课程，推进专业建设与人才培养的紧密结合，形成与汉语国际教育事业紧密相关的学科方向。

第二，要进一步加强师资队伍建设，尤其应重视对青年教师的培养，指导青年教师制定科学发展规划。对新入职的具有语言学及应用语言学学科背景的教师来说，建议以学习进修或承担对外汉语教学任务的方式，将其原有的研究方向与汉语国际推广教育事业结合起来。

第三，将科学研究与教学工作紧密结合起来，将对外汉语专业的发展与汉语国际推广结合起来，与学校的整体工作紧密结合起来。力争科研上水平，教学出名师，多出标志性的研究成果。

第四，要实现科学发展上水平、科学管理上档次，离不开一支高素质的教学管理队伍。要建设一支具有更高的管理、服务水平和更加顽强的毅力和奉献精神的管理队伍。同时公平科学地考核教师的工作量，充分发挥每位教师的积极性和创造力。

二、关于对外汉语本科专业建设问题

2.1 目前人文专业建设现状与所存在的问题

我校对外汉语专业是我校汉语国际教育事业得以开展并能不断壮大的工作母机。外语类专业、经管类专业也为我校复合型人才的培养提供了较好的环境。但由于专业目标定位与就业之间的冲突，也面临着较大的挑战。就目前情况看，我国现有的高校对外汉语本科专业培养规模小，且因拘泥于传统的培养模式，缺乏在国外从事汉语教学工作所需要的外语（尤其是小语种）能力、跨文化交际能力、对外汉语教学实践能力以及相关的专业知识。

2.2 对外汉语专业的发展现状和存在的问题

2008 年 10 月，我校申办了对外汉语本科专业。申办期间，我们对省内其他高校对外汉语专业情况和培养成效进行了详细的调研。旨在全面客观地呈现普通高校对外汉语专业本科教育的发展现状和存在的问题，建构适应汉语国际教育新形势的对外汉语本科专业人才培养体系，进而为我校对外汉语专业建设规划提供科学的依据。从调研中反映出的主要问题有：第一，人才培养模式和教学模式比较单一；第二，课程设置还存在横向与纵向关系不够明确、对外汉语教学类课程偏少的情况；第三，对外汉语教学实践环节较为薄弱；第四，对外汉语专业特色不明显；第五，就业“出口”问题难以解决；第六，外语语种都是英语或者以英语为主。

三、对外汉语专业建设发展思路

3.1 专业建设应定位准确、特色鲜明

2009年2月，辽宁省教育厅召开全省教育工作会议，对各高校加强内涵建设、办出自身特色提出了明确要求。第一要突出高校办学特色，第二要做强优势学科，第三要创新培养模式，第四要调整专业结构。我校要利用特色专业建设的契机，进一步优化课程体系，适当扩大选修课的专业跨度，从而使对外汉语专业的专业特色更加鲜明，为解决毕业生“出口”问题奠定基础。

3.2 创新人才培养模式，突出专业特色与优势

（1）我校从2009年起在对外汉语专业建设之初，就将对外汉语学科建设、科学研究与人才培养有机地结合起来。学科建设和科学研究将有效促进对外汉语专业学生和留学生的人才培养。（2）对外汉语专业的人才培养应以国际化、应用型和复合型为目标和特色，更加注重学生汉语和外语技能、教学技能、跨文化交际技能和中华文化技能等方面的实践训练。（3）对外汉语专业人才培养和留学生教育紧密结合起来，既要实现一体化，又要统筹安排，明确共性与差异。（4）充分利用国家向世界展示中国文化和加快推进能源战略的契机，拓宽培养语种，加强俄语方向对外汉语专业人才的培养，所以我校对外汉语专业的定位和特色是培养懂俄语且掌握一定石油石化知识的对外汉语人才。

四、关于对外汉语专业特色人才培养模式的探索

4.1 课程设置追求特色和实用

我校确定的对外汉语专业人才培养目标是：以汉语国际教育需求为导向，培养应用型、复合型、国际化创新人才。以学生需要具备汉语言文化类、教育教学类、石化管理类以及俄语听说能力等四个方面知识为原则，制定“以汉语言文化教学为核心，以教育教学为支撑，以俄语教学为特色，以石化管理教学为补充”的对外汉语专业人才培养方案。

首先，以汉语言文化教学为核心。汉语言文化课程是实现人才培养目标的主体和核心。一个连汉语的语音系统、词汇系统、语法系统、语义系统都掌握不了的人，是无法去传播汉语的。因此，除了教育部该专业目录规定的现代汉语、古代汉语、语言学概论、应用语言学等基础课以外，还应针对本专业开设对外汉语语音、对外汉语词汇、对外汉语语法、汉字教学等应用型课程。

在文化类课程方面，教育部该专业目录规定文化课程有中国文化通论与西方文化两门基础课。还应开设世界宗教文化、跨文化交际、社交礼仪、涉外事务等应用性强的方向课。另外，既要开设承载着传播中华文化的课程（如京剧、太极拳、武术、剪纸、书法等），还应该根据学校所处的地理位置开设彰显地域文化的课程。这些课程以应用性、实战性为主，目的是传播中华文化。

其次，以教育教学为支撑。在教育类课程方面，教育部该专业目录没有规定开设教育类课程。该专业开设教育心理学课程是必要的。因为教育心理学是方法论，传播汉语的时候是需要方法的，传播中国文化也同样需要方法，如果方法不当，汉语与中外文化传播就会出现问题。

再次，以俄语教学为特色。全国大部分高校对外汉语人才培养，外语语种绝大多数都是英语或者以英语为主。小语种对外汉语人才紧缺，就该专业所要求掌握的外语能力而言，应以听说为教学重点与突破，其次才是读、写、译。因此，学校加强了俄语教学，不仅开设俄语综合课，还开设听力、口语、视听等实务课，突出应用性、实践性。

最后，以石化管理教学为补充。我校是以石油化工为特色的大学，在人才培养方面一直与中石油、中石化、中海油三大公司保持密切的联系，也为三大公司在独联体国家海外分公司培养和输送了不少人才。该专业开设石化管理类课程是汉语国际教育的实际需要，当然这些石化管理类课程以通论课、实务课为主。

另外，在课程学时比例上，我们设置的课程比例为：汉语言文化课程所占课程比例为55%左右，外语课程所占比例为30%左右，教育教学类课程所占比例为10%左右，石化管理类课程所占比例为5%左右。

4.2 师资队伍建设注重岗位培训

有了较为科学的人才培养计划即课程体系，保证教学质量的关键就是教师。大多数教师原来的专业均为汉语言文学专业，多年来一直从事大学语文、写作等公共课程教学，但是进入对外汉语专业教学后，他们原有的知识结构和教学方法很难胜任该专业的教学要求。

因此，创建创新人才培养模式必须在根本上加强教师队伍建设，要求教师既具有深厚的理论知识又要具备丰富的实践经验，成为“双师型”教师。值得注意的是，“双师型”教师并不是教师与技师或工程师的简单叠加，而是两者在知识、能力和态度等方面的有机融合。“双师型”教师能力也不能简单地理解为既具备教师的能力，又具备技师或工程师的能力，应该理解为：既具有讲师或教授职称，又具有相关行业的职称；教学上既能讲授理论又能指导学生实践。同时，教师培训最好能突破上岗培训与学历进修的局限，在专业内部开展教师的岗位培训，如专业理念和专业技能的培训、学术前沿的培训，也包括创新能力和执行能力的培训，激励教师“有为才有位”，最终达到岗位成才。

4.3 实践教学体系注重针对性和应用性

实践教学体系是以本专业人才的能力规格要求为主线，构建专业能力的教学体系，主要由实验教学、教学实习和专业实践等三部分组成。我们认为对外汉语专业的实践教学体系应结合本专业的特点，注重针对性和应用性。针对性原则就是针对对外汉语专业的特点，分析学生未来岗群的知识和能力结构，确定实践教学体系的总体框架和具体的技能培养方案。应用性原则就是根据社会需求和学生就业需要，从实际、实用、实践的角度出发，建立实践课程教学体系、实践教学保障机制和技能考核体系。

当然，实践教学体系作为一项系统工程，仅仅建立框架还远远不够，还需要各方面的支持和跟进。

首先，改善校内实践教学条件，满足校内实训要求。

实践教学条件是实践教学有效实施的基本保障。完备的校内实训基地、实训软件、仿真实训室尤为重要，它可以弥补文科类专业实践岗位的匮乏以及时间不易协调等方面的不足。对外汉语专业需要建立校内对外汉语教学实践基地，为学生进行校内实习提供有力的保障。在硬件设施得以保障的基础之上，我校对外汉语专业已就建立校内实习基地形成初步设想，如我校对外汉语专业学生与留学生属于同一个学院，既便于语言和文化交流，也为对外汉语专业学生提供对外汉语教学实习的机会，给学生提供专业实践的平台。

其次，加强校外实训基地的建立，培养学生综合职业能力。

在原有三大公司实训基地基础上，进一步扩大和巩固与俄罗斯等独联体国家友好院校的联系和合作，建立校企、友好院校合作的长效机制。定期或不定期地安排学生实习和实训，参加暑期实践，在校外实训基地创造机会实现学生顶岗实习，让学生以“职业”的身份进入海外企业及海外友好院校，实现学生在职业心理、专业技能和学科知识上“零距离”的转化和对接。

再次，建立一支实践能力强、积极投入实践教学改革与建设的教师队伍。

教师是实践教学的组织者和指导者，是实施技能训练的基本保证，教师职业发展要与学校人才培养目标相适应。承担实践教学任务的教师不仅要有专业理论知识，还必须能够有效地组织和指导学生进行实际操练，及时解答实训过程中学生提出的各种问题，帮助解决实际问题。针对对外汉语专业“双师型”教师在数量和质量上不能满足专业教学要求的状况，需要制定一些切实可行的教师培训和实践锻炼方案，对教师实践能力的培养和业务素质的提高提供有力的督促和支持。教师除自主学习钻研、进修提高外，还需要到海外友好院校学习、见习、体验和实践，使自己能更好地熟悉行业情况，更好地胜任实践教学工作。此外，还应经常性地邀请业内有经验的人士和校外理论水平与实践能力较强的专家学者来校开展各方面能力的培训和指导，实现能力和观念的稳步提升和更新。

在汉语国际教育的大背景下，在贯彻执行教育部对对外汉语专业的基本要求的同时，我们提出以上该专业人才培养模式的一些新的设想，有利于培养应用型、复合型、国际化的创新人才。

参考文献

黄锦章、刘　焱（2004）《对外汉语教学中的理论和方法》，北京：北京大学出版社。

加　涅等著（皮连生等译）（1999）《教学设计原理》，上海：华东师范大学出版社。

李　杨（1997）《对外汉语教学课程研究》，北京：北京语言大学出版社。

束定芳、庄智象（1996）《现代外语教学——理论、实践与方法》，上海：上海外语教育出版社。

杨　翼（2008）《汉语教学评价》，北京：北京语言大学出版社。

张德鑫（2000）《对外汉语教学回眸与思考》，北京：外语教学与研究出版社。

赵金铭主编（2003）《对外汉语教学研究的跨学科探索——汉语学习与认知国际学术研讨会论文集》，北京：北京语言大学出版社。

论汉语传播视角下对外汉语专业的新定位

暨南大学　程　辰　唐燕儿

摘　要：本文根据对部分对外汉语专业毕业生的调查结果，分析了目前各高校在对外汉语专业设置上存在的主要问题，并在国内外汉语传播的视角下，提出对该专业一“紧”一“松”的新定位，建议在专业视角、专业定位、培养对象、培养重点等方面做出新的转变。

关键词：对外汉语　专业设置　汉语传播　定位

一、问题的提出

改革开放以来，我国积极加强与国外的交流与合作，特别是在新世纪，我国在国际上的影响力迅速增强。随着国家“请进来”和“走出去”战略的双向发展，来华留学生的需求越来越多。与此同时，海外要求学习汉语的外国人也急剧增加，大量的学习者造成了“汉语教师荒”。汉语学习的人数不断增加，年龄不断趋于低龄化，国别更加广泛。陆俭明曾在2010年全国高校对外汉语专业建设研讨会上提出：“在汉语国际教育的新形势下，‘三教’问题的核心是要培养一支高素质的教师队伍和汉语教学管理人才。”师资问题已经成为制约汉语进一步在国际上传播的瓶颈。同时，为实现各民族共同发展、共同繁荣，少数民族地区汉语教学需求也极为迫切。然而少数民族地区的汉语教学一直未能与汉语母语教学区分开，语言的教学成果不是特别显著，汉语教学事业在国内少数民族这一方面也有待于继续发展。

作为培养将汉语作为第二语言教学师资的对外汉语本科专业，自1985年设立以来，其专业设置和教学管理工作一直处于不断的探索和改善中。1989—1997年间，在国家汉办的组织下，召开了三次对外汉语专业工作会议。经过多次的会议讨论和建设实践，专家学者们一致认为该专业培养的是一种复合型、外向型的人才。据教育部门公布的数据，截至2010年，设置对外汉语本科专业的高等院校已经由1985年的4所增加至285所，该专业在校生达38000余人，在招生规模上有了极大的发展。但1996年国家教育部规定只有取得硕士学位者才能在高校任教之后，大部分毕业生都因无法成为留学生的汉语教师而纷纷“改行”，实际的就业情况背离了专业的培养目标。

在新形势下，我们需要对该专业从定位、课程设置到考核机制上做出重新的审视。在汉语在国际国内传播的新形势下，本文拟结合对该专业毕业生调查访谈的相关分析，对该专业的定位问题做出新的思考。

二、目前各高校对外汉语专业设置存在的问题

早期对外汉语本科专业的专业定位非常明显，培养出的人才基本上成为国内针对留学生汉语教学的师资，而现在国内高等院校的对外汉语专业从定位、课程设置到毕业去向上都存在较大的问题，与培养汉语作为第二语言的师资这一目标存在着较大的差距。笔者试以对本校来自国内十多个省市的35所高校的对外汉语本科专业研究生的问卷调查作为主要材料，再结合广泛的文献调查，分析目前国内高校该专业设置上存在的一些问题。

2.1 开设该专业的院校办学水平参差不齐，相关资源建设滞后

随着对外汉语师资缺口的不断增大，国内许多院校纷纷要求开设该专业，国家教育部也从国家对外汉语教育事业的总体出发，拟培养大量的师资后备力量，同意在众多院校增设对外汉语专业。仅2008年就新增138所院校招收对外汉语本科学生。短短十几年的时间，对外汉语本科专业遍布全国各个地区，过低的准入机制使众多院校盲目跟风，有不少学校该专业的相关资源建设严重滞后。在调查中，留学生人数达到50人以上的院校只有35%，有40%的院校

无法安排学生针对留学生进行实践教学，有的学校为解决学生实习问题还存在去同一城市其他有留学生的学校进行课堂观摩，从其他学校“借”留学生来实习的现象。在教师队伍的建设上，仅 50% 的院校在该专业有自己独立的教师团队，其他院校的教师队伍多是从相关院系和学科中抽调或从外校聘请教师来组织教学。此外，绝大部分院校开设该专业的历史只有几年，对该专业学生的培养计划基本上处于探索研究阶段，并未形成系统的培养目标、课程体系。学校迷茫，学生也迷茫。

2.2 该专业的定向模糊，宽口径太“宽”

虽然国家汉办在 2002 年的相关文件中提到：“培养及输送合格的后备力量，而非一般的涉外人才，使该专业的毕业生尽可能多地投入到对外汉语教学事业当中。”但是在调查中，有 71% 的院校出于社会市场需求，在实际的培养过程中将该专业作为中文、外语、涉外文秘三个专业和方向的综合人才来培养，分别设置这三个专业的相关课程，在横向上占广度优势，在纵向上避谈深度。此外，在专业定向上还存在一个比较严重的问题，即该专业被教育部门设定为非师范专业，在调查中，仅 32% 的院校在该专业学生毕业时发高中语文教师资格证书，大部分院校在学生结业后没有教师资格证书；多数院校没有开设教育学、心理学以及教师技能的相关课程，大多数学生面对现实的就业压力而参加各种培训，考取其他各类资格证。

2.3 课程设置和教学管理不合理，专业特色没突显

课程设置在对外汉语专业建设的研究中一直处于关注的焦点，在此次调查访问及对众多院校课程设置情况的网络搜索分析下，笔者发现，经过多年的探索和实践，基本在理论上确立了五大模块的课程方向，即：汉语言基础知识、外语语言能力、二语教学的理论与技能、中外文学文化类知识、教师素质与技能等五类。但是各院校对这五类课程的设置比例并没有统一的认可，大部分院校将外语能力的培养作为重点，课程比例竟高达 20%—30%，而该学科核心的二语教学理论和技能基本上在 15% 以下，教师素质与技能的课程在很多院校

并不开设。此外，各院校对该专业的管理体制建设滞后，众多院校对当前对外汉语事业的认识不清，历年招生规模的差异幅度较大，有的院校甚至存在第一年招收 60 人，第二年招收 120 人，第三年又招收 60 人的情况。对学生能力的考核制度也不完善，学生经过四年的学习，在结业时并不需通过任何的能力考核，从而造成学生对专业课缺乏认同感，更多的情况是学生面对现实就业的压力花大量的时间和精力去参加社会上的各种能力考试。

2.4 就业去向上与国家设立该专业的意愿相背离

该专业的毕业生多从事与汉语言专业相关的、与英语语言学相关的涉外文秘贸易等工作，而真正从事对外汉语工作的寥寥无几。汉办教字 [2002]216 号文件上指出:“由于受市场影响，尤其是 1996 年教育部制定了只有获得硕士学位者才能在高校任教的政策之后，该专业毕业生能够保留在对外汉语师资队伍中的数量由八十年代的 50%—70% 下降到如今的 3% 左右。毕业生大部分流向外企、外事部门，许多人甚至被私立教学单位作人才聘用。该专业毕业生的外流背离了教育部批准设立该专业的宗旨，而同时也造成了对外汉语师资严重缺乏师资主渠道来源的尴尬局面。”国家花了大量的人力、物力、财力，结果该专业的毕业生却不能从事相关专业的工作，而是要和其他专业的学生“抢饭碗”，同时国家必须每年花费大量的财力去培训非专业人才作为志愿者输送到海外进行汉语教学。这一方面对整个国家就业形势的缓解没能起到作用，另一方面也是对国家资源的浪费。

三、汉语传播视角下对外汉语专业的新定位

3.1 汉语传播事业及其发展

汉语的教学不仅有针对国内少数民族地区的，也有针对海外人士的，它们两者都属于将汉语作为第二语言教学的事业，在本质上是相同的。

在国内，汉语传播事业主要体现在少数民族地区汉语教学的发展和留学生的教育上。自 1950 年新中国留学生教育开展以来的 60 年，各国来华学生总数

超过了63万。据有关统计数据显示，2009年，共有来自190个国家和地区的23万余名各类来华留学人员，分布在全国610所高等院校、科研院所和其他教学机构中学习。另一方面，新中国成立以来，在充分尊重各民族使用其语言文字权利的前提下，各少数民族地区的汉语教学也广泛开展起来，但对少数民族的汉语教学效果并不是很好，很多地区将其简单地等同于汉族的母语教学。在西藏地区，大部分民众不懂汉语，一些公务人员无法用汉语宣传国家政策。在玉树地震救灾中，战士们不懂当地语言，只有通过当地的小学生来翻译才能与被困群众沟通。〔1〕这些事件都从侧面告诉我们要充分重视少数民族地区的汉语教学问题。

在国际上，汉语的传播速度也大大加快。据相关数据统计，目前全球学汉语的人数超过4000万。国外对汉语的需求还将不断加大，速度还在各地迅速增长。从2004年年底到2009年10月，我国共在全球87个国家设立了282所孔子学院和241个孔子课堂，有100多个国家超过2500所大学开设了汉语课程，许多国家正积极地将汉语纳入该国的国民教育体系，教学对象实现向低龄化、长期化的转变。此外，计算机信息的飞速发展、网络远程教育的普及使海外学习汉语的成本极大地降低，越来越多的人通过网络在当地学习汉语，学习方式实现了多样化的转变。汉语学习的主要阵地也由国内转移到国外，对外汉语教学正快速向汉语国际教育转变，国家的各项语言政策也随着汉语国际教育的新形势实现了外向型的转变。因此，在汉语国际化脚步日益加快的新世纪，要取得汉语国际传播的长期发展，在汉语教师培养这个层面上也要做出转变，实现从只培养国内留学生的汉语老师转变为培养国内少数民族学生、国外汉语学习者的汉语教师。

3.2 对外汉语专业在新形势下的新定位

在汉语传播的新形势下，鉴于目前专业设置的缺陷以及社会的新需求，需要对对外汉语专业的建设做出新的思考，在专业的定位上我们认为应该实现一

〔1〕上述事例是郭熙和李宇明教授在相关讲座中引用的实例。

“紧”一“松”。在专业的定位上要“紧”，即摒除涉外贸易、涉外文秘等方向，改变口径过宽的现象。一个专业的培养目标过泛会导致各方向深度上的缺失。对外汉语与涉外贸易、涉外文秘专业有本质上的区别，如果社会有需要，可以另设专业或在文秘类专业下另设方向，对外汉语专业在其学科建设和设置上应更加突显其专业特色，将二语教学作为该学科的核心，以培养将汉语作为第二语言来教的能力为主要目标。在培养对象上要“松”，即不仅包括培养国内汉语为母语的中国人，也应该根据汉语传播的需要，培养海外有一定汉语基础并有志于从事汉语教学的人士。

从汉语传播的视角考虑，建议将现在的对外汉语专业定位实行一“紧”一“松”的调整，实现在以下几方面的新的转变：

3.2.1 改变专业性质

将对外汉语专业由现在的包括涉外文秘、涉外贸易等方向在内的非师范类专业转变为专门培养将汉语作为第二语言教学的师资力量的师范类专业。对外汉语教师从事的也是教育类工作，应该具备一个教师的素质和基本技能，将该专业设置成非师范类专业有些欠妥，因此，在实现该专业由非师范向师范类专业转变之后，需在课程设置和资格认证上做好相应的改进工作。

3.2.2 拓宽专业视角

将对外汉语专业由主要针对来华留学生的汉语传播的视角拓宽至整个汉语传播的视角。继1996年教育部高等院校的准入门槛是硕士研究生规定之后，大量对外汉语专业的本科生无法从事针对国内留学生的汉语教学工作，该专业毕业生的就业问题成为各院校要解决的首要问题。与此同时，国家汉办每年花费大量的人力、财力从社会上招收志愿者进行培训，然后输送至国外担任教学工作，以满足国外对汉语教师的大量需求。因此，仅将对外汉语专业定位在针对国内的留学生必将造成国家资源的浪费和人才流失。在国内少数民族地区，长期将少数民族的汉语教学等同于汉族母语者的语文教学，教师直接由语文老师代替，没有充分注意到第二语言学习的特殊性，影响了汉语的传播效果。在国际的传播方面，国外学习汉语人数的急剧增加使国际汉语教师的缺口越来越大，要在短时间内缓解国际汉语教师荒的问题，必须在国内实行较具规模的人才培养计划。

3.2.3 增加培养对象

将对外汉语专业的培养对象由仅针对国内以汉语为母语的高中毕业生拓宽至国内母语为非汉语的少数民族学生以及国外有一定汉语能力的人。

从2003年开始，国家汉办开始实施以“汉语走向世界”为目标的“汉语桥”工程。从2004年到2009年，应世界各国有关机构的要求，国家汉办派出汉语志愿者达6000多人，但是相对于海外4000多万的汉语学习者，还是远远不够的。因此应该转变汉语国际教学师资力量的培养模式，逐渐走向输出与培育相结合的师资培训模式。迅速有效地培养一批适合当地政治文化的本土教师是发展汉语国际教育事业，解决国际汉语师资缺口的重要举措。少数民族地区的汉语教师也存在这类问题，少数民族在长期历史发展中逐渐形成了极具特色的文化风俗，少数民族汉语教师有教学媒介语的优势，因此有必要将少数民族学生作为日后少数民族地区的汉语教师来培养。

3.2.4 强化培养重点，深化实践能力的培养

在学科建设上，对外汉语专业的本科需与硕士、博士的培养形成一个学科体系，避免重复培养，三个阶段的人才应该有不同的侧重点和深度，在学科体系中体现阶梯性。该专业开设20多年来，真正的科班人才即本、硕、博皆为对外汉语专业或方向的人才少之又少，大部分人才在硕、博阶段需要重新培养，因此，针对这一现象，北京语言大学有关专家在2010年全国高校对外汉语专业建设研讨会上提出增加该专业本硕连读的比例，实现高素质科班人才的培养的想法。笔者认为这是一个比较好的思路，它不仅可以缓解一部分学生的就业压力，也可以在很大程度上保证学科的系统性，培养一批真正意义上的科班人才。本科阶段的主要目标在于培养实践能力上，使学生成为基本合格的对外汉语教师，能够独立承担日常的教学任务；硕士阶段应该加大理论的培养，

能够解决需要较多理论知识的问题，如教材的编写、学生二语习得的研究等等，使硕士毕业生能够成为理论与实践并重的人才，在理论的基础上提高其实践的能力；博士则主要培养其理论探讨的能力，要在实践中拔高其理论的深度。

四、结　语

在汉语国际教育的新形势下，重新定位的对外汉语专业将成为培养国际汉语教师的摇篮。科学合理的专业目标不仅对汉语国际教育事业的进一步发展起到一定的推动作用，也对国内高层次人才的培养打下了基础。一方面，新的定位避免了国家人才的浪费和重复培养，专业定位的拓宽改善了培养目标与社会现实的矛盾，使该专业的毕业生从事的职业与所学技能相挂钩，避免人才的流失；专业定位的明确性改善了学生所学知识过泛、过浅的状况，课程设置的针对性和专业性更强，也为学生日后的更高学历的深造打下基础，避免本科、硕士的重复培养。另一方面又迅速有效地解决了国际汉语教师荒的问题，为国家外派教师和志愿者资源准备了高素质的后备力量，相应减少了国家每年培训非专业人士的成本，也可在较短的时间内为培养本土化汉语教师提供帮助，满足海外高水平本土教师的需求。

本文主要在汉语传播的视角下，分析了目前各院校在对外汉语专业设置上存在的问题，并结合国内、国际两个方面汉语传播的新形势，提出对外汉语专业应做出新的定位，综合招收国内和国外学生，增加培养国内少数民族地区的汉语老师，也培养国外本土汉语教师，使该专业成为专门培养汉语传播人才的师范类专业，但有关课程设置、教学管理、培养模式等问题还有待于在此基础上做更深入的探讨。

参考文献

程裕祯（2005）《新中国对外汉语教学发展史》，北京：北京大学出版社。

李凌艳（2006）汉语国际推广背景下海外汉语教学师资问题的分析与思考，《语言文字应用》第6期。

亓　华（2010）试论设立“汉语国际教育与传播学”一级学科的必要与可能，《语言教学与研究》第3期。

吴应辉（2010）国际汉语教学学科建设及汉语国际传播研究探讨，《语言文字应用》第3期。

张　觉（2009）改革完善对外汉语体制　促进汉语国际教育硕士培养，《学位与研究生教育》第6期。

中国新闻网（2010）教育部：2009年来华留学生突破23万，创四项新高，http://www.chinanews.com.cn/edu/edu-zcdt/news/2010/03-22/2183667.shtml。

独立学院对外汉语专业定位及特色探讨

——以之江学院为例

浙江工业大学之江学院　赖骞宇　荆亚玲

摘　要：教育部对于对外汉语专业提出的业务培养目标是“对外汉语专门人才”和“实践型语言学高级人才”，一些高校在发展中逐渐形成了自己的办学特色。浙江工业大学之江学院也应顺时应势，努力在专业调整的新格局中发展出自己的特色。

关键词：对外汉语　专业特色　业务培养目标　专业定位

本科对外汉语专业自1985年开设以来，到本世纪初开始控制布点，再到现在汉语热在全球范围内兴起，而今已是遍地开花，完成了一个短暂的发展繁荣的历程。其间，各高校在摸索中逐渐形成了一些各自的专业特色。

一、目前国内院校对本专业特色的探索

教育部在设置本科对外汉语专业时提出的业务培养目标是：注重汉英双语教学，培养具有较扎实的汉语和英语基础，对中国文学、中国文化及中外文化交往有较全面的了解，有进一步培养潜能的高层次对外汉语专门人才；能在国内外有关部门、各类学校、新闻出版、文化管理和企事业单位从事对外汉语教学及中外文化交流相关工作的实践型语言学高级人才。业务培养要求：本专业

学生主要学习语言学和第二语言教育的基本理论，掌握扎实的汉语言文学基本理论和知识，受到中国文学、比较文学、英语语言文学、中西比较文化等方面的基本训练，熟练地掌握英语，具有从事语言或文化研究的基本能力。毕业生应获得以下几方面的知识和能力：(1)掌握汉语言文学学科的基本理论和基本知识，对有关的社会科学、人文科学与自然科学有一定的了解；(2)掌握对外汉语教学的基本理论与方法，能进行课堂教学；(3)具有相应的社会调查研究能力、一定的创造性思维能力和初步从事科学研究的能力；(4)有较全面的英语听、说、读、写、译能力；(5)了解对外交往的有关方针、政策和法规，具有一定的外事活动能力；(6)了解本学科的理论前沿、应用前景与发展动态。规定对外汉语专业的主要课程有：基础英语、英语写作、英汉翻译、现代汉语、古代汉语、中国文学、外国文学、中国文化通论、西方文化与礼仪、国外汉学研究、语言学概论、对外汉语教学概论等。

不少院校在教育部对对外汉语专业的业务培养目标和培养要求的指导下，从培养“对外汉语专门人才”和“实践型语言学高级人才”的目标出发，以本地的对外汉语教学资源和需求为基础，并与之互推互助，大力发展对外汉语专业，形成了一些颇有特色的对外汉语专业的定位。

1.1 从地域上看，北京、上海等国际性大都市是最早开设对外汉语专业的地区

这些地区师资力量雄厚，其专业建设以强大的汉语进修和培训需要为平台，得到了长足的发展。例如北京语言大学对外汉语系，从事对外汉语和中华文化教育历史最长、规模最大，师资力量雄厚，已形成了结构相对合理、内容相对充实的对外汉语学科体系。学校学科层次齐备，从短期教育、速成教育到本科生、硕士生、博士生教育各具特色，教育教学质量得到国内外普遍好评。其对外汉语系现有对外汉语本科专业和语言学及应用语言学、汉语言文字学、课程与教学论（对外汉语教学）及汉语国际教育四个硕士专业。这些一流品牌院校所具有的优势是无可比拟的。而广东、福建等侨乡，因为独特的地缘关系，有自己的资源优势，其对外汉语专业的发展也获得了雄厚的资源支撑。黑

龙江、新疆、云南等边境省份自治区，因为对外经贸交往的需要，对外汉语教学也有很大的需求，这些地区的对外汉语专业乘势借力发展，办出了自己的特色。

1.2 从有关院校的办学情况看，一些院校凭借区域优势和自身原有的特点，在对外汉语专业的建设过程中，结合社会需求，打出了自己的特色品牌

例如福建师范大学对外汉语专业，充分利用福建是我国第二大侨乡的优势，积极开展对东南亚国家的汉语教育，并且借助于国家汉办“国际汉语教师中国志愿者计划”在该校的试点实施，应菲律宾华文教育界的要求，陆续向菲律宾派出了几百名汉语教学志愿者。该校还与菲律宾历史最悠久的华文报纸《商报》合作，在菲律宾创办了首份完全使用简化汉字和汉语拼音的报纸《汉语学习报》。暨南大学，素称“华侨最高学府”，在校的华侨、港澳台和外国学生超过万人，居中国高校之首。该校长期以来致力于华文教育和对外汉语教学工作，华文学院开设的“对外汉语”本科专业被评为广东省名牌专业。新疆大学对外汉语专业大幅度开拓面向西亚国家的汉语教育资源。云南大学对外汉语专业则利用云南处于中国—东盟自由贸易区的核心位置的区位优势，积极发展与东盟各国的经济文化交流，招收和培养东盟各国的留学生，开设各种层次的东盟项目班。延边大学，因为与东亚国家交往密切，成为中、朝、韩、日文化比较研究基地，国务院侨办华文教育基地，现有对外汉语专业学生300余人，其中国内学生（含硕士生）200余人，外国留学生100余人。西南一些位于边境的高校，如广西民族大学、广西大学、云南大学等，利用它们近邻东南亚国家的优势，在对外汉语教学上，既强调熟练掌握英语，又进行东南亚小语种教学，包括越南语、老挝语、泰语、柬埔寨语等语言，办得很有特色。而云南师范大学的对外汉语专业更是创出了自己与众不同的道路，它与北京语言大学联合办学，加上云南靠近东南亚的优势，对对外汉语专业实践锻炼和毕业生就业非常有利。其毕业修满学分通过论文答辩的学生不但可以获得北京语言大学颁发的毕业证书，而且可以熟练掌握一门东南亚语种，到北京或东南亚实习，成绩优良的学生直接推荐到东南亚国家工作。

1.3 另有一些高校，更多地凭借自身的办学历史和学科优势，探寻出了一条专业发展的道路

他们的办学特点似乎对我们这类既不具有师资优势又不具有地域优势的院校更有借鉴价值。例如，上海对外贸易学院依托自身经济、管理、法学和文学的学科优势，以培养能够满足社会对应用型国际商务人才的需求为主要办学特点、以学生成才为本为核心办学理念，培养汉语好、英语好、懂商务的复合型人才。其业务培养要求学生:（1）具有扎实的语言基本功，通过开设汉语和英语基础课程，努力培养学生的语言应用能力和跨文化交际意识，为与外国人展开高层次的交流打好基础;（2）具备扎实的国际商务知识和相关应用能力，通过相关国际商务课程，使学生了解国际商务的基本理论，了解经贸实务，培养学生在国际商务环境中的语言和商务协调、应用能力;（3）培养学生的跨文化沟通能力，通过相关中外文化知识和跨文化交际等课程，培养学生对不同文化的理解和人际沟通能力，使学生能够结合自身优势，弘扬中国的经济和文化;（4）通过商务英语口译等专业模拟课程，培养学生学以致用的本领。

上述高校凭借自身在地域分布、办学历史、资源分配等方面的优势，依靠国家相关部门的重点支持政策，积极努力寻找专业发展的立足点，在对外汉语专业尤其是留学生的招收与培养方面，呈现出各自的长处和特色，确立了较为牢固的办学基础和发展前景。

二、三本院校对外汉语专业发展特色的可行性

浙江较早开设对外汉语专业的高校，有地处杭州的浙江大学、金华的浙江师范大学和绍兴的绍兴文理学院。浙江大学凭借自己的品牌优势，有相当稳定的留学生生源，为其对外汉语专业的发展提供了坚实的基础；浙江师范大学和绍兴文理学院因为当地及周边地区轻工业的发展和商贸的繁荣，也有相当的对外汉语教学资源，加之办学较早，已然形成一定的优势。浙江工业大学之江学院的对外汉语专业起步较晚，在办学历史上没有优势可言，且作为一所三本院校，在师资和学术研究上比较薄弱，建立自己的专业特色有一定难度。但是，结合杭州本地资源和三本院校重视实践的教学模式，建立之江学院自己的办学特色也是可以有所作为的。

首先，由于对外汉语教育的迅速发展和专业人才的急剧增加，对外汉语教学已经放下了往日“皇帝女儿不愁嫁”的架子，开始从单纯的对学生对外汉语教学能力的培养走向多方面的以培养学生跨文化交流能力为目的的教学。世界经济全球化是历史大势，汉语走向世界也是大势所趋。汉语国际推广作为增强国家软实力的一项事业，其发展势头锐不可当。在汉语国际推广的大背景下，对外汉语专业的建设必然会出现新的格局。

其次，随着国家经济的发展和“汉语热”的不断升温，教育部和国家汉办近年在筹划和组织实施对外汉语教育的四大重点和八项措施。四大重点是：(1)制定孔子学院的建设标准，完善管理和评估机制；(2)制定未来几年海内外汉语教师培训规划，完善培训机制，研发培训教材；(3)评估、遴选并大力推介国内外优秀汉语教材，同时按照高起点、国际化和品牌化的原则，制定未来几年教材开发和推广计划，实现由纸质教材向网络和多媒体教材的转变；(4)改革汉语水平考试，从海外考生的需要出发，从起点上降低考试难度，同时开发商务考试等科目。八项措施是：(1)加快在海外建设孔子学院的步伐，积极开展非学历汉语教学，培训当地汉语教师，宣传中国优秀文化；(2)大力发展多媒体汉语教学，中美两国2003年起合作开展网络语言教学，中方研发的《乘风汉语》课件正在美国20个州近1.5万名学生中试用；(3)美国大学理事会开发的AP中文项目于2006年在美国2500所大学推广，美国高中学生可通过该项目学习获取大学学分；(4)进一步实施“国际汉语教师中国志愿者计划”和“汉语作为外语教学能力认定办法”，着力提高汉语教师质量；(5)加速推广汉语水平考试(HSK)，提高HSK证书的认证效力；(6)重点建设依托国内知名大学的对外汉语教学基地；(7)援助国外开展汉语教学的学校建设中文图书馆并赠送他们中文书籍；(8)扩大“汉语桥”世界大学生中文比赛的影响。仔细研究这些重点和措施，我们可以得出这样一些结论：其一，对外汉语教育以汉语推广和文化传播为目的；其二，汉语水平考试以运用能力的测试为考查目的，重视实际运用能力；其三，国家大力发展不同层次、不同方式的汉语教学；其四，汉语在国际上具有越来越重要的地位，汉语教学从大学进入到中学课程，对教师的需求越来越多，海外汉语教师培训任务越来越重。所有这些，使得像之江学院这样和国外大学有固定汉语培训项目的三本院校在专业特色发展上有可能走出自己独特的道路。

三、之江学院对外汉语专业的定位与特色

之江学院对外汉语专业在发展过程中，根据自身生源的特点，在如何发展专业特色方面逐渐形成了一些共识，特别是在专业建设的目标方面，结合国家对外汉语教育的重点，适时调整，为专业发展创造更好的条件、开拓更大的空间。

3.1 坚持对外汉语专业的学科目标，夯实学科基础

对外汉语专业涉猎面较宽，主要涉及中国语言文学文化、外国语言文学文化、第二语言教学法等几个层面。在课程学习过程中，我们为学生制定明确的对外汉语教学及中外文化交流的学科目标。一、二年级开设大量汉语言文学文化类课程，打好中国语言文化的基础；强调英语语言的重要性，要求学生一年级通过大学英语四级考试，二年级通过英语六级考试。高年级时突出第二语言教学法的学习，积累对外汉语教学的理论和实践经验，为即将到来的就业和升学做好充分的准备。同时，强化英语语言学习，大量开设英语语言的听说读写课程，全面提高学生应用英语语言的能力。

3.2 丰富文化内涵，拓宽发展路径

从事对外汉语教学的教师或者中外文化交流的工作者，仅仅了解课本上的知识是远远不够的。作为一个具有丰富文化传统的民族之一员，对构成我们民族文化之精髓的诸如中医、气功、太极拳、国画、书法甚至茶道以及中国菜的烹饪等的了解和擅长，都将在今后的教学或工作中起到重要的作用。据了解，目前各国人士对海外孔子学院的课程需求已从单一的汉语语言学习扩展到经济、文化等多个领域。传统的拼写和发音授课已远远不能满足多元化、个性化的学习需求，照本宣科的教学方法也无法吸引文化背景各异、思维方式不同的各国学习者。对外汉语传播的多元时代已经到来。

3.3 发挥地缘优势，突出对外汉语教学的地域特色

杭州有着优美的生活环境和丰富的旅游资源，这对于吸引海外学生来杭州留学、学习汉语具有独特的魅力。把深厚的人文传统和秀美的自然风光、古典文化的精神传统和丰富的物质文化遗产融合进对外汉语教学内容之中，形成并突显杭州对外汉语教学的个性魅力，不仅有利于丰富、发展我国对外汉语教学的整体知识内容，也是地区对外汉语学院在固有的对外汉语专业格局中争取一席之地的有效途径。

3.4 顺时应势，根据毕业生的就业需要和出路适当调整课程学习内容，形成多元化的专业方向

在对外汉语教师的需求方面，目前国内需求量最大的是在高校，因为只有高校才具有进行留学生教学的资格，而高校教师起码要求具有硕士及以上学历。而一些对于学历要求不高的汉语教师的派出或选拔，重视的是教学经验和跨文化交际能力。这两方面的人才需求对于我们毕业生的就业都很不利。因此，适当调整课程内容，增强毕业生的适应性，就成为当务之急。我们目前的做法是通过调整课程设置，形成不同的专业方向：汉语言教学研究方向，为毕业生进一步考研深造做准备，目前我们的大三学生有考研意向的超过50%；经贸汉语方向，毕业生可从事外国人学习汉语的中短期强化培训工作；涉外高级文秘方向，毕业后可在独资、合资及涉外部门和企事业单位从事管理工作；涉外文化传播方向，毕业生可在传媒机构、旅游业、服务业等从事涉外工作，如翻译、涉外导游、涉外家政服务等。

3.5 落实和强化实践课程，注重学生的能力培养

之江学院根据经济社会形势的发展及其对人才培养的新要求，在培养方案方面下大功夫，在对毕业生的就业现状和工作能力的调查研究的基础上，组织力量对培养计划进行研讨和修改。根据培养方案的要求，对外汉语专业在二年级下学期增加了课程实践环节。这一实践环节，以韩国班的汉语教学辅导为基础，要求学生把对外汉语教学法课程中学到的知识应用到具体的教学实践中

去，在对韩国学生的个别辅导中领会和运用所学知识。具体的做法是：每一个对外汉语专业的学生都必须参加至少两周的对韩国留学生的汉语辅导课程，具体进行时，指导教师先要对所有学生进行总体指导，提出要求，然后把学生分成小组，每一组学生进行辅导前，指导教师又根据辅导的内容对参加辅导的学生提出具体的要求，并指导他们备课，写出课程设计方案；在学生辅导时，指导教师轮流听课，考察辅导效果，提出意见和建议；辅导结束后，学生写出实践报告，总结辅导成绩。经过这样一个环节之后，学生普遍对对外汉语教学有了感性认识，并在与韩国学生接触的过程中，对跨文化交流有所体验，这为三年级以后学习跨文化传播课程也打下了一个基础，并引发了其学习兴趣。

除了对外汉语教学能力的培养，针对一部分本科生就业的中低端趋势，我们也重视对学生文字采编、撰写能力的培养。对外汉语教研室在学生就业调查中发现，在全球化的现代环境中，部分网站、杂志或者企业宣传部门在人员招聘中有不少对兼通中文和外语写作能力人才的需求。一名合格的对外汉语专业毕业生在这方面往往能够胜任。因此，我们计划从二年级开始，培养、强化本专业学生的采编、写作能力，真正让学生做到学以致用。

此外，我们还鼓励学生积极参加各类形式的对外交流与实践活动，计算实践学分，大大增强了学生的积极性。

杭州具有深厚的历史文化底蕴，又是世界著名的风景名胜旅游地，兼具自然与人文景观，而且当前杭州的发展形势喜人，在国际上有了越来越大的影响；浙江曾经是中外交流最为活跃的地区，又是当今中国对外经贸最为繁荣的地区之一。形势的发展为本地的对外汉语教学事业提供了契机，也拓宽了专业的办学空间。在这个变化过程中，如果能够把握机遇，努力探索，应能挤进原有的格局并占有一席之地。

参考文献

国家汉办/孔子学院总部网站 http://www.hanban.edu.cn/。

李　敏（2005）论当前海外华文教育的热潮与地方大学的作为，《福建师范大学学报》第5期。
上海对外贸易学院网站 http://www.shift.edu.cn/。
张艳萍（2005）云南对外汉语教学的地域特色，《云南师范大学学报》第5期。
中国教育在线网站 http://www.eol.cn/。
中华人民共和国教育部高等教育司（1998）《普通高等学校本科专业目录和专业介绍》，北京：高等教育出版社。

多语环境下“对外汉语”专业之“外”的特点

曲靖师范学院　徐　梅

摘　要：多语环境下的云南省，对外汉语之“外”有其更广阔的涵盖范围，汉语普通话的教学和推广显现出丰富的层次性，因此在专业课程体系的设置方面，既要有体现“外语”层面特色的课程设置，也应有体现“二语”[1]层面特色的课程设置。文章着重探讨了汉语作为“二语”在多语环境下的习得策略，同时认为一种共同语在多语环境下的习得和推广，涉及的问题和因素是多方面的，除了一般意义上的教和学外，推广保障、推广力度、民族政策、民族语文政策、民族文化、民族心理等等，都将对共同语的习得和推广效果产生深远的影响。在这一背景下不仅要使汉语普通话教学成为一种技能的传授，更应该使汉语普通话成为搭建在多文化与主流文化之间的桥梁。

关键词：对外汉语　二语　外语　习得

“对外汉语”这一术语，人们通常把它理解为针对母语非汉语的外籍人员的汉语教育，很多大学在设置这个专业时，也采用这个大家约定俗成的名称来命名，当然也有学者指出这个名称不准确和不科学之所在，但实际上这个名称

[1] 二语是和母语在同一国家或地区内习得并使用的非母语语言，常常是该地区的官方语言或该地区被认可的语言之一，是参加本国或本地区政治经济生活或接受正式教育的必备条件。

还是被广泛使用着。就云南省的实际情况而言，“对外汉语”之“外”有更丰富的内涵，因而导致这一专业的课程设置呈现更多的层面，这一专业的学生在毕业后极有可能肩负更多的任务，充当多样的角色。

一、专业特点与课程设置

“云南省是中国少数民族种类最多的省份，也是少数民族人口最多的省份之一，历来被视为民族文化的资源宝库。”[2] 云南省由于其特有的多民族共居的环境，使得“对外汉语”之“外”，切实地指向占全省总人口33.4%的少数民族。

近年来，云南省与东南亚国家的交往愈加频繁，交流领域和范围不断拓展，在中国对外建立的第一个自贸区——“中国—东盟自由贸易区”的发展中，发挥着越来越重要的作用。在这一大背景下，云南省的“对外汉语”之“外”，也指向来自东盟国家的大量留学生。

云南省的“对外汉语”之“外”，也指向来自其他国家的留学生。

因此云南省的“对外汉语”这个概念的辐射对象与本文核心概念“不以汉语为母语的学生”相契合，本概念所指希望能涵盖第一语言即为本族语而非汉语的少数民族学生、第一语言即为当地少数民族语而非汉语的生活于少数民族地区的汉族学生、第一语言即为汉语但生活于少数民族地区汉语表达深受当地少数民族语影响的汉族学生、留学生四类对象。

云南省各高校相继开设了“对外汉语”专业，成为培养从事汉语普通话教学和推广人才的主力军。然而正如上面所分析的，本专业毕业生的就业将主要面向上述四类人员。事实上，面向前三类人员的比例更大，所以在专业设置方面就一定不能忽视这一特征，应该在课程设置上留出足够的空间，在理论和技能双方面锻造出真正合格的人才。当然这样做并不仅是出于拓宽毕业生的就业可能的考虑，从长远来看，只有这样的人才，才能在多民族共居的云南省发挥作用。

---

〔2〕 高发元主编（2001—2004）《云南民族村寨调查：跨世纪的思考——民族调查专题研究》，云南大学出版社，第5页。

在专业设置时我们仍然采用广为人们所熟悉的“对外汉语”这个名称，但我们也同样关注国内多民族共居或杂居情况下所呈现出的汉民族共同语传播和接受特征，以及这些地区人员对汉民族共同语的接受状况。此外，由于历史原因，云南很多少数民族与东盟各国民族之间有较深的渊源关系，边境地区民族间交往频繁，但同时汉语和汉文化对云南各民族的影响也是非常深远的，所以汉语学习对留学生而言是学习外语，但对云南境内多数少数民族而言却是二语学习，因此在一个多民族地区，“对外汉语”专业的课程设置宜分为四个板块：

第一板块：通识教育课。主要包括通常的政治思想、形势法律等课程，但有必要把“语文教学法”放置于这一板块。一般情况下“对外汉语”专业只开设“对外汉语教学法”而并不开设“语文教学法”，因为毕业生今后的就业领域是面对通常意义上的留学生，但在多民族地区，“不以汉语为母语的学生”涵盖了我们上面所提到的四类人员，对前三类人员而言，他们既要把汉语作为二语学习，同时在习得基础上还要接受中华人民共和国国民基础教育，参加中考、高考等常规考试，所以仅开设“对外汉语教学法”而并不开设“语文教学法”，毕业生显然无法承担这类地区的教学工作。

第二板块：学科基础课。主要包括哲学基础和历史基础。其中历史基础课中云南民族史和东盟各国历史简介占一定比例，这样的安排一方面使学生了解形成云南今天 26 个民族和谐共处、携手发展大好局面的历史原因和基础，另外也对人口在 5000 人以上云南 25 个少数民族的民族社会、民族文化、民族宗教、民族习惯法、民族教育等有一定的了解，为今后学生在这些地区工作提供必备的基础知识。

第三板块：专业基础课。这个板块课程的设置更应该努力体现出地区特色。我们知道云南虽然是多民族多语共存地区，但汉语和汉文化的影响相当深远，对这些少数民族而言，汉语作为二语，其习得已经是更好地融入社会经济发展的前提条件，因此“对外汉语”专业学生的汉语言文学的功底也必须打扎实，这部分课程设置与汉语言文学专业主干课程设置是一致的。汉语作为外语的课程设置体现出较为明显的向语言类倾斜的趋势：第一类是对外汉语课堂教学技巧、对外汉语语音教学、对外汉语词汇教学、对外汉语语法教学、汉字教学等等，对汉语教学的各主要环节进行细化，有助于学生精确掌握汉语教学的不同环节的特点。第二类是语言学及应用语言学理论课程的设置，有助于学生奠定理论基础，提升教学水平。第三类是中介语学习，根据实际情况，大语种主要是英语，小语种主要是泰语、越南语等，以更好地应对越来越多的东盟留学生的教学需求。

第四板块：专业选修课。尽可能提供帮助学生培养和提升综合素质的课程，如中国戏剧欣赏、剪纸艺术、中国武术、民族舞蹈、书法艺术、中外文化、西方礼仪等等，以使学生在对外汉语教学中不仅教授汉语知识，也能成为中华文化的使者。

二、毕业生的多样角色

特殊的背景产生了富有特色的课程设置，同时也赋予毕业生多样的社会角色。

角色一：留学生教师。我们的毕业生将有一部分从事留学生教学工作，或到其他国家从事汉语教学工作。

角色二：国民基础教育教师。这部分毕业生将进入国民基础教育教师队伍，但在云南这样的多民族、多语种地区，特别是云南省“老、少、边、穷”地区，国民基础教育的重要途径是汉语普通话的习得，以帮助人们尽快融入发展的洪流中，如果没有普通话的推广为前提，教学质量迅速提升是很难办到的。

我们知道民族共同语是民族内部共同来交际的语言。对民族共同语的研究和推广，以及对民族共同语推广的研究，是一个非常重要的课题，无论在历史上还是在当今世界，它都绝不是一个单纯的语言学问题，也不是仅仅局限于教育领域的事情，而是关乎民族团结、民族认同感的提升，直至关乎一个国家发展、统一的大问题。

中华民族具有悠久的文明史，这个文明的重要的标志之一就是在遥远的周代，就有了自己的民族共同语，除占总人口 91.59% 的汉族使用汉语外，有些少数民族也转用或兼用汉语。由于历史、政治、文化、经济等多方面的原因，普通话成为现代中华民族的共同语。研究在多民族背景下的普通话推广，涉及各方面的问题：普通话推广与民族语文政策；普通话推广与民族语言文化保护；普通话在多民族混杂地区推广的方略研究；不以汉语为母语人员的普通话习得研究；不以汉语为母语人员对普通话的认同程度调研，甚至还应该考虑到已经习得汉语方言的以非汉语为母语人员的汉语方言到普通话的二次转化问题。在课程设置和教学中渗透这些问题的研究成果，无疑能使学生在今后的教学工作中更好地肩负双重角色的双重要求。

角色三：文化多样性的保护者。在加大推广普通话，加速云南省“老、少、边、穷”地区的教育质量的提高从而推进这些地区经济发展的同时，我们还不得不思考这样一个问题：共同语的推广与民族语言的保护之间如何寻找衔接点？

我们的学生是基础教育的直接执行者，也是架设在两种文化交汇点上的桥梁，经济发展和民族文化多样性的保护，似乎与他们没有多大关联，但恰恰因为他们在少数民族经济和文化发展中所充当的重要角色，我们的课程设置也不应当仅仅停留在技能和技巧层面，还应当有一些文化层面的选修课，培养学生的文化理念，尽力使更多的学生也能成为多样性的民族文化的保护者。

角色四：云南建设的参与者。我们的毕业生中将会有相当一部分参与到其他行业的建设中，因此有必要在选修课程中为学生提供紧密结合的省情、民情的课程，使他们在今后的云南省文化定位建设中发挥积极的作用。

云南省是少数民族大省，在云南省的经济发展中，民族文化和民族风情是一张不可替代的名片，但恰恰是出于经济发展的考虑，在民族文化的保护取舍上，更多是基于经济效益而非人类学价值的考虑。我们在向外界呈现云南少数民族文化时采用了简化的处理方式。首先，云南 25 个少数民族中，只有极少数的几个民族的风情成为我们的展品：因西双版纳而选中了傣族，因大理而选中了白族，因丽江而选中了纳西族。而我们展示的文化内容也局限于这几个民族与汉族迥异的服饰、舞蹈等“有声有色”的东西上，这有利于直接冲击人们的感官；同时，在民俗的介绍方面，也是首先挖掘与汉族风俗差异较大（当然，如果是完全不同的习俗效果更好）的角落，比如婚俗等等，以期增加其神秘色彩，最终引起更多的好奇心。当然，最终目的都是扩大旅游的产业效益，推动云南经济的发展。

如果民族文化蜕变为经济效益的一个符号，不仅无法对其进行有效的保护，而且也不可能提升云南民族旅游的品质和内涵。由于上面提到的那种选择性展示，我们向外界提供的民族文化最终不可避免地将变得单薄而虚弱，而云南省也必将失去产生民族旅游高端产品的源泉。

云南作为一个少数民族大省，少数民族语言丰富，多语共生、互为渗透现象表现得非常突出。而由于语言的这种共生，又导致了明显的不同民族文化碰撞、交互影响、和谐共处的局面。不同民族聚居地核心区域，显现出浓郁的本民族文化特点，与其他民族的接缘地带，又呈现出文化混杂但却和谐共处的局面。

随着改革开放的不断深入，全国各地都在充分挖掘自身的优势，向全国甚至世界展示自己的亮点，以扩大本地的影响力，更好更快地推进当地经济的发展。当经历了先展示产品，继而展示风景的阶段之后，人们越来越清醒地认识到，必须充分地展示自我的文化特点，才可能对外界产生更为深刻而持久的影响，正确的“文化定位”成为这种展示的先决条件。

云南省的文化定位是“民族文化”。要全面展示云南的民族文化，就意味着我们展示的并不仅仅是某几个民族的文化，而要展现一种多民族文化碰撞交融后最终形成的这种“彼此尊重，交融共存”。应该说，正是“彼此尊重，交融共存”，完整而恰当地诠释了“和”的内涵和境界。

经济的发展最终有赖于民族文化的保存，民族文化的保存又以民族语言的保存为重要标志。在云南加大推广普通话的力度是为了使这个多民族地区的经济发展能尽快地融入到全国经济发展的大潮中，而加大保护民族语言的力度，旗帜鲜明地向外展示云南省的民族特色，是加快云南省民族地区经济持久稳定发展的正确方法，唯有这种“保护与发展”的思想定位，才能使云南的发展独树一帜，并最终获得双赢的效果。

在我们专业建设和课程设置的过程中，以上所述云南省多民族和谐共居的人文环境和文化多样性宝库的特色、云南省在中国—东盟自贸区的特殊地位都是非常重要的参数，只有有针对性地适时调整专业建设思路，开设特色本土课程，培养能担当多种角色任务的合格学生，才能把云南省的“对外汉语”办出特色，办出成效。

下编

（二）人才培养模式

汉语种子教师“直通车”培养模式*

华东师范大学　吴勇毅

摘　要：本文介绍了在汉语国际教育和汉语国际推广背景下的一个比较成熟和成功的师资培养创新模式——中美合作培养汉语种子教师的“直通车”模式。该模式是在国家汉办的大力支持下，由美国纽约大学（NYU）和中国华东师范大学（ECNU）共同创立的，它已成为中外联合培养国际汉语教师的一个品牌项目，在美国具有相当的影响力并得到广泛好评。其课程设置和培养方式对我们对外汉语专业建设和人才培养以及就业都具有一定的借鉴意义。

关键词：师资培养　汉语种子教师　“直通车”模式　中外联合

一、背景与概况

为探索国际汉语教育和汉语国际推广背景下的师资培养创新模式，并培养符合美国汉语教学需求的合格师资，在国家汉办的大力支持下，华东师范大学（对外汉语学院）与纽约大学（文化、教育与人类发展学院 / The Steinhardt School of Culture, Education, and Human Development）（纽约大学斯坦哈德文化、教育与人类发展学院在全美教育学排名中名列前茅）经充分协商，于 2007 年 6 月签署了《纽约大学关于接受华东师范大学本科毕业生赴该校攻读汉语作

* 本研究得到了教育部人文社会科学规划基金项目（项目号：10YJA740098）“汉语国际推广背景下的对外汉语教师职前教育课程改革与培养研究”资助。

为外语专业教育硕士的协议书》(2007—2009)(项目二期新的协议文本为《纽约大学关于接受华东师范大学本科毕业生赴纽约大学文化、教育和人类发展学院攻读汉语教育硕士的协议书》,2010—2013)。该项目的英文名称为 M.A. in Foreign Language Education (Chinese) k, grades 7—12/NYU' s M.A. degree program in Teaching Chinese, grades 7—12。

根据协议,华东师范大学对外汉语学院与纽约大学上海中心联合,每年在对外汉语专业应届毕业生中招收录取 10 名左右的硕士研究生(其他相关专业学生亦可申请)。招生及录取程序为:双方联合召开招生与录取说明会,阐述专业培养目标、课程结构、学生毕业后的服务面向定位、申请程序及费用等;学生按照纽约大学的录取标准,在规定的时间内将申请材料寄往纽约大学文化、教育与人类发展学院;学生的申请材料经纽约大学审核,由纽约大学教授及该校上海中心的美方教师组织面试及笔试,考试内容包括基本理论、基础知识、应用能力及英语听、说、读、写、译等能力;在综合成绩排序的基础上择优选拔录取。入学基本条件(Admission requirements)是:(1)获得对外汉语本科学士学位(英语、中文等亦可)(A completed BA in Chinese / English language and literature or Teaching Chinese as a Foreign Language with a minimum of 30 credits in Chinese);(2)GPA 3.0 或者以上(A GPA of 3.0 and above);(3)托福成绩为 CBT250 分,iBT100 分(TOEFL score(CBT-250; iBT-100);(4)经过纽约大学的中英文面试(Interview in both Chinese and English by NYU faculty members);(5)华东师范大学教授推荐信两封。

2007—2009 年(项目一期),纽约大学共录取及培养华东师范大学 22 名学生,其中 2007 年 4 名(生源均来自对外汉语学院),2008 年 10 名(生源来自对外汉语学院(8 人)、传播学院(1 人)和中文系(1 人)),2009 年 8 名(生源均来自对外汉语学院)。目前 22 名同学中有 19 人直接在美国就业或继续深造,3 人回国在国际学校等单位工作。

学生离校赴美前,都在华东师范大学国际交流处签署了《学生服务承诺书》,即《关于资助某某同学攻读纽约大学教育硕士及获取纽约州教师资格证书的协议书》,承诺取得教育硕士后应承担服务于我们国家汉语国际推广工作的义务。承诺书上明确规定：“根据国家汉办规定，凡得到此项奖学金的学生，在取得纽约大学教育硕士文凭及教师资格证书后，必须承诺服从国家汉办安排，积极配合和参与国家汉办组织的‘汉语国际推广’相关工作。承诺利用假期，参加汉办组织的各类教师培训等工作，将自己所学到的知识和已经取得的教学经验服务于‘汉语国际推广’的工作之中。”

二、课程设置

该项目学制一年，分秋、春、夏三学期（秋季入学，第二年夏季毕业），共需44学分。其中9个学分是在华师大本科阶段完成的，即由本科阶段的指定课程学分（B等以上）转换成硕士课程学分（下表中带星号*的为指定课程），所以实际只需在纽约大学修完35个学分。华师大非对外汉语专业学生（包括对外汉语学院在读研究生或应届毕业研究生）必修的学分数视个人在大学（或研究生阶段）所修课程的不同要求而有所不同，具体由纽约大学决定学分要求。一部分在华师大修完的学分可以带入纽约大学课程，得到纽约大学承认，这也是该项目的特色之一。

课程设置如下：

专业基础核心内容（9学分，在华师大讲授）			
在华师大授课		语言学分析（必修）*	3
在华师大授课		高级汉语 *	3
在华师大授课		应用汉语语言学 *	3
普通教学法核心课程（10学分）			
在纽约大学授课		教学基础	4
在纽约大学授课		青春期成长教育	3
在纽约大学授课		特殊学生教育	3
教学法知识核心内容（9—12学分）			
在纽约大学授课		多元文化 / 双语教育：理论与实践（必修）	3
在纽约大学授课		第二语言习得和研究（必修）	3
在纽约大学授课		第二语言评估	3
在纽约大学授课		专业课程与第二语言教学	3

（续表）

在纽约大学授课		外语教学实际经验与研讨	3
		外语教学研讨 / 工作坊	1—3
		科技社会中的第二语言教学	3
		语言学和双语教育	3
		语言习得和发展	3
教学法专门核心课程（7 学分）			
在华师大授课		外语教学：理论与实践 *	3
在纽约大学授课		第二语言：中小学课堂教学	4
学生教学实习（6 学分）			
在纽约大学授课		外语教学实习 7—9 年级	3
在纽约大学授课		外语教学实习 10—12 年级	3
教师的社会责任（0 学分）			
在纽约大学授课		教师的社会责任 / 防范学校犯罪现象	0
毕业研究（3 学分）			
在纽约大学授课		毕业研究	3
小学 1—6 年级外语教学教师证书拓展课程（3 附加学分）			
在纽约大学授课		小学外语教学	

从上面的课程设置可以看出，专业性、实践性和针对性很强。

该项目的另一个重要特点是，“本课程可以获得纽约州外语教师证书（Initial NY State Teachers Certificate / New York State Teachers Certification in Teaching Chinese, 7—12, or Teaching Mandarin, 7—12）。所有学生在毕业之前必须通过下述考试，以有资格获得纽约州教师证书。”考试科目是：（1）文理测试（LAST 测试）；（2）教学技能书面评价（ATS—书面评价）；（3）语言专业测试（CST 测试—汉语）。

三、学生就业及从事汉语教育 / 汉语国际推广工作情况

2008 年、2009 年、2010 年已经毕业的三届学生（共 22 人），学习成绩优异，都获得了硕士学位，并通过考试获得了纽约州教师资格证书 / 执照（据学生自己说，此中文教师资格证通行美国 40 多个州），毕业后都成为了“抢手”的汉

语国际推广的“种子教师”。他们中有19人（86.4%）直接在美国就业或继续深造（攻读博士学位或第二个英语教师资格证书），已从事或即将从事汉语和中国文化教学或研究工作，其余3人（13.6%）回到国内在国际学校从事汉语教学工作。学生任教/任职/深造单位如下：

2008年毕业4人：

（1）Q同学：The Bronx High School of Science（纽约非常著名的布朗士科学高中）

（2）J同学：College of Staten Island High School for International Studies（纽约斯丹登岛国际学习高中，08—09）；Bethlehem Central High School（纽约奥本尼中心高中，09—10）

（3）G同学：纽约市下东城高中（08—09）；纽约亨利街国际中学（09—10）

（4）Z同学：（中国）大连美国国际学校

2009年毕业10人：

（5）W同学：Ethical Culture Fieldston School, NYC（纽约市一所私立中学）

（6）Z1同学：Tesseract School, Arizona（亚里桑那州）

（7）H同学：New Rochelle High School（纽约市郊的一所高中）

（8）L同学：Our World Neighborhood Charter School（纽约市公立小学）

（9）H1同学：Science and Medicine School，NY（纽约市公立高中）

（10）W1同学：Suffern Middle / High School, NY（纽约市公立初、高中）

（11）Z2同学：EF International Academy, New York（纽约州私立中学）

（12）X同学：Foreign language department, State University of New York, New Paltz（纽约州立大学）

（13）F同学：（中国）上海英国学校

（14）W2同学：上海英文杂志 *That's Shanghai* 中英文编辑及主编助理

2010年毕业8人：

（15）L1同学：Ethical Culture Fieldston School（Middle School）Full-time Private School（New York City）

（16）Z3同学：The Bronx High School of Science（High School）Full-time Public School（New York City）

（17）W3 同学：Little Red School House & Elisabeth Irwin High School Part-time Private School（New York City）

（18）H1 同学：New Rochelle School District（Traveling among three schools）Full-time Public Schools（New York Upstate）

（19）S 同学：Barrington High School Part-time（Public school in Rhode Island）

（20）L2 同学：Ph.D Candidate in Columbia University（Majoring in Applied Linguistics）

另有两位同学在纽约大学继续自费学习半年，以获得英语教师资格证书，这样他们就可以同时执教两种语言课程。

从学生从业的角度看，完全达到了培养目标和国家汉语国际推广的目的要求，而且他们工作很出色。以 Q 同学为例，目前他已经可以指导实习教师了。在美国一般需要三年以上的工作经验的老师才有此资格，他一年就获得了。今年他还参加了在华师大举行的美国 AP 中文教师培训，成为汉语国际推广的生力军。此外，Z1 同学得到了当地孔子学院的资助参加美国汉语教学会议，还在美国旧金山举办的 2010 年全国中文教学会议上做了报告；H 同学的中文教学成果上了当地报纸；W1 同学也上了当地学区的网站。

四、“直通车”培养模式及培养目标

所谓的“直通车”培养模式简单说就是：“华东师范大学对外汉语本科课程 + 纽约大学汉语教育硕士课程”。

培养目标则是：通过一年的学习（三个学期），获纽约大学汉语教育硕士学位，并通过考试取得纽约州教师资格证书 / 执照，直接为特定区域（美国）培养和输送汉语国际推广的种子教师，他们可以直接就业，成为有资质的主流社会的汉语教育和汉语推广骨干。

已经毕业的三届学生学习非常努力，都顺利完成了学业，纽约大学负责该项目的唐力行主任评价说：“这显示了我们中国留学生的实力，以及华师大和纽约大学共同培养的毕业生的高质量。”

五、心得与体会

刘延东国务委员在出席千名外国汉语教师奖学金生开学典礼上的讲话中强调指出，要加大外国汉语教学人才培养力度，满足各国人民学习汉语的强烈需求，增进中国人民与世界各国人民的相互了解和友谊。在国家汉办的领导和支持下，华东师范大学与国外知名大学联合培养国际汉语教师，让学生以最快的速度（一年取得两证）、最好的质量（毕业即被美国本土学校录用）融入美国汉语教学的“本土”，就是培养国际汉语教育人才的一种新的探索、新的模式。

这种培养模式在华东师大和纽约大学的精诚合作下，取得了令人鼓舞的成果和良好的人才培养效益。为此，我们有以下一些体会和心得：

（1）要有效培养符合国际汉语教学需求的高素质教师，以适应国际汉语教育和汉语国际推广的要求。

《国务院办公厅转发教育部等部门关于加强汉语国际推广工作若干意见的通知》中曾指出当前汉语国际推广需切实解决的几个问题，其中之一是“师资、教材数量不足，质量不高，缺乏适应世界汉语教学需求的针对性”。赴纽约大学攻读汉语教育硕士的学生，在华东师大的本科阶段已打下扎实的专业理论和专业知识的基础，他们所缺乏的是对美国教育制度与教学模式的基本特点的深入了解、第二语言教学的实践能力、课堂教学设计和课外活动的组织能力以及在国外从事汉语教学的资质，赴美后，经过纽约大学的严格训练，尤其是在美国中小学的教学实践，其知识、能力和综合素养得到全方位提高，所学课程以及所获学位和教师资格证书 / 执照，完全被美国教学单位和机构所认可，他们将成为服务于国家汉语国际推广事业的新一代生力军。目前，国内约有近 300 所大学（或许更多）设置了对外汉语本科专业，一方面，学生毕业后不容易找到专业对口的工作；另一方面，国外中小学汉语教师缺口很大，供求双方缺少合适的输送管道，中外大学联合培养汉语教育硕士能有效解决一部分供求的瓶颈问题。

（2）“未来教师”良好的专业素质、学习态度和工作业绩得到美方的好评，充分展示了中国名校的教学水准，增强了国外用人单位对中国高校对外汉语专业毕业生的认可度和信心。

华东师大对外汉语专业的定位在培养“双语、双文化、双能力（汉语教学能力、中国文化传播能力）”的一流本科生。被纽约大学录取的三批学生在华东师大通过四年的专业学习，打下了扎实的中英文双语、中外文化以及对外汉语教学基本理论的基础，再经纽约大学严格的专业训练，特别是实践环节的训练，知识与理论素养、汉语作为外语的教学技能和跨文化交流能力得到了显著提高。他们活跃在纽约这座国际大都市和其他城市的汉语教学界，积极参与汉办及当地组织的汉语教学研讨等活动，展示了新一代国际汉语教师的风采。

例如，2009 届 10 名毕业学生，不仅以出色的成绩完成了一般美国学生也要两年时间才能完成的学分数，而且在紧张繁忙的学习之余，还积极参与了美国联邦基金支持的 DCLT（Development of Chinese Language Teachers）论坛以及纽约市教育局支持的各种活动，走访了纽约市与中文教学与研究有关的各大中小学的教育机构和课堂，在联合国汉语部、纽约孔子学院、华美协进社等知名文化教育机构以及一批全美驰名的公立、私立中小学担当实习工作，还于 2009 年初在美国出版了由知名出版社 China Sprout 出版的《中文教学指南》一书。此外，她们还与华东师范大学海外校友会积极取得联系并进入理事会，为母校的海外发展献言献策。

（3）项目能顺利实施，学生能完成学业，受益于国家汉办的学费资助和纽约大学的精心组织教学。

学生在纽约大学的学习与生活得到了充分的保障，他们满怀对祖国的感恩之情，深切感受到祖国的温暖和汉办的期望，大大增强了作为未来语言文化交流使者的使命感与责任感。

（4）招生、录取工作严格按照国家汉办和纽约大学规定的程序进行，充分体现了公开、公正和公平的原则；纽约大学严格按照教学计划和培养规格实施各教学环节。在各方的努力下，做到了办学和用人单位满意、学生满意及家长满意。

（5）华东师大非常注重和加强对学生责任意识、诚信意识的教育。

为确保培养的学生能够服务于汉语国际推广事业，我们非常注重《学生服务承诺书》中的相关内容，特别强调受资助的同学毕业后不仅有责任直接从事汉语和中国文化的教学工作，而且有义务投身于“国际汉语教师培训”的工作中去，将学到的知识和培养的技能服务于汉语国际教育，将自己的青春和才华奉献于国家汉语国际推广事业。

目前，该项目的第一期（2007—2009）已经顺利完成，第二期（2010—2013）也已启动。国家汉办和纽约大学对这一中外高校联合培养国际汉语教师的办学模式予以了充分的肯定，该项目也率先成为了一种能适应国际环境的汉语国际教育种子教师的培养模式。

宽口径、国际化、实用型汉语人才培养模式*

——对外汉语专业意识的形成与发展

上海外国语大学 周上之

摘 要：对外汉语本科人才培养模式是一个值得研究的课题。要在国际汉语教育的新形势下，建立一个既能适应时代要求，又能发挥学校优势的最佳模式，必须结合每一个学校的具体条件进行，不可能有一个放之四海皆准的统一模式。本文主要从专业课程设置角度介绍上海外国语大学对外汉语本科专业的培养模式沿革、改变的轨迹及其特色，着重探讨宽口径、国际化、实用型汉语人才培养模式的建立。

关键词：人才培养模式 课程设置 宽口径 国际化 实用型

对外汉语本科人才培养模式是一个值得研究的课题。一方面，由于这是一门新的学科，其发展、成长和成熟有其自身的规律；另一方面，由于国际形势的变化、国家经济的发展和国家外交政策的影响，培养模式自身也在不断变化之中。如何在国际汉语教育的新形势下，建立一个既能适应时代要求，又能发挥学校优势的最佳模式，必须结合每一个学校的具体条件进行，不可能有一个放之四海皆准的统一模式。

---

* 本文为“上海外国语大学211工程三期项目”成果，项目编号：211RCSZ01。

上海外国语大学对外汉语专业成立于1984年，是国家教委最早批准设立的全国四所高校的对外汉语本科专业之一。国家教委和国家汉办给我校的要求是利用外语院校所具有的语言优势，办出具有自身特色的对外汉语专业。显然，我们的办学基础和一般综合性大学是有所区别的。我校对外汉语专业从1985年开始招生，这是我校上世纪80年代中期率先实行从单科性外语院校向应用型、复合型外国语大学改革之后首先创立的第一批两个复合型专业之一（另一个是对外贸易专业）。从那时起，20多年以来，我校的外汉专业本科教学发展，从单纯的为国内培养外汉师资、单纯的“汉语＋外语”模式，发展为在国际汉语教育背景下具有对外汉语专业学科自身特点的人才培养模式，走过了一条漫长的“复合型——实用性——国际化”的探索之路。既有令人兴奋的成功的宝贵经验，也有值得总结的错误与教训。

人才培养主要由教师、学生、教学三大环节组成。其中教学是联系教师和学生的重要环节，而教学的一个核心因素——专业课程设置不仅集中体现了特定时期的教学特色，也反映了该时期教师和学生的能力与素质，是人才培养模式的具体缩影。反之，一个成熟的人才培养模式，也一定能在其课程设置上得到鲜明的体现。以下主要从这一角度来具体介绍上海外国语大学对外汉语本科专业的培养模式沿革、改变的轨迹及其特色。

一、专业初创时期的“复合型”人才培养模式

上海外国语大学的对外汉语本科从建立之初，就定位于不同于单纯外语人才的“复合型”专业人才，要求学生除了掌握作为第二语言教学的汉语教学的基本理论与技能之外，还能熟练使用一门外语。但是当时对于本专业人才培养的认识极为肤浅，仅仅停留在“汉语＋英语”的简单相加上。

众所周知，我国最初的专业汉语教师采用选拔中文系毕业生再读三年外语的“4+3”模式。我们最初的设想延续了这一历史形成人才培养路子，把培养目标设定为六年学制的双学位毕业生，培养目标就是兼有中文系和英语系两种专长的毕业生。因为人才培养模式的指导思想就是要造就汉语堪比中文系、英语堪比英语系的人才，所以在课程设置上，也就采用把中文系和英语系的基本

课程合二为一的简单做法。在国家教委把学制定为四年本科之后，这一思路并未改变，原先设想的课程建设仍旧按照原有思路进行。所以，这一时期的课程设置基本上就是两系课程之和，囊括了汉、英语言文学专业的所有课程。

实践证明，这种简单的“汉语＋英语”模式是很难实施的。在模式的缩影——课程设置实行之后立刻就暴露出其不合理性。首先是课时过多，学生负担太重。每周30多课时，周一至周五每天上、下午基本排满。学生被沉重的负担压得喘不过气来。由于教学人员也多，当时的对外汉语系是我校排在英语系之后的第二大系，教职员工80多人。其次，由于专业定位不准确，使得外汉专业的学生在同样四年时间内，要兼顾两个专业的学习，客观上必然精力分散，顾此失彼。其结果也必然是“汉语不如中文系，英语不如英语系”。在这种情况下，我们不得不考虑减负，可以说是被动地进行了第一次课程设置改革。

这次改革的主要目标是减轻学生负担，由于人才培养的指导思想没变，所以当时采取的主要措施是平均削减课时，如把每周八节的中国古典文学砍为六节，把学年课文学概论改为学期课。这样，课程总数并没有变化。学生负担重的问题有所缓解，但是精力分散，专业思想不明确的问题没有很好解决。

最初几年的毕业生就业非常好，基本上供不应求。但是根据毕业反馈信息我们了解到，毕业生主要流向国家外事部门和本市外资企业。当时我们还有一个外事管理专业方向的毕业生。除了少数留校之外，两个专业的学生毕业去向趋同。用人单位对我们的毕业生普遍感到有特色。既有熟练的英语口语和笔译能力，又有较好的汉语表达能力。真正做到了英语能力不亚于英语专业的学生，汉语的实践能力也不低于中文专业的学生。

同英语系毕业生的平行比较，我们的学生在英语技能方面达到英语系毕业生的同等水平，而在英语语言理论和英语文学知识方面则不如他们；同中文系毕业生平行相比，我们的学生在汉语言文学理论知识方面不如他们，但是在作为二语教学的汉语教学方面，我们的学生无论在理论和技能上都具有明显的优势。人才培养的实践证明：复合型优势开始显现。

二、"复合+实用"模式的确立

毕业生就业信息的反馈使我们认识到，对外汉语专业的就业优势并不在其教学能力上，大多数毕业生从事的是运用英汉两种语言技能的工作，从数量上说，对外汉语专业的教学方面不占优势。这就使得我们的课程设置调整工作有了明确的方向，就是增强实用性。这与当时我校办学思路——从单纯的外语院校向复合型实用型的外国语大学转变是一致的。

从90年代开始，沿着学校实现办学方向转变的总方针，我们的课程设置进行了多次微调，其指导思想就是保留语言理论课程，如《语言学概论》等；删减非主业的文学类课程和理论课程，如《文学概论》《外国文学》等；增开外汉基础理论课程，如《中国民俗》(学期课)等；强化语言实践课程，如《英语口语》《汉语写作》等；增加实用技能课程，如《计算机》等。

1998年国家教育部对对外汉语专业的说明是："本专业注重汉英（或另一种外语或少数民族语言）双语教学，培养具有较扎实的汉语和英语基础……有进一步培养潜能的高层次对外汉语专门人才。"经过十多年的努力，我们上外"复合型+实用性"的对外汉语人才培养模式基本成熟，培养了大批不但能适应在各类教学结构从事对外汉语教学的需要，同时也能胜任其他对外工作的应用型人才。

三、本世纪培养模式向"国际化"的转变

进入本世纪以来，对外汉语的形势发生了很大的变化。

对外汉语事业的发展重点已经进入了从国内走向国际的新阶段，目前对外汉语教学本身需要实现一个大的转变，以适应汉语国际推广的需要。2004年，教育部颁布《汉语作为外语教学能力认定办法》。胡锦涛总书记多次指出："汉语加快走向世界是件大好事，存在问题需引起重视，并研究解决的具体措施。"2006年的全国汉语国际推广工作会议提出，要树立新的汉语国际推广观，从发展战略、工作重心、推广理念、推广机制、推广模式和教学方法上实现"六大转变"。2007年，中国国家汉语国际推广领导小组办公室组织研制《国际汉语教师标准》。

我们认识到，对外汉语本科人才培养模式必须实现对接汉语国际教育的新目标的转变，使之成为在新的国际大背景下，不但具有“复合+实用”的特色，并且又适应国际化需要的新的人才培养模式。

国际化有两个层面的意思。

一是适应汉语国际推广的要求。这需要改变我们近20年来固有的“为国内培养对外汉语教师”的指导思想，从着眼于国内到着眼于国际。二是适应我国日益扩大的世界影响以及上海逐渐成为一个国际化大都市的需要。

同时，根据中国的大学教育已经逐步从精英教育向大众教育的转变，以及我们的毕业生在就业市场中大部分并不直接从事教学工作的现实，我们在培养高质量的教学人才的同时，还要兼顾培养符合时代就业要求的通用型人才。对外汉语专业本科的培养面临一个突出的矛盾：本科生毕业后绝大部分不能进入对外汉语领域从事本专业相关工作。世界汉语教学学会主席许嘉璐在第九届世汉年会上指出，对外汉语事业存在两大问题，其中之一就是本科生毕业后专业基本不对口。另一方面，合格的汉语教师人才供不应求，国外孔子学院如雨后春笋般纷纷成立，外派教师奇缺。

在这样的背景下，对外汉语专业本科的培养模式必须转型，因为除极少量毕业生可以在中学就业外，绝大部分不能从事对外汉语教师工作，同时，主战场的转移又要求过去为国内学校输送对外汉语教师的目标必须修正，要向培养国际汉语教师的方向转变。

培养模式的转型使得教学内容也必须进行相应的调整。我们以专业课程建设的改革为突破口，开始重建具有上外特色的汉语教学人才培养模式。

第一次课程改革

第一次课程改革主要是增设对外汉语专业课程。我们把培养目标定为：培养具有扎实的汉语和英语语言基础，具有较高的人文综合素养，对中外历史文化有较为全面的了解，毕业后能在国内外各类学校从事对外汉语教学工作，或能在国家政府机构的涉外部门、外贸机构，新闻出版以及外资、合资企业工作，也可从事其他对外工作的应用型人才。

对于知识能力的要求是：

（1）掌握对外汉语专业的基本理论和基础知识，了解本学科的理论前沿、应用前景和发展动态；

（2）掌握对外汉语教学的基本理论和方法，具备进行对外汉语教学和管理的能力；

（3）具有较全面的英语听、说、读、写、译能力；

（4）具备较强的中外语言文化与经济交流的沟通能力；

（5）具有较强的计算机应用能力和现代化办公技能；

（6）具有独立进行外事工作的能力，能够从事外贸、外企的相关工作；

（7）掌握文献检索、资料查询的基本方法，具有一定的科学研究和实际工作能力。

经过两年的调整，专业课程基本覆盖了汉语语音、词汇、语法、文字各个相关专业领域，为今后的进一步细化打好了基础。

第二次课程改革

为了配合国家高校“211工程”建设，我校在2005年提出了新办学方向，把上海外国语大学的办学目标定位为复合型、应用型、国际化人才的培养。

国际化的一个重要因素是外语。当时国内高校的对外汉语专业，大多数是从中文专业转型过来的，对本科生的外语水平并无特殊要求，而我校是国内少数要求毕业生达到英语专业八级的学校，因而，我们这方面已经具有一定的基础。在这个历史性的转折关头，相对于国内各高校，我们的外语要求较高（专业英语八级），较有条件尽快实现教学模式的转变。因此，我们学院决定在这个学科发展的历史转折关头，主动实现向培养“国际化汉语人才”教学模式的转变。

国际化的实质是与国际接轨。这不仅体现在教学内容上，而且要求在教学理念和教学思想上开阔思路，在教学方法上熟悉和适应国外的特点。我们参照《国际汉语教师标准》对专业课程进行了细化。主要包括四方面：

增设对外汉语教学的课程门类；

调整英语和对外汉语课的比例；

减少传统的文学类课程，增加中国文化、跨文化交际类课程；

增加培养学生课堂教学方法和技能的课程。

在汉语言文化和语言类课程改革方面，主要内容有：

（1）增加二语教学类课程；

（2）增加中国文化类实用课程；

（3）新增教育学、心理学课程；

（4）改革传统的汉语课程，包括汉语语音、汉语词汇、汉语语法、文字学等传统课程。

（5）改革对外汉语教学类课程，如对外汉语教学专题、国外汉学、对外汉语教学史。

在英语类课程的改革上，主要内容有：

（1）减少总课时；

（2）减少文学类课程；

（3）减少理论课程，增加实用课程。

同时，我们着重开展了教学基地的建设，初步建立了一个立体化、多层次的教学实习系统，包含了四种模式。

一是传统的、对本校来华留学生的汉语教学工作。

二是与上海英国学校联合建立的实习基地。英国学校是上海的外资独资的国际学校，招收外籍儿童和青少年，实行的是英国的教学体制。学生在这里进行汉语教学实习，不但能看到英国教育与中国教育的差异，而且能亲身感受英国的教学思想。国外的教学模式，在教学理念、培养模式、教学计划、教学方法等各个方面都与国内的对外汉语教学有着巨大差异。学生参加这类实习后，可以比较中外教学的异同，了解双语教学环境下的汉语教学如何与国际接轨的具体细节。

三是与美国加州大学联合建立的实习基地。学生参与对一个美国联邦政府班学生的汉语教学工作。美国联邦班是美国政府拨款招收的汉语人才培养形式，每年有两个月的时间来我校强化进修，这类学生实行的是国外大学的教学计划，教学计划、教材使用、考核方式都根据对方大学的原有计划进行，学生参加这样的教学实践之后，可以对国外本土化的汉语教学有亲身感受。这也是一种直接的国际化熏陶。

四是国际汉语网上教学实习基地。学生通过网络，直接对在美国大学的学生进行远程汉语教学辅导工作，这种教学辅导也是严格按照当地大学的教学要求，在其教学计划框架内进行的。学生教学实习完成后，均由外方学校出具实习证明，具体说明学生在实习中的能力和表现。

经过这一轮课程改革，我校对外汉语专业课程的面貌发生了根本的变化，初步跨进了国际化汉语人才培养的发展阶段。一个新的国际化的人才培养模式初步成型。

第三次课程改革

第三次课程改革包括两个方面。

第一个是专业课和外语课的结合。在第二次课程改革之后我们面临一个新的矛盾。对外汉语专业是一个复合型专业，属边缘学科。其中专业课程涉及一级学科 4 个，二级学科 12 个，三级学科 11 个，涉及开课的二级学科和三级学科共计 22 个（还不包括对外汉语本专业的核心课程）。相对于单纯的外语专业来说，由于教学内容涉及外语和对外汉语两个专业，而总学时与一般单纯的外语专业一样多，并无增加，因此，课程的改革受到课时限制。

我们的思路是，进一步加大改革的深度，把对外汉语专业课和外语技能课融为一体，采用以英语开设专业课的方式，使学生在增加英语实用技能的同时又学到相应的专业知识。比如，我们用英语开设了第二语言教学概论、语言测试理论、教育学、心理学、对外汉语教学、汉英语言比较、国外汉学研究介绍、跨文化交际等课程，同时还与国外大学合作，聘请国外大学教师定期来我校开设对外汉语类专业课程。通过这些措施挖掘潜力，增加课程，力图克服课时总量受限的困难。

此外，第三次课程改革的另一个重要方面是大大增强对外汉语学生教学实习和教育实践的时间。对外汉语教学和英语、二外主要都是技能的培养，基础知识的学习最后都必须落实到能力的培养上，或者说，一切课程的改革都是为了培养学生的外语交际能力和不同类型的汉语教学能力。我们的教学实践包括社会实践和社会调查、专业实习与毕业实习、毕业论文（设计），共8学分，全部为必修。

这次改革还在进行之中。我们还有两个涉及本学科建设的重要方面需要深化。一个是传统的基础汉语课程的改革。目前的基础汉语课程，如《现代汉语》《古代汉语》《汉字学》等都是直接从中文系照搬过来的“内汉”课程，与对外汉语学科并不完全吻合，也不能满足学生在专业上的要求。对这类课程的改造是一个很大的系统工程，需要集中全国对外汉语学科之力方能奏效。因此，不能在短期内一蹴而就。另一个是外语教学。目前的英语教学是根据英语专业的要求建立的，并不完全符合对外汉语教学的需要。我们希望把普通型英语教学转化为符合对外汉语专业要求的特殊型英语教学。同时还需要建立省时高效的第二外语教学。因为目前的国际形势，急需的不是掌握英语的汉语教师，而是掌握小语种的汉语教师。如何建立第二外语教学，也是我们面临的一个重要课题。

这样，在25年之后，经过“复合＋实用”的历程，又经过“国际化”的洗礼，我们好像又回到了“汉语＋英语”的起点上。不过，现在的目标，不再是过去意义上的汉语和英语，而是在对外汉语学科的要求之下，符合本学科特点的汉语教学和英语教学。这是一个新的起点，这个任务完成之后，我们可以说，对外汉语作为一个真正成熟的学科，已经建立起来了。

四、结　　语

建立一个宽口径、国际化、实用型对外汉语人才培养模式，是为了在新形势下培养能够胜任多种对外汉语教学任务的复合型、应用型国际人才。其中最主要的是具有三方面均衡发展综合优势的、多层次的国际化汉语人才。所谓三方面均衡发展是指对外汉语本科毕业生要：

（1）达到教育部外派汉语教师标准（参照国家汉语国际推广领导小组办公室制定的《国际汉语教师标准》）；

（2）掌握熟练运用作为国际通用媒介语的英语（取得高校专业英语八级证书）进行国际汉语教学的技能；

（3）初步掌握使用一门第二外语（日、韩、德、法、西等国际汉语推广急需的语种）进行国际汉语教学的技能。

具备这样三方面均衡发展的综合优势，就能使我们培养出在对外汉语教学理论方面具有进一步发展的科研潜能，在对外汉语教学实际能力方面能流利地使用国际通用媒介语进行全方位的汉语教学，同时还能初步使用一种第二外语进行汉语听说教学的、符合新形势要求的国际化汉语教学人才。

具备这样三方面均衡发展的综合优势，将能够使我校的对外汉语专业本科毕业生基本达到汉语国际教育硕士专业的硕士毕业生水平，并在外汉专业理论的深度和广度方面超过该硕士专业非对外汉语本科毕业学生的平均水平。试比较下列国际汉语教育专业硕士的培养要求：

（1）掌握马克思主义基本理论，具备良好的专业素质和职业道德。

（2）热爱汉语国际教育事业，具有奉献精神和开拓意识。

（3）具有系统的专业知识、较高的中华文化素养和跨文化交际能力。

（4）具备熟练的汉语作为第二语言教学技能。

（5）能流利地使用一种外语进行教学和交流；能熟练运用现代教育技术和科技手段进行教学。

培养这样三方面均衡发展的宽口径、国际化、应用型汉语人才，将能够使我校的对外汉语本科成为在国内高校中具有自身特色的汉语人才培养的类型之一。

所谓宽口径就是适用性强，就业面宽；所谓国际化就是与国际接轨，向上海作为一个国际大都市就业需要的水准看齐；所谓实用型，就是重应用，重实践能力，而非理论研究型人才。

我们希望我们的本科毕业生除了继续出国深造或在国内读研之外，还能够胜任国内沿海发达地区大城市就业的各类政府公务员、相关单位文职人员、各类中小学和社会语言培训机构教师、汉语教学软件设计和制作人员、教学辅助人员等的工作需求。即使完全不考虑专业，仅仅从就业竞争力来看，一个具有中国文化基础，熟练英语交际能力、汉语笔头表达能力和第二外语的本科毕业生，在就业市场上也是具有一定优势的。在求职时一般不亚于一个非热门专业的硕士毕业生。

在当前形势下，对外汉语专业本科处于一个方兴未艾的发展时期，同时也面临着巨大的挑战。我们感到，如果把对外汉语本科的培养目标定为单纯的汉语师资培养，其毕业出路是极为狭窄的。另一方面，对外汉语本科的基础对于这个专业的高级人才培养也是有非常重要的作用的，不是可有可无的。近年来出国教师和志愿者的选拔工作证明，有无对外汉语本科学历对考生的专业水平是有很大影响的。

在我校历年招聘的对外汉语教师中，相对于没有对外汉语本科经历的中文系的语言学或现代汉语博士，我们的学生在本专业的科研教学适应性方面都具有一定的优势。国内高校对外汉语教师最缺乏的是对外汉语本科、对外汉语硕士、对外汉语博士这样的“一条龙”的科班出身的专业人才。

宽口径、国际化、实用型的对外汉语人才培养模式的建立不是一朝一夕就能完善的，路漫漫其修远兮，我们还将继续探索下去！

参考文献

国家汉语国际推广领导小组办公室（2007）《国际汉语教师标准》，北京：外语教学与研究出版社。

吕必松（2006）《对外汉语教学发展概要》，北京：北京语言大学出版社。

中华人民共和国教育部（1998）《普通高等学校本科专业目录和专业介绍》，北京：高等教育出版社。

“三三制”教学模式下的对外汉语专业人才培养模式的改革

南京大学　吕浩雪　景凯旋

摘　要： 本文从改革理念与教学模式、内涵创新两个方面详细介绍南京大学本科教学的“三三制”本科人才培养模式改革，并在此基础上，重点从指导思想与培养目标、专业准入要求、培养途径与方向分流、专业准出要求、课程模块及学分要求五个方面探讨“三三制”教学模式下的对外汉语专业人才培养模式的改革。

关键词：“三三制”教学模式　对外汉语专业　人才培养模式　改革

2009—2010年，南京大学对全校本科教学进行了全新改革，提出了“三三制”本科人才培养模式。通过“三三制”本科人才培养模式建立个性化、多元化的教学新模式，为学生提供更多的自主选择机会和自主学习空间，以培养适应时代发展特征，引领社会经济、科技、社会、文化建设发展需要的具有创新精神、实践能力和国际视野的拔尖创新人才。

一、“三三制”本科人才培养模式改革理念与教学模式

南京大学在充分总结多年来办学经验，并发动全校教育思想大讨论的基础上提出了“学科建设与本科教学融通，通识教育与个性化培养融通，拓宽基础与强化实践融通，学会学习与学会做人融通”的“四个融通”人才培养新思路。

其中的“通识教育与个性化培养融通”，突出强调了注重本科基础阶段全面的科学、人文素质教育与注重学生个性化选择相结合的理念，既强调学生高尚的道德培养、宽厚的知识面、敏锐的思维与判断力，又为学生自主构建知识体系和模块搭建平台。在这一理念指导下，推行“三三制”本科人才培养模式改革。

“三三制”改革是涵盖了课程体系、师资队伍、教学方法、体制机制等全方位的教学改革。南京大学在每项改革举措中都坚持一条宗旨——适合学生发展的道路才是南京大学所追求的方向。

“三三制”在南京大学传统的“宽基础”本科教育特色之上，首次尝试为学生勾勒出走向不同发展领域的培养蓝图。改革主题内容是“大类培养”“专业培养”和“多元培养”的三个培养阶段以及“专业学术类”“交叉复合类”“就业创业类”的三种发展路径。在三个培养阶段中，学生可以根据自身的基础和学习兴趣，进行低年级阶段的“专业选择”和高年级阶段的“发展路径选择”。如下图所示：

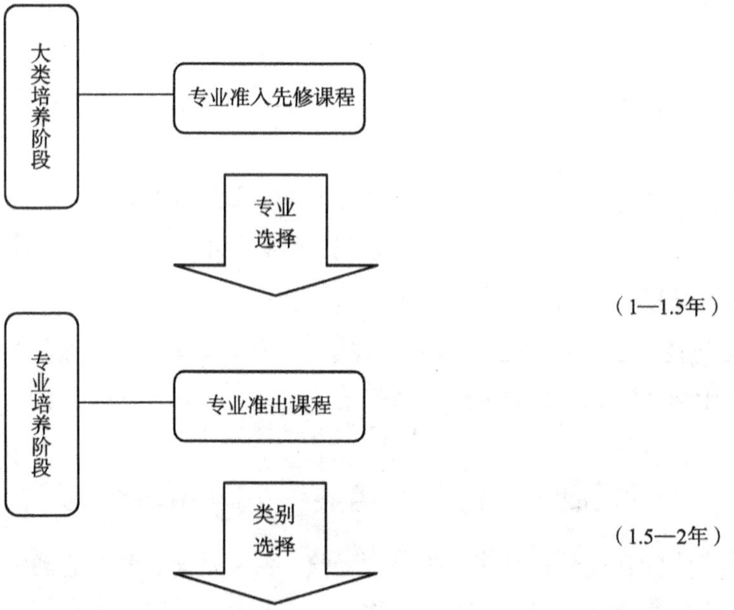

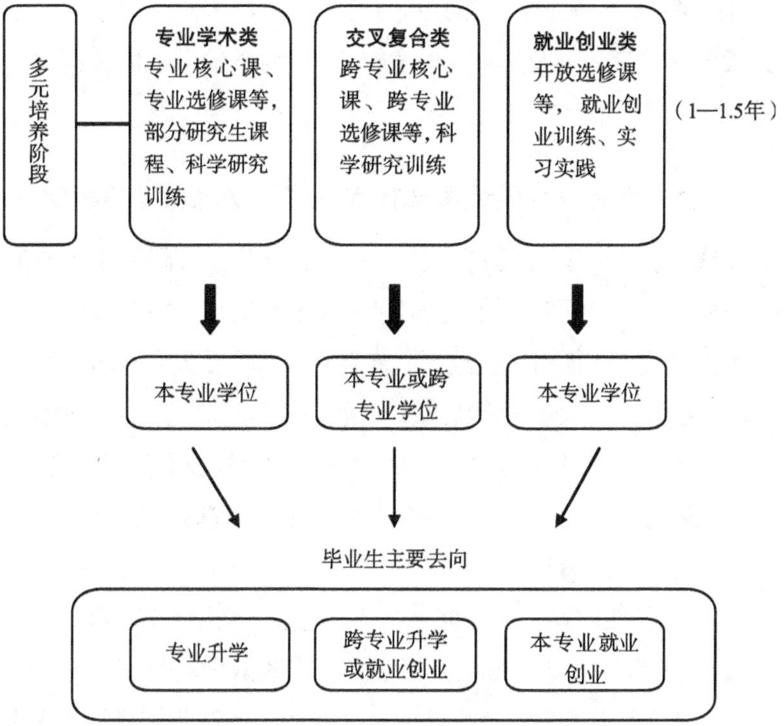

二、“三三制”教学模式的内涵创新

2.1 帮助大学新生尽快完成“学习转型”和“学术转型”

南京大学“三三制”改革方案重心打造了本科通识教育课程体系。由院士、长江学者、教学名师领衔的百门新生研讨课与高水平通识教育课程，使得新生一进校就能够与顶尖学者零距离接触，让他们在感受大师智慧的同时，不断领略学术前沿进展，学会科学的学习方法，把握学科全景，从而明确自己的学习兴趣。院系试点实施了“新生导学机制”，由专门的学习导师指导新生，为新生选择课程与专业、规划学习生涯提供咨询，为不同发展路径提供参考性课程模块，为开展跨专业学习和实践进行引导，希望在给予学生自由的同时也尽可能地避免他们盲目的、“碎片式”的学习，帮助每个学生理性抉择自己的个性成才之路。

通过这些举措，“三三制”帮助在应试教育环境下成长的本科新生尽快完成从中学到大学的“学习转型”和“学术转型”。每个学生个体在自由、自主的大学学习生涯中都能把握好自己的方向。

2.2 学生将拥有更多的课程选择权、专业选择权和发展路径选择权

大学传统的教学计划往往存在着单一性的弊端，对同一个专业的不同学生，其必修学分、课程框架、教学内容要求都是相同的。“三三制”改革首先打破了这种固有观念，我们将课程选择、专业选择和发展路径选择的权利交到了学生手中。我们认为扩大学生课程选择权也是在促进知识与能力的宽度与复合性。“三三制”根据学生需求分难度层次的英语、数学、计算机等通修类课程。希望让不同基础的学生可以根据自身情况选择不同的基础课起点。每个学生的个性课程菜单也就此开始起步。

“三三制”首创性地建立了南京大学“专业准入准出标准”和“人才培养分流机制”。通过在教学计划中缩减必修学分，学生只要满足某个专业的最低限度的“准入”课程要求就可以分流进入这个专业开始专业培养阶段的学习，满足最低“准出”要求就可以从该专业毕业。

每个学生又可以获得大约40—50个学分（总学分要求为150左右）的自由空间，用于自主选择未来发展所需要的其他课程。是要继续在本专业深入学习研究，还是要选择跨学科学习，或者是要更多地与社会就业创业层面接触，学生将在“专业学术类、交叉复合类、就业创业类”三种多元成才路径中做出选择。

2.3 注重激发学生的创新能力与创造思维

“三三制”通过精简“课内”，强化“课外”，学生可以有更多的时间和空间来依据自己的兴趣开展更多的研究与实践活动。学校为此专门设立了暑期学校、大学生创新训练计划、开放实验室计划等，将本科生科研训练纳入教学安排，为学生搭建发挥自己创造力和想象力的平台，提升学生的创新意识及自主学习能力。

学校还开设了一批富有特色的"研究性课程"，围绕能够激励并开阔学生知识视野的主题进行，改变过去学生被动接受知识灌输的学习方式，通过教师与学生的互动，着力培养学生研究性思维，提升自我构建知识结构的能力。

"三三制"注重拓宽学生的实践视野，学校与社会业界展开密切合作，聘请一批具有丰富从业经验的行业顶尖专家"走进来"为学生开设课程，并在国内外开拓大批国际化实习、实践基地让学生有机会"走出去"开展实践活动。

2.4 为全体本科生全面开放优质教育资源

南京大学各专业所有课程100%面向全校开放，其中专业准入准出课程的开放人数达到本专业人数的30%以上，以确保学生可以自由跨院系修读课程。这项举措不仅促成了每位学生都可以享有全校优质教学资源，同时也促成了院系纷纷加强课程质量建设，吸引更适合在本学科领域发展的学生。

三、"三三制"教学模式下的对外汉语专业人才培养模式的改革

南京大学海外教育学院是一所专门从事国际留学生汉语言、中国文化教学和培养国内统招本科生、研究生对外汉语教学人才的实体学院。学院已建立汉语言本科专业（针对国际留学生）、对外汉语本科专业（针对国内学生）、汉语国际教育专业硕士学位（招收国内外学生）、对外汉语博士学位等系列人才培养体系。学院现设有汉语言系、对外汉语系、研究生教研室、中外文化研究所以及对外汉语研究及教材研发中心等机构。海外教育学院是中国汉语水平考试（HSK）和汉语作为外语教学能力考试的考点之一。

学院目前教师30人，其中教授9人，副教授13人，博士生导师4人，硕士生导师8人。对外汉语专业教师一半以上具有博士学位。他们既具有从事对外汉语教学的丰富经验，又具有精深的汉语及中国文化学术水平，是一支专业优势互补、年龄结构合理、经验丰富、教学科研能力强的教师队伍。

3.1 指导思想与培养目标

按照“全面发展”的人才培养理念和“科学发展”的人才教育思想，加强基础知识教学、基本技能训练和综合能力实践，在扎实打好汉语言、英语及中国文化、教育技术等基本知识的基础上，拓展人文、社会、艺术、自然等方面知识，着力提高作为第二语言教学的教师必须具备的综合能力和综合素质。

本专业具有应用性、双语性、涉外性等特点，注重培养学生的英汉双语能力和跨文化交际能力，掌握较系统的中外语言文化的基本理论与基本知识，以及对外汉语教学与中国文化技能，以满足国内外相关学校、涉外部门、新闻媒体和企事业单位对外汉语教学及中外经济文化交流等相关工作的需求，同时也为高层次对外汉语教学专门人才的进一步培养打下牢固基础。

学生今后就业方向：在国内外教学单位从事对外汉语教学工作；在国家机关、涉外单位和外资合资企业公司从事文秘、对外宣传、文化交流等工作；进入研究生学习阶段，为国家向海外孔子学院及其他国际汉语项目输送人才；进入高等院校从事对外汉语教学与研究。

3.2 专业准入要求

对外汉语专业是一个汉语、英语、中国文化、教学法等相结合的复合型专业。根据本专业的培养目标，截至第二学年结束时，要求进入本专业的学生必须具备以下要求：

（1）英语达到专业英语二年级水平；

（2）已修完学科平台课中《现代汉语》6 学分、《中国现当代文学》4 学分；

（3）已完成分层次通修课中《大学数学》4 学分、《大学计算机》5 学分、《大学体育》4 学分；

（4）体健貌端。

3.3 培养途径与方向分流

一、二年级所有学生进入国际化文科强化班集中学习外语，同时修读全校通识通修课程和本院开设的学科平台课程。三、四年级所有学生回到本院学习专业核心课程，同时修读全校跨学科课程。第七学期学生分流选修专业方向性课程，即对外汉语教师方向和对外文化交流方向。选修对外汉语教师方向，着重加强教育心理学、对外汉语教学理论与方法等课程学习；选修对外汉语文化交流方向，着重加强英文写作、英汉翻译等课程学习。第八学期进入专业实习和毕业论文撰写环节。

3.4 专业准出要求

培养21世纪所需要的汉语国际推广以及中外文化交流专门人才，以适应社会发展的需要。对外汉语专业本科生应达到如下要求：热爱中国文化；具有扎实的综合基础知识；英语达到专业英语准八级水平，取得普通话测试二甲以上证书；计算机等级考试（一级）成绩合格；按教学计划学科专业课程修满76学分；具备一定的科研能力和社会活动能力。

3.5 课程模块及学分要求

本专业总计为150学分。

（1）通识通修课程模块46学分。其中，七大类通识课14学分；思想政治理论课16学分；军事技能课3学分；分层次通修课13学分。

（2）学科专业课程模块74学分。其中，平台课54学分；专业核心课20学分。

（3）开放选修课程模块22学分。其中，专业方向选修课8学分；跨学科14学分。

（4）毕业论文和毕业实习8学分。其中，毕业论文6学分；毕业实习2学分。

附录：

海外教育学院对外汉语专业本科教学计划

课程模块	课程性质	序列	课程类别	课程编号	课程名称	学分	各学期周学时分配							
							一	二	三	四	五	六	七	八
I 通识通修课程模块 46 学分	指选	A	七大类通识课程 14（第 5—8 学期）		参照《学生手册》的相关规定选修	14								
	必修	B	思想政治理论课 16	000010	马克思主义基本原理概论（理论 2 + 实践 1）	2+1				2				
				000020	思想道德修养与法律基础（理论 2 + 实践 1）	2+1		2						
				000030A	毛泽东思想和中国特色社会主义理论体系概论（理论部分）	3					3			
				000030B	毛泽东思想和中国特色社会主义理论体系概论（实践部分，第 6 学期末暑期学校）	3		3						
				000040	中国近现代史纲要	2								
				000050A/B	形势与政策（上）（下）（分单双周上课）	2	1	1						
		C	军事技能课 3	000510	军事理论与军事高科技	2		2						
				000520	军训	1								
	指选	D	分层次通修课 13	000153	简明微积分	4	4							
				000311	大学计算机信息技术（一级）（理论 4 课时）	3	4							
				000321	大学计算机应用（一级）（操作）	2	2							
				000410 A/B/C/D	大学体育（一）（二）（三）（四）	4	2	2	2	2				

（续表）

课程模块	课程性质	序列	课程类别	课程编号	课程名称	学分	各学期周学时分配							
Ⅱ学科专业课程模块74学分	必修	E	学科平台课54（第1—4学期）	410010 A/B/C/D	综合英语	16	4	4	4	4				
				410020 A/B/C/D	英语视听	8	2	2	2	2				
				410030 A/B/C/D	英语口语	8	2	2	2	2				
				410040 A/B/C/D	英语写作	8	2	2	2	2				
				410050	英国历史与文化	2			2					
				410060	美国历史与文化	2				2				
				280010A/B	现代汉语	6	3	3						
				280020A/B	中国现当代文学	4			2	2				
		F	专业核心课20（第5—6学期）	282010	文学概论	2					2			
				282020A/B	古代汉语	4					2	2		
				282030A/B	中国古代文学	6					3	3		
				282040	语言学概论	2					2			
				282050A/B	外国文学	4					2	2		
				282060	对外汉语教学概论	2						2		

（续表）

课程模块	课程性质	序列	课程类别	课程编号	课程名称	学分	各学期周学时分配							
Ⅲ开放选修课程模块22学分	选修	G	专业方向选修课8（分两类，每类8学分）（第7学期）		对外汉语教师类									
				282210	教育心理学	2							2	
				282220	对外汉语教学理论与方法	2							2	
				282230	跨文化交际	2							2	
					对外文化交流类									
				282360	英文写作	2							2	
				282370	跨文化交际	2							2	
				282380	英汉翻译	2							2	
					两类共同选修课									
				282460	中国文化概论	2							2	
		H	跨学科选修课14（第5—8学期）		全校选修课	8				2	2	2	2	
				282510	词汇学	2								2
				282520	第二语言习得	2								2
				282530	中国思想史	2							2	
实习、论文8学分	必修	K	第8学期	282610	毕业实习	2								2
				282620	毕业论文	6								6
学分合计						150	26	24	18	18	16	11	12	12

（续表）

课程模块	课程性质	序列	课程类别	课程编号	课程名称	学分	各学期周学时分配							
必修 / 指选学分构成				专业准入		56								
				专业准出		74								
				多元阶段	专业学术类	28								
					交叉复合类	22								
					就业创业类	8								
				毕业论文 / 设计		8								
选修学分				专业学术类		30								
				交叉复合类		22								
				就业创业类		8								

新形势下对外汉语专业培养模式探索

南京师范大学　钱玉莲

摘　要：随着汉语国际教育事业的迅速发展，全球范围内汉语教育的新形势对本专业人才也提出了新要求，尤其是对英语交际能力和跨文化交际能力的要求，都比以往更高。根据国际化背景下社会对人才的要求，我校积极探索对外汉语专业由国际文化教育学院和外国语学院两院联合培养的新模式（2+2 模式）。我们将对外汉语本科专业人才培养目标确定为：培养适应国际化背景的具有熟练的汉语作为第二语言教学技能和良好的文化传播技能、跨文化交际能力的"三型一化"人才，即兼具复合型、应用型、创新型、国际化特点的人才。这一全新培养模式，更加突出学科的特点，更加贴合人才需要的特点，使得本专业培养的人才更具有国际竞争力。

关键词：对外汉语专业　培养模式　联合培养　"三型一化"人才

一、对外汉语本科专业面临的机遇与挑战

21 世纪是汉语加快走向世界的战略机遇期，随着中国的快速发展与和平崛起，越来越多的外国人开始关注中国、学习汉语，各国对于汉语人才的需求日益增加，我国因此也需要大批可以派到国外从事对外汉语教学工作的专门人才。为顺应这一形势，国家制定了汉语国际推广的新战略，这也为对外汉语专业带来了新的要求和巨大的发展空间。在汉语加快走向世界这一新形势下，对

外汉语本科专业应该说机遇和挑战并存。机遇是国外的确有需求，而这一新专业也因此成了考生孜孜以求而蓬勃发展的热门专业；挑战是我们的本科毕业生能否走出国门从事对外汉语教学工作。

二、创新对外汉语本科专业培养模式

南京师范大学国际文化教育学院顺应汉语国际教育形势发展，于2005年成功申报了对外汉语本科专业，并于2006年秋季开始正式招生。我校自开办此专业以来，致力于创新办学理念，打造发展特色，在注重基础理论教育的同时，努力探索培养具有熟练的汉语作为第二语言教学技能和良好的文化传播技能、跨文化交际能力，胜任教学任务的跨学科、跨文化、应用型人才。为了从人才培养的质量和素质上解决毕业生走出国门从事对外汉语教学工作的问题，我校探索了对外汉语专业的培养模式。

我校对外汉语专业人才培养的具体目标是：具备和掌握对外汉语的基本理论、基本知识、基本技能，用英语进行汉语教学和日常交际的基本能力及相关技能的复合型人才。大致可以分为三种情况：（1）毕业生能够在国内外的中小学或者国际学校等单位从事汉语作为第二语言教学、涉外语言培训等工作；（2）毕业生能够在政府机构、涉外企事业单位从事涉外文秘工作；（3）毕业生继续深造，成为高等学校教学、科研人才。本专业强调汉语作为第二语言教学的专业特点，突出培养学生的涉外交际和公关能力。

紧扣对外汉语专业培养目标和规格要求，从五个方面积极推进人才培养计划，全面关心学生成长。开展大学生生涯规划活动，营造良好的学习氛围；开拓学生视野，培养学生创新意识；开展国际文化礼仪系列活动，强化国际意识，加强跨文化交际能力和传授能力的训练；开展暑期实践及志愿服务，重视社会实践教育，提高社会适应能力；开展校园文化活动，优化学生综合素质。进一步引导和鼓励学生自我教育、自主学习、独立创业、全面发展。

随着汉语国际教育事业的迅速发展，全球范围内汉语教育的新形势对本专业人才培养也提出了新要求，尤其是对英语交际能力培养的要求和对跨文化交际能力培养的要求，都比以往更高。我校原有的培养模式由国际文化教育学院单独招生，单独培养，这一模式对培养学生跨文化交际能力有所制约。为了适应学生就业的新形势，使得本专业培养的人才更具有国际竞争力，也发挥我校的师资资源的优势，彰显我校的对外汉语办学特色，我校对原有的培养模式进行了改革。从2008级开始，对外汉语专业实行国际文化教育学院和外国语学院两院联合培养的新模式（2+2模式）。

南京师范大学对外汉语本科2+2培养模式课程设置和学分分布情况

	中国语言和文学	教育技能	英语技能	其他
学科基础课程 （83学分）	29 34.9%	8 9.7%	46 55.4%	
专业必修课程 （34学分）	10 29.4%	8 23.6%	16 47%	
专业选修课程 （17学分）	17 100%			
占总学分比例	32%	4.6%	35.42%	
博雅教育课程	无			10
公共必修课程	无			31

本专业学生在学期间必须修满教学计划所规定的175学分方能毕业，其中公共必修课31分，博雅教育课程选修10学分，学科基础课程83学分，专业教育课程51学分。

南京师范大学对外汉语本科2+2培养模式课程设置中，汉语言文化等必修和选修课程共56学分，占32%，英语必修课程共62学分，占35.42%。这样的课程设置，大大加强了英语技能教学的力度，应能满足本专业人才培养对英语交际能力培养的要求和对跨文化交际能力培养的要求，而对我校对外汉语专业2006级毕业生去向的分析也可以看出，英语在他们的进一步深造中的作用很大。据统计，南京师范大学对外汉语本科2006级毕业生参加研究生考试的有18人，占33.33%；选择出国深造的有21人，占38.83%，考研和出国的比例高达72.16%。

我校对外汉语专业培养方案的改革与创新，使得本专业的专业定位和性质也更加清晰，更加符合专业目录的要求和人才培养的实际需要。概括起来有以下几点：

（1）跨学科——培养复合型人才：对外汉语作为第二语言教学的一支，它的学科基础包括语言学与应用语言学、心理学、教育学等学科，还包括日益引起重视的跨文化交际等内容。本专业将利用上述学科知识努力将学生培养成知识复合、能力复合、思维复合的跨学科复合型人才。

（2）实践性——培养应用型人才："以实践为核心，以职业能力为导向"，能在对外汉语教学的基本理念的指导下运用所学的理论和方法解决教学中存在的实际问题，熟练使用现代对外汉语教学的教育技术和教育手段。

（3）研究性——培养创新型人才：指教学过程注重教师的研究性教学，关注学生创新精神与创业能力培养。

（4）跨文化——培养国际化的人才：本专业学生应该具有良好的跨文化交际技能和中华才艺能力。善于处理国际间的文化合作、交流沟通，具有较强的创新意识和创造能力。国际化，指通过教学语言国际化、教学内容国际化、教师资源国际化、服务对象国际化来形成学生的国际化视野与国际化竞争力。

这一全新培养模式，更加突出学科的特点，更加贴合人才需要的特点，使得本专业培养的人才更具有国际竞争力。

三、完善对外汉语本科专业课程体系

课程是教学计划的核心，对课程体系的研究不仅对课程设置本身有一定的指导、参考作用，而且直接关系到人才培养质量的提高。为了进一步完善对外汉语本科专业课程体系，我校从多角度入手进行调研。首先是向国家级特色专业的名校学习，比较我校的课程设置与国家级特色专业课程设置的异同，如通过统计分析等方法，比较了南京师范大学与华东师范大学在对外汉语本科课程设置、学时分布上的差异，同时分析了两校在宏观课程设置方面存在的优点及不足，为对外汉语本科课程设置提供合理性建议。其次在明确了对外汉语本科专业的培养目标和人才培养规格并确定了人才培养模式以后，我校多次召开对外汉语本科专业的培养方案的专家讨论会、教师座谈会以及在校对外汉语本科专业学生座谈会，并在前后两年的时间内分赴各地调研取经。这些措施都为对外汉语本科专业课程设置的完善打下了坚实的基础。

经统计，华东师范大学对外汉语专业共88门必修课和8门选修课，而南京师范大学有48门必修课和6门选修课。可以看到两校在科目设置上存在较大差异。

在公共类课程的设置上，两校不论从课程类别还是学时设置方面都是相同的，比如体育、国防军事、就业指导以及政治类课程等。这与国家教育部规定的公共基本课程是一致的。

在专业类课程的设置上，两校也存在重合的部分。如现代汉语、古代汉语、对外汉语教学法、二语测试等。相同课程达18门，这些课程大部分是专业基础课程，这说明两校对学生在本专业所需的基本理论素养方面的意见是一致的。

除了完全相同的课程外，还有一部分课程内容极其相似，但是两校在学时学分的设置上有所区分。这部分课程包括：公共类的计算机、英语，以及专业类的对外汉语单项教学（语音、词汇、语法）、教育学、古代文化课程等。虽然学时设置有所差异，如南京师范大学英语课46课时，而华东师范大学为34课时，但总体看来，这些课程的设置体现了两校对本专业人才培养中英语交际能力及跨文化交际能力要求的认识是一致的。再与北京语言大学对比，从课程的教学时数配置情况看，公共课（含必修课和选修课）、专业课（含必修课和选修课）、外语课（含必修课和选修课）这三类课程的教学时数比例为：公共必修22.22%，外语必修30.86%，语言必修29.63%。这个数字分布明确显示：外语必修课的总的教学时数要略高于专业必修课，这实际上体现了该课程体系设计的一个明显的特征——培养学生既具备较强的专业能力，又具备较高的外语操用水平。例如，北京语言大学进入本专业学习的中国本科生入学之后，经过完整、系统的专业培训，学生在大二就可以通过专业英语四级考试，大四毕业时自愿通过普通英语六级或者专业英语八级的考试并获得相应的证书。

两校在选修课与一部分课程的设置方面存在很大差别。

在选修课方面，华东师范大学主要侧重于数学、自然科学方面，而南京师范大学则侧重于艺术、政治等方面。两校不同的选修课设置是基于不同的考虑，但其目标都是为了使培养出的学生知识面更广阔。主要的差别还是体现在专业课的不同设置上。通过统计分析，发现华东师范大学的专业课比南京师范大学多出 30 多种，且学时方面也多了近 50 个。可见华东师范大学的专业课程配置更丰富。但是，两校在专业课设置上的侧重点是不同的。华东师范大学主要侧重于中西方文化、哲学、文艺理论方面，而南京师范大学则侧重于留学生偏误分析、语言学等方面，因此其就专业针对性而言，我校可能要更强一些。

值得注意的是，华东师范大学除了理论课之外，还设置了实习类课程，以研讨会或学年论文的形式，对语言学、文学经典等展开研究。这对培养学生的科研能力和实践能力是具有重大意义的。另外还设置了创新学分，鼓励学生发挥主观能动性，培养学生的创造性思维，这也更符合现在教育“重在育人”的理念。

在各类讨论会或者座谈会上，我们的核心议题有这样一些：

（1）对外汉语专业学分的论证制定问题；

（2）对外汉语专业人才培养如何体现特色和亮点；

（3）本校培养目标定位和课程设置方向是否匹配；

（4）对外汉语专业课程设置、理论教育与实践教育的比例问题；

（5）对外汉语专业课程结构体系如何进一步优化；

（6）对外汉语专业课程设置如何兼顾到本专业将来升格的问题；

（7）对外汉语专业课程设置如何做到既丰富又不重复。

通过座谈与走访以及对在校学生与毕业生进行问卷调查，形成了以下意见：

（1）本专业培养方向和人才培养规格正确，对文科非师范类的对外汉语专业的学分设置也比较合理，我们的毕业生有就业市场和发展的空间。

（2）实践证明，对外汉语本科 2+2 培养模式是可行的，基本上能从质量和素质上解决毕业生走出国门从事对外汉语教学工作的问题。

（3）在课程体系中，应进一步体现学生综合能力的培养，注重实践能力，提高组织才能，加强教师素质培养，加强专业能力训练，比如重视教育实习和专业实习环节。通过讨论，我们对充分利用本校留学生的资源，增加对外汉语本科生的见习环节并设置一定的学分达成了一致意见。

（4）加强专业认识，避免走入专业学习上的偏见和误区。在调查中，有毕业学生反映，在本科学习阶段有过错误的专业学习认识，进而学习偏科，只注重自己特长，不注意综合素质的培养等等。

（5）课程设置应给学生留有自主学习和研究的空间，尤其是第七、第八学期，应以学生教育实习、专业实习、就业培训等为主。

（6）在座谈走访中，在校生和毕业生普遍建议加强师资队伍建设，加强教学质量监控，加强学科建设，加强基础教学设施投入，以保证专业教学任务的顺利实现。

由于我校对外汉语本科专业是个新专业，尚有很多问题在不断的摸索过程中，比如，对外汉语本科 2+2 培养模式中中国语言文学学分和外语技能的学分占比多少合适？为了学生素质的提高和就业面宽广，我们都强调要“宽口径、厚基础”培养人才，那么基础课程与专业课程的占比多少合适？宽基础与专业性如何到达平衡？我校对外汉语本科专业属于非师范类，这样一来，实习的形式和内容如何把握和控制？在课程设置中增加了见习的环节，这样的实践环节如何规范操作，让学生学有所获？对上述问题的探索和思考，必将有利于对外汉语本科专业建设。

对外汉语是一门实践性较强的学科，具有鲜明的专业特色。对外汉语专业学生的培养也不能依附于汉语言或教育技术专业的简单模式，而应建立自己的培养模式。近几年国家普通本科招收对外汉语本科生的数量大幅上升，各院校应顺应如今对外汉语教育的发展趋势，培养适应就业需求、具有社会竞争力的高素质人才。鉴于此，我们提出如下建议：

首先，继续发挥现有教学特色，开设具有深厚理论特色的系列课程，如偏误分析理论、社会语言学概论等，以丰富学生的理论素养，以期在扎实的基础知识上对对外汉语言研究有更高的认识。

其次，进一步丰富专业课程设置，可以和相近院系合作开设一些文艺理论、中外文学对比等课程，这些知识一方面是文科本科生所应该涉及的，另一方面也可以开阔学生的视野，丰富其知识结构。

最后，借鉴类似院校的经验，开展研究性实践或操作性实习活动。比如研讨会就是一个提高学生理论素养极好的手段，可以为学生进一步深造提供帮助；而教学实践则是对学生将来工作就业的准备。

总之，高校教育应该与社会需求相结合，同时注重构建完整的知识体系及人文修养。本文通过讨论和调研，探索对外汉语本科专业培养模式以及对外汉语专业课程设置上存在的问题，希望能对对外汉语本科课程设置体系的不断完善、深化教学研究改革提供有益的参考。

中外合作 2+2 全日制本科汉语教学模式之实践
——以西南大学为例

西南大学　孙　琳

摘　要：在汉语国际教育蓬勃发展的今天，中外合作是国内外许多高校选择的办学方式，也是对外汉语专业建设发展的新思路之一。本文结合西南大学与泰国 Khon Kaen University 和 Payap University 全日制本科汉语教学 2+2 合作项目的实践，分析 2+2 模式对合作双方的意义，并通过其成效分析展望专业发展前景。

关键词：中外合作　2+2 模式　全日制本科　汉语教学

一、2+2 合作模式概述

2+2 合作模式是中外高等院校合作办学模式之一种。该项目学生学业分两部分完成：一部分在中国境内的合作院校内完成，另一部分在国外的合作院校内完成。学生完成学业毕业时，可拿双方学校颁发的毕业证书与学位证书。属于双校园、双文凭模式。

2006 年，西南大学与泰国孔敬大学（Khon Kaen University）合作建立了中国在泰国正式挂牌的第一所孔子学院。随后以孔子学院为媒介，西南大学文学院与孔敬大学人文学院和教育学院在全日制汉语本科学历教育领域开始了 2+2 合作办学模式，并将合作方扩展到泰国西北大学（Payap University）。其中与泰国孔敬大学的合作有商贸汉语和汉语作为第二语言教学两个专业，学生第一年基础课和部分专业课在泰国完成，第二、第三年在西南大学学习专业课程，第四年回到泰国继续学习、实习，最终在泰国毕业。汉语作为二语教学因属于师范专业，学生回泰国后还需学习两年方可毕业。具体地说，与商贸汉语专业的合作为1+2+1模式；与汉语作为二语教学专业的合作为1+2+2模式，以上本文统称为2+2模式。与泰国西北大学是汉语专业2+2合作模式，学生在泰国学习两年，完成公共课、英语课和部分专业基础课后，第三、第四年到西南大学进一步学习汉语专业课程，并在西南大学完成毕业论文直至毕业。

汉语教学2+2模式的出现，与国际社会对高水平汉语人才的需求有关，也与一些国家汉语教育本土化趋势有关。另一方面，具有丰富汉语教学资源的国内高校也在寻求海外发展，孔子学院的建立既为整合国内外有效教学资源提供了平台，也为国内外合作办学的进一步发展打开了思路。全日制汉语本科学历教育2+2项目的实施正是在这种背景下开始的。

二、课程设置与教学管理

2.1 课程设置

从学分分布来说，2+2项目学生在其国内学校和在西南大学所修学分基本持平。泰国本科生学习四年一般要修满150学分左右，其中在中国开设的课程学分数分别是：孔敬大学商贸汉语专业72学分；汉语作为二语教学专业76学分；西北大学汉语专业72学分+9学分（毕业论文）。在泰国的学分中包括公共课、外语课等课程的34学分。

2+2合作项目的课程设置既参考了中国国家汉办《高等学校外国留学生汉语言专业教学大纲》等教学文件，又结合泰国教育部门的相关规定，同时也充分考虑了双方学校的优势互补。在西南大学开设的课程包括专业必修课、专业选修课和自由选修课。语言类课程基本框架为从初级汉语到高级汉语的综合课程和分技能课程。此外，结合各专业开设语音、词汇、语法等语言知识课程（汉语作为二语教学专业），商贸汉语写作、商贸汉语会话、商贸汉语阅读等专业汉语技能课程（商贸汉语专业），商贸汉语、旅游汉语、酒店汉语等专业汉语课程（汉语言专业）。专业课程则根据两所大学三个不同专业，为学生分别开设了对外汉语教学、语言习得、汉语听说技能、汉语读写技能等课程（汉语作为二语教学专业），中国市场营销、中国国际贸易、当代中国经济等课程（商贸汉语专业），中国古代文学、古代汉语、翻译等课程（汉语言专业），充分体现了不同专业的课程设置特点。其他如中国历史、文化、文学等课程和自由选修课的太极拳、书法、影视欣赏等，也都使学生在学习核心课程的同时，有更多途径深入接触汉语，了解目的语文化。

2.2 教学管理

2+2 模式在教学管理上自然也不同于一般全日制本科学生，因而建立全方位、立体的教学管理机制，是 2+2 合作教学模式成功运作的前提。合作双方通过制定一系列方案，采取一系列措施，实施对项目运行的监控。

2.2.1 项目管理委员会制度

合作双方成立项目管理委员会，由双方学校主管副校长、双方院长、一线教学经验丰富的专业负责人和班主任组成，就项目运作期间教学管理、学生日常管理等工作保持畅通的联系渠道，及时交换意见，即时调整项目执行的细则，保证项目的正常运作。

2.2.2 教学计划修订制度

合作项目教学计划执行期为四年，期满双方商讨课程更新与教学计划调整事宜。至 2010 年 11 月为止，与孔敬大学合作的商贸汉语专业教学计划已修订完毕。其中包括合并某些课程，增设商务汉语水平考试（BCT）培训等。汉语作为二语教学专业课程大纲修订亦已完成。

2.2.3 分数等级换算制

中泰两国学校在成绩计算方式上有一定差异，为此建立的分数等级换算制度，实现了合作双方对成绩和学分的统一管理。每门课程试卷设计为百分制，成绩提交则以分数等级对应表为最终形式，可通过网络直接登入对方学校教学系统。

分数等级对应表

分数	等级
80—100	A
75—79	B+
70—74	B
65—69	C+
60—64	C
55—59	D+
50—54	D
50分以下	F

注：分数与等级对应的分级，需参照具体成绩分段比例，具有可浮动性。

2.2.4 教学质量监控制度

双方重视教学大纲与教学进度的确定，这对处于不同国家的合作双方统一把握教学内容、对学生学习的前后连续性至关重要。此外，西南大学承担教学的两年中，每学期通过“学生课堂评价调查表”了解学生对所学课程的反馈意见，调查内容涉及对教师职业修养、教学方法和课程内容、学习效果等全方位的评价。评价结果作为评价教师教学水平、教学效果的重要依据。

2.2.5 学生日常管理制度

为保证项目规范运行，在学生管理方面亦制定了相关文件，如班主任责任制、学生手册、学生出勤情况调查制度、奖学金评审办法等。这些文件在学生日常管理中发挥了重要作用。在2008年5·12地震等突发事件中，项目管理委员会制度和班主任责任制度发挥了巨大作用。

2.2.6 1对1学习互助制度

作为课堂教学辅助形式之一的1对1课外互助制度，是教学的重要组成部分和必要环节，是课堂教学的延伸。每一批来校的泰国学生，皆有西南大学文学院对外汉语系本科生与他们结对，对其进行课外辅导。目前1对1学习互助制度已成定例，每周两次四课时，对新生辅导有固定时间和固定教室要求。

三、2+2项目的意义

全日制本科汉语教学2+2合作项目几年来取得很大成效，合作双方从中获益匪浅，尤其是对于对外汉语专业的建设与发展意义重大。

3.1 对中方专业建设与发展的意义

3.1.1 拓宽专业发展路子，建立多方位合作关系

对外汉语专业的最大特点即海外联系，合作关系的建立为对外汉语专业师生走出国门开辟了渠道。合作以来，西南大学文学院对外汉语系已有5位老师先后赴泰方学校从事长期汉语教学工作；6人次赴泰国进行中小学汉语教师培训；3人次赴泰开展学术讲座。这些经历为教师提高专业素质、收集教学素材、积累教学经验起了很大作用。泰方学校也有泰语教师前来任教，为教师外派和学生做汉语教师志愿者、海外实习等提供泰语培训；泰方教师做客文学院名师讲坛，为对外汉语专业师生做学术报告，使师生开阔眼界，拓宽教学思路。

合作办学还为对外汉语系本科学生的海外实习和做汉语教师志愿者提供了更大空间。2006年以来，对外汉语系学生仅在孔敬大学本部和分校区、附属中学做志愿者的人数就有28人次。而依托孔子学院、项目合作学校开辟海外实习基地也是2+2项目中对外汉语专业建设颇具特色的一个亮点。从2007年至今，到孔敬大学、孔敬班派中学、孔敬国际学校、皇家理工大学、柯叻职业技术学院进行教学实习的对外汉语专业本科生共6个年级98人。每个年级均有35%—50%不等的学生出国实习机会。

3.1.2 搭建专业教学与实践平台，提高本科与硕士生专业素质

中泰学生1对1学习互助制度的实行，既有利于泰国学生的汉语学习，也有助于中国本科生对专业知识的深入理解和专业实践能力的培养，有助于跨文化交际能力的提高，而泰国学生在帮助中国学生学习泰语方面也发挥了自己的作用。1对1学习互助制度实施三年，我们通过调查问卷了解中泰学生的态度与感受，答案是肯定的。以中国学生问卷为例，主要内容有：（1）你认为1对1学习互动制度是否很有必要？（2）通过1对1互动，你的汉语知识是否得到

巩固与提高？（3）通过1对1互动，你的对外汉语教学能力是否得到提高？（4）通过1对1互动，你的跨文化交际能力是否得到提高？（5）1对1互动是否使你对本专业有了更多感性认识？（6）1对1互动对你今后的从业目标是否有积极影响？（7）1对1互动对你学习泰语是否有很大帮助？

我们随机抽查两个年级69位同学，调查结果如下：

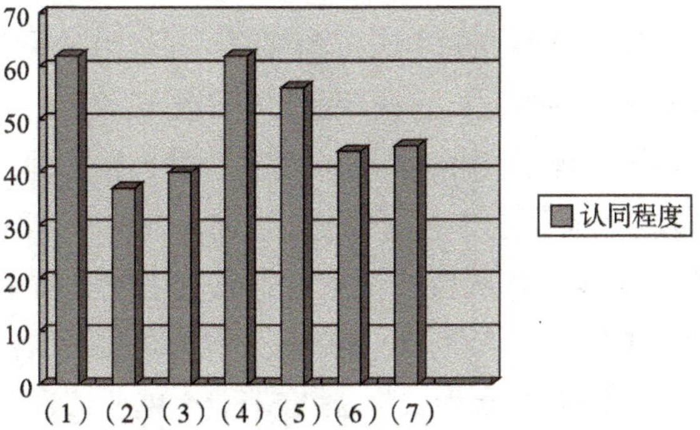

海外实习是一个提升学生语言教学专业素质的重要途径，它使学生真正全方位投入到汉语教学的实践中去，学习如何在外语文化环境中生活和工作，学习如何教汉语，学习如何组织课堂，甚至学习自己编写辅助教材。回国后，学生们根据在泰国实习学校的实际情况，在汉语作为二语教学法老师的策划与指导下，汇总思路，编写出一本比较完整的、适合泰方学校教学实际的辅助教材。另一所学校的实习队根据教学对象特点，在教学中设计了10分钟的文化模块，主要内容围绕中国传统文化展开，学生兴趣很大。实习生回国后总结经验查找材料，制作了一套专为该校设计的文化教学课件。既为师弟师妹的后续实习提供了便利，也锻炼了自己。

此外，2+2项目教学班为对外汉语本科生的教学观摩提供了条件，增加了学生直观感受课堂教学的机会。同时2+2项目班还为语言学及应用语言学对外汉语教学方向的硕士生提供了实习舞台。从教学观摩到教案撰写，再到登台讲课，都可以随班得到任课老师的直接指导。以助教身份进行实习，使自身得到全面充分的锻炼。2+2项目班也为越来越多的硕士生、本科生毕业论文撰写提供了素材。2010年毕业的6个研究生中有4个学生的论文是通过调查2+2项目班的泰国学生而获得的第一手资料。目前，专业建设计划中的重要内容之一，即通过师生掌握的大量资料，建立2+2项目泰国学生语料库。

3.2　对泰方学校与学生的意义

3.2.1　整体提升学校汉语教学质量

中国国内高校拥有丰富的汉语教学资源、雄厚的专业师资力量，合作办学有助于缓解对方学校汉语教学师资短缺的现状，弥补其汉语教学各方面的不足。如汉语作为二语教学专业的语言知识课、专业技能课、历史文化课等皆由专业老师担任；商贸汉语专业的中国市场营销、当代中国经济、中国国际贸易等皆由经济管理学院老师担任；汉语专业的中国影视欣赏由戏剧影视专业老师担任。不仅课程设置体现了专业性，师资配备也最大程度地体现了专业性，保证了合作项目的教学质量。中方教师外派制度能有效地保证泰方教学的稳定性，同时也能保证泰方学校师资队伍的持续性，有利于教学质量的稳定与提高。

随着两个学校首批学生毕业，从其就业去向亦可见泰国社会对 2+2 合作办学模式的认同。对泰国西北大学首批 21 名毕业生就业情况的调查显示，学生就业率高，且选择的行业与所学汉语专业关系较为密切（如图所示）：

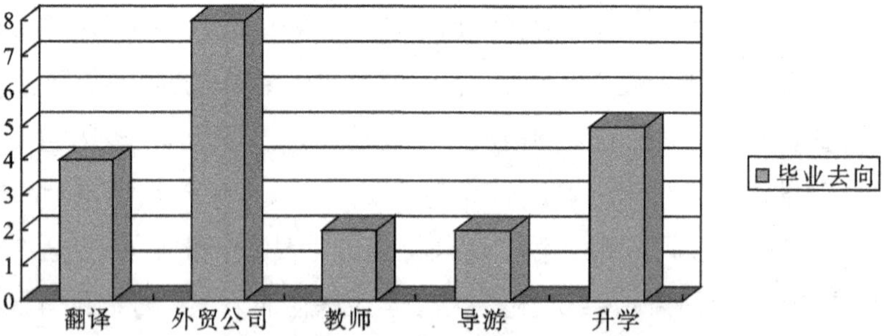

3.2.2　提供良好的目的语环境，提高学生的学习积极性

对于语言学习而言，正式的课堂学习时间是有限的，自然交际环境中的非正式学习是一个重要途径。良好的目的语环境对学习者有着极为重要的意义。双校园的学习模式，给泰国学生身处目的语环境的机会，不仅利于培养汉语语感，对学习策略的影响也不可低估，因为目的语环境会使学生更勤于发问、勤于请教，而这一切最终对学习效率和学习效果会产生积极影响。

孔敬大学商贸汉语专业与我校以 2+2 模式合作办学同时，在泰国本土设有与此平行的商贸汉语全日制本科班，该班学生在校期间的第一年和第四年与 2+2 项目学生一起学习，第二年和第三年，项目学生赴中国学习，非项目班继续在泰国学习，两种类型的学生开设课程与学习时间完全一致。为更好地研究2+2联合培养模式的优势，我们对留在泰国的商贸汉语全日制本科班学习情况进行跟踪调查，调查内容之一为2+2项目生回国后与非项目学生合并进行第四年学习的成绩对比，对比结果是项目班高分段成绩所占比例较高。以下为项目班与非项目班两门课程的成绩对比：

表 1

中国贸易文化															
2+2 项目班								非项目班							
A	B+	B	C+	C	D+	D	F	A	B+	B	C+	C	D+	D	F
18%	6%	9%	12%	21%	12%	20%	2%	6%		12%	18%	19%	32%	13%	

表 2

中国传媒信息研究															
2+2 项目班								非项目班							
A	B+	B	C+	C	D+	D	F	A	B+	B	C+	C	D+	D	F
9%	4%	15%	9%	27%	27%	9%				19%	6%	75%			

同时，我们也对同在西南大学的泰国孔敬大学三年级学生和西北大学三年级学生就某些相同课程的学习做调查对比。以中国文化课为例，由同一个老师任课，教学内容相同，结果显示，西北大学班教学进度慢于孔敬大学班。而且在是否认为课程内容较难的调查选项中，西北大学76%的学生认为较难，孔敬大学47%的学生认为较难。一个不容忽视的原因是孔敬大学学生二年级在西南大学学习，西北大学学生二年级在泰国学习，前者在中国已有一年的学习经历。目的语环境的影响力显而易见。

从总体上看，中泰双方对2+2项目的满意度较高。通过对在校158名2+2项目留学生的问卷调查表明：68%的学生对2+2项目很满意，27%的学生对此项目比较满意，仅有5%的学生对此项目不满意。

四、余　　论

目前，国内对于中外合作办学的实践与理论研究并不罕见，不过多限于工商管理、法律、工程和职业教育等领域，而且基本是中外合作办学者在中国境内合作举办以中国公民为主要招生对象的教育机构。以外国学生为招收对象，以中外合作 2+2 模式的全日制汉语本科教学不多见。西南大学与泰国学校的 2+2 合作模式，是在办学方式、培养模式上的一次全新探索。从合作四年已有的成效看，双方在拓展办学路子、扩展办学层次、发展交流合作、提高教学质量方面效果显著。

统计表明，我校 2+2 项目泰国留学生数量逐年增加：2008 年来校 70 人；2009 年来校 80 人；2010 年来校 94 人。根据已有成果和发展趋势，我们认为这种合作办学形式还会延续下去，不仅是全日制本科，还可扩大到其他学历层次中去，如硕士研究生 1+2 或 2+1 项目合作；也不仅是泰国，还可以扩大到其他国别的高校中去。因为这是各国培养本土化高级汉语人才的一种有效做法，也是国内院校发展对外汉语专业的一种思路。

我们的目标是进一步深入探索规范科学的中泰合作办学模式和教学管理机制，包括研究生项目的合作。走以汉语教学为基础的、开放性的兼容整合之路，使 2+2 合作模式更符合学生的需求和社会的需要。就我们自身建设而言，要进一步建设好结构合理的汉语教学和专业教学的师资队伍，形成核心教学力量，打造 2+2 合作模式品牌。总之，我们期待着在更多层次和更多院校的合作领域中继续探索，走出一条适合自己专业建设发展的道路。

参考文献

陈　鹰、田效进（2007）中外高校合作办学模式探讨，《华东交通大学学报》第 24 卷。

董宪臣（2010）孔子学院汉语办学模式的新探索，《华文学刊》第 12 期。

马廷淮、顾韵华、田　伟（2008）4+0 中外合作办学模式实践，《中国电力教育》第 18 期。

施余兵（2010）高职学校中外合作办学模式及其完善，《北京政法职业学院学报》第 3 期。

中华人民共和国国务院（2003）中华人民共和国中外合作办学条例，http://www.moe.gov.cn。

从课程设置角度谈新形势下对外汉语专业人才培养模式
——以西南交通大学为例

西南交通大学　李　昊

摘　要：本文在简述对外汉语专业发展的25年历程及目前所面临的汉语国际推广新形势基础上，从课程设置角度分析新形势下对外汉语专业人才培养模式所面临的困惑，并以西南交通大学对外汉语专业课程设置所做的三次探索为例，对对外汉语专业人才培养模式提出构想。

关键词：对外汉语专业　课程设置　人才培养

一、对外汉语专业产生背景及对外汉语专业建设所面临的新形势

对外汉语教学与对外汉语专业是彼此联系又各不相同的概念。对外汉语教学旨在如何教汉语（作为第二语言的汉语），对外汉语专业旨在如何培养教汉语（作为第二语言的汉语）的师资。1950年7月，清华大学成立了东欧交换生中国语文专修班，这是我国第一个从事对外汉语教学的专门机构，而培养从事对外汉语教学专门师资的概念及专门机构均晚于对外汉语教学，将之提到议事日程并承认其学科身份是20世纪80年代的事。首先在吕必松先生等前辈的努力下，对外汉语教学取得了作为一门独立学科来建设的地位。1984年12月，时任教育部部长的何东昌明确指出："多年事实证明，对外汉语教学已发展成为

一门新的学科。”1985年，“对外汉语”作为独立的专业，在我国正式开展本科层次的学历教育。第一批取得对外汉语专业招生资格的高校仅有四所，分别是当时的北京语言学院、华东师范大学、北京外国语学院、上海外国语学院。到2007年，全国已有144所高校开设对外汉语专业。而到2009年，据不完全统计，数据已刷新至230所左右。

过去的25年，既记录了对外汉语专业的发展轨迹，更见证了国家经济文化大发展的历程。以笔者自身经历为例：20年前考入四川外语学院对外汉语专业，前面还有三届对外汉语专业学生，加上笔者所在的1990届，四届毕业生中目前仅笔者一人从事对外汉语工作。且1990届未及毕业便遭遇停办，更名为“英语（国际文化交流）专业”，停办原因自然与就业相关。1998年四川外语学院对外汉语专业重新恢复招生。进入21世纪，尤其是近五年，不仅四川外语学院的对外汉语专业取得了长足发展，全国各地新设对外汉语专业的高校也如雨后春笋般成长。应该说，这25年，对外汉语专业的发展见证了中国经济腾飞与民族崛起的轨迹。其间，虽然有过沉寂，但时代翻开了崭新的篇章，现在“对外汉语”四个字的背后是全球的汉语热。汉语国际推广已成为我国提升国家软实力的重要手段，促进汉语国际推广已上升为国家文化战略。中国迎来了前所未有的发展大机遇，学习汉语的国际需求如此强烈。自2004年11月建立第一所孔子学院至2010年年底，六年内已发展为98个国家和地区近700所孔子学院和孔子课堂。但与此同时，对外汉语师资的严重短缺成为制约汉语国际推广事业发展的瓶颈问题。

二、对外汉语专业课程设置中的困惑

高校纷纷开设对外汉语专业是顺应时代脉搏的必然，设立对外汉语专业的初衷是为汉语国际推广事业输送对口专业人才。回首过去这25年，对外汉语专业建设在摸索中前进，取得了不少开创性成绩，但如何让专业建设不仅与国家的汉语国际推广事业有机结合，同时又能找到支撑专业可持续发展的生长点，却不是一件容易的事。

目前，各高校在建设对外汉语本科专业时均面临一个共通问题：为汉语国际推广事业而设立的专业并不能直接为汉语国际推广事业输送人才。国家汉办2004年正式启动“国际汉语教师中国志愿者项目”，部分本科毕业生可以通过参加选拔赴海外从事汉语教学，但存在这样一些问题：志愿者工作只是一项临时性工作，任期一般为一年，服务年限原则上不超过三年，不能根本解决就业问题，毕业生档案关系存放在人才招聘市场，人称“回国即失业”。而高校作为留学生来华学习主要集中地，对本科生而言，其任教的文凭门槛足以将投身汉语国际推广伟大事业的一颗颗雄心拒之门外。

理想与现实之间的平衡点在哪里？专业定位与培养目标如果不明确，必然会影响到专业建设中的一个重要环节：课程设置。而专业定位与培养目标表面上是明确的，依照教育部1998年颁布的《普通高等学校专业目录和专业介绍》，对外汉语专业的培养目标、培养要求、主要课程等如下：

业务培养目标：本专业注重汉英（或另一种外语或少数民族语言，则以下有关用语做相应调整）双语教学，培养具有较扎实的汉语和英语基础，对中国文学、中国文化及中外文化交往有较全面了解，有进一步培养潜能的高层次对外汉语专门人才；能在国内外有关部门、各类学校、新闻出版、文化管理和企事业单位从事对外汉语教学及中外文化交流相关工作的实践型语言学高级人才。

业务培养要求：本专业学生主要学习语言学和第二语言教育的基本理论，掌握扎实的汉语言文学基本理论和知识，受到中国文学、比较文学、英语语言文学、中西比较文化等方面的基本训练，熟练地掌握英语，具有从事语言或文化研究的基本能力。

毕业生应获得以下几方面的知识和能力：

（1）掌握汉语言文学学科的基本理论和基本知识，对有关的社会科学、人文科学与自然科学有一定的了解；

（2）掌握对外汉语教学的基本理论与方法，能进行课堂教学；

（3）具有相应的社会调查研究能力、一定的创造性思维能力和初步从事科学研究的能力；

（4）有较全面的英语听、说、读、写、译能力；

（5）了解对外交往的有关方针、政策和法规，具有一定的外事活动能力；

（6）了解本学科的理论前沿、应用前景与发展动态。

主干学科：中国语言文学、外国语言文学。

主要课程：基础英语、英语写作、英汉翻译、现代汉语、古代汉语、中国文学、外国文学、中国文化通论、西方文化与礼仪、国外汉学研究、语言学概论、对外汉语教学概论等。

主要实践性教学环节：包括参观访问、社会调查和教学实习等，一般安排8周左右。

相近专业：汉语言文学、外国语言文学。

显然，各高校在设立对外汉语专业时应该参考以上描述，而且还有诸如北京语言大学、华东师范大学等先行者的课程设置可借鉴，甚至也有过研讨会提出通用性课程设置模块。然而现实情况是，各高校在实际操作中并没有因为以上信息的帮助而轻易解决以下问题：

（1）汉语国际推广事业往往是各高校对外汉语专业招生时使用的亮点，然而培养计划中与对外汉语直接相关的课程比例非常有限；

（2）总学分有限的情况下，中国语言文学类课程、外国语言文学类课程、文化和教育类课程所占比例各自多少为合适？

（3）实习、实践类课程如何设计、安排？

总之，由课程设置反映出来的专业特色在哪里？依据各自培养计划培养出来的人才所长在哪里？

三、西南交通大学在对外汉语专业课程设置上的探索

西南交通大学对外汉语教学始于1994年，2008年设立对外汉语专业。我校在对外汉语专业培养计划、课程设置上同样经历上述困惑，且三易其稿。下面谈谈所做的三次初步探索：

（1）真正的对外汉语专业人才不能只教现代汉语层面的东西。

（2）强调建立在中西对比思路上的课程设置与教学理念。

（3）外语类课程的突破性改革。

首先，第一版重点考虑要在汉语言文学类课程设置的内部分配上突显我校该专业的办学理念与特色。如果将汉语言文学类课程分为现代和古代两类，我们认为，现代汉语固然重要，古代的部分更是根基。我们培养的对外汉语专业人才须知其然更知其所以然，以扎实的中国传统“小学”知识和深厚的中国传统经典素养来进行汉语国际推广，因此将《古代汉语》和《中国传统文学经典作品选读》两门核心课程各安排 4 个学期，各 16 个学分。其他还有《汉语音韵学》和《汉语文字学与训诂学》。在古代汉语的两年课程安排上，第一年使用王力先生的教材，第二年则引领学生“通一经”：第三学期学《论语》，第四学期学《孟子》。高度重视“小学”修养，乃是对有进一步培养潜能的高层次对外汉语专门人才的真正素质培养。这是我校对外汉语专业课程设置的第一大特色。

第一届学生入学一年以后，因为恰遇学校各专业培养计划修订，我们利用这个机会对课程设置进行调整。第二版的考虑核心是强调中西对比思路下的课程设置与教学理念。潘文国先生（2004）指出：“那种不理会与外语的异同，不考虑‘对外’教学的需要，埋着头就汉语而汉语的研究不属于对外汉语的本体研究。”在学校总学分缩减的大形势下，通过删减诸如第一版中的《普通话》《中国哲学经典选读》《汉语语法分析方法》《公文写作》《汉语修辞学》等课程，增设《中西哲学经典选读》《西方汉学》《中西文论名篇导读》《中外神话与民俗》《英汉语对比与翻译》等课程。同时强调授课老师在教学中要引导学生从中外对比的视角来掌握专业知识。如同《现代汉语》课，中文专业的学生也学，对外汉语专业的学生也学，后者如果没有对比的眼光，知识越学越死。不仅单一课程如此，我们还尝试不同课程之间进行中西对比思路下的横向教学。《中国传统文学经典作品选读》课上讲析的经典作品，英语精读课上有英语老师对之进行中英文版本的对比教学，引领学生从中外不同语言及文化视角学习中国传统文学经典。强调建立在中西对比思路上的课程设置与教学理念是我校对外汉语专业课程设置的另一亮点。

第三版的修订集中在对外汉语专业的外语类课程上。很多开设了对外汉语专业的高校中，外语类课程在总课时中所占比重普遍较高，占到了全部课时的一半以上。（罗小东，2006）我们的外语类课程所占比重不足一半，这并不意味着对培养学生外语水平的不重视，相反，除了第一、二学年给学生开设重在英语听、说、读、写综合技能的基础课程，如英语语音、英语精读、英语视听说、英语写作等课程，第三学年继续开设英语口语、英汉语对比与翻译，还在第三、四学年给学生开设二外（法语或德语），并且每学期达到 8 个周学时，同时还正在设置其他小语种的选修课，旨在为学生就业多铺一条路。对二外的高度重视是我们对外汉语专业人才培养的第三个特色。

由于我校第一届对外汉语专业学生 2012 年才毕业，上述尝试与探索是否可取、对新形势下对外汉语专业人才的培养是否有效则有待时间的检验。如今开设对外汉语专业的高校早已林林总总，遍布全国。就依托院校而言，有重点大学，有一般院校；有综合性大学，有非综合性大学；就分布地域而言，有沿海城市也有内陆地区。怎样发挥地域优势，充分利用办学资源，探索专业建设特色（原新梅，2007），已经成为专业建设面临的现实问题，包括对对外汉语教学实习、实践类课程的设计与安排，各校更需根据自身资源与优势，为学生提供广阔的对外汉语教学实践平台，这样培养出来的学生才可能具有真正的国际视野以及文化交流与传播能力。

四、一些思考

20 年前笔者作为对外汉语专业的本科生，亲历了被培养的过程。当时迫于就业压力，课程几乎“一边倒”，重心完全倾斜在英语语言技能的培养上，最后班上同学毕业走向基本为与英语相关职业。如今笔者不仅在对外汉语教学领域工作十余年，而且在担任国际汉语系系主任职务期间，亲历了对外汉语专业的申报和课程设置的制定。2007 年笔者受国家汉办委派，赴泰国教育部高等教育委员会担任汉语顾问一职。应泰方教育部要求，2008 年曾组织由泰国教育部官员及重点高校中文专业负责人组成的考察团前往复旦大学、华东师范大学、浙江大学、南京大学就对外汉语专业课程设置取经学习。泰国高校中文师范专业（他们也乐意借用“对外汉语”专业一词，觉得很有独特性）课程设置中也存在困惑：目前泰国大、中、小学汉语师资严重短缺（2010年国家汉办派出的汉语教师志愿者全球总计2400名，泰国就占1214名，其师资之短缺可见一斑），泰国高校中文专业毕业生也不少，但其培养模式与专门从事“对外汉语”教学的目标尚有差异。基于此形势，泰国教育部产生了前往中国高校学习对外汉语教学专门人才培养模式及本科阶段课程设置的强烈愿望。可见，培养对外汉语师资，虽中国国内与海外情况各有千秋（各有各的困惑），但培养该领域的专门人才、办出专业特色却是海内外界内人士共同努力的目标。

对外汉语专业建设已经走过25年，在当今汉语国际推广事业大发展的新形势下，对外汉语专业人才培养模式是一个值得深刻思考的课题。越来越多的高校竞相开设对外汉语专业，众多的对外汉语专业毕业生流入社会却离汉语国际推广事业越来越远。该专业的硕士毕业生都难找对口工作，更别说对外汉语专业的本科毕业生了。然而，面对现实求生存、求发展是开设该专业的各高校理应担起的责任。我们既要为汉语国际推广事业输送高级专业人才，又要承担大量毕业生最终无法从事对外汉语教学带来的就业压力；既要在本科阶段做好专业人才培养的基础工作，更要思考该专业背后的学科的可持续性发展，考虑到该专业本科生、硕士生、博士生培养目标与课程体系的系列性与有效性。正如潘文国先生2005年指出的那样：对外汉语事业是基础和考虑问题的出发点，对外汉语专业为对外汉语事业输送人才，而对外汉语学科是对外汉语专业的灵魂。

基于以上多种因素，笔者认为以下问题值得进一步研究：

a）课程设置与其所支撑的学科价值之间的关系。

b）如何通过课程设置，以真正的专业特色突显学科意义？

c）针对与中文专业相同名称的课程，授课教师应如何教学，从而彰显对外汉语专业的自身特色？

d）具有对外汉语专业素质，有进一步培养潜能的本科生如何继续走对外汉语这条路？

e）最终不走对外汉语专业这条路的本科学生如何参与就业竞争？

参考文献

李　昊（2010）中泰合作背景下泰国高校汉语教学的发展及问题，《华文教学与研究》第 1 期。

罗小东（2006）对外汉语专业的学科定位和课程设置，http://www.docin.com/p-64684732.html。

潘文国（2004）论“对外汉语”的学科性，《世界汉语教学》第 1 期。

潘文国（2005）对外汉语教学·对外汉语专业·对外汉语学科，载《第八届国际汉语教学讨论会论文选》。

原新梅（2007）对外汉语专业建设的思考与探索，《现代语文》第 12 期。

http://hi.baidu.com/yangharrylg/blog/item/25f2a1ccc4c9331c01e92828.html。

对外汉语专业“三型一化”人才培养模式改革初探
——以湛江师范学院为例

广东湛江师范学院　熊家良

摘　要：近年来对外汉语专业存在学校布点多，就业竞争激烈，学生知识结构单一，就业专业不对口，专业设置雷同，缺乏特色等情况。在充分调查、分析的基础上，我们提出了对外汉语“三型一化”人才培养模式改革的课题，试图通过重塑“三型一化”人才，创新课程体系，改革人才培养方式，提高人才培养质量来做一探索，为地方高校对外汉语专业建设和改革提供参考。

关键词：人才培养模式　对外汉语　“三型一化”　改革

一、对外汉语专业人才培养模式改革的背景

1.1　面临的形势

1.1.1　专业布点过多，就业竞争激烈

对外汉语专业自20世纪80年代开始设立，迄今已25年了。全国设立该专业的高校最初只有4所，据不完全统计，到目前已经发展到196所，仅广东省设立该专业的高校就有18所。最近几年，全国对外汉语专业每年毕业的本科生接近6000人，数字相当可观。而从1991年开始，国家汉办实施对外汉语教师资格考试，截止到2009年，全国获得该资格证书的还不到5000人，而总

计派到国外孔子学院的志愿者也才3400多人。鉴于此，对外汉语专业的就业问题日益严峻。

1.1.2 知识结构单一，工作用非所学

一般高校对外汉语专业的课程设置主要集中在汉语、中国文化概论、对外汉语教学法、外国文化概论、一两门外语的范围之内，这样就造成了该专业学生知识结构单一、知识视野狭窄的局面。与汉语言文学专业的学生比较，他们的中文素养明显优势不足；与外语的学生比较，他们的外语能力差距不小。因而，对外汉语学生在就业领域相当被动。调查资料显示，对外汉语专业的一次就业率普遍较低，很多高校甚至不到40%。安博教育集团与清华大学合作的《2008年专业景气度调查报告》显示，对外汉语就业专业对口率更是不到10%，90%以上的学生从事的是与自己专业无关的工作，这无疑造成了国家教育资源的严重浪费。

1.1.3 目标定位雷同，培养缺乏特色

大多数高校把对外汉语专业人才培养目标定位为："培养具备对外汉语专业的基础知识与专业技能，通晓中外语言（英语、韩语、日语等）、文化与礼仪，具备对外汉语教学能力，能在国内外从事对外汉语教学工作的高级应用型人才。"培养目标决定办学定位，全国高校的对外汉语专业大多没有很明显的特色，只是这个学校的师资实力强一些，那个学校的地缘优势明显一些而已。

近几年国内部分高校的学者或管理者对对外汉语专业人才的培养模式已经进行了一些探索和研究，例如2005年绍兴文理学院的校级教改项目《对外汉语专业人才培养模式研究》，2008年浙江省新世纪高等教育教学改革研究项目《国际化背景下对外汉语人才培养模式的研究与实践》，红河学院2008年校级教改项目《对外汉语专业应用型人才培养的立体化实践教学体系研究与实践》等。这些研究都抓住了对外汉语专业人才培养的主要问题，并且具有较为鲜明的区域色彩。然而，这些探索还相对比较保守，虽然提出了在专业的基础上加上文化、经济等课程，但是这些课程所占比例很低，有的只以讲座的形式开

课，学生能否真正掌握相关知识，还有待观察。而到目前为止，也还没有发现广东省其他高校对该问题展开过相关的研究。

当我们把目光从全国收回到本校，发现存在同样的问题。湛江师范学院的对外汉语专业在2003年作为汉语言文学专业的一个方向设立，2005年作为独立专业招生，2009年获得学士学位授予权。从2007年起，由非师范专业调整为师范专业。目前已有四届毕业生，但是，真正到国外或在国内担任对外汉语教师的总人数还没有突破两位数，大多数毕业生在省内中小学当语文老师，与中文专业的毕业生抢饭碗。双方都面临着巨大的就业压力。

1.2 人才培养模式改革的机遇

1.2.1 区域经济发展迅速，人才需求前景广阔

机遇往往与挑战并存。与国内、省内高校争夺欧美、韩日市场相比，湛江师范学院对外汉语专业自然没有多少优势可言。但是湛江地处北部湾的东北部，背靠珠三角，面向东南亚，这就为对外汉语专业改造提供了很好的条件和契机。长期以来，东盟是我国的第四大贸易伙伴，从2010年1月1日起，中国与东盟十国成立了自由贸易区，中国与东盟的经济、政治、文化交流将会空前繁荣。有专家指出，这是全球近几十年最值得期待的经济区。目前，国家的政策也偏向于"两南"（云南、海南）和"两广"（广东、广西），尽管"两南"和广西与东盟的一些国家有地缘上的优势，但是这四区中，广东的制造业最发达，因而广东的优势最明显。2010年1月4日，广东省政府已经举行了"走进东盟"动员大会，采取政策，推动企业到东盟投资。为了配合这一局面，国家已在湛江选定新址准备建设粤西国际机场，届时湛江将会变成广东参与北部湾开发、与东盟贸易的桥头堡和枢纽港。著名学者丁学良指出，中国企业到东盟国家发展的第一个挑战是专业人才缺乏。湛江师范学院的对外汉语专业应该抓住这个机会，打破专业发展的瓶颈。

1.2.2 地缘优势明显，改革先机不可多得

近几年，广西、云南、海南已经启动了东盟人才培养计划，广西大学"中

国—东盟自由贸易区复合型创业人才培养模式改革实验基地”获批国家2008年度创业教育类人才培养模式创新试验区，广西民族大学也在加快国际型人才的培养，广西自治区政府拨款1亿元人民币建设“东盟学院”；海南师范大学取得了国家汉办“东南亚汉语推广师资培训基地”1500万元人民币资助；云南大学、云南师范大学也纷纷启动东盟人才培养项目。然而，目前广东高校的对外汉语专业建设还在传统的人才培养模式框架内停滞不前。中国与东盟的发展离不开广东，广东的全面发展离不开粤西，北部湾的发展没有了湛江也是不完整的，广西、海南和云南的高校不能够涵盖东盟所需人才的全部。因此，在省内高校尚未行动之前，倘若我校占得先机，必定能做出成绩。

1.2.3 师范教育优势明显，专业改革基础较好

湛江师范学院的师范教育始于1904年，经过长时间的发展和积累，逐渐建设起涵盖教育学、文学、法学、经济学、历史学、理学、工学、农学、管理学的九个学科门类。原有的师范专业基础厚实，培养的人才层次较高，毕业生扎根粤西，挺进珠三角，深入京、津、沪、宁、藏等地就业，被国内主流媒体誉为“粤西过江龙”和“援藏良驹”。湛江师范学院2000年成为全国第一所通过教育部本科教学工作合格评估的师范院校，2007年以优秀等级通过教育部本科教学工作水平评估。

湛江师范学院人文学院师资实力雄厚，专业建设成果显著。2008年12月，汉语言文学专业获得第三批国家级特色专业建设点。学院一直重视人才培养模式改革，并取得一批层次较高的成果，例如2005年“‘两个层次，两种导师制’的改革”项目，获得广东省教学改革成果二等奖。与省内和粤西地区相比，我校的对外汉语专业办学历史较长，2003年作为汉语言文学专业的一个方向设立，2005年作为独立专业招生，2009年获得学士学位授予权。对外汉语专业建设和人才培养已经发展得比较成熟，适合作为实验单位实施人才培养模式改革探索。

综观上述，我们认为，要对湛江师院的对外汉语专业进行改造，打破传统的培养模式，实现对外汉语专业学生由单一的对外汉语教育、教学师资培养模

式向复合型人才培养模式的转变，配合国家与东盟发展的战略。采用“2+2”的培养模式，在第一、第二年加强学生基础素质的培养，着力培养学生的汉语、英语和一门东南亚国家语言，开设中华才艺课；第三、第四年拓展学生素质，开设经济、商贸、文秘、法律等专业模块课程。通过四年学习，让学生既有扎实的语言文化基础，又懂得对外政治经济文化的相关知识。学生毕业后既可以到东南亚国家从事对外汉语教学，也可以到东盟国家以及国内东南亚资企业从事经济贸易等相关领域的工作，打破对外汉语专业就业难的局面。同时，也可以为省内、国内高校对外汉语专业办学模式纾困解危提供经验。

一方面，当前国际化教育背景下的汉语热为国内对外汉语专业的蓬勃发展提供了契机；另一方面，广东省及湛江市的有利地理位置、经济发展水平与对外经济文化交流程度都使得国际化人才需求旺盛，这些对我们探索新的对外汉语专业人才模式提供了有利条件。

二、重塑“三型一化”人才培养目标，创新主辅结合课程体系

2.1 重塑培养目标，定位“三型一化”

如前所述，培养目标雷同，人才培养缺乏特色，这是对外汉语专业目前普遍存在的问题症结。培养目标决定课程设置，课程设置影响学生的知识结构，知识结构影响学生的就业竞争力。因而，解决对外汉语专业人才培养与社会需求的矛盾，提高该专业毕业生就业的专业对口率，实现教育资源的合理、有效配置的前提是要重新确定人才培养的目标。在国际化背景下，我们将人才培养的目标定位为“三型一化”，即应用型、复合型、创新型、国际化人才。

2.1.1 “三型一化”的内涵与依据

“三型一化”具体而言，应用型，指注重培养学生掌握汉语、英语、东南亚语、文化、经济、教育等学科中的相关应用技能；复合型，指整合优势资

源，构建学生汉语、外语、文化、经济、法律、教育等学科知识结构；创新型，指教学过程中注重教师的研究性教学，关注学生创新精神与创业能力培养；国际化，指通过教学语言国际化、教学内容国际化、教师资源国际化、服务对象国际化等来形成学生的国际化视野与国际化竞争力。

我们认为，实现“三型一化”人才培养目标培养有如下现实依据：应用型人才是高等教育由精英教育向大众化教育转变的产物，是社会经济发展的要求；当今社会的重大特征是学科交叉，知识融合，技术集成，因而具备复合知识、复合能力，对本专业精通，对旁涉的知识和技术也能融会贯通的人才将是今后人才培养的主要方向；创新是一个民族进步的灵魂，是国家兴旺发达的不竭动力，加强自主创新，建设创新型国家，关键是人才，重点是创新型人才。随着互联网的发展，我们所处的时代，全球化的速度比任何一个时代都更快，对外汉语的关键词是“对外”，因而脱离国际化的理念来谈人才培养是不全面，也不实际的。

2.1.2 “三型一化”的知识与能力要求

“三型一化”人才的培养，有两方面的基本要求：一是知识储备；二是综合能力。

“三型一化”人才要求掌握古今汉语的相关知识，熟悉西方和东南亚语言；掌握中国文化的相关知识，熟悉西方和东南亚相关文化；掌握对外汉语专业的知识构架，了解教育学、法律、经济等专业的相关知识。

能力要求包括：双语能力，能说比较标准的普通话、较流利的英语和最少一种东南亚语言，掌握英—汉、汉—东南亚语的写作和翻译的技巧，能够胜任日常生活中的文字工作和简单的翻译工作；实践能力，学生能够将学到的知识应用到工作上，可以胜任教学，可以利用学到的法律和经济知识处理对外事务的相关问题；科学研究的能力，对专业相关领域有一定的认识，有问题意识，并能对问题进行深入的探究，这是区别于技术人才的更高的能力。

鉴于此，我们需要在课程体系、课程教学和实践环节进行相关的改革。

2.2 创新课程体系，突显主辅结合

对外汉语专业课程体系的总体特点是：语言课处于核心位置，具体体现为中英双语及部分东南亚国家语言的强化，同时辅以中外文学文化教学和经贸类知识教学，在课程设置时要做全盘的把握，突出课程的主辅地位。

2.2.1 汉语为主，英语与东南亚语为辅的语言课程

对汉语、英语、越南语、泰语、印尼语的设置，要充分考虑这个课程群的性质和特点。汉语是专业的支撑，英语是现今通用的国际语言，这两者在教学中要强化；东南亚（部分）语言为专业辅助，要求掌握基本的生活用语和专业术语，便于教学和工作即可。在汉语、英语、东南亚语的支点上应适当倾向于汉语类课程的教学，强调其他语言学习归根到底也是为传播汉语和中国文化服务，因此在教学中应引导学生充分认识汉语知识在教学实践中的重要地位。

2.2.2 中国文化为主，西方文化与东南亚文化为辅的文化课程

加强中外文化相关内容的比重，注重中外文化知识的学习与应用能力的培养。中国文化是对外汉语教学的主要内容之一，西方文化和东南亚文化是教学的参照点，是为将来在国外更好地教学和工作的知识储备。因此，课程设置以中国文化为主，西方文化和东南亚文化为辅。在语言和文化的关系问题上也应端正认识，避免过分强调文化教学、忽视语言技能的倾向。

2.2.3 口语技能为主，翻译与写作技能为辅的技能课程

国际化人才，除了具备一定的专业素养之外，语言能力是最基本的要求。因而技能课程设置的原则要调整为以口语技能为主，以翻译与写作技能为辅。独立开设普通话语音、英语听说课程和东南亚语的基础课程，加大课时量，实施双语教学；翻译和写作课程也非常重要，其辅助性主要体现在课时量相对少一些。

2.2.4 教育研究能力为主，创作与学术研究能力为辅的研创课程

对外汉语是一门实践性较强的学科，但是并不意味着学术研究与之无缘。

对外汉语面对的对象是外国人，对外汉语教育理论、语言习得、文化比较等方面还有很大的研究空间，因而要重视学生研创能力的培养。在三四年级开设对外汉语教学法、对外汉语专业教学语法等教育研究类课程，提高学生教学研究的能力，同时以选修课或者讲座的形式开设创作和学术研究的相关课程。

2.2.5 对外汉语专业为主，经济、法律、教育等为辅修专业的主辅修制

我们把经济、法律、教育等课程引进对外汉语课程体系，但是也要有所侧重。对外汉语具备它的专业品格，课程设置要以之为主，增开经济、法律、教育等课程，主要是突出实用性，要适应中国社会经济文化国际化之需，因而以选修、讲座为主。

2.3 纵横结合，优化课程体系

就课程联系而言，课程的纵向联系，是指每门课程的阶段联系；课程的横向联系，则指同一阶段各门课程之间的联系。把横向和纵向课程有机结合起来，根据侧重点，优化课程体系。

（1）横向课程体系：从横向的角度，把对外汉语的课程分解为语言模块、文化模块、技能模块、研创模块、专业方向模块、辅修模块等六个模块，每个模块通过辅修模块串联起来，做到主次分明。技能模块培养应用能力，研创能力提升创新思维。

（2）纵向课程体系：从纵向的角度，强调各个模块的连续性。在本科四年时间里，每个课程每个学期都有相关的内容要学习，做到语言不断线，文化不断线，技能训练不断线，研创不断线。例如进行四年不断线的英语语言教育，开设英语听说、英语阅读、英语写作、英汉翻译、英语口译等课程，以保证英语教育的连贯性；在各个阶段开设双语课程，也可以在保证英语能力提高的前提下，打通语言课和文化课之间的壁垒，使之有机结合；细化现代汉语课，每个学期通过选修课的形式独立开设普通话语音、现代汉语词汇、现代汉语语法、现代汉语修辞、汉字学等课程，形成对外汉语教师应有的汉语素养。

2.4 加快教材建设，为课程提供优质资源

选用适合我校对外汉语专业培养目标的优秀教材，适时举行教材听证会，选择优质教材；编写面向留学生和对外汉语专业的教材，如留学生用《商务汉语》《旅游汉语》《经贸汉语》《涉外文秘》《话题交际》等，对外汉语专业用《古代汉语》《普通话语音》《现代汉语词汇》《汉字学》《对外汉语实用语法》《中外文化概论》等，探索适合我校特色的教学新路。编写辅助教材和配套练习，扩充知识面，加深知识点，形成知识链。

课程是构成专业培养计划的基本单元，是教学活动的基础。它是体现培养规格的基本要素，也是向学生传授知识、培养能力、提高素质的主要途径，是提高教育质量的关键所在。加强课程建设、提高教学质量，就能促进教学内容和课程体系、师资队伍及教学条件的全面建设，提高学校的办学水平。因此，对外汉语专业也需要大力加强精品课程建设，通过教学名师的培养、教学专家的理论指导和示范授课，全面提高对外汉语教学水平，最终实现课程质量质的提高。

三、改革人才培养方式，提高人才培养质量

“三型一化”人才培养目标的实现，课程体系是基础，人才培养方式是保证。只有与人才培养目标相适应的培养方式才能保证人才质量。

3.1 加强通识教育，促进学生多向发展

综观对外汉语专业毕业生就业的现状，其就业专业不对口，很大程度上是由于知识结构单一造成的。为此，我们要加强通识教育，促进学生的多向发展。“三型”中之一型是复合型，复合型人才的培养也主要通过通识教育来提升。在具备专、精的专业知识的基础上，选修一些经济、法律、管理领域的课程，参加一些自然科学、人文学科的讲座，精通一两门中华才艺，掌握书法、舞蹈、乐器演奏的表演、操作技巧，使得学生的知识面广博，视野广阔，人格阳光，发展后劲足，潜力大。

3.2 加强合作培养，强化学生的实践应用能力培养

一是“交换”留学。客观地说，湛江师范学院有着较好的教育国际化氛围，已与泰国、越南、印尼等多个国家的高校建有合作互派关系，正待开展“3+1、1+3”等国际教育合作项目。对外汉语专业可以充分利用这一有利条件，争取到国外“交换”学习，以适应国际化要求。

二是语言“结对”。湛江师范学院现有来自泰国、越南等国的留学生，有较丰富的留学生资源，为了提高外国留学生的语言文化水平，采取中外学生“语言结对”的方式，可以达到提升双方交际能力，获得双赢的效果。

三是校企“联姻”。湛江地处北部湾，背靠珠三角，面向东南亚，是广东在中国—东盟自由贸易区的“桥头堡”，将会陆续有“正大”集团等东南亚国家企业来此落户。应该采取“走出去、请进来”的方式，与企业挂钩，建立留学生实习基地，促使产学研结合，提高学生的实践能力，为应用型人才的培养创造良好的条件。

3.3 改革课堂教学方式，增强课堂教学效果

3.3.1 针对语言课的特点，加强双语教学

相对于对外汉语教学而言，汉语是目标语言，要完成知识和信息的传递，往往需要借助媒介语。掌握一定的媒介语对对外汉语的学生有很大的好处。其将来到涉外部门和外资企业工作，流利的英语和东南亚语言，将会大大提升他们的竞争力。在每个阶段给对外汉语专业配专业外教的同时，鼓励本校教师在授课时也用双语，营造双语的氛围。此外，可以利用留学生来校学习、学生结对单独辅导时使用双语教学。

3.3.2 针对文化课的特点，发挥多媒体教学手段的作用

在教学过程中应改变传统的单一讲授方法，强调学生自主学习。教师要善于启发总结，讲练结合，突出重点，积极进行教学手段改革，通过多媒体和网络等现代化手段丰富教学内容，提高教学效果。

3.3.3 针对技能课的特点，加强课堂互动

通过教师与学生全方位参与课堂教学过程，实现参与主体认知和情感等多方面和谐、主动、全面的发展。根据所授课程实际特点，在课堂教学中加以创造性地应用和发展，使课堂真正互动起来，切实提升教学水平，保证教学质量，提高学生灵活运用知识解决实际问题的能力。

3.4 研创学一体化，培养学生的研创能力

3.4.1 网络教学与博客平台

积极拓展网络教学空间，鼓励教师建设精品课程网站和博客教学平台，为学生的自主学习和研究提供优质的资料和最新的信息。

3.4.2 依托导师制，师生合作研创

依托导师制的平台，让学生在教师的指导下开展科研活动；鼓励教师进行对外汉语教学本体研究和应用研究，以成果推动教学；鼓励教师积极争取科研项目，参照校级科研项目的要求，引导学生参与，为学生的科研能力培养提供平台。

3.4.3 三个课堂结合，研创贯穿其中

第一、第二、第三课堂紧密结合，引导学生进行研究性学习，培养其自主创新能力，改变传统的以单一的卷面形式进行评价的方法，采用多种形式对学生的实际能力进行考核评价。

3.5 鼓励技能考证，提升学生的技能水平

目前，考核学生能力的凭证和物化指标是相关证书的取得。在职场环境中，获得相应的专业证书越多，优势越明显。“三型一化”人才是否达到要求，除了实际的能力之外，主要参考相关的证书。英语四六级证书、普通话等级证书、对外汉语教师资格证书和计算机水平证书要达到国家相应的要求。

技能考证的过程，实际也是一个提升个人技能水平的过程。投入了大量的时间和精力来准备，对相关的问题也会有所了解，同时对操作能力也会有极大

的提高。为此，我们要加强考证辅导，在提高考证通过率的同时，提升学生的技能水平。

四、结　　语

总之，对外汉语“三型一化”人才培养模式改革切中对外汉语专业目前人才培养与社会需求不协调的要害，这也是全国大多数院校对外汉语专业面临的困境。具体来说，就是抓住学校地处北部湾中心的地缘优势，抓住国家与东盟建立自由贸易区的契机，突破对外汉语专业传统的培养模式的框架，把东南亚小语种作为必备语言能力，把经济、文化、商贸和法律等课程引进培养计划，与云南、广西、海南等省区的高校人才培养优势互补。按照国际化背景下对外汉语人才素质要求，依托粤西地区社会经济文化特点，调查全国高等院校对外汉语专业培养方案及设置特点，比较不同学校因地域分布、办学历史、资源分配以及学校的定位取向而产生的差异。根据湛江师院自身的学科特点，系统构建并实施国际化背景下人才培养新模式，扎实推进课程（群）建设，改革教学内容和教学方法，强化实践教学和创业教育，形成较为完善的专业培养方案，以此推动广东省对外汉语人才培养模式之研究，为广东及国内其他高校培养应用型、复合型、创新型、国际化人才提供借鉴，为粤西的经济发展和对外文化交流贡献力量。

参考文献

安博集团、清华大学（2008）2008年专业景气调查，http://www.docin.com/p-60201077.html。

丁学良（2008）抓住六百年来最大的机遇，http://view.news.qq.com/a/20081012/000012_1.html。

南方都市报（2010）湛江筹建粤西国际机场，原机场或迁址吴川。

中国新闻网（2010）广东举行“走进东盟”动员大会，推动企业下南洋，http://www.chinanews.com.cn/cj/cj-gncj/news/2010/01-05/2053333.shtml。

中国—东盟视角下对外汉语专业人才培养模式的探索

广西工学院　蔡　青

摘　要：中国—东盟自由贸易区视角下广西的高校培养怎样的对外汉语专业人才？如何培养对外汉语专业人才？本文主要从树立现代教育理念、制定专业人才培养目标、构建课程体系、强化实践环节等方面对广西高校对外汉语专业人才培养模式进行研究与探讨。

关键词：中国—东盟　对外汉语　人才培养

一、中国—东盟自由贸易区概况

中国—东盟自由贸易区于2010年1月1日正式落成。中国—东盟自由贸易区是中国与东盟十国建立的自由贸易区，即“10+1”：中国和原东盟6国（印尼、马来西亚、菲律宾、新加坡、泰国、文莱）和4个新成员国（越南、老挝、缅甸、柬埔寨），是拥有19亿人口、接近6万亿美元生产总值、4.5万亿美元贸易总额的世界第三大自由贸易区，也是发展中国家创建的最大的自由贸易区。中国—东盟自由贸易区是我国洽谈的第一个自由贸易区，建成后必将加快我国参与经济全球化的历史进程，进一步提高我国对外开放水平和市场化程度。广西自治区参与中国—东盟自贸区建设和发展拥有得天独厚的区位优势，自贸区的建成对广西来说是一次全方位、多层次、宽领域的开放，标志着广西的对外开放进入一个新的阶段、新的时期，将给广西的高等教育带来新的发展机遇。

二、中国—东盟自由贸易区给广西高校对外汉语专业带来的机遇

中国—东盟自由贸易区的建立，为广西加强与东南亚国家，尤其是与周边国家的经贸合作带来了极大的机遇，同时也给广西高校带来了无限的发展机遇。随着中国—东盟自由贸易区的日渐成熟，每年东盟博览会在广西南宁的如期举行，中国与东盟十国的贸易往来越来越多，掀起了东盟国家的“汉语热”，很多人会选择就近的广西来参加短期汉语培训或者长期的学历教育。东盟博览会永久性落户南宁也就意味着东盟各国能够更多地了解广西、了解广西的教育和广西的高校，从而为广西高校带来更多的东盟籍留学生资源。近几年来，广西高校的留学生教育有了较大发展，各种形式的出国留学和来桂留学人员不断增加，因此，中国—东盟自由贸易区的建立不但可以带来丰厚的经济效益，巩固地区的和平与稳定，而且也为广西高等教育的发展创造了千载难逢的历史机遇。

2010 年广西壮族自治区教育工作会议提出：“到 2020 年，全面完成《国家中长期教育改革和发展规划纲要（2010—2020 年）》提出的各项主要发展指标，与全国同步实施，基本实现教育现代化，基本形成学习型社会，进入西部人力资源强省（区）行列，建成面向东盟的教育国际交流与合作高地和国家民族教育示范区。”随着中国与东盟十国的经济一体化进程的发展，广西与东盟国家之间的教育往来会更加密切，将给广西的高校在对各国政策研究、国情民风研究、国际化教育培养、区域性国际型人才培养等方面提供大量的学术研究、教学科研和人才培养的机会。因此，广西高校对外汉语专业应调整各自的教学内容，鼓励学生学习以东盟国家语言为代表的小语种，增强对彼此国家政治、文化、经济环境、国情民风的了解，并主动加强国际教育交流与合作，充分利用全球教育资源，与国外学校联合培养人才，在办学机制上采用合作办学，相互承认学分、学历和学位。鼓励东盟国家留学生来广西，积极探索培养东盟国家留学生的教育模式，并力争将其办成教育产业。在学术、科研和教学方面增加国际交流和人员互派等，加强中国与东盟国家之间的学术交流，积极参与全球

化教育服务贸易。同时，通过共同承担和合作开发项目的研究来促进广西高校教学、科研水平的提高。这样，通过借助发展教育的途径，进一步扩大与东盟国家的文化和经济交流，提升广西在中国—东盟自由贸易区的影响力。既能切合实际地促进广西经济的发展，不断推动广西与东盟国家急需对外汉语专业人才教育事业的健康发展，又能提高广西高校对外汉语专业人才培养参与国际竞争的能力和水平，实现双赢目标。

三、广西高校对外汉语专业人才培养模式探索

在经济全球化、文化多元化的时代背景下，语言作为文化传承与发展的重要载体，在综合国力竞争中的地位日益突显。那么，中国—东盟自由贸易区视角下广西的高校应培养怎样的对外汉语专业人才？如何培养对外汉语专业人才？这是我们迫切需要研究与探索的问题。

3.1 树立现代教育理念

对外汉语专业是为适应国家汉语国际推广战略和频繁的国际交流而设置的特色鲜明的专业，专门培养熟练运用双语进行对外汉语教学的师资以及从事中外文化交流的专门人才。该专业以双语、双文化复合型人才为培养模式，切实提高学生实践与创新能力，培养学生人文素养和科学素养。对外汉语专业人才培养要彻底实现由知识向能力的转变，只有准确定位，增加富有专业特色的技能类课程，充分体现本专业的国际化、应用性和一专多能，在培养目标、专业建设、实践教学等方面探索有益于专业发展的新路子，才能求生存，图发展。

3.1.1 国际化理念

高等教育国际化是教育全球化的主要表现形式。20 世纪 80 年代以来，高等教育国际化已经成为世界高等教育发展的重要趋势，而信息技术的发展又进一步促进了高等教育的国际化。高等教育国际化通常是指跨国界、跨民族、跨文化的高等教育交流与合作，即一个国家面向世界发展本国高等教育的思想理论、国际化活动以及与他国开展的相互交流与合作。高等教育国际化的含义包

括：所造就的人才，除熟练掌握本专业的知识技能外，还应具有全球的视野，了解国际经济文化背景，熟悉国际交流、合作的惯例，具有国际交往的本领。

在中国—东盟自由贸易区的背景下，随着我国与东盟各国政治、经济、文化交往的日益深入，"汉语热"已经是一个不争的事实，对外汉语已经发展成汉语国际推广，国际化、涉外性已经成为它的一个基本特征。广西培养对外汉语专业国际化人才，具有自己独特的区位优势，那就是广西与东南亚山水相连、文化相系、经济相关。国际化人才的内涵已经拓展为人才构成国际化、人才素质国际化和人才活动空间国际化。因此，广西面向东南亚实施国际化战略，核心是经济贸易国际化，动源是高等教育国际化，关键是人才培养国际化。

目前越来越多的广西高校都与国外的许多大学建立了交流与合作关系，学生出国学习、实习、就业成为了现实。从另一方面讲，国外也迫切需要我们提供他们所需的该专业人才。因此，在中国—东盟自由贸易区的背景下，广西高校应以国际化理念来培养该专业人才。

3.1.2 应用性理念

广西许多地方因为东盟博览会而成功招商引资，获得了发展机会，需要大量具备东盟国家人文知识背景、与人沟通的能力及专业技术、专业知识的人才。特别是通晓东盟国家的语言，又熟悉中国—东盟自由贸易规则，掌握相关法律、国际金融、国际投资、国际经贸合作等知识的高级复合人才将大受欢迎。根据国家汉办资料显示：马来西亚汉语教师缺口 9 万人，印度尼西亚汉语教师缺口 10 万人，日本、韩国、泰国等周边国家对汉语教师的需求也非常迫切，而东盟国家华文教师师资水平普遍较低，因此广西高校对外汉语专业学生的培养具有实际意义。从中国—东盟自由贸易区的角度来说，对外汉语专业学生所掌握的知识与能力倾向于应用性。在汉语学习方面，学生应该侧重于有利于语言传播与交流方面的学习；在第一外语学习方面，把学生的听说练习放在第一位；在文化学习方面，学生重点掌握跨文化交际，掌握体现中国文化的各种元素，比如中国武术、剪纸、中国结、书法、国画等。为了更好地推广汉语，学生还要学习各种教学方法，掌握备课技巧，熟悉教学环节设计流程，懂得如何管理课堂，能熟练制作多媒体课件等。

3.1.3 一专多能理念

在中国—东盟自由贸易区的背景下，对外汉语专业人才在国外不仅要能够教授汉语，而且还要能从事文化传播，并进行与之相关的中外文化交流活动。所以，他们既要从事对外汉语教学，也要从事涉外文化交流；既要熟悉国外经贸市场，又要掌握涉外企业经营管理，便于从事汉语国际推广与宣传招生。因此，要求对外汉语专业人才应该具备语言类专门知识与能力，同时还要熟练掌握教育类、文学类、文化类方面的知识与能力，还要熟悉掌握中国—东盟自由贸易规则，掌握相关法律、国际金融、国际投资、国际经贸合作等知识，属于一专多能人才。

3.2 对外汉语专业人才培养方案探索

3.2.1 科学定位——制定对外汉语专业人才培养目标

我校确定的对外汉语专业人才培养目标是：本专业注重汉英（或另一种外语或少数民族语言）双语教学，培养具有较扎实的汉语和英语基础，对中国文学、中国文化及中外文化交往有较全面的了解，有进一步培养应用型、国际化、一专多能的高层次对外汉语专门人才，以及能在国内外有关部门、各类学校、新闻出版、文化管理和经贸管理从事对外汉语教学及中外文化交流相关工作的实践型语言学高级人才。

3.2.2 立足地方——构建对外汉语专业人才课程体系

对外汉语专业人才培养方案课程设置应遵循三个原则：一是根据培养目标与方向设置“基础＋模块＋方向”的课程体系；二是根据汉语国际教育对该人才的实际需求设置专业技能课；三是根据地域文化与学校特色设置文化课与经贸类课程。具体如下：

首先，以汉语言教学为核心。汉语言课程是实现人才培养目标的主体和核心。一个连汉语的语音系统、词汇系统、语法系统、语义系统都掌握不了的人，是无法去传播汉语的。因此，除了教育部该专业目录规定的现代汉语、语言学等基础课以外，它还应针对本专业开设对外语音、词汇、语法、汉字教学等应用型的模块课程，设置汉英、汉越、汉韩等第一语言与第二语言对比、对外汉语教学理论、汉语写作等应用型的方向课。当然，这些课程讲授的内容与汉语言专业是不同的，它既要注重理论，更要重视实践。

其次，以第一外语听、说教学为辅助。就该专业所要求掌握的外语能力而言，它应以听、说为教学重点与突破，只有听得懂外国人，才能回答对方，其次才是读、写、译。因此，学校要多开设听力、口语、视听等实务课，突出应用性、实践性。

再次，以教育类与文化类教学为支撑。在教育类课程方面，教育部该专业目录没有规定开设教育类课程，但是我们认为该专业应开设教育学、教育心理学与教师职业技能、现代教育技术等课程。因为他们传播汉语的时候是需要方法的，传播中国文化也同样需要方法，如果方法不当，汉语与中外文化就传播不好。

在文化类课程方面，教育部该专业目录规定文化课程有中国文化通论与西方文化两门基础课。我们认为学校还应开设世界宗教文化、跨文化交际、公共关系、社交礼仪、新闻学、涉外事务等应用性强的方向课。另外，学校既要开设承载着传播中华文化的课程（比如，中国武术、国画、书法、中国民间音乐等），还应该根据学校所处中国—东盟自由贸易区的地理位置开设彰显地域文化的课程（比如，我校开设东南亚文化、广西民俗、壮欢研究等）。最重要的是，这些课程以应用性、实战性为主，目的是传播中华文化。

3.3 强化实践——互派留学生跨国培养人才

为了使所培养的学生既具有系统的理论知识又具有较强的实践能力，既具有广阔的知识视野又能成为对外汉语专业方面的专门人才，就需构建合理的理论教学体系和实践教学体系。对外汉语专业构建了“3+1”及“3.5+0.5”人才培养模式，重点突出创新创业能力。具体实施步骤为：前三年或三年半进行文化理论课的学习，后一年或半年主要去相关国外高校进行教学实践活动。目前学校与美国、英国、爱尔兰、日本、韩国、越南、泰国等十多所国外高校建立了广泛的教育合作关系，与这些学校和学术机构签订互派留学生协议，从今年起学校已派出对外汉语专业学生到国外高校学习，系统学习语言对象国的语言和文化，提高语言的运用能力。

在中国—东盟自由贸易区的背景下，互派留学生跨国培养人才，可大大强化对外汉语专业学生的专业技能和实践技能。实践性教学环节对于提高学生综合素质、培养学生的对外汉语专业基本素养及创新能力有着重要的意义。通过强化学生的实践技能，使对外汉语专业学生能将知识转化为能力，而且通过中外合作跨国培养出来的学生，视野开阔，外语能力强，专业素质好，可更快、更好地适应将来的工作。

参考文献

覃海逢（2006）浅析中国—东盟自由贸易区与广西高校的人才培养，《改革与战略》第8期。

覃　健（2004）中国—东盟自由贸易区和广西高等教育的发展，《广西财政高等专科学校学报》第5期。

对外汉语专业跨文化人才培养实践研究

合肥学院　詹向红　张发清

摘　要：对外汉语专业建设需要在人才培养目标定位、课程设置、师资队伍建设、实践教学、就业去向等方面形成科学认识。本文结合对外汉语专业跨文化人才培养中外合作办学项目的实施，探讨其目标定位的动因，并介绍该人才培养模式的具体改革实践。

关键词：对外汉语专业　跨文化　人才培养

对外汉语专业是近年来国内高校文科的热门专业之一，目前全国开设对外汉语专业的高校已经由20多年前的十余家激增到两百余家。由于对外汉语专业的急剧发展，一些高校尚缺乏培养对外汉语专门人才的经验，在人才培养目标定位、课程设置、师资队伍建设、实践教学、就业去向等方面容易产生因不够成熟而带来的种种问题和认识上的误区。近年来，在国际合作的基础上我们正式开办了对外汉语本科专业。本文将结合对外汉语专业跨文化人才培养中外合作办学项目的实施谈谈我们的几点认识和思考。

一、对外汉语专业跨文化人才培养目标定位的动因分析

1.1　对外汉语专业人才培养的现状及矛盾

教育部在1998年颁布的《普通高等学校本科专业目录和专业介绍》中，

对对外汉语专业的培养目标做了如下阐述："本专业注重汉英（或另一种外语或少数民族语言）双语教学，培养具有较扎实的汉语和英语基础，对中国文学、中国文化及中外文化有全面的了解，有进一步培养潜能的高层次对外汉语专门人才，以及能在国内外有关部门、各类学校、新闻出版、文化管理和企事业单位从事对外汉语教学及中外文化交流相关工作的实践型语言学高级人才。"由此可见，对外汉语是一个非常特殊的专业，是在汉语国际推广背景下培养对外汉语师资和中外文化交流实践型专门人才的专业。事实上，现在大多数高校在人才培养过程中，并没有真正实现上述目标。由于对外汉语专业所在高校在学校性质、办学层次、师资力量等方面存在着不同，各个高校在实施专业建设时所遵循的指导思想和培养目标也存在着较大的差异。设立以来，在培养目标定位、课程设置、社会符合度等方面存在着一些偏颇，专业在实际建设过程中也遇到了种种棘手的问题，难以适应汉语国际推广背景下对优质对外汉语专业人才的需求。

一是人才培养目标狭义地定位成对外汉语教学。大多数高校对外汉语专业的课程设置，还是主要采用"汉语言文学课程＋外语＋对外汉语教学类课程"的模式，在客观上，把对外汉语专业的人才培养目标狭义地定位成对外汉语教学。对外汉语专业最初设立时的主要目标是培养高校需要的对外汉语师资。从历史看，这一目标定位准确，目标完成较好。但随着高等教育的发展，尤其是对外汉语学科建设中硕士、博士点的建设，高校对引进教师有了高学历的要求，这就使对外汉语本科毕业生到高校工作有了制度上的障碍。目前，对外汉语专业本科人才的就业形势并不乐观，真正能从事对外汉语教学的学生只占很小的比例。根据林建萍 2007 年的调查，北京语言大学 20 多年来为对外汉语教学领域输送了大量的专业人才，但是近几年特别是近三年，对外汉语专业毕业生直接进入该领域工作的人数呈逐年下降的趋势。如何在新形势下结合人才培养模式，拓展学生的就业途径和社会适应面，是对外汉语专业建设必须面对的一个热点问题。这就需要对对外汉语专业培养目标进行重新思考和定位。

二是对外汉语专业人才培养尚未适应对外汉语教学向全方位汉语国际推广的战略性转变。2005 年 7 月，在北京举行的首届世界汉语大会是对外汉语教学的转折点，它标志着对外汉语教学向汉语国际推广的转变。国家汉办许琳主任指出要适应这一新形势的转变，重中之重是要建设一支适应海外教学需要的师资队伍。然而目前大多数高校对外汉语专业人才培养尚未适应这一转变，对外语和跨文化交际重视不够，培养的人才达不到全方位汉语国际推广必需的外语水平，不具备具有国际视野的对外交流能力。目前对外汉语专业面临极为尴尬的境地，一方面高校是留学生最集中的单位，而受高校进人学历门槛的限制，这就使对外汉语专业的本科生几乎无法在国内从事对外汉语教学工作；另一方面，全球汉语热，全球汉语教师紧缺，对外汉语专业学生形成了“外热内冷”的就业难的矛盾局面。究其原因，一是就业渠道不畅通，二是现有的培养模式下毕业生的能力和水平达不到国外对对外汉语教师的要求，使这些学生既没有能力也没有机会在国外从事对外汉语教学。二者的矛盾直接制约了对外汉语本科专业的完善和发展。要解决这两个问题，都必须加快推进对外汉语专业人才培养模式的转变，加快推进对外汉语专业教育的国际合作与交流，强化学生的外语能力和跨文化交流能力，使学生有机会走出国门，面向世界，以适应海外汉语教学及跨文化交流的需要。正如姜红在《论对外汉语专业教育的国际化》一文中所言：“对外汉语专业建立在对外汉语教学发展的基础之上，对外汉语教学向汉语国际推广的转变决定了对外汉语专业必然要改变现有人才培养模式，加快推进对外汉语专业建设的国际化进程，使毕业生具有从事汉语作为第二语言教学的实践经验、理论水平，开展与国外高校的交流与合作办学，为毕业生提供更多的就业机会，更好地推进汉语国际推广事业的发展和对外汉语本科专业的发展。”

三是对外汉语专业外语语种单一。基于汉语国际推广和跨文化交流背景下的对外汉语专业，必然要求学生具有较高的外语水平和外语应用能力 。对外汉语专业的毕业生，无论从事中外文化交流还是对外汉语教学，都需要有较好的外语基础，因此对外汉语专业应该开设大量的外语课程。但在外语课设置上，有一个重要的问题应引起重视，即在对外汉语教学中，要培养多语种的汉语师资。马庆株提出：“增加外语教学的语种是汉语走向世界的需要，是增强中国同世界各国人民友好关系的需要，对于促进世界多极化格局的形成也有重要的意义。”根据我们的调研，现在绝大多数院校对外汉语专业都是以英语作为第一外国语，仅有少数学校把第二外国语作为选修课。但随着国际上的汉语热，很多非英语国家对汉语教师的需求也越来越多，如韩国、日本，还有使用法语、西班牙语的语区等，这也就是陆俭明先生指出的怎样“根据不同语区学习者的特点来进行有效的汉字、语音、词汇、语法教学”。这一问题指出了对外汉语教学面临的新情况。对外汉语专业可以利用学校的优势，以其他语种或一些小语种作为外语，来满足不同国家对汉语人才的需求，既形成专业特色和错位发展，也为学生提供多元化的就业竞争优势。

四是对外汉语专业实践教学平台薄弱。实践教学在对外汉语专业建设中占据极其重要和特殊的地位 。近年来随着“汉语热 ”的兴起，对外汉语本科专业受到了社会的广泛青睐，很多高校纷纷上马对外汉语本科专业，然而很多设置对外汉语专业的高校国际交流较少，留学生数量有限，对外汉语专业的学生很少有机会甚至根本没有机会走入留学生的课堂。各高校普遍存在着缺少稳定的实习实践基地，缺少教学实习的活动和环节，实践教学体系薄弱等问题。此外，对外汉语专业不仅要重视学生教学实践能力的培养，而且对外汉语专业学生的跨文化交际能力的培养，同样不可忽视。他们将来从事的不管是中外文化交流工作，抑或是对外语言的教学工作，都决定了必须具有在异域文化环境中进行各种交往的能力。而在异域文化环境中的交往，与在本土文化环境中的交往有重要区别。这个区别，从表层上看，是需要具备理解、辨认文化差异的能力以及应对文化差异所需要的沟通技巧，从而能够在跨文化交流中进行充分的沟通；从深层看，则需要具有能够从国际社会的广阔文化视野中认识和处理问题的眼界和能力。在这个意义上，可以说，交往能力是以跨文化交流为背景的人的素质的综合体现。在一定的文化环境中进行体验，有针对性地进行跨文化交际能力的培训，是培养、验证、修正这种能力的不可缺少的重要途径。因此，从人才培养角度来说，如果确实是为了培养合格的跨文化人才，就需要创造异文化体验的平台，而这是对外汉语专业跨文化人才培养中必须解决但对不少院校来说又难以解决的问题。

1.2 对外汉语专业跨文化人才培养目标的选择与确立

著名教育学家潘懋元先生指出："专业培养目标，既要体现高等教育的总目标，又要结合各层次与科类的培养目标，还要根据专业特点来确定。"这是确立专业人才培养目标的最基本原则。此外，笔者以为还应根据社会需要和学校办学定位、优势加以综合考察。

在世界经济全球化、汉语国际推广的大背景下，对外汉语专业的建设必然出现新的格局，跨文化、国际化背景的趋势将日趋明显。如何根据新形势、新要求确立对外汉语专业人才培养目标，是一个重要问题。针对上述分析的当下对外汉语专业人才培养的现状及矛盾，结合专业性质、社会需要、学校办学定位和特色等因素，我们将对外汉语专业培养目标定位于跨文化复合型人才培养。结合世界汉语热尤其是韩国汉语热的背景和我院国际化的办学定位，并根据安徽省扩大对韩交流的社会需要，从优化专业结构的角度出发，设立了对外汉语（韩语方向）专业，以韩语为第一外语语种，英语作为第二外语，同时开展与韩国高校国际合作办学人才培养模式的探索。采取"2+2"人才培养模式，双方互认学分，学生完成人才培养方案规定学分并达到学位授予要求，可获得中、韩两国高校的学士学位，真正实践"跨文化环境培养跨文化人才"的目标定位。2006年对外汉语专业（2+2）中韩合作办学人才培养项目获得安徽省教育厅批准并顺利招生，形成目前安徽省唯一一个以培养汉韩双语人才为主的专业特色较为明显的对外汉语本科专业。

二、对外汉语专业跨文化人才培养改革实践

为实现对外汉语专业跨文化复合型人才培养目标，真正发挥中外合作办学人才培养模式的优势，确保人才培养质量，我们严格按照中外合作办学的相关要求，在多方调研与沟通的基础上，就重点解决合作培养过程中所涉及的人才培养方案的确立与衔接、跨文化特色课程体系构建与优化、跨文化背景师资队伍建设、跨文化体验实践教学平台构建、跨文化人才培养有效管理等问题做了系统、科学、积极的研究与实践。目前该项目进展顺利，两届已有65名学生通过友好大学入学考试进入后两年的国外留学阶段的学习。首届42名学生日

前已全部毕业，26 名学生考取韩国高校的研究生，其他回国学生大都在国际学校、涉外企事业单位从事跨文化交流工作，就业质量较高。

2.1 人才培养方案的确立与跨文化特色课程体系的构建

本着跨文化复合型人才培养的专业目标与定位，围绕以下思路创新人才培养模式，确立和修订人才培养方案。中外合作办学是我国教育对外交流与合作的重要形式，也是实现高等教育跨文化人才培养的重要途径。为此，本专业以“跨文化环境进行跨文化人才培养”为办学特色，突出专业的国际化、复合型。充分发挥对韩合作优势，加大中外合作办学力度，借鉴国外优质的教育教学资源，采取“2+2”中韩合作共同培养的教育模式，通过合作办学的跨文化环境，培养面向世界、具有国际化背景、实践能力强、能胜任对外汉语教学及跨文化交流的复合型人才。人才培养方案力求突出汉韩双语能力的训练，强化语言认知和语言实践，注重跨文化交流的应用能力培养，毕业生面向韩中各级学校、文化交流传播机构、涉外管理部门、涉外企事业单位，既可以从事教育、文化传播与交流方面的工作，也可以从事外事管理、国际贸易等涉外工作。课程体系构建紧扣“国际化”专业特点，精心设计专业课程模块，主要由三大模块组成：中国语言文化类课程、韩国语言文化类课程、对外汉语教学及跨文化交流相关专业方向拓展课程，兼顾专业与视野、知识与能力的整合。在国内学习的前两年注重学生的双语、双文化和对外汉语教学基础知识与能力的强化以及相关拓展专业的基础课程衔接；在此基础上，后两年学生根据自我发展的需要分别进入韩国合作高校教育、国际通商、新闻传播、行政管理等相关拓展专业学习，强化学生胜任对外汉语教学、韩中文化交流、韩中贸易等方面工作的跨文化知识和应用能力。处理好三大模块之间的关系，做好课程体系的整合与优化是对外合作办学的基础保证。方案实施过程中，积极与韩国合作高校加强沟通，了解相关合作专业的培养方案和要求，注重解决合作培养过程中前后课程基础知识的铺垫和知识点贯通等问题。在充分调研基础上，双方经过多次论证，就培养方案的科学、合理衔接达成了一致意见，并制定切实可行的教学大纲，确保合作培养过程中各教学环节的合理对接。

2.2 跨文化背景师资队伍建设

教师是实现人才培养目标、贯彻课程体系、加强教学内容与方法改革的主体。加强对外汉语中外合作办学专业建设，培养跨文化人才，急需强化教师的教学实践水平和跨文化意识与能力，建立一支具有国外教育教学背景及异文化体验的师资和管理队伍。

我们依托广泛的国际交流与合作，在加强对外汉语中外合作办学专业跨文化背景师资队伍建设上做了积极尝试。

一是通过学习培训，选派部分教师出国学习进修，提高其研究能力、外语水平和跨文化交际能力。先后派出三名教师在韩国高校攻读韩国语、韩国文化方面的硕士、博士学位。二是选派教师出国任教，以提高其海外教学能力和适应能力，扩大教师的跨文化国际视野。先后派出 10 名教师赴韩国友好大学工作，两名教师受国家汉办委派分别赴埃及、塞内加尔等国高校从事一年的汉语教学与推广工作。三是积极聘请韩国合作高校教师，借鉴国外优质的教育教学资源，以保证前后课程教学的衔接、适应及管理，每年保证有韩国合作高校派出的语言学、韩国文学、韩国文化等学科的访问教授、外教 3 人左右。通过教师出国进修、任教、互访、交流，建立了一支具有跨文化背景和教学经验的对外汉语专业师资队伍。

同时在教师互派、互访中，加强了双方的跨文化交流与沟通，通过共同举办教学研讨会、学术报告等学术活动，在教学内容、教学方法上展开研讨，以促进教学质量的提高。

2.3 跨文化体验实践平台的构建

针对对外汉语专业跨文化人才培养中必须解决但对不少院校来说又难以解决的实践教学体系薄弱、跨文化体验平台缺失的共性问题，我们通过实习基地、第二课堂以及国外留学等途径较好地构建了跨文化体验的实践平台。以校内留学生教学基地、第二课堂、在肥的韩国园区、韩国友好大学及其周边社区为海内外实训基地，给对外汉语专业学生提供动态的语言环境、跨文化交往环境和课堂教学环境。这种互动和合作，无论对跨文化人才培养还是对跨文化研究，还是对不同国家或地区的学校发展来说，都不失为是一种双赢的有效举措，具有极为重要的意义和价值。

一是积极落实学院国际化的办学定位，利用院对外汉语教学中心设立在我系的有利条件，将外国留学生教学与对外汉语专业人才培养结合起来，充分发挥对外汉语教学中心的校内实习基地作用，收到了“合则两利”之效。组织对外汉语专业学生观摩、见习留学生班教学，担任助教，教学实习等，以提高学生的对外汉语教学能力；开展中外学生“一对一”互动学习计划。我院与韩国9所大学建立了长期的友好大学的合作关系，常年有韩国留学生60余人。我院利用这一有利条件，开展与韩国留学生“一对一”结对子活动，互为师生角色转化，并延伸到课外生活、社交活动中。在共同的活动、生活和学习中，进行双向的观察、交流和沟通，使学生在校园里就得到跨文化交往的熏陶，无论对对外汉语专业学生学习目的语和跨文化交往，还是外国留学生和中国学生互相学习体验对方文化，都不失为一种有效模式。同时还加强与所在地区韩资企业合作，建立校外实习实训基地，搭建跨文化交流平台，实施跨文化训练。

二是积极开展第二课堂活动，搭建实践性学习的平台。依托韩语俱乐部等专业特色明显的学生社团，围绕人才培养目标举办学生活动，将专业学习氛围融入进去，在学生活动中突出对外汉语专业的跨文化特点。此外，加强与所在城市、社区的互动，充分利用社会资源，鼓励学生积极参与安徽省韩国文化周、资本对接会、贸易洽谈会等大型涉外活动的社会实践，担任翻译、接待等志愿者服务工作。生动活泼的第二课堂活动的开展，且不少专业教师加入到学生活动中，提升了第二课堂的学习意义，对学风建设和学生跨文化实践能力的培养起到了很好的推进作用。

三是加强国际教育合作交流，通过后两年的国外留学，创造最佳条件，使学生在“自然”的、“原生态”的异域环境中直接进行文化体验。在韩留学期间，借助韩国友好大学和周边社区的社会资源，利用文化考察、汉语家教、打工和毕业实习等方式构建海外跨文化实践教学模式。这种教学模式的最大优势在于能够为学生提供自然的语言环境和真实的工作环境，从而为促进学生跨文化接触的适应能力和岗位实践能力培养提供得天独厚的条件，这是任何其他教学方式都无可比拟的。

2.4 跨文化人才培养的有效管理

对外汉语专业中外合作跨文化人才培养模式的实践证明，还有一点不可缺失的，就是必须加强中外合作办学跨文化人才培养的有效管理。具体实践中，我们的经验是建立国际教育合作办学项目负责人制度，中韩双方合作管理。前期在互访、调研，充分沟通、磋商基础上，达成双方高校对合作培养人才模式的一致认同并签订正式的中外合作办学协议书，严格界定双方的责任与义务。就专业培养目标、专业方向选择、课程设置与衔接、学制、学分、学费、师资互派、实践教学、留学生管理等问题，制定详细而具有可行性的实施方案。具体运行阶段，双方高校的项目负责人严格按照管理制度和实施方案负责项目的具体落实，加强项目实施过程中各环节的沟通、协调，并根据工作需要，项目负责人不定期地通过互访落实项目管理。互派教师加强教学的同时，注意充分发挥外派教师在项目实施过程中的管理作用。由于项目管理工作细致扎实，使中韩合作双方能及时有效地交换信息，不断对项目实施各环节进行监控、修正、评价及完善，确保了对外汉语专业跨文化人才培养中外合作办学项目的顺利进行。

参考文献

姜　红(2009)论对外汉语专业教育的国际化，《江淮论坛》第3期。
林建萍(2007)调整就业心态　转变就业观念，《北京教育》第2期。
陆俭明(2004)增强学科意识，发展对外汉语教学，《世界汉语教学》第1期。
马庆株(2003)关于对外汉语教学的若干建议，《世界汉语教学》第3期。
潘懋元(1992)《高等教育学讲座》，北京：人民教育出版社。
中华人民共和国教育部高等教育司（2008)《普通高等学校本科专业目录和专业介绍》，北京：高等教育出版社。

地方院校对外汉语专业人才培养模式探索*

——以济南大学为例

济南大学　张小平

摘　要：在汉语国际推广的大背景下，地方院校对外汉语专业的人才培养模式研究显得尤为重要。本文以济南大学为例，从人才培养目标、课程设置和实践教学等方面探讨了地方院校对外汉语专业人才培养模式的问题。

关键词：地方院校　对外汉语专业　人才培养模式

对外汉语专业设立于1985年，最初由教育部在四所高校（北京语言大学、北京外国语大学、上海外国语大学、华东师范大学）控制设点。经过20多年的发展，目前开设院校已多达200多所。随着经济全球化的进一步加深，中国与世界各国的交往日益频繁，市场对于对外汉语人才的需求量也日益增多。但是目前对外汉语专业毕业生的就业情况却不容乐观，突出表现为就业率低和就业专业不对口。其根本原因在于对外汉语专业的人才培养模式存在问题，培养的人才不符合社会的需求。因而，新形势下研究对外汉语专业本科人才培养模式显得尤为重要，尤其是地方院校的对外汉语专业。

* 基金项目：济南大学教学研究项目"对外汉语本科专业人才培养模式研究"（项目编号：JQ0911）。

早期，地方院校的对外汉语专业多是模仿四所较早开设此专业的高校的办学模式，但限于办学经验和教育资源的不足，地方院校在短时间内很难达到重点院校的办学水平。加之目前对外汉语专业毕业生不容乐观的就业形势，地方性院校实在不宜再继续效仿重点院校的成功办学模式。重新结合社会需要、市场需要和本校资源，走出一条具有地方院校特色的对外汉语专业办学新路，提高毕业生的市场竞争力才是当务之急。

一、对外汉语专业人才培养目标的制定

人才培养目标是人才培养的标准和要求，它是培养者对所要培养出的人才的质量和规格的总规定。教育部在 1998 年颁布的《普通高等学校本科专业目录和专业介绍》中，把对外汉语专业的业务目标规定如下："本专业注重汉英（或另一种外语或少数民族语言）双语教学，培养具有扎实的汉语和英语基础，对中国文学、中国文化及中外文化有全面了解，有进一步培养潜能的高层次对外汉语专门人才；以及能在国内外有关部门、各类学校、新闻出版、文化管理和企事业单位从事对外汉语教学及中外文化交流相关的实践型语言学高级人才。"而事实上，在当今大多数的地方院校中，并没有真正贯彻此培养目标。无论从其宏观的人才培养方案到具体的课程设置，都把对外汉语专业的人才培养目标简单地定位为对外汉语教学。

对外汉语专业最初是为了应对全球化的进一步加剧，促进中外文化交流而设立的。近年来，随着世界政治、经济、文化交流的进一步加强，中国对外交流的要求不断提高，世界也更加渴望了解中国。与此同时，我们也必须面对两个事实：一是社会、市场对汉语人才的需求不再仅仅局限在汉语教学方面，市场更加急需拥有扎实的汉语和英语基础，能够从事中外文化交流的复合型人才；二是现有的对外汉语教学师资水平尚需提高，一部分教师的知识结构无法满足实际教学需要。之所以会出现上述问题，首先是因为社会经济的快速发展要求社会分工日益细化，市场对工作效率提出了更高的要求，复合型人才可以大大节省人力成本。其次，普通院校本科生的知识结构、能力结构以及教学经验很难满足社会对对外汉语教师的要求。由此可见，在本科阶段，地方院校把

培养对外汉语教学师资作为专业人才的唯一培养目标是不合理的，也是不实际的。

李铁范认为在制定专业培养目标时应遵守三条原则，即体现国家的总体规划，满足社会需要，考虑学生自身发展。结合对外汉语专业发展、社会现状以及济南大学的实际情况，我们制定了济南大学对外汉语专业人才培养目标，描述如下：

本专业培养德、智、体全面发展，人文素质与科学素养深厚，基础扎实，实践能力强，具有创新精神的高级复合型专门人才。毕业生可胜任多种层次的对外汉语教学、对外汉语业务管理、基础教育以及中外文化交流、大众传媒、文化传播等工作。

此培养目标旨在使学生全面掌握汉语、英语等语言的专业知识，了解中外文化的基础知识，培养学生对外汉语教学与跨文化交际的能力。此目标不再把培养对外汉语教学师资作为本科阶段专业培养目标的唯一方向，而成为与涉外文秘、文化传播等平行的一个专业方向。这有利于满足学生个性发展和就业的需求，可以大大提高毕业生的市场竞争力。此外，针对对外汉语专业本科毕业生很难进入高校任教的现状，济南大学给对外汉语专业学生的定位之一就是“毕业后可胜任多种层次的对外汉语教学”。事实上学生一入学，我们在讲授专业导论课时，给学生的定位就是为山东省地方中小学和国外地方中小学输送优秀的师资力量。这样，学生入学伊始就很清楚自己以后的毕业走向，不会对就业抱有过高的期望，持有良好的就业心态，从而在一定程度上可以扩大学生的就业面，提高学生的就业率。

二、对外汉语专业课程设置的改革

课程设置是人才培养模式的核心要素和中心环节。人才培养模式改革的主要内容就是对课程设置、课程内容和课程结构的改革调整。课程设置是人才培养目标实现的具体方案，合理的课程设置对人才的知识结构、能力结构和素质结构的形成有着重要作用。课程设置不合理，会使培养的人才难以适应社会和市场的需求，也会阻碍学生个人的发展。

目前大多数的地方院校在进行对外汉语专业课程设置时，采取的是整体效仿某些重点院校成功模式的方法。这在一定程度上有可取之处，但如果不考虑自身的特点，全盘接受别人的成功模式就有点儿削足适履了。盲目效仿最大的弊端就是造成地方院校的毕业生很难取得重点院校学生的竞争优势。实际上，多数地方院校都有自己的一些优势学科，在市场对人才的需求越来越多元化的今天，地方院校完全可以重新整合学校资源，利用自己的优势学科专业扬长避短，走出自己具有特色的专业建设道路。针对目前国内市场对能够从事中外交流的复合型人才的需求，地方院校要建设有自己特色的对外汉语专业，必须充分整合两方面的资源：一是优势学科资源，二是涉及中外文化交流的学科资源。前者旨在形成学生知识结构的独特之处，后者旨在建立文化积淀的宽厚基础。

按照“宽口径、厚基础、重能力、求创新”的本科教育原则，在实施通识教育课程的基础上，济南大学于 2009 年实行大类招生，文学院汉语言文学专业和对外汉语专业，以中国语言文学的名称实行大类招生。第一学年以中国语言文学类统一安排课程，主要由通识教育课程和专业基础课程组成。为了让学生尽早了解所学专业，有清晰明确的专业规划，学校在第一学年的第一学期开设对外汉语专业导论课。第二学年伊始，专业分流，确定专业。第二、第三学年主要开设专业基础课、专业方向课。第三学年开设专业选修课。第四学年的第一学期为了满足学生的“宽口径”就业需求，主要开设帮助学生就业和专业提升的选修课程组。

在对外汉语专业培养目标的指导下，我们建设了包括现代汉语、古代汉语、中国古典文学、中国现当代文学、中国文化概论、英语精读、英语口语、英语听力、中西文化比较、语言学概论、对外汉语教学概论、对外汉语教学法、教育学、心理学等主干课程的课程体系，鼓励学生选修传播学、新闻学等课程，提倡多学科的交叉和综合。济南大学对外汉语专业课程设置的突出特点是：

（1）重视双语双文化教学，外语课占有相当的比例，设有第二外语的专业限选课

我们通过整合学校的办学资源，和外语学院联合，开设像英汉语言比较、中西文化比较等双语课程，使学生在学习语言、文化相关知识的同时，英语水平也潜移默化地得到提高，并逐渐帮助学生完成从学英语到利用英语获得知识的过渡。此外，在强调英语课程的基础上，我们根据山东距离韩国和日本较近的地理特点、韩日留学生和外资企业较多的实际情况，从二年级下学期就开设了韩语、日语等小语种的二外选修课，满足了社会对这方面人才的需求，为学生的就业打开了一扇便利之门。

（2）突出课程的针对性和实用性

根据培养目标，在学生掌握了较为扎实的专业基础课后，我们还开设很多有针对性和实用性的课程，尽量使设置的课程能够满足学生的不同需求。针对有志于从事对外汉语教学和语言研究的学生，我们开设了对外汉语课堂教学设计、汉语水平考试研究、对外汉语词汇教学、对外汉语语音教学、对外汉语教学语法、汉语音韵学、汉语词汇学、汉语语法学等选修课，帮助学生掌握对外汉语教学的有关技能和语言学方面较为深层次的知识。针对有志于从事对外文化交流与传播的学生，我们开设了中国传统文化、中华礼仪与民俗文化、汉字文化、跨文化交际学等课程，帮助学生打造深厚的文化积淀。另外，我们还开设了不少有助于学生考研、考公务员的选修课程，像政治理论专题、英语专题、申论专题、行政能力测试专题等。这些课程设置的主要目的就是尽量为学生“宽口径”就业提供专业知识技能方面的支持。

（3）重视课程的前瞻性和扩展性

在重视课程的实用性和针对性的基础上，我们还注意课程的学术性和前瞻性。第一，开设了一些介绍学科前沿知识的课程，像西方语言学名著导读、语言学论文选读等课程，使学生在掌握扎实的专业知识的同时，了解专业的前沿知识，具备一定的科学研究能力。第二，作为课堂教学的有益补充，学术报告也是学生领略学术前沿风光的一个绝佳途径。课堂之外，我们积极联系对外汉语专业的校内外专家学者举办学术报告，以扩展学生的学术视野。第三，鼓励学生有目的地选修通选课。济南大学是一所综合性大学，教学资源非常丰富。除了对外汉语专业的课程之外，像国际关系类、宗教类、历史类、中国传统艺术等课程也是对外汉语专业学生应该了解的内容，学生在选择通选课时，教师应指导学生有目的地选修适合本专业的课程，如中国绘画、社交礼仪、中华武术等。

三、实践教学形式的多样化和第二课堂活动的丰富性

事实证明，动手能力和实践能力是影响大学生成功的最重要的因素之一，社会实践是检验和评价人才培养模式的重要标准。因此，对外汉语专业人才的培养也必须与社会实践相结合。我们根据学校提出的“强化实践能力培养，适当增加实践教学环节，切实提高学生的专业技能、就业能力、创业能力和社会适应能力”的原则，结合学生的培养方向，进行了贯穿始终、多样化的教学实践，并以丰富的第二课堂活动作为补充。

3.1 实践活动贯穿教学始终，根据培养方向开展不同形式的实践活动

为了增强学生的实践能力，结合对外汉语专业应用性较强的特点，我们将实践教学贯穿于整个培养过程中。主要做法有：一是把实践活动渗透到日常课堂教学中。无论是涉及对外汉语教学还是中外文化交流的问题，我们经常采用实景模拟的方式培养学生知识的实际运用能力，以便使学生在学生接触实际工作之前，对对外汉语教学的过程以及中外文化交流的方式和方法能够了然于心。有了实景模拟的铺垫之后，在第五、六学期分别设立四周的见习。第五学期，主要是让学生到本校的国际交流学院观摩对外汉语课堂教学，之后让他们根据授课内容编写教案，了解教学中可能出现的种种问题，以此来锻炼和增强学生从事对外汉语教学的业务能力，或者是让学生到涉外部门参观、考察，实地感受对外交流的工作氛围。第六学期的四周，主要是引导学生进行与对外汉语专业有关且学生较为感兴趣的社会调查，并撰写调查报告。这样，不仅可以使学生积极融入社会，把自己学到的理论知识运用到实际生活中，有利于培养和提升学生的实践能力，而且可以加深学生对对外汉语专业的认知。第七学期，毕业实习八周，同样是根据不同的培养方向安排学生分别到国际交流学院和外事部门参加实践活动。

3.2 开展丰富多彩的第二课堂活动

为了提高学生的实践能力，我们积极鼓励学生开展与对外汉语专业有关的丰富多样的第二课堂活动。

最主要和最具特色的活动就是建立中外学生合作兴趣小组。在整合学校资源的基础上，我们和本校国际交流学院展开合作，尝试以中国文化为突破口，建立中外学生共同参与的文化兴趣小组，如象棋小组、太极拳小组、中国菜烹饪小组、中国书画小组、中国民乐小组、中国曲艺小组等。通过中外兴趣小组合作学习，可以使中国学生真正参与到中外交流的实际情景中，自主探索解决跨文化交流中遇到的障碍，从而更加深刻地体会到语言文化在中外交流中的作用和重要意义。事实上，来中国学习的许多留学生都十分渴望深入学习中国文化知识的有关技能。文化兴趣小组不仅为中国学生提供了实践机会，对留学生的汉语及中国文化的学习也有很大帮助。开展中外学生合作式学习是一种多赢策略。文化兴趣小组的开展首先有教师的指导，通过专业基础知识的学习来构筑兴趣小组的平台，保证小组活动的顺畅进行，然后根据学生个人的专长来分配小组，充分调动学生的主动性和创造性，真正做到寓教于乐，在实践中探索学习，在学习中指导实践。

为了提高学生的语言实践能力，我们支持学生设立和参与校内各种社团，像"青笋朗诵协会""书法社团""京剧社团"等；鼓励学生参加各级各类普通话和演讲比赛。我们还支持学生参与各种社会活动。比如，在每年九月份的全国普通话推广周中，除了普通话朗读大赛、普通话相关系列讲座之外，我们还会组织学生在校园内张贴推广普通话的标语、散发传单，并鼓励学生走上街头，走进附近社区，向周围居民宣传推广使用普通话的重要意义。在济南承办全运会期间，很多对外汉语专业的学生成为全运会的志愿者。

积极开展第二课堂活动，不仅丰富了学生的课余活动，而且为学生营造了良好的学习氛围，激发了学生的主动性和创造性，有效地培养了学生的综合能力。

在汉语国际推广的大背景下，对外汉语专业建设将面临更大的挑战，与此同时也将获得更多的发展机遇。地方院校必须结合本校的实际情况，立足市场需求，在满足学生个性发展需要的前提下，改革对外汉语本科专业的人才培养模式。只有这样才能培养出具备较强市场竞争力的优秀对外汉语人才，从而促进对外汉语专业的不断进步和发展。

参考文献

白朝霞（2008）地方院校对外汉语专业人才培养方案改革探析——以德州学院对外汉语专业为例，《赤峰学院学报》第5期。

何华珍、郭振伟（2009）对外汉语专业人才培养模式的实践与思考，《台州学院学报》第2期。

何华珍、孙德平（2010）对外汉语专业“2+X”培养模式的研究与实践——以浙江财经学院为例，《汉字文化》第3期。

李铁范（2004）对外汉语本科专业建设几个主要问题的思考，《淮北煤炭师范学院学报》（哲学社会科学版）第5期。

周卫华（2009）地方高校对外汉语专业本科人才培养模式构想——以三峡大学为例，《三峡大学学报》（人文社会科学版）第6期。

三所高校对外汉语专业本科培养方案对比分析及思考

中央民族大学　杨吉春

摘　要：本文选取三所高校对外汉语专业本科培养方案，对方案中的专业培养目标、知识结构、能力结构、学时学分、课程设置等进行了对比分析，找出了其中的共性和特性，发现了一些问题，并根据《国际汉语教师标准》，重新思考和构拟了一套对外汉语专业本科培养方案的框架，旨在为新开设对外汉语专业本科的高校借鉴使用。

关键词：对外汉语　培养方案　对比　思考

一个专业的培养方案制定得合不合理，关键是看能不能很好地体现专业培养目标。我国对外汉语专业是一个历史不长的专业。1985 年，国家教育部（当时称国家教委）批准在全国四所高校率先开设这一专业。随着汉语热的不断升温，2008 年开设对外汉语专业的高校已有 138 所。笔者从中国教育网 2010 年高考填报志愿参考系统中查询到，有 247 所高校开设了对外汉语专业，覆盖了不同档次的学校，有重点大学、一本、二本、三本等。对外汉语专业在很多高校都是新设专业，对培养方案的制定缺乏经验。本文搜集并选择了三所著名高校的对外汉语专业培养方案作为研究对象，从培养目标、知识结构、能力结构、学时学分和课程设置等六个方面进行对比分析，旨在探寻对外汉语专业本科培养的最佳方案，以供新开设该专业的高校借鉴使用。以下行文中采用 A 校、B 校、C 校来代替三所著名高校。

一、三所高校对外汉语专业培养目标对比分析

A 校培养目标：本专业培养具有扎实的普通语言学和汉语言文字学基础理论知识，掌握对外汉语教学的基本理论和方法，具备一定的文学文化素养，能胜任对外汉语教学与研究及中外文化交流工作，并具有进一步发展前途的专门人才。

B 校培养目标：本着知识、能力、素质并重的教育教学原则，培养学生扎实的双语、双文化基础，能够将汉语作为第二语言进行教学的能力，能够用母语和英语进行通畅交流，以及将中华文化向世界传播的能力，具有国际视野和全球意识，以及跨文化交流和交融的能力和跨文化思考的能力，具有对新问题进行综合和表达的能力，能够在复杂的信息环境下，对外来文化和变化中的世界了解和判断的能力，具备进一步深造为高层次汉语国际教育的专门人才的潜能，能在国内外学校、机关、公司、企业从事对外汉语教学，以及文秘、翻译、中外文化交流等相关工作的专业人才。

C 校培养目标：本专业培养具有汉语言文学基本理论、基本知识和基本技能，具备良好的文化素养、较广泛的社会与人文学科基础知识与理论，特别是跨文化理论与交流能力，熟练掌握英语，能够在学校及其他教学培训机构从事对外汉语教学、跨文化交流以及继续进行专业深造的人才。

从三所高校对外汉语专业的培养目标可以清楚地看出，他们都是要培养出能胜任对外汉语教学和中外文化交流工作以及继续深造的专业人才，但对该专业的学习者应掌握的理论知识和应具备的能力的要求有不同侧重。A 校基础理论的掌握重点放在普通语言学和汉语言文字学方面，C 校重点放在汉语言文学方面，B 校重点放在双语双文化方面。由于三所学校专业培养目标的侧重点不同，导致各校的知识结构、能力结构、学时学分、课程设置都有明显的差异。

二、三所高校知识结构和能力结构对比分析

A 校知识结构和能力结构:（1）综合能力，主要包括政治思想素质、身体

素质、计算机能力三个方面的课程。(2)专业基础知识，主要包括语言基础理论、语言教学理论、文学文化知识三个方面的课程。(3)专业能力，主要包括培养学生外语能力、专业教学能力和研究能力三个方面的课程。

B校知识结构和能力结构:(1)具有爱国、敬业、求实、创新的素养以及健康的身体和良好的心理素质。(2)掌握扎实的汉语言和中国文学、文化的基础理论和基本知识，以及人文与自然科学的基本知识；具备将汉语作为第二语言进行教学以及将中国文化向海外传播的能力；具有对外来文化和变化中的世界了解和判断的能力；具有国际视野和跨文化思考与交际的能力。(3)熟练掌握一门外国语，有较全面的听、说、读、写的能力和汉译英能力，了解基本的外国文化知识。(4)掌握基本的计算机操作技能。(5)了解国家的外事政策和法规，具有一定的外事活动能力。(6)了解本学科在国内外的发展态势及理论走向。

C校知识结构和能力结构:(1)掌握汉语言文学的基础理论、基本知识，具有社会科学、人文科学的基本知识。(2)具有教师基本的职业素养，具备从事对外汉语教学或第二语言教学的能力。(3)具备从事对外文化交流的能力。(4)具有良好的汉语口语和书面语表达能力。(5)具有扎实的英语基础，较全面的英语听、说、读、写能力。(6)具备较好地运用计算机的能力。(7)具有团队意识、协作精神以及社会交往和人际沟通能力。

从三所高校对外汉语专业培养方案中列举的知识结构和能力结构，可以看出其异同。相同点主要表现在三个方面:(1)语言、文学和文化基础知识。(2)英语和计算机的运用能力。(3)语言教学能力。不同点主要有两个方面:(1)A、B两校强调政治思想素质；C校强调职业素养、团队意识、协作精神。(2)A校更强调教学理论和能力；B校在强调教学理论和能力的同时，还强调人文和自然科学的基本知识的掌握；C校强调教学理论和能力的同时，还强调人文知识和交际能力的培养。之所以有两个方面的侧重，说明三所高校在专业的定位上有侧重：A校培养的学生是对外汉语教师，从事对外汉语教学；B校和C校培养的学生除了从事对外汉语教学外，还可以面向涉外领域就业。

三、三所高校课程类别和学时学分对比分析

A 校的课程类别：公共必修课、公共选修课、专业必修课、专业选修课、外语必修课。

B 校的课程类别：通识教育平台课程（必修课程、选修课程）、学科基础平台课程（相关学科基础课程、学科基础课程）、专业课程（核心课程、拓展课程、实践课程）。

C 校的课程类别：公共必修课、学科基础课、专业必修课、专业选修课、跨专业选修课、其他教学环节。

虽然表面上看三所高校的课程类别有很大的区别，但细致分析，主要是名称表述的不同和类别多少的不同，我们可以整合为四大类别：公共必修课、公共选修课、专业必修课、专业选修课。根据三所高校的课程类别整合学时学分的分配比例可列下表：

表 1　三所高校对外汉语专业课程类别和学时学分分配比较

	公共必修课	公共选修课	专业必修课	专业选修课	合计
A 校：学时 / 学分	558/32	150/10	1774/99	396/22	2878/163
B 校：学时 / 学分	918/44	252/12	1044/55	612/34	2826/145
C 校：学时 / 学分	576/26	108/6	2058/105	270/15	3012/152

从表中公共必修课、公共选修课、专业必修课和专业选修课的数据可以看出，三所高校的学时学分数量差异明显，按多至少的顺序可以排列如下：

公共必修课：B 校＞ C 校＞ A 校

公共选修课：B 校＞ A 校＞ C 校

专业必修课：C 校＞ A 校＞ B 校

专业选修课：B 校＞ A 校＞ C 校

从三所高校四种课程类别学时学分的排序可以看出：B 校特别重视公共必修课、公共选修课和专业选修课，C 校特别重视专业必修课，A 校比较重视专业必修课、专业选修课和公共选修课。

按照体现专业性的特点来设计课程类别的话，课时量和学分数的排序应为：专业必修课＞专业选修课＞公共必修课＞公共选修课。根据调查，高校对

外汉语本科专业的总学分是160分左右，那么，四种课程类别的学分分配应大致为：专业必修课80＞专业选修课40＞公共必修课25＞公共选修课15。用这种标准来衡量，三所高校相比，C校课程类别的学时学分设计更为合理一些，其次是A校，然后是B校。

四、三所高校对外汉语专业本科课程设置比较分析

4.1 公共必修课方面

一般来讲，公共必修课是全国高校统一要求的，所以每一所大学不同专业的公共必修课是全校统一的。三所高校都要求对外汉语专业的学生必须修完以下课程：计算机（理论和上机），体育，马克思主义基本原理，毛泽东思想、邓小平理论和“三个代表”重要思想概论，中国近现代史纲要，思想道德修养与法律基础。不同的是，三所高校各自要求学生多修一门课程，A校是军事理论，B校是就业指导，C校是民族理论与民族政策。各自增加公共必修课体现出了三所高校各自的特色，A校强调军事理论的重要性，B校强调了就业指导的重要性，C校强调了民族理论政策的重要性。作为公共必修课来讲，笔者认为应该增设《文献检索与工具书使用》这门课程，在信息时代，开设该课程对学生而言比较实用，有利于学生学习时获取大量的信息和资料。至于军事理论、民族理论与民族政策、就业指导等课程可以放到公共选修课类别里开设或以讲座的形式实现。

4.2 专业必修课方面

专业必修课是任何一个专业均需学习的主干课程，它体现了一个专业的特点，涵盖了一个专业的基本知识和基础理论，所以，要求该专业的学生都必须学习，对外汉语专业也不例外。但是对外汉语专业比较特殊，不仅涉及汉语本体，还涉及本体的应用，特别是该专业培养出来的学生在今后的工作中主要是从事对外汉语教学，这就形成了对外汉语专业不但不专，而且涉及知识面很广的现实情况。下面是三所高校对外汉语专业的专业必修课比较表：

表2　三所高校对外汉语专业相同专业必修课课时数比较

课程名称	A校（学时）	B校（学时）	C校（学时）
现代汉语	144	144	90
古代汉语	144	72	144
中国文学（史）	180	180	360
语言学概论	72	36	54
对外汉语教学概论	36	36	36
对外汉语课堂教学法	72	36	72
小计	648	504	756
综合英语	426	360	420
英语听力	144	54	144
英语口语	106	54	144
英语写作	72	72	72
英语阅读	72	72	144
小计	820	612	924
共计	1468	1116	1680

从表2可以看出，三所高校都开设了现代汉语、古代汉语、中国文学史、语言学概论、对外汉语教学概论、对外汉语课堂教学法、综合英语、英语听力、英语口语、英语写作、英语阅读等11门专业必修课程。这说明这些课程都是对外汉语专业必须学习的基础课程。不同的是，这些课程学时的分配比例有较大差异，总学时数量由高到低排列为：C校＞A校＞B校，并且高出的课时数主要体现在中国文学和英语类的课程上面，这说明C校更重视文学和英语。

表3　三所高校对外汉语专业相异专业必修课及课时比较

A校（课程／学时）	B校（课程／学时）	C校（课程／学时）
汉字学／36	汉语写作／36	现代汉字学／36
句法学／36	文艺理论／36	汉语语音学／36
写作／36	英汉互译／72	英汉互译／72
中国文化史纲／36	西方文化／72	中国文化概要／54
外国文学史／36	外国文学史／36	应用语言学／36
教育学原理／36	跨文化交际导论／36	跨文化交际／36
教育心理学／36		英语语音／18
形式逻辑／36		英语语法／36
		文学概论／54
共计：288	共计：288	共计：378

从表3可以看出，三所高校设置了不同课程名称的专业必修课，有的课程名称虽不一样，但课程的内容差别不大，如A校的《汉字学》和C校的《现

代汉字学》、A校的《写作》和B校的《汉语写作》等；但有的课程是各自高校独有的，如A校的《形式逻辑》、C校的《文学概论》、B校的《文艺理论》等。其他的课程，有的高校放在专业选修课里开设，如A校专业必修课中的《教育学原理》和《教育心理学》，C校和B校都放在专业选修课中开设。这说明，A校比较重视学生教育心理学方面的知识传授和逻辑思维能力的培养，B校比较重视学生英汉互译能力的培养，C校比较重视文学理论知识的介绍和英语知识的学习。

4.3 专业选修课方面

在专业选修课方面，三所学校开设的课程数量差距很大。A校共开设了32门专业选修课供学生选择，其中汉语类的课程有16门：现代汉语语音学专题、现代汉语词汇学专题、汉语语法分析方法、语用学、语义学、音韵学专题、汉语修辞学、社会语言学、语言应用理论与实践、语言学及应用语言学系列专题、汉语言文字学系列专题、语言学与应用语言学论文导读、汉语语音史概要、汉语词汇概要、汉语语法概要、语言与文化专题；外来语类的课程有6门，包括5门英语和1门二外：英语口语、英语翻译（1、2）、英语泛读（1、2）、英语专题讨论（1、2）、外贸英语、第二外语（1、2）；教育教学类的课程有4门：对外汉语教学系列专题、普通心理学、教育科学研究方法、中外教育史；文化文学类的课程有6门：中外文化交流史、中国文化要籍导读、宗教与文化、英美文学史（1、2）、西方文明史（1、2）、社科文献检索。

B校共开设了53门专业选修课供学生选择，其中汉语类的课程有7门：现代汉语词汇研究、汉字概论、训诂学、现代语言学专题研讨、汉英语言对比、中西语言学名著选读、翻译学导论；英语类的课程有4门：综合英语阅读（1、2）、涉外应用文写作、商务英语、高级英语口译；教育教学类的课程有9门：对外汉语语音教学、对外汉语词汇教学、对外汉语语法教学、对外汉字教学、第二语言教学论、第二语言测试与评估、对外汉语教学心理学、对外汉语教学技术、对外汉语课堂研究方法；文化文学类的课程有33门：文体与文体翻译、中西文化比较（双语）、美国文学史及作品（英）、跨文化交际导论

（双语）、英国文学史及作品（英）、英译中国文学作品选读、当代中国（双语）、人类学与文艺、中国思想文化、传统应用文的阅读与写作、中国哲学与文化（英）、东方文学与文化、西方文论、中国古典小说导读、古典文学与民俗文化、电影艺术欣赏、欧美电影专题研究、文学批评学、朗读与演讲、英语文学经典导读、英译中国文化（双语）、中法文学比较、中国文化对外传播研究、中国文学古今通论、社会性别与女性发展、中国文学批评史、中国传统图像的文化象征、女性文学研究、日本文化与社会、中国文学经典研读、中国非物质文化遗产研究、诗的鉴赏与翻译、20 世纪西方美学经典著作导读。

C 校共开设 13 门专业选修课供学生选择，其中汉语类的课程有 4 门：现代汉语专题、汉语词汇学、汉语语法学、《说文解字》导读；英语类的课程有 1 门：英美概况；教育教学类的课程有 4 门：教育学、教育心理学、教学设计、现代技术教育基础；文化文学类的课程有 4 门：语言与文化、古代文献导论、宗教文化、综合练习（TEM4）。

除了以上课程之外，三所高校都设置了一些实践性的教育教学环节：学年论文、毕业论文、毕业实习、社会实践、军事训练等内容。

通过对三所高校的课程设置进行对比分析，发现均存在以下几个方面的问题：

（1）三所高校培养方案的制定缺乏对人才知识能力培养的标准依据，导致各自的培养目标、人才规格、知识能力结构、课程体系的构建等之间的内在逻辑性不强。

（2）对外汉语专业无论是名称还是内涵都不能与时俱进，过去培养的学生主要是在国内从事对外汉语教学，现在大量的学生以各种途径到不同国家从事汉语教学，特别是国家汉办每年都要派大量的志愿者到不同国家和地区任教，这就要求我们除了开设英语课之外，还要有针对性地开设一门或两门外语。

（3）虽是同一个专业，但培养目标不完全一致，导致课程设置各有侧重：A 校重语言教学，B 校重语言教学和翻译，C 校重语言文学。

（4）三所高校设置的汉语类和英语类的课程与对外汉语专业不匹配，它们都是重英语、轻汉语。

（5）文化课只注重理论，不注重实践和体验性的教学，没有开设武术、舞蹈、音乐、剪纸、戏曲等有中国文化特色的实用课程。

（6）教学方法和实践类的课程较少，培养出来的学生专业性不强。

五、对对外汉语专业本科课程设置的思考及构建

通过对三所高校对外汉语专业本科培养目标、学时学分和课程设置的对比分析，我们发现：A 校开设的课程是为培养对外汉语教学方面的人才而设置的；B 校开设的课程与主要的课程设置都不是完全针对对外汉语教学的，还包括涉外工作方面的，甚至与英语专业比较接近；C 校开设的课程除了针对对外汉语教学外，还针对涉外的领域开设。这说明设置对外汉语专业本科课程时，定位很重要，即我们培养的人才属于学术型的还是应用型的，还是二者结合的？从就业情况看，是培养专门从事对外汉语教学的人才还是包括涉外领域的？从社会发展看，是培养国内对外汉语教师，还是培养国际汉语教师？这些不同的定位都会影响到课程的设置。因此各高校在设置对外汉语专业本科课程时，应考虑以下几个方面的问题：

5.1　把握国际汉语教师标准及其要求

2007 年 11 月国家汉语国际推广领导小组办公室出台了由 60 名中外对外汉语教学专家共同研制的《国际汉语教师标准》。该标准包括五个模块十条标准，模块一：语言基本知识与技能（1. 汉语知识与技能，2. 英语知识与技能）；模块二：文化与交际（3. 中国文化，4. 中外文化比较与跨文化交际）；模块三：第二语言习得与教学策略（5. 第二语言习得与学习策略）；模块四：教学方法（6. 汉语教学法，7. 测试与评估，8. 汉语教学课程、大纲、教材与辅助材料，9. 现代教育技术及运用）；模块五：教师综合素质（10. 教师综合素质）。每个模块下均有相应的主标准和次标准，每个次标准下又有与之相应的知识点、能力点和技能点等方面的具体要求。例如：

模块一：语言基本知识与技能

标准 1：汉语知识与技能

标准 1.1　教师应掌握的汉语基本知识

基本知识：

（1）汉语语音基本知识；

（2）汉语词汇基本知识；

（3）汉语语法基本知识；

（4）汉字基本知识。

如果对外汉语专业本科培养出来的人才是专门为了从事对外汉语教学的话，那么在制定培养方案之前，一定要认真阅读和吃透《国际汉语教师标准》及其具体要求，方能制定出更加科学合理的培养方案。

5.2　确定对外汉语专业本科培养目标

确定对外汉语专业本科培养目标，是课程设置中的首要环节，它关系到人才基本规格、知识结构和能力结构的制定，涉及学时学分的分配和课程设置的内容。那么，在以《国际汉语教师标准》为依托的前提下，还应以各高校培养方案指南为指导，结合对外汉语专业的特点，贯彻落实以教师为主导、学生为主体的教学理念，强化课程体系的内在逻辑性，注重知识、素质、能力三位一体的培养，给对外汉语专业本科阶段培养的人才一个准确定位。范例如下：

本专业培养具有基本的汉语和外语知识技能、良好的文学文化知识素养、基本的教学研究能力以及跨文化交际能力等教师应具备的综合素质，能够胜任对外汉语和国际汉语教学、中外文化交流以及继续深造的人才。

5.3　制定人才基本规格、知识结构和能力结构

根据确定好的培养目标的内涵，制定出人才的基本规格，即对外汉语专业的人才应该具有什么样的素质，应该符合该专业的哪些标准和要求；要符合这些标准和要求，应掌握哪些方面的知识，具备哪些方面的能力。根据国际汉语教师标准，特制定以下人才基本规格、知识结构和能力结构。

5.3.1 人才基本规格

（1）热爱对外汉语教学和国际汉语教学。

（2）具有良好的思想品德和较强的责任感，勤奋求实，勇于奉献。

（3）掌握基本的汉语和外语知识，具有一定的语言理论功底，掌握和体验中外文化文学知识，具有良好的人文素养和专业素养，受到教学方法技巧的专门训练。

（4）英语达到大学英语四级合格标准。

（5）具有良好的心理素质和健康的体魄，通过教育部规定的《学生体质健康标准》测试。

5.3.2 知识结构与能力结构

（1）掌握汉语基础知识和基本技能。

（2）具有扎实的英语基础和英语听、说、读、写能力。

（3）具有教师基本的职业素养，具备从事对外汉语教学和国际汉语教学的能力。

（4）具备从事对外文化交流的能力。

（5）掌握现代教育技术，具备运用计算机的能力。

（6）具有团队意识、协作精神以及人际沟通能力。

（7）具备教师综合素质。

5.4 合理分配学时学分

要合理科学地设置出该专业的课程，必须先对该专业具备的知识结构和能力结构在学时学分上做一个合理的分配。根据《国际汉语教师标准》，特制定学时学分分配比例表。

表 4 学时学分分配比例表

模块	标准	学时学分比例（%）
模块一：语言基本知识与技能	1. 汉语知识与技能	30%
	2. 英语知识与技能	25%

（续表）

模块	标准	学时学分比例（%）
模块二：文化与交际	3. 中国文化	10%
	4. 中外文化比较与跨文化交际	5%
模块三：第二语言习得与教学策略	5. 第二语言习得与学习策略	5%
模块四：教学方法	6. 汉语教学法	10%
	7. 测试与评估	2%
	8. 汉语教学课程、大纲、教材与辅助材料	5%
	9. 现代教育技术及运用	3%
模块五：教师综合素质	10. 教师综合素质	5%

5.5 具体课程设置

课程设置应体现专业培养目标、人才基本规格、知识结构和能力结构，因此，设置课程应具有较强的体系性和逻辑性。课程设置的构建应采用多级分类法，具体课程设置可以参阅表5：

表5 对外汉语专业本科课程设置参考表

类别	类型1	类型2	课程名称
必修课	公共必修课		计算机文化基础理论、计算机文化基础上机、公共体育1至4、马克思主义基本原理、毛泽东思想和中国特色社会主义理论概论（上下）、民族理论与民族政策、中国近现代史纲要、思想道德修养与法律基础、文献检索及工具书使用
	专业必修课		现代汉语（上下）、语言学概论、古代汉语（上下）、中国古代文学（上下）、中国现代文学、中国当代文学、外国文学、综合英语1至4、英语阅读1至4、英语听力1至4、英语口语1至4、英语基础写作1至2、普通话训练、对外汉语教学概论、对外汉语教学法

（续表）

<table>
<tr><th>类别</th><th>类型1</th><th>类型2</th><th>课程名称</th></tr>
<tr><td rowspan="5">选修课</td><td rowspan="3">专业选修课</td><td>汉语外语类</td><td>汉语语音学、汉语文字学、汉语词汇学、汉语语法学、汉语音韵学、汉语修辞学、训诂学、《说文解字》导读、《普通语言学教程》导读、《句法理论的若干问题》导读、语义学专题、语言学史专题、语言学前沿讲座、第二外语</td></tr>
<tr><td>教育教学类</td><td>教育学、心理学、对外汉语语音教学、对外汉语词汇教学、对外汉语语法教学、对外汉语修辞教学、对外汉语汉字教学、对外汉语课型教学、第二语言习得专题、现代教育技术基础、应用写作</td></tr>
<tr><td>文学文化类</td><td>《论语》导读、唐诗导读、宋词导读、鲁迅研究、陶渊明诗歌导读、现代散文名家名篇导读、当代小说名著导读、电影中的20世纪中国文学、外国文学名著导读、中国古典文献学概要、中国文化概论、中国节日文化、中国审美文化专题、跨文化交际、社交礼仪、影视艺术概论、艺术概论、美学原理、民俗学</td></tr>
<tr><td rowspan="2">公共选修课</td><td>跨专业选修类</td><td>普通统计学、逻辑学、中国概况、武术、中国民族舞、书法训练、中国音乐、中国近现代史、世界近现代史</td></tr>
<tr><td>实践环节类</td><td>政策教育、创新教育、军事教育、社会实践、能力训练、写作训练、专业见习、毕业实习、学年论文、毕业论文、就业指导、节日体验</td></tr>
</table>

参考文献

国家汉语国际推广领导小组办公室（2007）《国际汉语教师标准》，北京：外语教学与研究出版社。

周卫华、王继花（2008）浅谈地方高校对外汉语专业本科课程设置，《三峡大学学报》第 6 期。

新形势下对外汉语专业本科培养方案的调研与思考*

中央民族大学　翟　燕

摘　要：对外汉语专业需要不断适应时代发展，更新人才培养模式。当前部分高校对外汉语专业的本科培养方案明显陈旧，缺乏针对人才素质日益多样化的需求做出的必要的应变和革新。本文通过对相关高校对外汉语专业本科培养方案的调研、比照和综合分析，结合对对外汉语专业学生及相关对外汉语教学机构的问卷调查、走访，提出应该与时俱进，因势而变，根据社会需要和专业发展实际，积极修改和完善本科培养方案，以形成高校各具特色、相互协同发展的对外汉语专业培养模式。

关键词：对外汉语　本科培养方案　调研　思考

近年来，随着“汉语热”的不断升温，对外汉语专业在各高校越设越多，招生人数也逐年增加，呈现出一派蓬勃发展的态势。然而，我们冷静下来思考一下不难发现，当前各高校对外汉语专业的发展似乎已进入一个发展的瓶颈期，一方面本科培养方案陈旧，跟不上时代发展；另一方面就业形势日趋严峻，对教学质量和毕业生的素质提出了越来越高的要求。如何破解专业发

* 本次调研参考了北京语言大学、北京外国语大学、华东师范大学、上海外国语大学、南开大学、广东外语外贸大学、武汉大学、首都师范大学等院校的对外汉语专业本科培养方案，调研过程中得到了程娟、施家炜、罗小东、施向东等诸位老师的帮助和支持，在此一并致以诚挚的谢意。

展过程中的疑难问题，更好地满足对外汉语教学和应用的各种需求？需要修改完善本科培养方案，需要所有对外汉语专业教育工作者勇敢地面对、思考和研究。

为了更好地了解当前各高校对外汉语专业本科培养方案的现状，我们选取北京语言大学、北京外国语大学、华东师范大学、上海外国语大学、南开大学、广东外语外贸大学、武汉大学、首都师范大学、中央民族大学（以下分别简称：北语、北外、华东师大、上外、南开、广外、武大、首师、中央民大）等9所高校的培养方案材料做综合对比分析，同时赴北语、北外等高校进行了实地调研，对中央民大2006级对外汉语专业学生进行了问卷调查〔1〕。鉴于北语、北外、华东师大、上外为我国第一批设立对外汉语专业的院校，在学生培养、教学管理等方面具有较为成熟的经验，也是国内其他院校学习借鉴的对象，因此，我们在调研中主要参考了这四所院校的培养方案，其他院校培养方案作为补充佐证。通过调研和分析，我们发现了一些问题，现分述如下：

一、培养目标方面，应该根据社会需要进一步拓宽人才适应范围

通过调研发现，各高校的专业培养目标同中存异，显示了学校不同的办学理念和学校属性。

北语主要培养“具备一定的文学文化素养，能胜任对外汉语教学与研究及中外文化交流工作并具有进一步发展前途的专门人才”，侧重点在于教学、研究，其他工作兼顾。华东师大主要“本着知识、能力、素质并重的教育教学原则”，培养“能在国内外学校、机关、公司、企业从事对外汉语教学，以及文秘、翻译、中外文化交流等相关工作的专业人才”，相对来说，对毕业生的去

〔1〕 数据来源：中央民族大学URTP项目《中央民族大学对外汉语专业本科生培养模式的思考与研究》（编号：201011073），项目组成员：2008级对外汉语专业学生石栗、王正、丁启璠、唐静、田孜，指导教师：翟燕。

向做了较为宽泛的界定，重视学生综合素质，培养方式较为灵活。北外主要“培养德、智、体、美全面发展的复合型专门人才”，“能够胜任对外汉语教学、中外文化交流、外交等其他相关工作”，除了汉语教学之外，强调了毕业生在外交领域的工作适应性。上外主要培养“毕业后能在国内外各类高校从事对外汉语教学，或能在国家政府机构的涉外部门、外贸机构、新闻出版以及外资、合资企业工作，也可以从事其他对外工作的应用型人才”。在几所院校之中，上外对学生的就业适应领域做了最大范围的界定，在培养目标上，侧重培养应用型人才，这一点与其他高校有较大不同。首师主要培养“能在国内外相关学校或企事业单位从事对外汉语教学或相关工作的创新型师资以及继续进行专业深造的人才”，强调了创新型师资，与华东师大相同，显示了培养目标的师范性特色。中央民大主要培养“能够在学校及其他教学培训机构从事对外汉语教学、跨文化交流以及继续进行专业深造的人才”。

综合分析，目前社会对人才的需求越来越多样化，对外汉语专业培养方案中应该体现这一需求，在培养目标上应该坚持多元化的方向，可培养对外汉语教学师资、科研人员、外事工作者、中外文化交流人员，甚至政府机关、企事业单位工作人员等，适应不同的需要。

二、培养模式方面，应该坚持培养复合型人才

在培养模式上，各高校结合自己的特点，在培养方案设计上体现出了一定的差异性，表现出较多的不同。华东师大“以双语、双文化复合型人才为培养模式”，其课程体系既体现专业特色，又兼顾需求选择，使学生系统掌握汉、英两种语言及中外文学文化的专业理论和专业知识，切实提高学生实践和创新能力，培养学生人文素养和科学素养，具有现代性和前瞻性，值得借鉴。北语强调培养学生掌握普通语言学、汉语言文字学、对外汉语教学、文学文化等各方面的知识，学科覆盖面较宽。北外主要培养德、智、体、美全面发展的复合型专门人才，相对比较传统。上外强调“培养具有扎实的汉语和英语语言基础，具有较高的人文综合素质”，着力打造学生为适应不同领域

需要的应用型人才，具有很好的现实性和针对性。武大培养模式比较扎实，强调本专业培养思想品德优良，汉语基础扎实，外语水平高，对语言学理论、中国文学、中外文化有较全面了解，并懂得教育教学理论，具有较强的对外汉语教学和跨文化交际能力的高素质、复合型、国际化对外汉语人才，对学生学术水平和国际化视野进行了重点表述，也奠定了进入下一阶段学习的基础。中央民大强调“掌握汉语言文学与外国语言文学的基本理论和基本知识，具有一定语言理论功底、教育学理论基础及中外文化的知识背景和跨文化交流的理论基础，具有良好的人文素养和专业素养，受到教育及教学的基本训练”。

综合分析，在培养模式上，当前对外汉语专业人才培养的主流方向是双语、双文化、全方位、复合型人才，内涵是掌握两种以上的语言，熟悉中外文化，人文素养扎实，专业水平过硬，具有较强的教学和交际能力。从学生就业的实际情况来看，这些素质也是工作必备的，需要在教学中继续加强对学生这些方面能力的培养和锻炼。

三、知识能力结构方面，应该强调培养多方面的能力

由于目前国家在对外汉语专业知识能力结构方面的有关要求比较一致，因此各高校这方面的安排也大同小异，差别不大，只是在表述上有所不同。北语主要包括三部分：综合能力，主要包括政治思想素质、身体素质、计算机能力；专业基础知识，主要包括语言基础理论、语言教学理论、文学文化知识；专业能力，主要包括外语能力、专业教学能力和研究能力。华东师大主要包括基本道德素养、健康的身心、语言文学和文化知识、外语、计算机、外事活动能力等。上外主要包括对外汉语专业基本理论知识、教学和管理能力、外语听说读写译能力、中外语言文化和经济交流的沟通能力、计算机应用能力和现代办公技能、外事工作能力、科研能力等。北外和上外基本相同，表述上略为简化一些。广外则在上述各种能力之外，强调了社会调查研究能力、创造性思维

能力和初步从事科学研究的能力，另外对普通话水平也做了二级甲等以上的要求，对学生的学术水平似乎较为侧重。

综合来看，在知识能力结构上，不外乎专业能力、教学能力、外语应用能力、文化交际能力、外事活动能力、现代办公能力等。从就业趋势来看，无论是对外汉语教学单位、中外文化交流机构还是其他企事业单位，对人才的能力要求都呈现综合化、现代化的倾向，标准越来越高。因此，在培养方案的设计上，一定要突出专业知识、人文素质、教学和交际能力三位一体，打造学生完备的知识能力结构，哪一方面都不可偏废，否则学生得不到全面的教育和培养，将来在社会上势必会遇到许多意想不到的困难。

四、课程体系方面，应该根据学生需要适度调整，使之更加科学合理

在课程体系方面，各学校差异较大。北外的课程设置分为必修课和选修课两大类，必修课包括公共必修课和专业必修课，选修课包括学校通选课和专业选修课，总学分为140。北语的课程分为公共课程、外语和专业课两大部分，课程类型分为公共必修课、公共选修课、外语必修课、专业必修课、专业选修课及跨专业通选任选课几种类型，总学分为163。华东师大则分为通识教育平台课程、学科基础平台课程、专业课程三类课程，总学分为160，同时对学生还做了修读指导，除要求修满160学分方能毕业外，还对一、二年级和三、四年级修课的最低和最高学分做了规定，较为详细。上外与华东师大大体相同，也是规定修满160学分方能毕业，其课程主要分为通识教育课程、专业教育课程（包括专业基础课程、专业核心课程、英语基础课程）、专业方向课程，在课程设置上较为细致。武大专业课程也包括通识教育课、专业基础课、专业课和实践教学四大类，各类课程又分为必修课和选修课两类。北语、北外、华东师大、上外的课程体系图示如下：

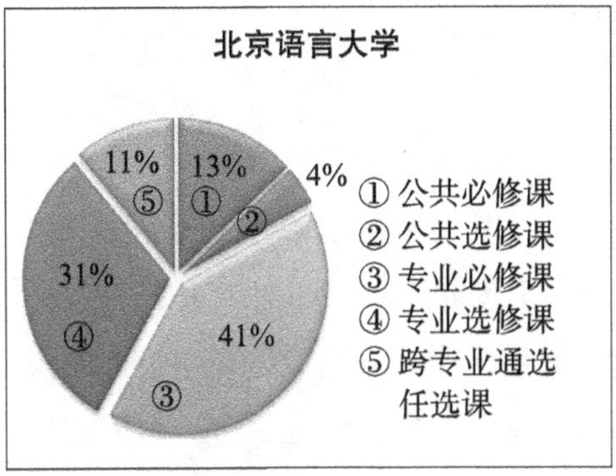

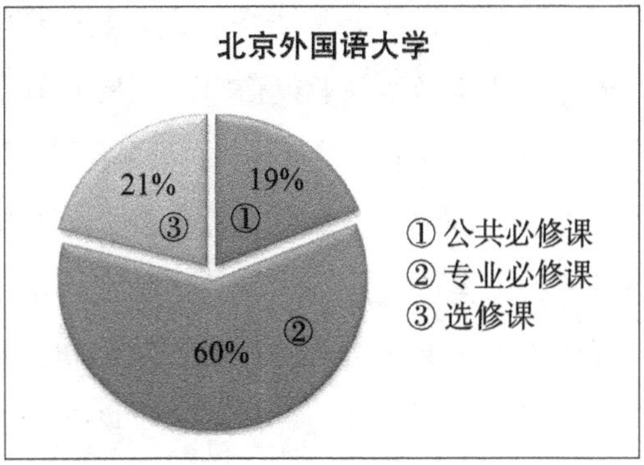

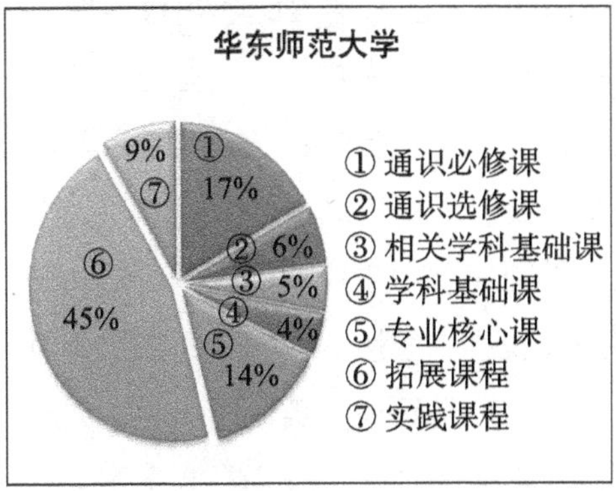

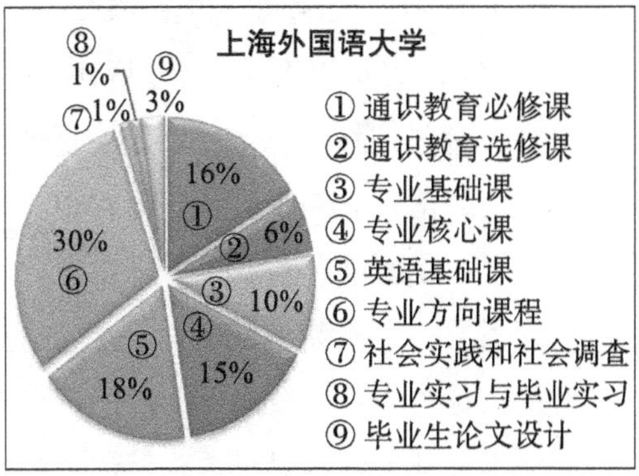

从上图可以看出，各校的专业课均占有较大比重，突出了专业为本的思想。同时，在通识课、选修课、基础课上充分发挥自主性，着力提高学生的综合素质。上外的课程设置最为细致，其次为华东师大，而且华东师大把大量专业相关课程都归入拓展课程，属于创新点。总体来看，跨专业选修课、通识课程的比例存在逐渐升高的趋势，这也显示了学校为配合社会对毕业生综合素质的要求而相应做出的调整。

今后，我们在设置对外汉语专业课程时，出于人才培养国际化的考虑，要从四个方面来权衡：一是要切实抓好语言类课程，积极开设双语专业课程，主要应掌握汉语、外语的学习和应用能力，与外语教学有关的语言学知识和语言分析能力。二是适当增加文化类课程，包括中国传统文化和国外语言文化方面的知识，而且在文化比较和跨文化交际能力的培养上要下大功夫。三是有比例地开设教育类课程，对外汉语专业不是纯粹的语言专业或文学专业，而是带有教育的成分，在课程设置时应体现其教育内涵，培养学生的教育教学基本技能。四是增设拓展类选修课程，以开拓学生视野，提升综合素养，适应社会需要，为拓宽学生就业渠道打下坚实基础。

另外，还有一个问题值得重视，各院校在对外汉语专业外语课程设置的比重上分歧较大，但从北语、北外、华东师大、上外几所学校培养方案的先后修订来看，整体趋势是压缩外语学习比重，以突出专业特色。在对中央民大2006级对外汉语专业学生的问卷调查中也发现，学生普遍认为培养方案中英语、汉语课程安排不合理，尤其是在前两年，英语课程远远超过汉语课程，很容易使学生专业学习出现偏向，问卷调查中74.5%的同学学习英语比学习汉语时间长；88.2%的人觉得应该更重视现代汉语；也有一部分人觉得英语必修课的开设过多，有些课程可以删除，比如英语语法课、专四训练课、综合英语课等。而在走访的诸多对外汉语教学机构中，几乎没有企业对应聘者的英语水平有很高的要求，原因主要有两点：一是对外汉语教师应以中文授课，只有少数基础入门班需要一定的英语表达，不过这些基础性表达一般达到大学英语四级便可应对；二是对外汉语教师所面对的授课群体不一定是母语为英语的学生，如北京高丽学校就主要针对母语为韩语或朝鲜语的学生。因此，我们在制定培养方案时，英语课程的设置应该更加科学合理，不一定要占用太大比重，以免影响学生专业能力的提高。

五、实践教学方面，应该进一步增加实习实践比重，提高学生解决实际问题的能力

北语实践课程主要包括军事训练、毕业实习、毕业教育、毕业论文和社会实践几个环节。北外在实践教学环节安排了10学分，主要包括军训、社会实践与社会调查、专业及毕业实习和毕业论文，此外，还有出国留学，不计入学分。上外实践教学包括社会实践和社会调查、专业实习与毕业实习、毕业论文（设计），共8学分，全部为必修。华东师大则包括中国文学经典研读、对外汉语教学见习、学年论文、社会与教学实践、毕业论文、创新学分几部分，共20学分。武汉大学的实验和实践性教学主要包括专业论文写作实践、教学见习、教学实习和生产劳动，共12学分。其中，华东师大在实践课程

上的学分设置最多，进行了课堂教学与实践一体的探索，也值得我们研究和借鉴。

在对中央民大2006级对外汉语专业学生的访谈和问卷调查中，实践教学环节是大家普遍关注的问题，受访者一致反映，实践经验是不可或缺的重要学习过程，希望培养方案能够为对外汉语专业的学生提供更多的实践机会和课外活动空间。一半以上的同学觉得应加大实践活动的比重，为他们提供参与教学或当助教的机会，并算入学分。半数同学打算在实习时从事与对外汉语专业有关的工作或已经正在从事与之有关的实习工作。大多数受访者认为通过实习和社会实践能够增加工作经验和丰富阅历，培养人际交往能力，积累语言教学经验，将学习的专业理论应用于实践，有利于未来就业。大部分学生在不影响学习成绩的前提下希望更多地参与课外活动和专业实践，增加自己的经验，弥补自身的不足，他们急需的是更为灵活的教学实践，更为广阔的实践平台。掌握语言教学理论和经验，具备较高的中文水平和能够胜任双语工作的能力是这些学生普遍认为自身所具有的优势，而语言能力泛而不精和工作经验的缺乏成为制约学生发展的因素。

综合来看，相对当前社会对复合型人才的需求来看，我们在与实践能力相关的课程设置上明显滞后，需要大力加强。在加强实践教学方面，一是要切实增强教师的实践教学意识，其次也要通过生动有效的实践课程，让学生体会到实践实战的好处，真正参与进来。另外，也要积极开设第二实践课堂，如设立对外汉语教学基地，举办对外汉语教学活动，开展“汉语节”、中外文化讲座、联谊沙龙等，尽量为学生提供实践机会，使他们提前介入教学、社会活动中，积累教学经验、社会经验，为就业打下了良好的基础。

六、学生就业方面，应该尽量扩展就业渠道，提高学生的学习兴趣

在调研中我们还了解到，由于对外汉语专业新兴不久，学生对就业形势普遍比较悲观。北语、北外、上外、华东师大是国内第一批设立对外汉语专业的

高校，虽然专业实力雄厚，但学生就业渠道仍然不畅，多数对外汉语专业的毕业生，很少有机会进入高校及相关机构从事对外汉语教学工作，学生往往需要考研后才有可能从事对外汉语教学及相关工作，绝大多数对外汉语专业本科毕业生走出校门后所从事的工作与专业无关。国家和社会没有给对外汉语专业的学生提供更多相关就业机会，教育部门和高校在课程设置和培养模式上与社会需求脱节，也在一定程度上造成了学生就业难度的增加。同时，选择继续深造这条路的学生，有的迫于将来就业的压力不得不放弃读本专业硕士而报考其他专业；有的则是因为对外汉语专业硕士点较少，考试竞争激烈，不得不改考其他专业。这些现实问题，造成了对外汉语专业学生的认同感和归属感不强，抱怨情绪严重，这个问题在各高校广泛存在，也引起了相关部门和广大教育工作者的重视。

因此，为了拓宽学生的就业渠道，一方面我们应该在增加学生实践教学环节的基础上，适当增加师范技能课程的教学，从中文课程与教学论、教育学、心理学等方面，提高学生的从师能力，将其培养成一名合格的对外汉语教师，将这作为学生成长成才的基点。另一方面，积极开拓国外的就业渠道，利用孔子学院、汉语志愿者等渠道，给学生提供更多的海外学习和工作机会，既可缓解学生的就业压力，也可在国际上有力地推广汉语，提高汉语的国际地位。另外，需要社会各界通力合作，改变学生就业观念，拓宽就业空间，提高一次性就业率，使对外汉语专业学生能有业可就，切实改善目前学生的悲观消极情绪，提高他们的专业认同感和归属感。

七、结　语

通过调研，我们可以得知，各高校在对外汉语教学专业的设置和培养上大同小异，目前存在的主要问题是课程设置不够灵活、实践教学环节较少、过于依赖外语教学、学生就业困难等，在培养复合型人才上多有不足，值得我们关注和重视。另外，每所高校在培养模式上共性多、个性少，不利于培养特色人才，适应社会的个性化需求。为了更好地建设和发展对外汉语专业，应该在培养方案上，既借鉴现有成果，打牢学生的专业基础，适当增加通识选修课程，扩大学生的视野，另外还要大力加强实践教学和实习环节，切实锻炼学生的教学和工作能力。可以采取“特色培养，多面发展”的方式，形成各具特色的对外汉语专业培养模式，使学生毕业后，可以进入高校、外事机构、文化交流组织、企事业单位、党政机关工作，形成教学、实践、就业、深造相辅相成、相互促进的良性循环机制。

下编

（三）课程体系与教材建设

下编

（三）课程体系与教材建设

基于问卷调查的对外汉语课程设置分析

郑州大学　鲁　六　田明秋

摘　要：本文基于较大规模的针对专业学生的问卷调查，对对外汉语专业的目标定位和课程设置进行分析，并在调查基础上，将对外汉语专业的课程设置归结为：突出中心，兼顾其他，重在实践。

关键词：对外汉语专业　课程设置　目标定位　问卷调查

对外汉语专业设置25年来，取得了很大的成绩，同时也存在着一些问题。目前，我国正进行全面的汉语国际推广，本专业应该如何调整以求得更大的发展，是每一个关心它的人都应该思考的问题。

郑州大学文学院2002年开始招收对外汉语本科生，现在拥有三个相关的硕士点：语言学及应用语言学、汉语言文字学和汉语国际教育硕士。本科专业的课程设置多年来基本上没有大的变动，为了检验课程设置是否合理，我们对08级、07级、06级的部分同学进行了问卷调查，收回有效答卷114份。下面我们就结合调查对对外汉语专业的课程设置进行分析。

一、对外汉语专业的目标定位

1998年教育部颁布的《普通高等学校本科专业目录和专业介绍》对对外汉语教学专业的业务培养目标做了如下阐述："本专业注重汉英（或另一种外语或

少数民族语言）双语教学，培养具有较扎实的汉语和英语基础，对中国文学、中国文化及中外文化有全面的了解，有进一步培养潜能的高层次对外汉语专门人才，以及能在国内外有关部门、各类学校、新闻出版、文化管理和企事业单位从事对外汉语教学及中外文化交流相关工作的实践型语言学高级人才。”从这段论述来看，对外汉语本科生的就业领域涉及较广，因而导致一些高校在培养目标的定位方面存在着一些模糊认识，突出表现就是对外汉语专业的归口各个高校并不一致。有的高校归在文学院，有的归在国际教育学院，有的则归在外语学院。这样就导致虽是同一专业，但各个高校培养出来的人才差别却很大。所以廓清对培养目标的认识，应该是目前首要考虑的问题。

郑州大学将对外汉语专业归在文学院，培养目标一直没有明确提出来，我们希望通过这次调查，将培养目标明朗化。

通过调查，我们发现希望培养对外汉语专门性人才的共 49 人，占 42.98%；希望培养以对外汉语为主，兼顾其他的复合型人才的共 45 人，占 39.48%；希望培养英汉皆通，文秘、新闻、经贸也都深入了解的全才的共 17 人，占 14.91%；认为只要培养成为一个人才即可的 3 人，占 2.63%。

从结果来看，有 80% 以上的人希望将来能从事本专业的工作，这说明学生对本专业的认可度较高，而这也与我们设立对外汉语专业的初衷是相吻合的。结合我校的实际情况，我们认为用四年将学生培养为全才不太现实，极有可能培养成四不像的人才；如果纯粹培养为对外汉语的专门性人才，由于目前出国渠道不是很通畅，且随着汉语国际教育硕士专业的发展，出国就业对于本科生来说门槛较高，大部分学生无疑将会留在国内，而国内就业环境也不容乐观，那么学生毕业后的出路无疑会窄很多。所以我们倾向于培养以对外汉语为主，文秘、新闻、经贸都有所涉猎的复合型人才，这样既不妨碍对外汉语专业的独立性，又能给本科毕业生以更多选择。

二、对外汉语专业的课程设置

如果说培养目标是未来产品的蓝图，那课程设置则是产出这个产品的保障，是培养目标的具体体现。关于本专业的课程设置，《普通高等学校本科专业目录和专业介绍》做了如下规定：“基础英语、英语写作、英汉翻译、现代汉语、古代汉语、中国文学、外国文学、中国文化通论、西方文化与礼仪、国外汉语研究、语言学概论、对外汉语教学概论等。”郑州大学对外汉语专业的课程主要是依据这个规定设置的，2002年设立以来，虽有小的增删，但并未做过大的改动，我们希望通过此次调查，能更合理地对课程进行规划。

对于当前的课程设置，不满意的人数为63，占55.26%；满意的人数为49，占42.98%；未表态的人数为2，占1.76%。但是仔细分析可以看到，满意度与年级高低成正比，也就是说年级越高，满意度越高。08级现在是三年级上半学年，很多课没开，所以满意度最低，只有31.81%；07级为四年级，课程基本上全部开出，满意度为53.49%；而06级的几位同学，全部是考上郑大汉语国际教育硕士的学生，满意度为100%。另外还有一个有趣的现象：成绩好的学生往往对课程比较满意，而中下等的学生则不太满意。郑大目前的课程设置是语言学课程偏多，有点儿接近汉语言专业的课程，而对外汉语教学类的课程较少。那些学习程度较好的学生往往是被保送或者准备考相近或相关专业的研究生，语言学类的课多正好为他们以后的路打下坚实的基础；而中下程度的学生主要是就业，他们感觉自己的专业特色不鲜明，中文比不过汉语言文学专业的学生，英语比不过英语专业的学生，对课程设置不满意是在情理之中的。不过不管对课程设置满意还是不满意的同学，在针对具体课程的意见时，态度基本上是一致的，这说明大家看到的问题基本上是一样的。

郑州大学的对外汉语专业设置在文学院，共有85位同学认为对外汉语应该和汉语言文学的课程设置明显不同，应该突出自己的专业特色，占总人数的74.56%。结合培养目标的调查结果，可以看出绝大多数同学热爱自己的专业，而且对本专业抱有强烈的自信心。这也使我们这些老师感到肩上的担子更重了，我们有责任、有义务把对外汉语专业办得更好。同时也使我们对未来充满希望。对外汉语专业的可持续性发展，最重要的就是越来越多科班出身的人投身其中，现在仅一个学校就有这么多有志于对外汉语事业的同学，我们的未来难道不是充满希望吗？

就具体课程而言，大多数学生希望增加对外汉语教学类（51 人）、英语类（43 人）、文化类（50 人）、教育类（29 人）课程的种类及课时量。另外还有 35 人希望增加二外的课时量，53 人希望增加实践的机会。国家汉办研制的《国际汉语教师标准》分为五个模块：（1）语言基本知识与技能；（2）文化与交际；（3）第二语言习得与学习策略；（4）教学方法；（5）教师综合素质。从《国际汉语教师标准》对教师的要求来看，学生对课程的要求无疑是合理的。

正如前文所言，课程设置是培养目标的具体体现，所以课程设置要紧紧围绕培养目标并为培养目标服务。结合对外汉语的目标定位，我们认为对外汉语的课程设置应该包括以下六部分：（1）汉语言类；（2）外语类；（3）对外汉语教学类；（4）文化类；（5）实践类；（6）拓宽类。

我们之所以这样设置课程，是基于以下考虑。首先，课程设置要体现国家的总体规划，国家规定的主要课程要全部设立，而国家规定的 12 门课，主要涉及四部分：（1）语言类；（2）外语类；（3）对外汉语教学类；（4）文化类，所以这四类是要设立的。但从调查结果来看，即使这些课程都设立，学生的满意度还是不太高，这主要与规定所含对外汉语教学类的课程太少有关，所以对外汉语教学类的课程应该有所增加。其次，课程设置要能在一定程度上体现或者满足社会需求。"面向 21 世纪外语专业教学内容和课程改革"的课题研究表明，国内人才市场用人单位不需要单一的语言型毕业生，其中 66% 希望毕业生是"外语 + 宽厚知识"型，64% 希望毕业生是"外语 + 经贸"型。因此外语类的课程（课时量）应该加强，同时在条件许可的情况下，应该在拓宽类部分尽可能多开一些课程，但这些课程应该列入选修课，不能喧宾夺主。最后，课程设置要尽可能满足学生毕业后自身发展的需要。我们对 06 级对外汉语专业 62 名毕业生的去向进行了统计，结果如下：考取研究生的 26 名，占 41.9%；出国深造的 4 名，占 6.5%；出国志愿者 8 名，占 12.9%；从事文秘工作的 4 名，占 6.5%；进行英语培训的 2 名，占 3.2%；没有找到工作的 16 名，占 25.8%，这其中又有 60% 准备明年考研；考取公务员 1 名，占 1.6%；转行的 1 名，占 1.6%。从中可以看出已经考上研究生的及准备再考研究生的占总人数的 50%

以上。05 级考研的比例也很高，考上研究生的有 23 人，而其中 90% 以上的人考取的都是语言学方面的研究生，因此语言学类的课程应该加强。从培养宽厚知识型人才的角度考虑，写作、经贸的课程也应适当开设。

具体来说，汉语言类应包括古代汉语、现代汉语（语音、文字、词汇、语法）、语言学概论、认知语言学、方言学等。同时要考虑到课程的顺序，即谁先开，谁后开的问题。就汉语言类而言，现代汉语应该最早开，起码应比古代汉语早一个学期，语言学概论则在二者之后开，方言学、认知语言学则最后开。如果有条件的话，为学生考研考虑，可以再加开社会语言学、语义学、语用学等课程。

外语类包括：基础英语、英语写作、英汉翻译、英语口语、英语听力、第二外语。此类课程和汉语言类课程应该是同等重要的，无论考研还是找工作，英语都是必不可少的，语言特别是外语是需要天天学的，所以此类课程应该贯穿四学年的学习，课程数量如果少，可以适当补充课时量。至于第二外语，起码应开设两门，好让学生有选择余地。针对志愿者而言，如果能开设目的国的语言，应该是最好不过的了。

对外汉语教学类包括：对外汉语教学概论、第二语言教学法、语言测试研究、对外汉语教材研究、教育学原理、教育心理学等。这些课程应该放在汉语基础打得差不多的时候开设，最早也要在第四学期才行，但是这样又会让学生觉得自己所学和汉语言文学专业差不多，产生迷茫情绪，补救的办法可以在学生入学时进行一次专业学前教育，让学生清楚课程结构、专业前景及学习方法等。当然一些课程，像教育学的课程，是可以放在选修课里的，另外如果有条件的话，二语习得这样的课程也可以开设。

文化类包括：中国古代文学、中国现当代文学、外国文学、比较文学、中国文化概要、世界文化与礼仪、跨文化交际、国外汉学研究、中华才艺等。传播汉语归根到底还是传播文化，同时这类课也是宽厚知识的重要组成部分，所以也应该加以重视。就顺序而言，古代文学、现代文学、外国文学、比较文学、国外汉学是一个序列，中国文化、世界文化、跨文化交际则是另一个序列，二者可以穿插开设。中华才艺可以多安排几种，让学生有选择的余地，也有助于他们发现自己的特长。

实践类包括语伴、课堂观摩、课堂实习、语言实践等。对外汉语专业本质上应该是培养师资的，是一门实践性非常强的学科，特别强调汉语教学能力、技能的培养，因而实践类课程的设置就显得特别重要。少林寺弟子出山要打山门，我们的学生要成为社会上的有用之才，也必须得经过实践的磨砺。高校可以利用学校的留学生资源，让中国学生与他们主动结对子，这可以让学生对自己的角色重新认定，也有助于增强对本专业课程的学习兴趣。课堂观摩、实习则是在老师指导下进行的，属于拔高阶段。至于语言实践，可以多样化，方言调查、语言态度调查、英语比赛、帮老师批改留学生作业等都可以进行。

拓宽类包括公文写作、新闻写作、秘书学、市场营销学等。写作应该是对外汉语专业学生的基本功，让学生了解各种应用性的写作也是有必要的。鉴于目前的经贸热，可以适当开一些通论性的经贸课程。当然拓宽类课程应设为任选课，让学生根据兴趣选课。如果学生特别喜欢或者将来准备从事拓宽类课程所涉及的专业，可以鼓励学生跨专业听课，甚至可以选修二学位。但是对外汉语专业不能将这些课开得过细，那样就会失去中心，最终导致专业迷失。

课程设置的异同体现着专业的异同，课程设置的成败也决定着一个专业的成败，既然对外汉语专业是一个独立的专业，那么它的课程设置就应该和其他专业有区别，否则就没必要设立这个专业。国家鼓励各个学校办出特色，很多高校在特色方面也是下足了功夫，结果导致不同高校对外汉语专业的学生所学相差迥异，培养出来的学生也是各有擅长，这也就导致近30年来社会对此专业认可度不高。中文专业的学生一说自己的专业，别人马上知道他们会干什么，但是社会上大多数人不知道对外汉语专业的学生会干什么，这个问题不能不引起我们的反思。就我们自身而言，我们认为特色是必要的，但不能夸大，不能冲淡对外汉语教学这个中心，特色只能是在大同基础上的小异。

总结以上分析，我们可以将对外汉语专业的课程设置归结为一句话：突出中心，兼顾其他，重在实践。

参考文献

国家汉语国际推广领导小组办公室（2007）《国际汉语教师标准》，北京：外语教学与研究出版社。

张映光（2006）论国内对外汉语教学专业师资型人才的培养，《云南师范大学学报》（对外汉语教学与研究版）第3期。

中华人民共和国教育部高等教育司（1998）《普通高等学校本科专业目录和专业介绍》，北京：高等教育出版社。

高校对外汉语专业课程设置现状及应对措施刍议

曲阜师范大学　秦海燕

摘　要：调查发现，目前各高校对外汉语专业的课程设置情况不一，培养目标有较大分歧。为了能够培养出合格的具有较强专业优势的对外汉语教师，应该明确对外汉语专业的人才培养目标，科学设置课程体系，包括突出对汉语本体知识的学习，正确对待外语学习与文化学习，开设教学技能课等。

关键词：对外汉语　课程设置　培养目标

一、现状调查及情况分析

对外汉语师资严重匮乏，同时对外汉语专业毕业生就业难已是不争的事实，如何突显对外汉语专业的特色性和不可替代性成为当务之急。为此我们对目前我国主要院校对外汉语专业的课程设置情况进行了调查研究，并试图提出微观的应对策略。

我们调查了开设对外汉语专业的部分高校，其对外汉语专业课程设置大致情况如下：

有的设有：文学概论、写作、中国语言文学史、汉语史、文字史、训诂学、音韵学、中国通史、世界历史、中国哲学等。这类高校显然注重汉语言史和中国史的学习。

有的设有：语言学概论、现代汉语、古代汉语、中国现当代文学、中国古代文学、外国文学、中国文化概论、英语阅读、高级英语、英汉翻译、西方文化概论、对外汉语教学概论、外语教育学概论、涉外文秘、电子商务基础等。这类高校明显注重双语人才的培养，其课程设置也体现了本校商务涉外的特色。

还有院校设置的主要课程为：基础英语、英语写作、英语口语、现代汉语、古代汉语、中国文学、外国文学、中国文化通论、西方文化与礼仪、国外汉学研究、语言学概论、对外汉语教学概论、语文课程与教学论、秘书学等。该类院校增设了语文课程与教学论等，显然是借助了师范院校的师资开设课程。

表面看来，不同高校的课程设置大同小异，都涉及了汉语和英语知识能力的培养。但仔细分析，会发现主要存在两方面的问题：一是各院校主干课程、核心课程的设置意见不一，培养目标仍有较大分歧。二是均以知识传授为主，实践能力培养薄弱。如有的侧重中文语言文化知识培养，有的侧重英语语言文化知识培养，都缺少汉语作为外语教学法及跨文化交流、生存能力的培训。主要原因是：第一，对外汉语专业在绝大多数学校中属于新设的专业，课程的开设难免受所在院系的制约（课程的设置与本专业是在中文系还是外语系开设有很大的关系），或受现有师资的影响（课程的设置往往利用学校已有的教师资源，如秘书学、电子商务基础等）。第二，各校对该学科的教学目标理解存在分歧。学界在相当长的时间内对该专业毕业生将来的主要教授内容存在争议：如语言与文化之争，赵金铭教授等认为汉语作为一门语言是交际工具，不应过分强调文化的传播，而潘文国教授主张语言就是为文化服务，教授语言的根本目的就是文化的传播与交流；中文与外语之争，对外汉语专业应该以中文能力培养为主，还是以外语能力培养为主？有的院校，例如华东师范大学的对外汉语专业学生就更注重外语的学习，强调外语听、说、读、写、译能力的培养，该专业部分学生的英语水平可达到英语专业水平。

一方面，专家在专业课程设置上还存在争议；另一方面，全国开设对外汉语专业的学校已经由原来的 4 所迅速增加到 280 余所，如果课程设置问题不能很好地解决，那么将影响一批学生，也将严重阻碍本专业的发展。所以我们应该在专业课程的设置方面静下心来认真思考并提出对策。

二、明确专业目标

2003 年版的《中国普通高等学校本科专业设置大全》中关于对外汉语专业的介绍文字，与 1998 年版的《普通高等学校本科专业目录和专业介绍》完全相同，内容如下：

业务培养目标：本专业注重汉英（或另一种外语或少数民族语言，则以下有关用语做相应调整）双语教学，培养具有较扎实的汉语和英语基础，对中国文学、中国文化及中外文化交往有较全面的了解，有进一步培养潜能的高层次对外汉语专门人才；以及能在国内外有关部门、各类学校、新闻出版、文化管理和企事业单位中从事对外汉语教学及中外文化交流相关工作的实践型语言学高级人才。

业务培养要求：本专业学生主要学习语言学和第一语言教育的基本理论，掌握扎实的汉语言文学基本理论和知识，受到中国文学、比较文学、英语语言文学、中西比较文化等方面的基本训练，熟练地掌握英语，具有从事语言或文化研究的基本能力。

2007 年，国家汉语国际推广领导小组办公室（以下简称"国家汉办"）组织研制了《国际汉语教师标准》(以下简称《标准》)。《标准》是对从事国际汉语教学工作的教师所应具备的知识、能力和素质的全面描述，旨在建立一套完善、科学、规范的教师标准体系，为国际汉语教师的培养、培训、能力评价和资格认证提供依据。《标准》由五个模块组成，分别为：(1)语言基本知识与技能；(2)文化与交际；(3)第二语言习得与学习策略；(4)教学方法；(5)教师综合素质。

《中国普通高等学校本科专业设置大全》与《国际汉语教师标准》均为对外汉语专业的课程设置指明了方向。特别是后来推出的《标准》对从事国际汉语教学工作的教师所应具备的知识、能力和素质进行了全面描述，借鉴了 TESOL 等国际第二语言教学和教师研究的新成果，充分吸收了国际汉语教师的实践经验，较好地反映了国际汉语教学的特点。《标准》为国际汉语教师的培养、培训提供了依据。

对照《标准》，我们发现目前的课程设置更多地体现了语言基本知识与技能、教师综合素质的培养，文化与交际方面更多地强调了成就文化知识的学习，对与语言有密切关系的行为文化关注不够，学生跨文化交际能力的训练相对不足；第二语言习得与学习策略、汉语作为外语教学法的培训更为薄弱。因此对培养目标中“从事对外汉语教学及中外文化交流相关工作的实践型语言学高级人才”的实践型体现不够。

如果对培养目标的理解不明确，就会导致课程设置重点不突出、主次不分明。我们在调查访问中发现，对外汉语专业的学生明显比中文专业的学生课程量大、忙碌，而且还不明确自身的发展方向。试想，中文方面就有大量的基础知识要学，现在还涉及多门外语、历史文化知识、哲学及计算机等，搞得一些学生找不到重心。有的学生周末时间加课学习韩国语、日语，课余时间基本都投入到了二外学习当中；有的是传统中文专业的学习模式，课余时间大量地阅读文学作品；还有一些同学对当初选择的专业产生了怀疑，觉得自己中文不如汉语言文学专业的学生，外语不如外国语专业的学生，产生了专业自卑感。

因此，在课程设置上要紧密结合教授留学生汉语的实际情况，优先掌握重点知识。研究需要学生怎么学，应如何奋斗，才能具有一般的会说汉语的中国人不能替代的教授留学生汉语的能力。这就要求要有明确的学科意识，走“以汉语教学为基础的、开放性的兼容整合之路”（王路江，2003）。陆俭明在《汉语教员应有的意识》中也指出：“对外汉语教学的基础教学是汉语言文字教学，而不是别的。在对外汉语教学中，尤其在初级阶段的教学中，其他学科的教学，从整体上来说都是为汉语言文字教学服务的。”而且，要树立正确的汉语教学指导思想。汉语教学总的指导思想应该是怎么让更多的从未学过汉语的外国留学生在最短的时间内可以最快最好地掌握汉语。

因此，要准确理解对外汉语教学专业的培养目标：以对外汉语教学及跨文化交流能力培养为目的，以汉语言文化知识培养为核心，以教师综合素质培养为保证。

三、科学设置课程

首先，在课程的设置上，要突出对汉语本体知识的学习，掌握汉语的语音、词汇、语法的基本知识。毕竟，汉语是学汉语的学生要掌握的基本的交际工具，要优先开设汉语语音学、词汇学、语法学、文字学等课程。教师不仅应教授这些基本的知识，还应注意如何使课程具有对外汉语的特色，不能只是机械迁移原来汉语言文学专业的此类课程。汉语言文学专业的此类课程更重视理论性和系统性，是为建立汉语学科服务的。以对外汉语教学为目标的专业学习，在重视理论性学习的基础上，更要重视解决实际问题能力的学习，重视更为细节和微观知识的学习。对外汉语教学中要重视针对具体语种的汉外语言对比研究、偏误分析研究。作为未来的对外汉语教师要能够努力找出语言背后的规律，并用最简洁的语言做出解释，切实提高留学生语言学习的效率。上课时，应注意结合留学生在语言使用中容易出现的偏误，进行有针对性的探索研究。

其次，处理好汉语课程与文化课、外语课的关系，正确认识文化课和外语课的学科地位。

语言是民族文化的重要载体，同时本身又是文化的重要组成部分，所以教授汉语必然同时传播中国文化。大一时一般都开设中国文化概论课程，对中国文化有较为系统全面的介绍，但不能把文化课程想象得太过狭窄。从事对外汉语教学的教师仅了解课本上的知识是远远不够的。比如中医、气功、太极拳、国画、书法甚至中国菜的烹调，这些中国传统文化的精华部分、独特部分都应该有所了解，最好还能对其中之一两项略有专长。目前，各国人士对海外孔子学院的课程需求已从单一的汉语语言学习扩展到经济、文化等多个领域。传统的拼写和发音授课已远远不能满足多元化、个性化的学习需求，照本宣科的教学方法也无法吸引文化背景各异、思维方式不同的各国学习者。对外汉语传播的多元时代已经到来。所以，低年级时应当利用学校现有资源大量开设各类公选课，学生可根据自己的兴趣爱好自由选择。对外汉语教师往往要求具有“杂家”的综合素质，不妨选择绘画、书法、表演、交际、演讲与口才等课程，便于将来从事跨文化交流和交际工作。

还要处理好语言与文化的关系。语言是交际的工具，是和特定的文化语境相关联的；文化是意义的来源，但不能以文化教学代替语言教学，应弄清文化的不同类型，区别对待。文化可以从多角度分类，一种分类是把文化分为成就文化、信息文化、行为文化。成就文化是某种文明的标记（传统的文化教学比较重视此种类型）；信息文化是某一社会所重视的信息；行为文化是帮助人们驾驭日常生活的知识（如打招呼中的行为规范）。其中，行为文化与语言的关系最为密切，在语言教学中应该重视行为文化的观察与研究，以培养出能得体有效地运用汉语的人才。

外语课应多渠道、多方位提高学生的外语能力。考虑为高校对外汉语专业配备更强的外语教学师资，特别是一些设在文学院的对外汉语专业，往往外语课的比重不足。外语课程要着重加强该专业学生听说等交际能力的培养，与外语专业的学习是有区别的。同时，在语种选择上，可以依据学校的地缘特征或将来从事工作的预期来确定。比如，山东省的对外汉语专业学生多选修韩语和日语，吉林省、黑龙江省的对外汉语专业学生多选修俄语、朝鲜语等。这样，能为日后在国外的生存提供帮助，也有助于体会二语习得知识，从留学生的角度进行换位思考，为教学服务。总之，要清楚的是，学习外语是为对外汉语教学、汉外交流服务的，不能本末倒置。

但在实际的操作中，一些高校特别是地理条件不够优越的学校，外语师资长期紧缺，一些语种无法开课。建议可利用网络，开展远程授课。如，与其他高校联系，利用其外语师资，利用校际友好关系，借助海外姊妹大学的老师，学习地道的外语。

再次，开设直接面向对外汉语教学的教学技能课。

目前，有些学校开设的教育学、心理学及教育技术学课程为校公共课，针对性弱。应该及时采取改进的措施，特别是像对外汉语专业这样课程涉及范围广、课时量大的学科来说，有必要压缩这些公共课的课时，适当增加与对外汉语教学直接相关的对外汉语教育学、教育心理学、案例教学、汉语教学法、教师教育等课程的设置比例，以突显对外汉语专业的学科特色和优势，包括了解海外中小学语言教学法律法规、通行的各种汉语作为外语教学法等。教学技能课要改变以传授理论知识为主的习惯，创造一切条件增加学生参加实践教学、参与跨文化交流的机会，切实提高其实践能力。

总之，对外汉语专业的课程设置要以服务教学为目的，以对汉语本体知识的掌握为核心，辅助性地开设有助于教学的各类课程，真正地培养出“学高为师”的优秀人才。

参考文献

国家汉语国际推广领导小组办公室（2007）《国际汉语教师标准》，北京：外语教学与研究出版社。

刘　珣（2000）《对外汉语教育学引论》，北京：北京语言大学出版社。

陆俭明（2004）增强学科意识，发展对外汉语教学，《世界汉语教学》第1期。

陆俭明（2005）汉语教员应有的意识，《世界汉语教学》第1期。

中华人民共和国教育部高等教育司（1998）《普通高等学校本科专业目录和专业介绍》，北京：高等教育出版社。

对外汉语本科课程设置现状及策略分析

华北水利水电学院　王笑艳

摘　要：本文通过对部分高校对外汉语本科课程现状的分析，认为目前的课程设置存在问题，有待改革。文章采用问卷调查的方法，发现课程设置中的问题，汇总学生的意见及建议，最后结合当前存在的问题及《国际汉语教师标准》，对课程设置有针对性地提出了一些应对策略和建议。

关键词：对外汉语　课程设置　策略

随着“汉语热”的持续升温，对外汉语专业也越来越成为“香饽饽”，不仅许多名校和有着雄厚中文实力的学校开设了该专业，一些原本没有中文系甚至是理工类的院校也相继开设了对外汉语的本科教学专业。但是综观这些学校的课程设置，我们发现虽是同一专业，内容却有很大差异。因此有必要对当前对外汉语本科课程的设置现状做一梳理，并分析其优劣和相应的策略。

一、对外汉语专业课程设置现状

对外汉语专业设置之初是为了培养教留学生的汉语教师，因此很多学校的这个专业都带有“师范”的性质，但同时由于“对外汉语”的“对外”性质，一般对该专业学生的外语水平要求比汉语言文学专业的要高，因此有不少学校对学生的英语学习非常重视。

我们先来看一下部分高校对外汉语专业的培养目标。我们首先选择的是对外汉语专业的老牌院校北京语言大学：

“对外汉语专业主要培养对外汉语教学储备师资，学生毕业后也可从事外交、外事、外贸、中外文化交流以及其他需要兼具汉语和外语能力的工作。”

再看武汉大学：

“本专业培养思想品德优良，汉语基础扎实，外语水平高，对语言学理论、中国文学、中外文化有较全面了解，并懂得教育教学理论，具有较强的对外汉语教学和跨文化交际能力的高素质、复合型、国际化对外汉语人才。毕业后，可在国内外从事汉语教学工作，或在党政机关、新闻出版文化等事业单位和中外企业从事汉语言文字应用工作或中外文化交流工作，也能顺利进入研究生阶段学习。”

从培养计划上看，二者的共同点是注重培养对外汉语师资和中外文化交流者，不同点是前者也注重培养英汉双语兼优的外交、外事、外贸等人才，后者虽说也要求学生外语水平较高，但是更加注重培养进入机关事业单位的文字工作者。

反映在课程设置上也是有区别的。北京语言大学该专业的专业必修课有语言学概论、现代汉语、古代汉语、汉字学、语用学、第二语言教学概论、对外汉语课堂教学方法、教育心理学、形式逻辑、中国古代文学史、中国现当代文学史、外国文学史、中国文化史纲、写作、英语精读、英语听力、英语口语、英语报刊、英语泛读、英语写作等。专业选修课有语音学、现代汉语词汇学、汉语语法分析方法、语义学、汉语修辞学、社会语言学、理论语言学、语言应用理论与实践、对外汉语教学系列专题、汉语言文字学系列专题、语言学及应用语言学系列专题、语言与文化专题、语言学与应用语言学论著导读、教育学原理、中外教育史、教育学科研究方法、普通心理学、中外文化交流史、中国文化要籍导读、宗教与文化、英美文学、西方文明史、英语翻译、英语专题讨论、外贸英语、第二外语、社科文献检索等。

武汉大学的专业必修课有语言学概论、古代汉语、现代汉语语音学、现代汉语词汇学、现代汉语语法学、现代汉语修辞学、对外汉语教学概论、基础英语、英语口语与听力、中国古代文学、中国现当代文学、外国文学、中国文化概论、世界文化概论、跨文化交际、对外汉语教学概论、第二语言习得导论、教育学、教育心理学等，选修课主要有现代汉字学、写作、现代语言学、社会语言学、计算语言学、汉语史、中国古代语言学名著导读、现代语言学名著导读、《论语》《孟子》导读、《老子》《庄子》导读、中国古代小说名著导读、文学评论与鉴赏、国际政治与经济、当代中国、中国古典文献学、宗教概说、中国古代哲学、中华民俗、中外礼仪、第二语言教学法、外国留学生汉语学习偏误分析、涉外秘书事务概论、第二外语、古文字学、汉语研究简史、汉语方言与文化、国外汉学研究、唐宋诗词鉴赏、中国现代小说名著导读、西方文明史、中国历史专题、中华文化技能、佛典与汉语、中国古代器物文化、普通逻辑学、英语交际训练、英语翻译、英语写作等。

从以上课程可以看出，两所学校的培养重心略有不同。北京语言大学更注重培养学生的汉语语言学能力及英语能力，而武汉大学更注重培养学生的中文文化素质，而作为必修的英语课仅有大学英语一门课，但是在选修课中设置了英语交际训练、英语翻译和英语写作三门课程，可见后者在英语方面更重视提高学生的实际技能，不像北京语言大学那样对学生英语能力的培养是听、说、读、写全方位的。

但从目前的就业市场来看，很多对外汉语专业本科毕业的学生并不能真正从事对外汉语教学工作，于是很多学校对该专业的培养计划和课程设置适时进行了修正。和汉语言文学专业有很大不同，外语课的比重也大大加强，有的学校英语课程占 50% 左右，如笔者所在学校。另外很多高校为学生的“前途”考虑，在设置选修课的时候，开设了不少有导向性的课程，以利于学生考研。如上文提到的北京语言大学开设的社会语言学、理论语言学、语义学等，武汉大学开设的语用学、计算语言学、外国留学生汉语学习偏误分析等，笔者所在的学校还开有心理语言学、国外汉学研究等课程。

我们认为学校的出发点固然值得褒扬，可是，一般认为本科阶段只是学生的知识积累期，如美国高校强调“通识教育”（Liberal Education），本科阶段的教育不包括任何专业和职业教育，相对而言，部分高校开设了较多过于

“专”“窄”“深”的课程，对学生来说是弊大于利还是利大于弊？学生可否消化得了？有限的时间，众多的课程，对学生是爱还是害？

关于对外汉语专业的课程设置，曾经有学者做过一些调查研究。罗小东（2005）对对外汉语专业的专业定位做了考察，比较赞同把对外汉语作为中国语言文学下的二级学科，其研究对象包括汉外对比研究、对外汉语教学理论研究、中介语及第二语言习得理论研究、跨文化交际研究等四个方向，从而认为该专业“比较适当的课时比例是：外语课时为50%、语言学（含应用语言学）课时为20%、中国文学和文化课时为25%，剩余5%的课时应该开设如中外关系和与重要生源国有关的思想、文化、历史、政治方面的课程”；贺丽琪等（2009）通过调查实验认为，把英语课由原来的50%压缩到30%左右更为理想，同时提高“汉语知识、中国文学、中国文化和对外汉语教学法”在专业课中的比重，收效甚好。

我们对身边几所高校对外汉语专业的学生进行了调查，发现的确有不少学校的英语课占到了全部课程的50%左右，学生要上完英语专业的所有课程，同时还要上完比汉语言专业还要多的课程。遗憾的是，学生对这样的“优待”并不感恩，因为他们虽然学了英语专业所有的课程，可并没有得到和英语专业学生同等的报考“专业四级”的机会，他们仍是“后娘养的孩子”。他们抱怨自己“身兼两职”，每天奔波在教室与宿舍之间。难道“英文＋中文＝对外汉语”？这个命题已毋庸论证。

我们认为，要想真正实现对外汉语专业的培养目标，其课程设置仍是一个不可回避的、必须面对的重要问题。

二、关于课程设置的问卷调查

为了更真切地了解学生对课程设置的意见，我们特在我校08级对外汉语专业中做了问卷调查，共收回45份有效问卷。

45人中有31人（68.89%）对课程设置不满意，有14人认为还可以，0人满意。不满意的原因是课程不丰富（20人），实践性不强（31人）。尽管45人中有考研计划的学生有35个，高达77.78%，打算做对外汉语教师的只有5个

（11.11%）（笔者认为，不是学生不想，而是他们清楚地知道可能性很小），但是他们还是迫切要求开设关于中外文化对比、国外文化概况、国学等知识型课程及书法、绘画，甚至剪纸艺术等实用技术方面的课程，可见学生还是希望所学课程有针对性，真正做到“专业对口”。同时，学生并不因为打算考研而想上更多的理论课，他们仍然认为有些课程理论性过强，需要改革甚至删除。如我校开设有《汉语史》一课，使用教材为王力先生编写的《汉语史稿》。对于本科学生来说，他们已经学习了王力先生的《古代汉语》，是否还需要继续学习汉语史呢？所选教材又加剧了该课程的难度，从而引起了学生“公愤”。

关于英语课程，45 人中有 18 人认为英语课过多，占 40%；部分学生希望增加听、说课程，减少基础英语课程，可见学生还是希望所学课程有更强的实用性。相反，对于中文课程，学生一致希望增加文化方面的内容。

三、课程设置策略分析

通过上文的分析和问卷调查，我们认为课程的设置一定要有明确的专业定位，一切为了学生，既要考虑学生的未来就业，又要考虑可实践性，让学生在短暂的四年大学生活里获得更多的知识和技能从而顺利走上工作岗位更为重要，而不是选择“面子工程”，看似学生上了很多课，其实是学得不深，钻得不够。否则，多年来存在于对外汉语本科专业学生中的“中文不如中文专业的好，英语不如英语专业的好”的现象仍会存在，学生的就业问题仍会是个瓶颈。

不管“对外汉语”学科如何定位，“对外汉语教学”都是其主要部分。随着对外汉语学科的发展及汉语教育在世界各地的发展，国家汉办“借鉴了TESOL等国际第二语言教学和教师研究新成果，吸收了国际汉语教师实践经验”，于2007年公布了《国际汉语教师标准》（以下简称《标准》）。《标准》对汉语教师从“语言知识与技能”“文化与交际”“第二语言习得理论与学习策略”“教学方法”“教师综合素质”等五个方面做了详细规定。我们结合这些标准和当前存在的问题来探讨一下对外汉语本科课程该如何设置。

首先，《标准》第一项内容中对国际汉语教师的汉语和外语技能做了详细解读，如对听力的要求是外语听力能力应能“满足日常教学的基本要求”“满足国外日常生活和一般社会交往的需要”“满足开展日常工作的需要”“达到通过媒体获取相关信息的水平”。一般来说，中国学生的英语听说能力较差，但是经过大学四年学习，经过四、六级考试的磨炼，这些基本技能都可以达到。有些院校用英语专业的标准来要求对外汉语专业的本科生，让学生在比外语专业少一半的时间里达到同样的标准，未免有点儿苛刻，最后的结果往往是鱼和熊掌兼失。所以，在外语课程方面，我们认为没有必要完全照搬英语本科专业的课程，而应适当加强外语的听说训练和学生对国外文化的学习，进而提高学生外语综合能力。

其次，《标准》在“中国文化”中也强调了中国文化的诸多方面，如历史、宗教、文学、民俗、地理等，同时也要求了解世界历史、文明、宗教等内容。对外汉语教师作为跨文化传播的使者，相关文化课程的学习是必需的。即使学生毕业后不去做对外汉语教师，而是去做公务员、编辑等，对其以后的发展也是十分有益的。如我们上文提到武汉大学开设有宗教概说、中国古代哲学、中华民俗、中外礼仪等课程，就体现了这一要旨。我们认为类似课程的开设不仅对学生的就业有用，对他们综合素质的提高也会有很大帮助。

第三，由于《第二语言习得理论》和《语用学》在学习外语时有着重要作用，《标准》在两个方面对汉语教师做了较为详细的规定。如武汉大学及笔者所在学校都开设了这两门课程。这两门课程既是对外汉语专业的基本课程，又是语言学研究生部分专业的主干课程。学生对该课程的学习既有利于其就业，又对其进一步深造有推动作用。但是如果开设过多类似语言学研究生的课程，则会过犹不及，起到适得其反的效果。其他拓展型课程可以开为文化文学类、历史民俗类等，以开拓学生视野。

除了这些文化知识类课程外，可适当增加学生的实践技能训练。如外国留学生对中国的传统艺术感兴趣，我们可以尝试在对外汉语本科生中开设武术、剪纸、中国画赏析等诸如此类的课程。这些课程不仅对学生就业有帮助，对学生的身心发展也很有益处，相信学生会喜欢这类课程。另外，地方院校也可根据当地情况，开设有关当地文化及艺术的课程，如北京地区可以开设《京剧艺术赏析》等。当然这类课程的设置需要更多的师资力量支撑。

以上仅是我们对对外汉语本科课程设置的一点构想，有些方面实施起来可能会有些许难度。但是我们认为要想把对外汉语专业建设好，要对社会负责，对学生负责，真正使学生学有所得，毕业有归宿，回首不遗憾，我们就必须设置一些更为科学、有效的课程，充分利用四年时间，把每一名学生打造成合格的对外汉语本科毕业生。

参考文献

国家汉语国际推广领导小组办公室（2007）《国际汉语教师标准》，北京：外语教学与研究出版社。

贺丽琪、戴云、姚蕾（2009）高等院校对外汉语专业外语课程设置与教学内容的改革与实践，《21 世纪：理论实践探索》第 11 期。

罗小东（2006）对外汉语专业的学科定位和课程设置，http://www.docin.com/p-64684732.html。

关于对外汉语专业课程体系与教材建设的思考

南开大学　卢福波

摘　要：本文在汉语国际教育大背景下，围绕对外汉语专业课程体系和教材建设如何适应形势与需要进一步优化并快速发展，如何由此准确、科学定位学科地位及办学方向，重点阐述了对外汉语专业特点及其课程体系，课程与教材建设的切点、内容与方向两大问题。

关键词：对外汉语专业　课程体系　教材建设

对外汉语本科专业自1985年至今已走过25年的发展历程。这25年为学科奠定了较为坚实的理论基础，建设了部分稳定而成熟的专业课程和师资队伍，出版了可观的专业教材和参考书籍，培养了大量本专业需要的人才和中坚力量，及时地适应了国际汉语教学、学习、文化传播发展的需要，为学科的进一步建设发展打下了坚实基础，创造了良好条件。

近几年来，在汉语国际教育大背景下，该专业如何适应形势与需要进一步优化并科学、快速发展，如何确定学科地位及办学方向，是有待关注和需要思考的问题。围绕该专业的课程体系和教材建设问题，本文重点谈以下两大问题：一是专业特点与课程体系模块；二是课程与教材建设的切点、内容与方向。

一、专业特点与课程体系模块

随着汉语国际教育形势的发展与深入，对外汉语专业的特点愈加突显出来。这主要是由本领域需要什么样的人和我们培养出来的学生能做什么决定的。

那么，本专业领域到底需要什么样的人才呢？也就是说，我们培养什么样的学生才能够合格地步入这个专业领域呢？总的来说，既要有宽厚的中国语言文化知识与修养，又要有跨语言、跨文化的兼通能力，还要有与之相关的实际教学能力与经验。

要实现培养目标，首先需要明确建构专业体系；要建构专业体系，首先需要明确本专业所间跨的知识范围与领域。

1.1 本专业需要间跨的知识与能力

由于本专业需要培养对外汉语教师、中外交流等特定专业人才，需要间跨以下知识与能力：

- 语言学、汉语语言学、对比语言学
- 语言习得、教育学、（学习）心理学、社会语言学
- 中国文学文化（既包括文学文化常识、知识，也包括政治、经济、历史、宗教等大文化圈的文化）
- 跨文化交际、中外文化比较
- 测量学——语言测验、教学检验与评价
- 外语应用能力（一外、二外）
- 计算机、网络、语料库等现代技术
- 教学实践能力、组织活动能力

1.2 构建对外汉语专业课程体系模块

由于该专业需要间跨以上知识，其专业最突出特点呈现为综合性、交叉性、跨国性，所以其课程体系模块及相互关系如下：

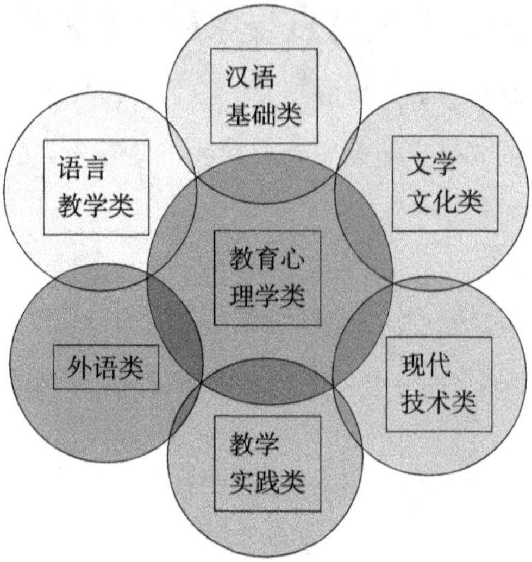

即：七大模块是建立该专业必要的课程类型，要使该专业科学深入发展，需要建设这七大稳定的课程体系模块。这七大模块是环环相扣的交叉关系。其中汉语基础是本学科最基本、最主要的部分；其次，该学科的本质是教育、教学性质，所以教育学、教育心理学的基本理论、理念会把该学科所有课程贯穿起来；语言（汉语）教学类课程、文学文化类课程是该专业的主体、主干，是直接呈现的部分。由于该专业的跨国性和二语学习的特点，使得外语这个工具和汉外对比与认识显得尤为重要。语言的学习与其他学科学习有所不同，需要借助更多立体的、实际的教学手段，需要有现代技术与手段的支持。最后，所学一切知识与理论，都不能束之高阁，都要具有能够操作、能够转换为实践的能力，因此教学实践类课程是不可或缺的部分。

二、课程与教材建设的切点、内容与方向

2.1 交叉学科需要重新整合，交融为一

由于间跨知识的需要和七大模块课程类型，使得对外汉语专业各门课程都存在跨学科和知识整合问题。然而，交叉与横跨学科之间的整合不是1+1=2的简单组合关系，需要有基本理论的支撑，需要成体系、成系统的结合。

因为对外汉语教学以汉语教学为主体，故课程体系中应始终以汉语语言学为基础、为核心。汉语教学不是立足于母语，而是立足于汉语作为第二语言的教学，因此切口一定是将汉语作为第二语言的教学。汉语及汉语自身特点决定了融合各种理论、方法的个性，不能简单搬入，做大拼盘。要用“教学”来贯穿汉语语言学、中外文化、教学理论方法、语言对比等，将教学内容加以重新整合、交融为一——建设反映或具有适合对外汉语专业特点的课程体系、教学模式及其教材。这是专业化建设的需要，也是专业建设的重要环节。

2.2 课程体系中各模块融合的主要内容——有针对性的教材建设

2.2.1 语言基础类

- 语言学概论（通论）类，在介绍通论的前提下，有所侧重地突出汉语的特点，加强汉语与其他语言的对比；
- 现代汉语（通论）——在介绍汉语特点方面、构成汉语各要素特点方面下大功夫；
- 对比语言学——选取几大主要语言类型，从汉语作为第二语言教学与习得角度发生的主要问题入手，进行部分对比分析，认识语言的异同和学习者的偏误类型以及所形成的中介语系统状态，以求具备能够有针对性地解决汉语学习者实际问题的知识与能力。

2.2.2 语言教学类

语言教学的根本目的是语言教学技能培训，作为以培养汉语教学师资为主要目标的专业，就得侧重语言技能是如何被培训的这一角度。汉语教学是该专业的核心部分，应全面、具体铺设针对汉语的语言教学理论、知识、技能、方法等相关课程。目前汉语要素教学及教学研究总体没有达到适合对外汉语教学需要的广度和深度，有待于加强。从需要上看，汉语要素教学类课程应分别一一开设。即：

汉语语音教学

汉字教学

汉语词汇教学

汉语语法教学

这些课程应从汉语教与学的角度，了解汉语各构成要素和书写符号在学习和教学时存在的主要问题（主要偏误类型等），了解如何有针对性地加以认识、分析、研究，以及解决这些问题的主要角度、途径、方法、策略等，能够对学生将来从事汉语教学有直接帮助指导作用。周健的《汉字教学理论与方法》、卢福波的《汉语语法教学理论与方法》已在这方面做了很好的探索和尝试，可以成为相关课程的教材和参考材料。

• 对外汉语教学基本理论类课程

这类课程总体上是一门比较成熟的课程，专家研究较多，出版了诸多论著，如（按时间顺序）：

盛　炎（1989）《语言教学原理》

刘　珣（2002）《汉语作为第二语言教学简论》

《对外汉语教育学引论》

周小兵（2004）《对外汉语教学入门》

赵金铭（2004）《对外汉语教学概论》

以上著述为该课程专业化建设发展发挥了重要作用，奠定了重要理论、体系、方法基础。由此可见，科学研究与学科发展是相互促进、相互发展的关系。

• 汉语教学法研究类课程

这类课程有单开的必要，目前作为教学法研究与探讨的课程，基本上在汉语教学概论课里涉及，因为课时等所受限制，使得此类课通常不能展开。

此类课程可以考虑将教学理论课与教学方法课合二为一，即：汉语教学理论与方法，理论控制一定的量，要讲对汉语教学最需要的基本理论，其次是教学法研究及操作，这部分内容要占到 50% 以上的量，而且要具体、细化，有案例、有操作、有分析与指导，这样该门课程才能更好地适应汉语教学的发展需要，为汉语教学服务。

• 第二语言习得类课程

这类课程目前总体侧重理论，主要了解第二语言习得的一般理论、规律，但是，从实际需要看，除了应该了解第二语言习得的一般理论、规律外，更加需要具体了解、研究汉语作为第二语言习得的特点、规律，需要注重观察、分析汉语习得实例、现象，尤其要有一定数量的实验案例的追踪调查与分析，以此可以指导学生学会从第二语言习得的角度观察、分析、研究汉语习得特点、规律，并能对日后运用于教学和指导研究起到作用。

2.2.3 文学文化类

此类课程从对外汉语教学需要的角度出发，既要涉及中国文学文化内容，也要涉及中外文化对比内容，以及跨文化交际及其能力培养的内容。从知识辐射广度、角度看，一是需要加宽，广泛涉猎文学文化内容；二是需要从与外文化有差异的角度，突显中国文化的内容、特点、思想、观念，培养学生的跨文化交际能力。

2.2.4 外语类

为了适应对外汉语教学与研究的需要，尤其是国外汉语教学组织课堂、各种交流的需要，该专业学生至少需要较好地掌握一门外语，有条件的最好学习二外，以适应各种国别派出的需要。

此外，最好开设汉外语言对比类课程，以更好地从汉外语言类型、语言体系的角度认识汉语、认识汉语学习者出现相关偏误的致因，对日后从事教学与研究有积极的指导作用。

2.2.5 现代技术类

该专业学生不但要掌握一般的计算机常识，还要能够运用计算机设计制作简单或复杂的课件，能够运用计算机等现代设备辅助各种教学活动。

此外，还应该开设有关课程，指导学生能够利用网络、语料库等技术手段辅助教学与科学研究。

2.2.6 教学实践类

该专业要有一定理论基础，要深化专业知识，但更要注重理论与实践的结合，注重实践能力的培养和一定实践经验的积累。这样就要求该专业务必将教学实践作为重要课程来设置。该课程设置时，可以重点考虑突出以下两大方面：

一是实践形式，主要涉及实践的时间、方式、学分等。时间应该不少于两个月；方式应能够实际接触对外汉语教学，即参与对外汉语教学的听课、备课、上课及相关活动；学分应达到 4 学分以上。

二是实践内容，以下内容在教学实践过程中最好能够实践并解决：

• 如何根据水平处理教材，选择教学内容；

• 如何备课和教学
  - 学会确定教学目的、目标
  - 学会安排教学步骤、环节
  - 初步学会选择、运用教学手段、方式、方法
  - 对教学内容能够基本理解并学会处理
  - 学习安排基本的语言训练及练习
  - 懂得检测的基本目的及其策略、手段的初步运用
  - 懂得如何检测评价教学效果
  - 学会基本的组织课堂策略、教学设计与组织策略等

总之，通过实践，使学生能够把所学的汉语言文化知识与教育学、（学习）心理学、社会学加以紧密融合，切实实现初步具备教学能力，积累教学经验，为日后从事汉语教学奠定初步基础、掌握初步能力的目的。

总而言之，对外汉语学科既具有自身理论体系，又带有较强行业色彩。它的外向型、应用型、跨学科、跨文化等特点，为培养该学科人才划定了基本领域，限定了基本条件。该学科培养人才的目标是：汉语言文化基础宽厚，中外语言及文化兼通，具有汉语教学初步能力与经验的素质高、修养好、视野广的复合型、应用型人才。为此，课程体系要紧紧围绕这一目标来建设，各种课程的教材都应突出本专业的需要与特点，体现本专业的特色来进行建设，从而更好、更科学地推进学科建设发展，更多、更快地培养适应汉语国际教育事业发展需要的专业人才。

参考文献

程　棠（2007）《对外汉语教学理论与实践关系问题综论》，北京：北京语言大学出版社。

崔永华（2005）《对外汉语教学的教学研究》，北京：外语教学与研究出版社。

李　泉（2005）《对外汉语教学理论思考》，北京：教育科学出版社。

刘　珣（2002）《对外汉语教育学引论》，北京：北京语言大学出版社。

刘　珣（2002）《汉语作为第二语言教学简论》，北京：北京语言大学出版社。

刘　珣（2005）《对外汉语教育学科初探》，北京：外语教学与研究出版社。

卢福波（2010）《汉语语法教学理论与方法》，北京：北京大学出版社。

盛　炎（1990）《语言教学原理》，重庆：重庆出版社。

宋如瑜（2009）《华语文教学实务》，南京：正中书局。

赵金铭（2004）《对外汉语教学概论》，北京：商务印书馆。

赵金铭主编（2006）《对外汉语课程、大纲与教学模式研究》，北京：商务印书馆。

周小兵（2004）《对外汉语教学入门》，广州：中山大学出版社。

课型理念下的对外汉语专业课程体系构想

四川外语学院　曹保平

摘　要：在当前形势下对外汉语专业本科宜定位为国际汉语教师预备教育专业，其高一级阶段为汉语国际教育硕士专业，这两者应紧密衔接。对外汉语专业本科课程宜按课型理念来设计。以专业课程、核心课程、自选课程来替代传统的基础课、专业基础课、专业课，加大核心课程（通识课程）比例，达到培养全面发展人才的目标。

关键词：课型理念　对外汉语专业　课程体系

一、当前对外汉语专业形势及困惑

课程是教育目的的体现，在专业教育教学体系中处于中心地位或核心地位。要了解课程设置，必先要了解专业设置。

对外汉语专业的教育目的、培养目标是什么？该专业设置能否达到这个目的，实现其培养目标？这是在当前必须思考的重要问题，社会、家长、教师、学生都有不少困惑。

第一，对外汉语专业（本科）的教育目的或培养目标，是培养对外汉语教学的合格人才还是汉语国际推广的合格师资、高级涉外汉语人才？抑或是别的？

第二，上一困惑是针对当前对外汉语专业本科生就业的实际情况而言的。对外汉语专业本科毕业生能从事对外汉语教学事业的机会越来越少，从事其他

涉外汉语的人也少得可怜，是专业设置的不合理还是从事对外汉语教学的门槛太高？抑或是不需要太多的专业人才？

第三，从 1985 年北京语言大学首先招收对外汉语专业学生开始，到 2010 年为止，经教育部备案的开设对外汉语专业（本科）的院校有 285 所，其中包括独立学院和民办院校 52 所，比 2003 年开设院校多出了 6 倍。批准开设汉语国际教育硕士的院校达 82 所。招收对外汉语教学专业或方向的院校早已突破 100 所。这些与对外汉语相关的硕士毕业生能从事对外汉语教学事业的比例也非常低。教育部批准这么多院校招收大批学生的目的又是什么？北语校长在四川外语学院的“川外学坛”讲座中说：“我们现在的这种教育体制，本科生教育不是培养一些技术人才，我们培养的是既有独立研究能力又能独立从事教学工作的人才，这是我们的培养规格。”可是对外汉语专业本科生还是“被排斥在对外汉语教学这个行业的大门之外”，真的要到硕士阶段才能“专门培养教学技能”吗？

第四，不少人认为随着时代的发展，对外汉语专业本科层次不能满足社会的需求，不考研读这个专业没用。如果对外汉语专业是培养对外汉语教学研究生和汉语国际推广硕士的后备力量（上面的现象也证实了我们的猜测），那么其课程体系又该如何构建？

第五，如果抛弃从事对外汉语教学工作幻想的毕业生要想就业，课程设置如何保证其成为社会所需要的人才？如何与不少老师所说的作为“万金油”的中文专业毕业生区别开？

问题深入就会变成：对外汉语专业的设置会不会误人子弟？怎样的课程才能保证对外汉语专业不误人子弟？

上述问题用教育术语来说就是专业定位和培养目标、课程设置与课程体系问题。

二、现有对外汉语专业课程体系及其研究现状

几乎所有院校都按内容把对外汉语专业本科必修课程分成语言类、文学类、文化类、对外汉语教学类四大块。语言类课程包括语言学概论、现代汉

语、古代汉语，文学类包括中国古代文学（文学史和作品选）、中国现当代文学（文学史和作品选）、外国文学史、文学理论，文化类包括中国文化概论（这七门课程是教育部规定中国语言文学专业的核心课程，都列为必修课），对外汉语教学类包括对外汉语教学概论、对外汉语教学法（有的学校列为必修课，有的放在限定选修课中）。

有些院校开设对外汉语教学概论、对外汉语教学法课程只能走过场（放在最后一学年或最后一个学期开，学生大多考研或找工作而无心学习），大多数学校就是“汉语言文学专业课程＋两门对外汉语课程”的课程模式。

专业建设较好的院校在课程设置方面照顾到了知识的全面性。如北语的必修课还有语言类的汉字学、语用学，外国语言文学学科的英语开设较足，如英语精读、英语听力、英语口语、英语报刊、英语泛读、英语写作。此外还有写作、逻辑学等。

北语的专业选修课为：语音学、现代汉语词汇学、汉语语法分析方法、语义学、汉语修辞学、社会语言学、理论语言学、语言应用理论与实践、对外汉语教学系列专题、汉语言文字学系列专题、语言学及应用语言学系列专题、语言与文化专题、语言学与应用语言学论著导读、教育学原理、中外教育史、教育学科研究方法、普通心理学、中外文化交流史、中国文化要籍导读、宗教与文化、英美文学、西方文明史、英语翻译、英语专题讨论、外贸英语、第二外语、社科文献检索等。

以上开设课程能满足《国际汉语教师标准》中对国际汉语教师掌握知识技能的要求。

四川外语学院的对外汉语专业课程跟北语思路相同，不过没有语音学、词汇学、语法分析方法、语义学、修辞学、社会语言学、理论语言学、文字学、语用学等语言本体知识课程，多了国外汉学研究、第二语言习得课程，另外第二外语是必修课，并保证260个课时，英语有近600个学时。

何建的《汉语国际推广背景下的对外汉语本科专业课程设置刍议》，杨同用、赵金广的《对外汉语专业课程设置分析》，张晓涛、邹学慧的《对外汉语课程改革刍议》，周卫华、王继花的《浅谈地方高校对外汉语专业本科课程设置》，熊素娟、石诗的《地方院校对外汉语专业本科课程设置探微》，专门谈到对外汉语专业设置的问题并提出了相应的建议。其他关于对外汉语学科、专业建设方面的论文也都谈到课程设置的问题。这些都有一定的道理，但都难以解决该专业最根本的问题。

三、对外汉语专业（本科）定位与课程体系的适应程度

本科原意是大学里的正科，与预科相对。1928 年的《中华教育词典》解释说："对预科而言。学校内学级编制，于预科之上，冠以本科，以便修毕预科学业者，进研专科学问，如师范本科，大学本科之类是。"可见本科是以研究为基础的学位培养的最基础一级。本科教育的四年制，相对于专业知识的三个层级：基础课、专业基础课、专业课，一年一个层级，加上实习一年，正好是四年。新形势下，本科生的实习大都名存实亡。如果按社会对国际汉语教师的要求（至少硕士学位），那么对外汉语专业实际上已跟以前的"预科"差不多了，需要再进入硕士阶段修读二至三年毕业后才能正常工作。

那么新形势下我们四年制的专业知识安排，实际上也不再是十分合理和科学的了。

比较可行的做法是让四年制对外汉语专业本科生再加一至二年的对外汉语教学实践，毕业时拿硕士学位。现在汉语国际教育硕士有不少是汉语言文学专业和外语专业甚至是其他专业理工本科毕业，相应的基础根本不如对外汉语专业本科生，很难想象他们如何在二年时间内比四年制对外汉语专业本科生"更合格"。汉语国际教育硕士不跟对外汉语专业本科接轨，一是严重浪费了对外汉语教育资源，二是培养出来的师资质量难以保证。

对外汉语专业如果定位为国际汉语教师预备教育专业，以打基础为目的比较合理。在课程设置上应以当今国际流行的课型理念来安排。

四、哈佛核心课程的启示

课型指课的模型，它主要是指以某一理论为指导，选择和组织教学内容、教学方法、教学手段以及制定管理原则而形成的一种形式系统。不同的课程模式代表不同的教育哲学和心理学理论，代表着不同的管理方式与教学过程。当今哈佛大学的核心课程就是比较先进的大学本科阶段课程设计模式。我们也可以借鉴它来构想对外汉语专业（本科）的课程体系。

借鉴哈佛的课程模型，就是以专业课程、核心课程（通识课程）、自由选修课程的课程体系来代替传统的基础课、专业基础课、专业课的课程体系。以此来扩宽学生的知识面，让学生在专业知识以外了解更多领域的基础知识，从而达到“培养大学生的创新能力、实践能力和创业精神，普遍提高大学生的人文素养和科学素质”的教育目的。

传统的课程体系强调专业的学术性和系统性，在核心课型理念下，课程还强调专业外通识教育教给学生学习和掌握知识的方法，课程开设目标重点是思维的训练。哈佛大学的教育目标是使学生必须具备下列品质：能清晰而有效地思考并用文字写作；在某些知识领域中，具有深厚的学识；能够批判地欣赏人类关于宇宙、社会及自己所学知识及应用知识的方式；能理解及思考道德与伦理问题；能够在较大的脉络中去体会自己的人生经验。这些都跟核心课程密切相关。核心课程制度既保证了专业课学习的深度，又能扩大学生的视野，还给学生的个人爱好留下了空间。核心课程不限定学生达到像精熟名著课程那样的知识广博程度，它用大学教育不可或缺的七个领域的知识（外国文化、历史、文学艺术、科学、道德推理、社会分析、定量推理）来引导学生寻求获取知识的途径。每个领域内的科目数量并不完全相同，内容也不相同，但强调探求知识的形式、获取知识的方法及方法的运用以及它们的价值所在，这些都是一致的。

实际上国内的大学已从中受到启发，北京大学联合全国多所重点大学和科研单位协作编写的《名家通识讲座书系》，就是为大学调整课程、推进学分制改革、改变本科教学以往单纯的专业培养模式、培养学生健全人格、拓展与完善学生的知识结构、造就有创新潜能的复合型人才的通识课程所编写的教材。

这完全符合《中共中央国务院关于深化教育改革全面推进素质教育的决定》的精神。

五、对外汉语专业本科课程体系的重新构建

专业课程参照教育部规定的中国语言文学专业必修课程为基础开设：外语、第二外语、语言学概论、现代汉语、古代汉语、中国古代文学、中国现当代文学、外国文学、文学理论、中国文化概论、西方文化概论、对外汉语教学概论、汉语作为第二语言习得、国外汉学研究。

核心课程（通识课程）参照北京大学出版社出版的《名家通识讲座书系》目录构建，每组选2门：

1. 哲学美学类：哲学修养、艺术哲学、文化哲学、科技哲学、周易哲学、宗教学基础、西方哲学、美学、现代性与后现代性；

2. 文化历史类：美国文化、日本文化、俄罗斯文化、欧洲文化、儒家文化、道教文化、佛教文化、企业文化、欧洲文明、文物精品与文化中国、丝绸之路、考古、美国历史、中国历史；

3. 社会经管类：西方经济学、公共管理、政治学、社会学、青年健康心理、口才训练；

4. 文学艺术：西方文学、通俗文学、当代外国文学名著、唐诗宋词，戏剧艺术、音乐欣赏、影视艺术、书法艺术、西方美术史、红楼梦研究、中国美术史；

5. 语言逻辑：汉语和汉语研究、西方语言哲学、语言学常识、形式逻辑、语言学史、汉语史、语言研究方法；

6. 自然科学：文科物理、环境科学、思维科学、天文学、心理学、医学、医学史、医学人文、性心理学、人类生物学、医学伦理学。

自由选修课程（略）：从上述通识课程中根据个人爱好选修6—8门。

问题：一般院校师资力量达不到开设课程的要求，目前的教学体系还没有相应的配套条件。

参考文献

李曼丽（1998）哈佛核心课程述评，《比较教育研究》第2期。

杨同用、赵金广（2009）对外汉语专业课程设置分析，《河北师范大学学报》（教育科学版）第10期。

赵长林、董泉增（2000）哈佛大学的课程改革及其启示，《清华大学教育研究》第1期。

中华人民共和国教育部高等教育司（1998）《普通高等学校本科专业目录和专业介绍》，北京：高等教育出版社。

Harvard University（1994）Introduction to the Core Curriculum.

对外汉语专业的课程设置与实习安排

河北师范大学　杨同用

摘　要：对外汉语专业是一个独立的专业，它不是某个专业的附庸，也不是某两个专业的杂烩，其专业课程设置应围绕学科理论、学科方法和学科的特点，同时还要考虑本专业主要的就业方向。本文在简要回顾对外汉语本科专业发展历程的基础上，探讨对外汉语专业的课程设置与实习安排问题。

关键词：对外汉语专业　课程设置　实习安排

作为高等学校专业名称的“对外汉语”应为“对外汉语教学”之省。实际上，1985 年原国家教委在原北京语言学院、北京外国语学院、上海外国语学院以及华东师范大学最早设立的以汉语作为第二语言教学的专业是“对外汉语教育”专业。“对外汉语”作为一个专门术语，最早出现在 1993 年国家教育部的专业目录上。不少专家（施光亨，1995；吕必松，1997；鲁健骥，2000）早就指出“对外汉语”这一名称不科学，因为汉语只有一个，本身并没有对内、对外之别。语言有中外之分，但汉语没有中外之别，外国人学的汉语就是中国人所讲的汉语。这就如同文学、哲学、历史学一样，我们只知道中国文学、外国文学，中国哲学、外国哲学，中国历史、世界历史，但并没有对外中国文学、对外中国哲学、对外中国历史之类的术语。

中华人民共和国教育部高等教育司（1998）《普通高等学校本科专业目录和专业介绍》对对外汉语专业业务培养目标的描述是：本专业注重汉英（或另

一种外语或少数民族语言，则以下有关用语做相应调整）双语教学，培养具有较扎实的汉语和英语基础，对中国文学、中国文化及中外文化交往有较全面了解，有进一步培养潜能的高层次对外汉语专门人才；以及能在国内外有关部门、各类学校、新闻出版、文化管理和企事业单位从事对外汉语教学及中外文化交流相关工作的实践型语言学高级人才。业务培养要求是：本专业学生主要学习语言学和第二语言教育的基本理论，掌握扎实的汉语言文学基本理论和知识，受到中国文学、比较文学、英语语言文学、中西比较文化等方面的基本训练，熟练地掌握英语，具有从事语言或文化研究的基本能力。

从上述培养目标和培养要求可以看出，对外汉语专业就业方向主要是对外汉语教学领域但又不限于这一领域，然而，培养目标中的新闻出版、文化管理和企事业单位从事中外文化交流相关工作却不是对外汉语专业的强项，而唯有对外汉语教学才是本专业独有的培养目标。所以，上述培养目标和培养要求不妨做出调整，那就是更突出强调其教学性质，课程设置也就可以围绕这一目标做进一步调整。

在早期，从事对外汉语教学的教师主要来自国内高等院校的中文系和外语系毕业生。原教育部培养出国汉语教学储备师资的方式是选送大学中文系毕业的学生去进修外语。60 年代北京语言学院以培养出国师资为目标的出国师资系的主要课程是汉语和外语。这些都反映了当时人们对对外汉语教学教师的要求，即“汉语 + 外语”。随着理论建设的深入，人们认识到，对外汉语教育是一门专业，它学习、研究的有汉语语言学理论、语言教学理论和语言学习理论，它的理论基础涉及语言学、教育学、心理学、文化学等诸多学科。（施光亨，1995）然而高等教育司《普通高等学校本科专业目录和专业介绍》所介绍的对外汉语专业的主要课程（基础英语、英语写作、英汉翻译、现代汉语、古代汉语、中国文学、外国文学、中国文化通论、西方文化与礼仪、国外汉学研究、语言学概论、对外汉语教学概论）却依然基本上是“中文 + 外文”的路子，而不少学校的教学计划也体现不出教学管理者对这一专业的认识。因为对外汉语专业在中国语言文学这个一级学科内，大部分学校在文学院办学，限于师资力量，所以实际上学生的外语水平并不比中文等其他文科专业水平高多少，而由于专业目标和学生精力投入少，文学基础却可能比中文专业差了很多。虽然这个专业开设了《对外汉语教学概论》等一两门本专业独有的课程，但这实际上远不能满足将来教学工作的需要。

如果以对外汉语教学人才为主要培养目标，那么文学理论、美学理论、中外文学史、中外文学作品选读类课程就与将来要从事中小学语文教学的中文专业有不同的开课课时和教学要求，甚至有些课程不是对外汉语专业的必学课程。对外汉语教学是语言教学，但是语言与文化的联系是密切的，但这并不说明在对外汉语教学中中国文学比中国历史、中国哲学、中国美术、中国音乐、中国政治等文化知识重要得多。当然外国人汉语水平达到了一定程度，其对中国文学的了解也就有了一定要求，甚至需要研究中国文学，这实际上就已经进入了汉学的层面。研究汉语首先应当掌握汉语，至少应当掌握书面语，而要学习作为交际能力的汉语，将来却不是必然要研究中国文学。

既然以对外汉语教学人才为主要培养目标，那么从专业性质来说，这一专业就应当作为师范专业。目前即使是师范院校，也大多将这一专业定位为非师范专业，这实际上就偏离了本专业的培养目标。师范专业与非师范专业的区别，就在于毕业后是否从事教学工作，开设的课程主要在于师范专业要开设心理学、教育学以及相关课程的教学法。对外汉语专业的培养目标是教学人才，理应对心理学和教育学的基本理论和方法有基本了解。对于对外汉语专业来说，教育学、心理学、信息技术基础、公共外语和政治等公共课需要开设，外语提高课也应在高年级进一步开设。此外，现代汉语、古代汉语、语言学概论、中国文化、跨文化交际、中国文学、中国历史、中国哲学以及对外汉语教学概论、对外汉语教学法、对外汉语课堂教学概论、第二语言习得理论、课堂管理、中外文化比较、外语教育心理学和世界宗教等课程也都应作为本专业的必修或选修课来开设。

对外汉语专业如果以从事教学为主要目的，那么出路有两个：一个是国内对外汉语教学单位，一个是国外汉语教学机构。然而国内留学生多分布于高校，而本科学历无法进入高校，同时世界上汉语师资有较大缺口，所以就上述两个出路来看，后者就更为可行。因为中外生活习俗、教育制度、教学理念都有区别，所以课堂管理、国际汉语课堂教学案例、国外中小学教育专题、世界宗教至少应作为选修课开设出来。

鉴于本专业的“对外”特点，外语应当是重要的课程，外语掌握得好，有助于毕业生与汉语学习者的交流，尤其便于他们在国外生活。在目前英语已成为世界通用外语的情况下，对外汉语专业毕业生的英语应达到一定水平。因为当前非通用语种国家汉语教师尤为紧缺，所以有条件的高校最好开设小语种。学生在校期间如果英语程度较高，同时小语种也能满足在国外生活的基本需要，毕业生的出路就要广得多。

课程设置的合理性只是使学生在校期间所学的知识和技能能满足其将来工作的需要，然而，我们现在听到的声音却是，世界上汉语教师奇缺，而国内大量的对外汉语专业毕业生却存在着就业难的现象。究其原因，就是国内对外汉语专业所在学院不了解国外就业市场，没有与国外用人单位联系，而国外用人单位虽然急需汉语教学人才，却又不知道通过什么途径联系国内什么培养院校和专业。我们认为，对外汉语专业所在学院应与本校外事部门、留学生教学单位密切合作，通过这些部门了解国外对本专业毕业生的需求。如果对外汉语专业与留学生教学单位统属一个学院则更利于学生就业和教学、实习的安排。

对外汉语专业不同于汉语言文学专业。中文教育不是知识和技能的传授，而是一种思维方式、感受方式、生活方式的传授。中文教育能给予学生一种有价值的思维方式与人文理念，一种抽象思辨与情感体验相结合的观察视角。虽然这种视角不能帮学生通过逻辑化的方式分析客观的物质世界以谋生，但却能帮助学生从更宏观的境界来统摄社会与人生。即使学生没有得到什么直接的谋生手段，他们也能获得一种高明人生的思想平台，这个思想平台可以为人提供一个生命休憩的场所，一种精神力量。（林春田，2009）大学中文教育注重学生人文素质的提高，注重培养民族精神、审美意识和情感体验，它与历史、哲学等专业一样，不以职业培养作为它的目标。即使是师范院校的中文专业，尽管它以培养中小学语文教师为目的，但因为语文课的教学任务是提高学生的语文素养，使学生具有较强的语文应用能力和一定的语文审美能力、探究能力，形成良好的思想道德素质和科学文化素质，为终身学习和有个性的发展奠定基础

（中华人民共和国教育部，2003），所以就提高学生人文素质、培养学生审美情趣和情感体验这一点来说，师范院校的中文专业与非师范院校的中文专业在培养目标上是一致的。当然，为了使师范院校毕业生尽快适应中小学语文教学，课程教学论以及教育学、心理学课程还是应当开设的。对外汉语专业也注重学生素质的全面提高，但它的应用性更强，教学计划的针对性也应该更强。目前高等师范院校的中文专业，除了教育学、心理学两门公共必修课外，一般只开设语文教材教法一门课程。相关课程虽然不多，但中文专业毕业生走上工作岗位，却并没有什么不适应，只要勤思好学，就可以成为受欢迎的教师。原因就在于，汉语言文学专业培养的中学语文教师执教对象是中国学习者，执教环境是中国的中学课堂，而教师本人则就曾经是中学语文学习者，就曾经生活在中国的中学课堂，不论对教学对象还是教学环境都非常熟悉，能够很快适应。而对外汉语专业毕业生出路更主要是国外汉语课堂，对于他们来说，教学对象、教学环境等周围的一切都是陌生的，如果对此没有足够的知识积累和必要的精神准备，不要说能否胜任今后的工作，甚至能否在新的环境下克服文化休克现象，能否生活下去都会成问题。

鉴于对外汉语专业毕业生出国就业的实际情况，针对性比较强的跨文化交际、课堂管理类课程应当开设出来，这类课程还应当有丰富的案例。此外，如果有条件，学校也应当为学生提供跨文化交际的空间。作为应用性比较强、就业方向比较明确的专业，语言教学能力、跨文化交际能力除了课堂培养外，还应当通过实习、实践来提高。实践教学活动在对外汉语本科专业建设中占据极为重要的地位。从总体看，高校所有本科专业都包括理论课程教学和实践教学两大部分，二者相辅相成，缺一不可。但对于以培养对外汉语教师为长远目标的对外汉语专业来说，需要突出专业性和针对性的实践教学环节，尤其要引起重视。因此，如何安排好对外汉语专业学生的实习，如何使学生的实习活动达到预期的效果，实际上已成为检验对外汉语本科专业能否培养出合格毕业生的重要标尺。我校对外汉语专业将教学实习活动的安排作为对外汉语专业教学活动的重要组成部分，重视教学实践在对外汉语本科学生培养中的重要作用，将对外汉语专业的实践教学分为三个阶段：一是与留学生语言伙伴制的建立，二是学生在本学院的教学观摩与实习，三是国内外实习基地的建立以及学生在实习基地的顶岗实习活动。学生实习的三个阶段，每个阶段都应由教师进行具体指导。

语言伙伴制就是对外汉语专业学生一入校就在学院的安排下与留学生结成对子，成为互相学习对方语言，同时对外汉语专业学生注意培养留学生语言能力的伙伴。每年秋季也是留学生入学的时期，留学生（尤其是没有汉语基础的留学生）一入学就可以由留学生管理部门为其选定1—2名对外汉语专业学生作为语言伙伴，并由语言伙伴陪同留学生办理相关证卡，陪同购买生活急需物品等。通过中外学生的共同生活，可快速提高留学生的汉语水平，并将提高对外汉语专业学生的实践能力，锻炼跨文化交际能力。对外汉语专业学生进入二年级后，通过学习对外汉语教学概论、对外汉语教学法以及汉语课堂教学案例分析等课程，以及现场观摩教学录像和学院教师讲课过程，由任课教师对学生观摩的情况以及课上出现的问题进行分析总结。三年级下学期（在个别国外学校实习可能是三年级的两个学期），学生将在国内外汉语教学机构（主要是中小学）进入顶岗实习阶段。进入四年级以后，学生可根据实习中的问题选修相关课程，报考研究生的同学在选修课程的同时，可把主要精力用于考研准备上。目前我们只把学生课堂教学的实习计入学分，条件成熟后，对外汉语专业实习的三种模式将正式纳入教学计划并确定相应学分。

对外汉语专业是一个独立的专业，它不是某个专业的附庸，也不是某两个专业的杂烩，教学计划的制订应围绕学科理论、学科方法和学科的特点，同时还要考虑本专业主要的就业方向。而要提高学生的实践能力，国际化环境下的教学实习是必不可少的。

参考文献

林春田（2009）大学中文教育改革与探索——中文类专业就业生存压力下的出路，《教育理论与实践》第21期。

鲁健骥（2000）“对外汉语”之说不科学，《语言文字应用》第 4 期。

吕必松（1997）对外汉语教学概论（讲义）（续十七）：第八章　对外汉语教学的学科性质和学科建设，《世界汉语教学》第 1 期。

施光亨（1995）关于对外汉语教学的若干议论和思考，《汉语学习》第 2 期。

中华人民共和国教育部高等教育司（1998）《普通高等学校本科专业目录和专业介绍》，北京：高等教育出版社。

中华人民共和国教育部（2003）《普通高中语文课程标准（实验）》，北京：人民教育出版社。

浅谈对外汉语专业与汉语言、汉语言文学（教育）专业重合课程教学的差别化处理 *

——以现代汉语为例

华东师范大学　刘承峰

摘　要：本文主要考察对外汉语专业的师资、教材等方面如何得到独立发展的问题。我们以对外汉语专业与汉语言、汉语言文学（教育）[1]专业重合的课程——现代汉语为例，讨论如何通过强化教师的专业意识、突出教学的应用导向、限制教材语言规则运用和突显学生的实践性参与等一体化的教学组织，体现专业培养特点，提高教学效果并为培养专业人才提供基础性保障。

关键词：对外汉语　专业　教师　教学　实践

一、引　　言

对外汉语专业作为一个相对新生的专业，自20世纪80年代初开始招生到在四所高校初设专业，再到全国近300所高校设立对外汉语本科专业，在不足30年的时间内，已在相关教学理论的构建、实践体系的搭建和完善、教学基地的建设、教学对象的扩展等领域都取得了卓有成效的进展。

---

* 本文曾在“2010年全国高校对外汉语专业建设研讨会”（北京语言大学）上宣读，得到了与会专家的指点，陆俭明老师的发言更让笔者深受启发，特此一并致谢！文中错谬，概由笔者负责。

〔1〕 下文中简称汉语言文学。

根据1998年中华人民共和国教育部高等教育司发布的《普通高等学校本科专业目录和专业介绍》，与对外汉语专业相近的专业为汉语言文学专业和外国语言文学专业。实际上，对外汉语专业与汉语言文学专业的关系更为密切，因为在对外汉语事业发展的过程中，既在发展上得到了汉语言文学专业较大借力，同时也一直对其存在较大的依赖性，如多门专业基础课的教师来源、课程和教材等方面，这也在一定程度上对本专业的发展产生影响。

本文将以对外汉语专业的现代汉语课为例，讨论如何通过强化教师的专业意识，突出教学的应用导向、限制教材语言规则运用和突显学生的实践性参与，以促进对外汉语专业的独立健康发展。

二、对外汉语专业的不独立性带来的问题

经过对一定范围高校相关专业的调研，我们发现，与汉语言文学专业不同，对外汉语专业不具备独立培养现代汉语课专业课任教师和选定授课内容的条件，主要体现在教师来源和教材选择等方面的限制。

对外汉语专业的现代汉语教师大都毕业于汉语言文学专业。因其汉语言文学专业的培养背景，对外汉语专业的现代汉语课教师在刚入职的初级阶段都要经过一段时间的角色转换期，即要思考确定自己所学知识系统与教学内容的关系，因为每位教师在讲授一门课程的时候都会遇到教什么和怎么教的问题，也就是说，新任教师怎么实现专业和职业角色的转换是一个无法回避也必须解决的问题。

对外汉语专业的现代汉语教材基本全部来自于汉语言文学专业教师领衔编著的统一教材，虽然市面上有一部分面向对外汉语专业的教材，但教材编写者大都有汉语言文学专业的教育背景，因此，真正直接面向对外汉语专业的现代汉语教材并不多，这导致了对外汉语专业所选用的教材与汉语言文学专业的现代汉语教材的重复性。

同时，教材的同质性重合现象也可能会给任课教师的教学安排带来诸多困惑：

(1)不同专业教材相同，是不是实际的教学内容要相同？

如教学内容相同，那么比较简单，但是两者怎么体现专业的差异？

如教学内容不同，那么根据什么原则来选择教材中的教学内容？

实际上，现在很多教师在教授该门课程的时候，还是“照本宣科”比较多，亦即按照针对汉语言文学专业的预设内容讲授。

（2）具体的教学过程中，教学方法、设计有没有必要体现专业差异性？如何体现？

这一问题也是普遍存在的，不同的教师在第一次开设此类课程的时候，无本可依，没有根据专业特点制定的标准或者规范来对讲授内容加以明确，因此，不同专业的教学内容不能体现专业特色。

除了教师、教材的重合之外，教师教学主动权的限制也对其教学带来一定影响。

当然，对外汉语专业与汉语言文学专业的教学也有明确不同：

汉语言文学专业的教学可以突出教学者的个性安排，比较灵活，甚至部分脱离教材，自主安排教学内容，如有的教师把《现代语言学词典》（克里斯特尔编，沈家煊译（2000），商务印书馆）中的条目按照不同的范畴归类并加以讲授。而对外汉语专业的教学则强调对语言理论、现象的共性强化，一般不能脱离教材进行专题式教学。

总之，对外汉语专业部分专业主干课程的状况是，来自汉语言文学专业的毕业生，运用汉语言文学专业的教材，在受制于教材的状况下，对对外汉语专业的同学讲授现代汉语课。

因此，如何体现专业特色，根据专业培养目标和要求来进行课程规划，这是一个长期以来没有解决的问题。如相关任课教师能自觉关注并致力于解决这一问题，将能对对外汉语专业的健康发展起到一定的促进作用。

下面，笔者将根据自己有限的教学实践经历，来讨论如何尝试突破这一瓶颈。

三、对外汉语专业与汉语言、汉语言文学专业重合课程教学的差别化处理

3.1 教师，强化专业意识

1998 年教育部高等教育司发布的《普通高等学校本科专业目录和专业介

绍》对中国高等学校本科专业的定位有明确阐述，这也是各高校制定培养方案和课程计划的基础性指导文件。

汉语言文学专业的业务培养目标是：“培养具备一定的文艺理论素养和系统的汉语言文学知识，能……从事文学评论、汉语言文学教学与研究工作，以及文化、宣传方面的实际工作的汉语言文学高级专门人才。”汉语言专业的业务培养目标是：“培养具备汉语及语言学、中国文学等方面的系统知识和专业技能，能在高校、科研机构和机关企事业相关部门从事汉语言文字的教学科研、对外汉语教学、语言文字管理及语言应用方面实际工作的语言学高级专门人才。”

对外汉语的专业培养目标是：“本专业注重汉英（或另一种外语或少数民族语言，则以下有关用语做相应调整）双语教学，培养具有较扎实的汉语和英语基础，……，有进一步培养潜能的高层次对外汉语专门人才；以及能……从事对外汉语教学……的实践型语言学高级人才。”

因此，相对于汉语言文学和汉语言专业培养定位于“汉语言文学高级专门人才”和“语言学高级专门人才”，对外汉语专业的定位就是培养“实践型语言学高级人才”和“对外汉语专门人才”。

作为对外汉语专业的专业课教师，应根据专业的明确定位，树立自身的专业意识。

首先，不同专业在所讲授的基本的语言知识、语言理论上是一致的，这也是不同专业教学内容的互通之处。但除此之外，更应该认识到与自身教育背景要向“深”挖掘，力求进行完整理论体系的不同教授。对外汉语专业的教学侧重点应为向“外”的应用扩展，主要可以在教学内容的筛选上下功夫，区分不同专业的特点。

如，在讲授语法部分的句法分析时，教材中大多都会有直接成分分析法和层次分析法的内容，这也是不同专业都要精讲的部分。部分汉语言文学专业的教师则会全方位展示句法分析的相关理论体系，并从学史的角度对相应分析方法加以定位和评价，如直接成分分析法、层次分析法、变换分析法、语义指向、语义特征等分析方法，从而帮助同学在理论体系的系连对比中对相应分析方法加深认知，这也是毕业自汉语言文学专业的教师一种内化的“习惯”。

其次，虽然专业定位是培养“对外汉语专门人才”，但现实情况是，现在的对外汉语本科生绝大部分不能做到就业的“专业对口”，也就是说不能直接进入汉语国际推广的职业范畴。因此，为了与这一目标协调，教师应把学生的培养潜力纳入自己的思考范围，即在教学中为学生的进一步深造提供一定的基础性准备，如组织同学分析一定的个案，增强学生解决实际问题的能力。

就对外汉语专业来说，可提供给学生大量的鲜活语料，促其对所学分析方法进行实践检验，并真正掌握分析技巧。我们在对对外汉语专业学生的教学过程中，安排学生分组并选择一本选用频率较高的留学生精读教材，首先筛选出每一课中重点讲解的句子，然后用不同方法加以分析，最后汇总大家的成果，并按照教材加以分列，大家共享相关资料。

在这一过程中，学生既能把学到的句子分析理论加以实际运用，更能积累“例外”素材，这对以后处理各种句子都会提供一定的帮助。

因此，对外汉语专业教师在现代汉语教学中，首先要重新树立并强化自己的专业意识，并在教学内容的选择、教学的应用导向上下功夫，这样才能强化学生运用已稳定的理论去解释“活”的语言现象。

3.2　教学，据应用导向突出课堂教学重点、难点

不同专业应该有不同的教学重点和难点，即使同一个章节，不同专业也应有不同侧重点。

现代汉语课程的语音部分是一个重要章节，基本内容包括语音基本知识、元音、辅音，声母、韵母、声调及音节结构、音位、音变等基本内容。

与汉语言文学专业强调讲授现代汉语音系、整体上把握现代音系理论不同，对外汉语专业在教学中更强调对于“个案”的预判和辨正。

3.2.1　教学中突显教材知识体系中的问题

《汉语拼音方案》一般会安排在“语音”这一章出现，这一部分在汉语言专业不是最重要的讲授内容，但是，对于对外汉语专业来说，却可作为一个重点来加以突出。因为在对外汉语教学实践中，留学生学习汉语的发音即是从拼音开始，并且集中于零起点的初始阶段，具有集中习得性，后续学习的语音学

习、正音练习都以此为基础，因此，掌握系统的《汉语拼音方案》对本专业学生以后的教学将会起到极大的促进作用。

客观来说，《汉语拼音方案》制定已经有52年的历史，在体系上存在一定问题，但很多教材却没有对相应的问题加以明确，这反而是我们应该强调的内容。如：隔音符号除了“ ’ ”外，还有字母“Y、W”，除了讲授隔音符号的运用规则，更应该强调半元音的地位和这些成分的隔音性，因为学生容易把它们看作标音符号，并据此拼读，这都会造成读音偏差。

汉语拼音系统中，“iou、uei、uen”中的韵腹要省略，以“iu、ui、un”形式出现，部分同学据形拼读，只读韵头和韵尾，导致出现发音偏差。

韵母“ü”在声母“j、q、x”后两点要省略，产生同形异实现象。如“jun”和“lun”中的“un”，有的同学就会把“lun”和“jun”中的“un”读为同一个音，做无差别化处理。

汉语拼音中还存在形实错位的问题，如“ong”和“ɑo”中的“o”实际读音是音[u]；“iong”的读音是[yŋ]，这也反映在部分教材“四呼”归类的错误上，学生据形拼读肯定会存在发音不准的问题。

音调，尤其是连读变调的教学应该突出，很多留学生“洋腔洋调”就是来自每个音读得“太不准”或者“太准”。

3.2.2 系统把握教学中的易错现象

除了注意教材体系中存在的问题，还应注意最新研究成果，如在对外汉语教学中具有普遍性的语音偏误的归纳等，这些内容可以酌情放入教学过程中，提醒学生注意教学对象对教学内容的决定作用。

如根据毛世桢（2008）的表述，舌尖后音“zh”“ch”“sh”“r”在其他音系中较少出现，但是留学生在学习中显示出更强的辨别“自觉性”，但是与“i”相接时，容易出现腭化，应引起注意。

“f”作为唇齿音，韩国同学容易发成双唇音，日本同学容易发成“ɸ”。

再如，在讲述现代汉语的特点时，一般教材都会提到：语序和虚词是重要的语法手段。但是面对很多语序的对比时，难以拿出很好的鉴别方法，这也是某些亚洲国家同学易错的点。如：

（1）你在华东师范大学学习。

（2）* 你学习在华东师范大学。

（3）我吐在马桶里。

（4）* 我在马桶里吐。

其中，（2）、（4）句都不合法，而（1）、（3）句都合法，实际上，如果运用认知语言学中的象似性理论就很容易解释。

因此，在教学中，教师应该既能把握相应课程内容体系，更能根据留学生的国别来源加以区别可能的教学难点，对对外汉语专业学生未来可能会遇到的问题加以提前储备讲授。

另外，我们在教学中充分利用学生来自不同地域的特点，在讲授普通话语音系统的基础上，布置学生系统考察自己方言语音系统，重点梳理体现方言特点的音素、音调、音变以及特殊发音，最后归纳总结形成“方言语音对比数据库”，这也将为不同地域的对外汉语专业的语音教学提供数据上的支持。

3.3　教材，规则讲授中强调对规则的运用限制

现代汉语课的一个重点章节就是语法，对于对外汉语专业来说，更应该重视语法规则使用中的限制，而不仅仅是理论条文式说明。如：

在讲授此类系统时，都会提到“修饰语 + 形容词”可做定语，但没有进行规则限制，这将会导致学生造出大量不合法语句，为此，应在课程教授过程中有意识地对相关语言现象加以关注。如：

（5）她是一个非常美丽的姑娘。

（6）* 她是一位真美丽的姑娘。

再如，在某教材的语法知识中有如下规则：

可能补语——可能补语的肯定式相当于“能 + 动词”；

可能补语的否定式相当于“不能 + 动词”。

学生造出的例句如下：

（7）* 作业太多了，我不能写完。

（8）* 车子太小了，我不能上去。

如果在讲述该规则的时候，对其加以限制，则出现这种错误的几率应该会有所降低。

能愿动词“能、可能”表示可能，但口语中更多的是用可能补语表达。

再如，郭智辉（2007）举出的例句，这些例句都是根据教材中对兼语句的论述所造，也是没有对其运用规则加以限制。如：

（9）*老师使我擦一擦黑板。

（10）*老师使我们作文。

（11）*我使他做这件事。

（12）*秦始皇使大臣修长城。

（13）*母亲使聂小倩住她家。

（14）*他只会使人做这做那，自己从来不干。

再如钱道静（2008）所举“把”字句涉及的一类错误：

（15）把饺子放在桌子上。

（16）*把饺子吃在桌子上。

因此，教材规则的讲授是比较容易的，但同时也是比较枯燥的，如果只停留在规则的传授上，让学生记住干巴巴的几条规则，那么在他们教学的时候，留学生只能造出大量不合规则的语句。所以，规则的讲授只是第一步，而对规则的限制则是更重要的。

3.4 实践，增加学生的参与，提升自我能力

现代汉语教材中的大部分内容放在理论部分，相对来说，给予学生可以自主参与的部分较少。如汉字章节，一般的教材存在古今混讲现象，其中还包括规范化的条文规则，学生学得没意思，教师教得没兴趣。

在教学的过程中，如果在基本教学内容的基础上，给学生更多地参与到教学中来的机会，既可以激发学生学习兴趣，也可以让学生真正把握运用所学理论知识，提高实践能力。

臧克和（2006）曾指出，汉字形体的属性决定了视知觉在汉字认知中的重要地位，并把汉字的视知觉认知规律看作是汉字认知领域研究的基本问题。因此，涉及汉字的形音义系统，形是最基本的认知起点，义的理据性则是进一步

的分解认知。但是在教学中，汉字的读音应该是最早学习的，在知晓了一定的汉字发音后，结合形义，可以很好地掌握汉字。

李大遂（2006）也指出，“具有构形组字能力的通用汉字偏旁（包括变体）一共约有1600多个，以这些偏旁系联现代汉语合体通用字，就可以系联出1600多个形系字族”，“具有表音功能的通用汉字偏旁约有1400个，以这些表音偏旁系联合体通用字，可以系联出1400个音系字族”，“具有表义功能的通用汉字偏旁约有400多个（包括100多个表义兼表音偏旁），以这些表义偏旁系联现代汉语合体通用字，就可以系联出400多个义系字族。”陈枫（2006）就系统陈述了汉字常用的38个义符。王淑华、资中勇（2007）则类聚以“口”为形符的汉字100个，并根据语义成场加以归纳分类。

因此，在讲授现代汉字知识系统的同时，从字源、字理等历时角度，结合现代教育技术，利用现代汉字的表形、音、义的系统性建立常用汉字的形体库，并在分类的过程中体会总结理据性的规则，最后，在统计的基础上梳理不同的规则并加以优化。这样一种教学的扩展既可以让学生把所学的现代汉字的形体知识运用到汉字分析中，也为学生在以后的教学中提供丰富的参考储备资源。

当然，在教学过程中，除了文字部分之外，语音部分、词汇部分和语法部分都可尝试推行。如教材中对于语法部分虚词的介绍限于定义、确定条件、分类等，实际上这对于对外汉语专业学生来说远远不够，因为在日后的教学中，每一个虚词的具体用法都可能会成为教学重点。如果在词性分类的基础上，给学生提供较有代表性的学术著作延伸阅读，并在阅读的基础上对每一类虚词内部重新划类、说明，这既能开阔学生阅读视野，又能反过来促进教材知识的学习，还能为学生以后的教学提供一定的知识储备。

四、结　　语

通过上文分析，笔者主要思考的是对外汉语专业与汉语言、汉语言文学专业重合课程专业特色的突显，教学内容的再分析，并思考如何在此基础上提高教学效率，真正实现本专业培养目标的独立实现。

同时，基于教材的重要性，有的学校也在自编校本对外汉语专业的现代汉语教材。但是，笔者认为这种方式的探索意义不大，因为教材的编写受制于多种因素，教学经验法反而不能作为评价的重要标准。

笔者认为，如能通过教师的专业化意识的强化、教学过程的应用导向，对教材中规则的运用进行限制并突显学生的实践性等多层次的教学组织，应该可以体现对外汉语专业的特点，并进而提高教学效果。

当然，我们在进行对外汉语课的教学中，还致力于对现有教材辅助材料的编写，在教学中通过进行案例的搜集、汇总、整理和反复检验，为本专业教材进行横向上的扩展，并为以后的教学提供素材积累。我们还将在对外汉语系的网站上建立开通“对外汉语教学”专题论坛，在论坛上和全国近300所高校的对外汉语专业师生进行交流，并免费提供我们的案例库和教学素材，在这一过程中，高校之间的合作也将会为我们的教学案例素材库丰富资源，并终将为我们专业的教学提供实际的支持。

当然，以上只是笔者的一个简单思考，请方家指正。

参考文献

北京大学中文系现代汉语教研室编(2004)《现代汉语》(重排本)，北京：商务印书馆。

陈　枫(2006)《汉字义符研究》，北京：中国社会科学出版社。

胡裕树主编(1995)《现代汉语》(重订本)，上海：上海教育出版社。

黄伯荣、廖序东主编(2007)《现代汉语》(增订四版)，北京：高等教育出版社。

兰宾汉、邢向东主编(2006)《现代汉语》(上下册)，北京：中华书局。

李大遂(2006)汉字的系统性与汉字认知，《暨南大学华文学院学报》第1期。

齐沪扬主编(2007)《现代汉语》，北京：商务印书馆。

钱道静(2008)对外汉语专业现代汉语课教学改革探索，《信阳师范学院学报》(哲学社会科学版)第5期。

邵敬敏主编(2007)《现代汉语通论》(第二版)，上海：上海教育出版社。

王淑华、资中勇(2007)重视意义在对外汉字教学中的作用，《云南师范大学学报》(对外汉语教学与研究版)第2期。

邢福义、汪国胜主编(2003)《现代汉语》，武汉：华中师范大学出版社。
臧克和(2006)结构的整体性——汉字与视知觉，《语言文字应用》第3期。
张　斌(2008)《新编现代汉语》(第二版)，上海：复旦大学出版社。
周一民(2006)《现代汉语》(修订版)，北京：北京师范大学出版社。

附录：

1998年教育部高等教育司发布的《普通高等学校本科专业目录和专业介绍》

	汉语言文学	汉语言文学(教育)	汉语言	对外汉语
培养目标	本专业培养具备一定的文艺理论素养和系统的汉语言文学知识，能在新闻文艺出版部门、高校、科研机构和机关企事业单位从事文学评论、汉语言文学教学与研究工作，以及文化、宣传方面的实际工作的汉语言文学高级专门人才。	本专业培养具有汉语言文学基本理论、基础知识和基本技能，能够在高等和中等学校进行汉语言文学教学和教学研究的教师、教学研究人员及其他教育工作者。	本专业培养具备汉语及语言学、中国文学等方面的系统知识和专业技能，能在高校、科研机构和机关企事业相关部门从事汉语言文字的教学科研、对外汉语教学、语言文字管理及语言应用方面实际工作的语言学高级专门人才。	本专业注重汉英(或另一种外语或少数民族语言，则以下有关用语做相应调整)双语教学，培养具有较扎实的汉语和英语基础，对中国文学、中国文化及中外文化交往有较全面了解，有进一步培养潜能的高层次对外汉语专门人才；以及能在国内外有关部门、各类学校、新闻出版、文化管理和企事业单位从事对外汉语教学及中外文化交流相关工作的实践型语言学高级人才。

(续表)

	汉语言文学	汉语言文学(教育)	汉语言	对外汉语
培养要求	本专业学生主要学习汉语和中国文学方面的基本知识，受到有关理论、发展历史、研究现状等方面的系统教育和业务能力的基本训练。毕业生应获得以下几方面的知识和能力： 1. 掌握马克思主义的基本原理和关于语言、文学的基本理论； 2. 掌握本专业的基础知识以及新闻、历史、哲学、艺术等学科的相关知识； 3. 具有文学修养和鉴赏能力以及较强的写作能力； 4. 了解我国关于语言文字和文学艺术的方针、政策和法规； 5. 了解本学科的前沿成就和发展前景、教育发展的需要，拓宽专业知识，提高教学水平，在将新	本专业学生主要学习汉语言文学的基本理论和基本知识，受到教育及教学研究的基本训练，具有良好的人文素养和教师职业素养，初步具备从事本专业的教学能力和科研能力。毕业生应获得以下几方面的知识和能力： 1. 具有正确的文艺观点、语言文字观点和坚实的汉语言文学基础知识，并具有处理古今语言文字材料的能力、解读和分析古今文学作品的能力、协作能力和设计实施语文教学的能力； 2. 了解语言文学学科的新发展，并能通过学习，不断吸收本专业和相关专业新的研究成果，拓宽专业知识，提高教学水平，在将新知识引入语文教学的实践中，富有开创精神；	本专业学生主要学习汉语及语言学、中国文学的基本理论和基本知识，受到有关理论思维和专业技能的基本训练，掌握调查研究、语言教学的基本能力。毕业生应获得以下几方面的知识和能力： 1. 掌握马克思主义基本原理，汉语及语言学、中国文学的基本理论、基本知识； 2. 掌握语音实验技能、中文信息处理技术、汉语教学法； 3. 具有哲学和文史知识基础，以及较强的写作能力和社会调查能力； 4. 了解我国有关语言文字的方针、政策、法规和当前语文文字工作任务； 5. 了解语言文字研究的理论前沿和汉语科技应用的前景；	本专业学生主要学习语言学和第二语言教育的基本理论，掌握扎实的汉语言文学基本理论和知识，受到中国文学、比较文学、英语语言文学、中西比较文化等方面的基本训练，熟练地掌握英语，具有从事语言或文化研究的基本能力。毕业生应获得以下几个方面的知识和能力： 1. 掌握汉语言文学学科的基本理论和基本知识，对有关的社会科学、人文科学与自然科学有 定的了解； 2. 掌握对外汉语教学的基本理论与方法，能进行课堂与教学； 3. 具有相应的社会调查研究能力、一定的创造性思维能力和初步从事科学研究的能力；

（续表）

	汉语言文学	汉语言文学(教育)	汉语言	对外汉语
培养要求	知识引入语文教学的实践中，富有开创精神； 6. 能阅读古典文献，掌握文献检索、资料查询的基本方法，具有一定的科学研究和实际工作能力。	3. 了解本专业及相关专业各学科学术发展的历史，重视传统文化的继承和发展，同时具有一定的哲学和自然科学素养，掌握资料收集、文献普查、社会调查、论文写作等科学研究的基本方法，逐步学会在文理渗透、学科交叉的前提下，开辟新的领域； 4. 熟悉教育法规，具有初步运用教育学、心理学基本理论和汉语言文学教学基本理论，运用现代教育技术从事教学工作的基本能力； 5. 有良好的口语和书面语表达能力。	6. 掌握文献检索、资料查询的基本方法，具有一定的科学研究和实际工作能力。	4. 有较全面的英语听、说、读、写、译能力； 5. 了解对外交往的有关方针、政策和法规，具有一定的外事活动能力； 6. 了解本学科的理论前沿、应用前景与发展动态。
主干学科	中国语言文学	中国语言文学	中国语言文学	中国语言文学、外国语言文学
主干课程	现代汉语	现代汉语	现代汉语	现代汉语
相近专业	广播电视新闻学、编辑出版学	汉语言	汉语言文学、对外汉语	汉语言文学、外国语言文学

对外汉语专业外语课程设置研究

烟台大学　黄　河

摘　要：外语教学是对外汉语专业本科教学中一个非常重要的方面，然而由于人们对该课程重要性程度的认识不同以及办学条件的差异，各个学校对外汉语专业外语课程的设置也有很大的区别。搞清楚对外汉语专业外语教学的性质和地位，是正确把握外语课程设置的关键所在。本文主要通过两轮人才培养方案的教学实践及统计数据，来谈谈对外汉语专业外语课程设置中的得与失。

关键词：对外汉语　外语教学　课程设置

在当今全球一体化的大背景下，外语教学始终是大学本科教育的一个至关重要的环节。中国能不能走向世界，能不能融入世界经济圈，在很大程度上取决于我们所培养人才的外语水平。对于以涉外为主要就业领域的对外汉语专业来说，外语是从事专业的基础和前提，是学生赖以谋生的工具，外语水平的高低直接关系到学生的就业和前途。因此，开展全方位的外语教学，切实提高学生的读、写、听、说、译水平，就显得尤为重要。

一

对外汉语的外语教育可追溯至上世纪60年代，当时我国还未设立对外汉语专业。为了解决对外汉语教学的师资问题，从1961年开始，教育部连续几年从大学中文系选拔应届毕业生，分别进修英语、法语、西班牙语、阿拉伯语，进修期限为三年，以期达到专业的外语素质，然后再派往国外从事对外汉语教学工作。到上世纪80年代初，北京语言学院（现“北京语言大学”）率先招收对外汉语本科学生。根据对外汉语专业的特点，该校除了把专业英语作为学生的必修课外，还开设了第二外语，学生毕业时外语必须通过专业四级，力求达到专业八级。到了80年代中期，华东师范大学、上海外国语学院（现“上海外国语大学”）、北京外国语学院（现“北京外国语大学”）相继成立了对外汉语专业。由于该专业把培养目标定义为“专门培养熟练驾驭汉英双语，能在国内外将汉语作为第二语言进行教学的师资，以及从事中外文化交流的专门人才”，虽然各个学校外语类课程设置不尽一致，但都具有专业外语的性质。以华东师大为例，该校对外汉语专业的外语类课程包括：英语精读、英语泛读、英语口语、英语写作、英汉互译、高级英语阅读、汉英对比、英译中国文学选读、西方文化、世界文学经典、英国文学史及作品、美国文学史及作品等。就外语类课程在整个专业课程所占比例来看，外语类课程所占比例通常达到30%以上，其中北京外国语学院对外汉语专业的外语课程所占比重最大，占全部课程比例的45%。学生毕业时外语专业四级考试通过率达100%，专业八级考试通过率达到95%以上。

进入新世纪以来，由于对外汉语不再属于设控专业，不少高校借全球“汉语热”的东风，纷纷开办对外汉语专业。然而由于办学理念、办学定位以及办学条件的差异，各个高校对外汉语专业所开课程并无统一的标准，办学质量也相差悬殊。一些办学条件较好而又负责任的高校（如云南大学），对外汉语专业不仅开设专业外语，而且坚持小班（每届仅招收30人左右）上课，严把教学质量关。而一些以创收为目的的高校，对外汉语专业动辄招生一二百人，教学以低成本运行，外语教学仅限于大学公共英语。这类学校不仅外语类课程教学水平低，汉语类课程的教学也很难达到专业要求。更多的一些学校是在开设大学英语的基础上，追加一些后续课程，如英汉翻译、英语视听说之类的课程，然而由于学生缺乏扎实的专业英语基础，这些后续课程很难收到理想的效果。

二

烟台大学对外汉语专业申办于2002年，2003年秋季开始正式招生。受当时办学条件和师资力量的限制，整个专业课程都是以中文专业为依托，大学前两年完全是与中文专业同一教学平台，外语课程也与中文专业一样，都是开设大学公共英语。然而对外汉语专业对外语的要求毕竟不同于中文专业，出于加强外语教学的考虑，除了大学英语之外，当时的教学计划还参照国内兄弟院校的做法，增设了英语口语、英语写作、英汉翻译、英语视听说、英文报刊阅读等课程。学生毕业时，英语水平要求达到大学英语六级。由于是首轮办学，缺少教学实践和管理经验，再加上遭遇院系调整、师资危机等一系列变故，我们不得不把主要精力用于维持教学的正常运行上，学科建设根本无暇顾及。直到2006年，学校要求开展新一轮的教学培养方案修订工作，我们才把工作的重心逐步转移到对外汉语专业课程设置的审订工作中来。为此学院还专门成立了新一轮人才培养方案工作小组，全面负责原对外汉语专业人才培养方案的修订工作。

通过深入的调查研究，我们发现原培养方案主要存在两个方面的问题：

首先是课程设置的比重不合理，严重背离专业培养目标。由于原方案与中文专业是同一个教学平台，该平台所设课程都是为中文专业的培养目标服务的，与对外汉语专业的培养目标则有比较大的差距。譬如，对外汉语专业的核心基础课程《现代汉语》通常设定为8学分，每周安排4学时，开设时间为一年；原方案仅安排4学分，每周4学时，开设时间为一个学期，根本无法完成教学任务。而与对外汉语专业关系不大的文学类课程，原方案设定的比重则远远超出了实际需要。譬如《现当代文学史》设定7学分，开设时间为一年;《中国古代文学史》设定12个学分，开设时间为3个学期。这种偏离专业培养目标的课程设置对于学生构建扎实的专业基础，无疑会产生相当大的负面影响。

其次，大学公共外语无法满足对外汉语专业的需要。大学公共外语是为了满足国内大学普通专业的外语需求而设置的，教材的深度和学时都有特定的限制，授课形式也是大班上课，学生课堂练习的机会很少。而对外汉语是培养精通英汉双语的外向型人才，对学生读、写、听、说、译的水平都有很高的要求，必须达到一定的水准，才能满足专业需要。原培养方案尽管在大学英语的基础上追加了一些辅助性外语课程，但是由于作为核心外语课程的《大学英语》教材难度低，授课时数少，课堂互动效果差，很难为学生奠定扎实的外语基础。基础未打好，在该基础之上开设的辅助性外语课程则失去了依托，难以收到预想的效果。从我们了解到的毕业生就业信息的情况来看，由于外语基础差，毕业生考研外语受限、找工作涉外部门难进的现象非常普遍，外语能力可以说已成为制约对外汉语毕业生就业的重要瓶颈之一。

找准问题之后，我们与学院领导及时进行了沟通和交流。当时学院正经历一个特殊的发展时期，工作头绪多，各项事务异常繁杂，但学院领导始终贯彻学校以教学为中心的指导原则，力排众议，坚持把对外汉语专业的教学工作放在首位。只有充分尊重对外汉语专业自身的教学规律，并按照学校的统一要求搞好对外汉语专业的教学工作，才能把烟台大学先进的管理理念和管理制度引入到我院的教学管理工作中去，避免被边缘化的窘境。在学院领导的大力支持下，学院人才培养方案修订工作小组对原方案存在的问题进行了系统的分析和论证，并从以下三方面对原方案进行了调整：

（1）建立科学的专业课程体系，大力压缩与汉语专业关系不大的文学课程比重，提高汉语专业基础课的课时比重。

（2）根据对外汉语的专业需要加大外语类课程的比重，把压缩文学类课程节省下来的课时投入到外语教学中来。在外语课程设置上彻底放弃《大学英语》，同时引进专业英语教材，在大学学习前两年开设专业英语课，从根本上改变学生外语基础薄弱的局面。根据学生的要求，第二外语开设时间也由大四提到大三，以免与学生考研和找工作发生冲突。

（3）在保证完成教学任务的前提下，适度缩减专业必修学分的总量，给学生更大的自由发展空间。此外，根据学校的要求，对外汉语专业又细分为对外汉语和涉外文秘两个方向，以满足社会对不同知识结构类型人才的需要。

新培养方案的大框架确立之后，学院人才培养方案修订工作小组又对具体课程设置进行了反复研讨，并把方案初稿提交全院教师讨论。经过一年多前后四轮的反复修改，新的对外汉语人才培养方案最终在全院达成共识，并于2007

年4月正式提交学校，获校长办公会审查批准后，在山东省教育厅备案，成为我校对外汉语专业法定的教学执行计划。

三

新的对外汉语人才培养方案从2007年秋季正式开始实施，到现在已经过了两轮的教学实践。从新的人才培养方案实施效果来看，由于外语课程选用了专业教材，增加了授课时数，学生在听、说、读、写、译各方面都能得到正规的训练，大多数学生的外语水平有了质的飞跃，专业基础得到进一步强化。然而由于一些相关配套措施没有落实到位，新的对外汉语人才培养方案在执行过程中也暴露出一些问题。

首先是师资配备不到位。新方案的外语类课程除了精读之外，还有阅读、听力、口语、写作、英汉翻译等课程，但学校仅给我院配备一名专职英语教师，师资缺口很大。而学校的二级管理制度又要求我院自己解决教师上课问题，师资匮乏就成了制约对外汉语专业发展的首要问题。

其次是生源在入学时未经过筛选，外语基础参差不齐，对课堂教学进度有一定的影响。学习专业外语首先要求学生具备一定的外语基础，通行的做法就是在高考录取时加试口语，或者入学后根据外语基础分班上课，因材施教。但这样的配套措施都未实行，不同外语基础的学生在同一个班里学习，难免会影响到正常的教学进度。

第三是我们对学生缺乏必要的正确引导，不少学生还未树立起牢固的专业理念。一些学生根本不了解外语在整个对外汉语专业中的基础地位和重要作用，以至于发出了“我们是来学习对外汉语的，为什么还要学习外语”这样的怨言。他们不明白对外汉语首先要掌握“对外”的工具，具备“对外”的实力，“汉语”才能派上用场。还有的学生对目前竞争异常激烈的就业形势视而不见，丝毫不珍惜来之不易的学习机会，整天沉迷于各种社会活动之中。这些学生不仅仅是外语课程学习跟不上，专业课也没有好好学习，有的学生一个学期就挂了3门课。由此可见，要取得好的教学效果光靠发挥教师的积极性是远远不够的，必须坚持对学生进行正确的教育和引导，充分调动学生学习的积极性，才能收到比较好的教学效果。

针对近来一部分学生质疑新方案外语课程设置的呼声，我们对整个对外汉语专业的教学情况进行了问卷调查，其中涉及外语课程设置的调查内容有下列三项：

A. 目前所开外语课程尚无法达到实用（读、说、听、写、译）程度，外语课程还需加强。

B. 目前所开外语课程已能满足专业就业和考研需要，外语课程维持现状不变。

C. 目前所开外语课程超出专业就业和考研需要，外语课程量应该适当压缩。

最后选项的调查统计结果如下：

表 1　对外汉语专业外语课程设置调查

内容 / 年级	参加调查人数	选项A（需要加强）	选项B（保持不变）	选项C（适当压缩）
对外051	80 人	47 人	23 人	10 人
对外061	90 人	55 人	31 人	4 人
对外071	77 人	22 人	35 人	20 人
对外081	88 人	50 人	36 人	2 人
总计	335 人	174 人 / 51.9%	125 人 / 37.3%	36 人 10.7%

这里需要指出的是，对外 05 级和对外 06 级执行的是原培养方案，所学外语的核心课程是《大学英语》，因此认为外语需要加强的呼声比较强烈，选项比例高达 60%，选择保持不变的有 31%，选择适当压缩的只有 8%。对外 07 级和对外 08 级执行的是新培养方案，所学外语的核心课程是专业外语，但是选择需要加强的仍达 46%，选择保持不变的有 43%，选择适当压缩的只有 13%。同样是学习专业外语，对外 08 级学生比对外 07 级的态度要积极得多，绝大多数人都对新方案持肯定态度，持否定态度的只有 2 人。从总的统计结果来看，选择外语需要加强和保持现状的接近 90%，占学生的绝大多数，选择外语适当压缩的只有 10%左右，占学生比例的很少一部分。

如果进一步深入分析，选择外语课程需要适当压缩的这 10%的学生又可分为三种情况：第一类学生的选择缘于对所学专业缺乏了解，他们不仅不明白专业外语对于以后考研和从事本专业工作的重要价值，而且不了解在高年级还要开设两门双语专业理论课程，用的都是原版英语教材，如果不具备一定的英语水平，是无法完成学习任务的。如果真正明白了外语在对外汉语专业中的基础地位，相信他们是不会再做出这样的选择的。第二类学生是所谓的“社会活动家”，他们把主要精力都投入到学校的社团活动之中，有的一学期甚至缺课达一个多月。学习对他们来说无疑是沉重的负担，减少课时、降低难度自然成为他们追求的目标，因此，选择适当压缩外语课程也是顺理成章的事情。第三类属于外语基础比较差的学生，大都来自西部落后地区，由于外语基础薄弱，上课感到吃力，希望外语能降低难度。这类学生所占比例很少，仅为个别现象。

是不是我们开设专业外语难度太大，以至于学生无法承受呢？为了弄清这个问题，我们又查阅了上学期实施新方案的对外 07 和 08 级的外语考试成绩，这里以难度相对比较大的《英语精读》课为代表，具体成绩分布如下：

表 2　对外 07 级 2008—2009 学年秋季学期英语精读课考试成绩分布一览表

成绩 年级	优秀	良好	中等	及格	不及格
对外071	3 人	34 人	37 人	13 人	4 人
所占比例	3.3%	37.4%	40.6%	14.3%	4.4%

表 3　对外 08 级 2008—2009 学年秋季学期英语精读课考试成绩分布一览表

成绩 年级	优秀	良好	中等	及格	不及格
对外081	15 人	38 人	25 人	7 人	3 人
所占比例	17%	43.2%	28.4%	8%	3.4%

从以上的统计情况来看，两个年级各个分数段的成绩均呈正态分布，两头小，中间大，成绩不及格的人数所占比例很小，这说明该课程的难度并未超出学生的能力范围，与学生的外语基础和接受能力是基本相适应的。而学生英语听力和英语口语课的考试成绩更好，没有出现不及格的情况。

新方案外语类课程还有一个容易引起误解的问题，那就是课程的性质问题，即专业外语是否等于外语专业？答案自然是否定的。专业外语是为了适应专业的特殊需要而开设的外语，要求学生通过一定的学习和训练达到专业需要的外语水平。新方案的外语类课程仅仅是在大一和大二开设了英语专业的基础课程，英语专业的高级英语和相关专业课程均未涉及，所以尽管对外汉语选用了英语专业的基础课程教材，但开课的时间和学习深度都无法与英语专业相比，只是在特定时间段的一种强化外语的学习方式罢了。

四

通过以上分析可以看到，新的对外汉语人才培养方案是经过反复修改、集众人之智慧而形成的优秀培养方案，通过两轮教学实践的检验，其科学性和实用性是毋庸置疑的。至于方案在实施过程中因配套措施未跟上而遇到的一些困扰，则属于发展中的问题，需要从发展的角度来予以解决。

首先是外语师资问题。有了好的培养方案，必须有充裕的师资来予以落实。解决外语师资问题可以引进专职外语教师，也可以通过协商由外语学院来承担专业外语的教学任务。

其次是生源问题。学习专业外语需要具备一定的外语基础，凡是办学水平比较高的大学（如北语、北外、上海师大），对外汉语专业招生都要加试口语。因此，要提高我院的生源水平，也必须采取这一做法。

第三是引导学生树立牢固的专业理念问题。专业理念是支撑学生学好专业的精神支柱，有了牢固的专业理念，学生才有可能为学好专业而努力拼搏，成为祖国需要的栋梁之材。

对外汉语专业文化类课程教学体系建设初探*

金陵科技学院　赵步阳
南京师范大学　王晓荟

摘　要：近年来，随着我国普通高校对外汉语本科专业的快速发展，对外汉语专业文化类课程教学体系的建设，理应受到越来越多的重视。本文在讨论了相关研究背景的基础上，分析了我国对外汉语专业文化类课程的开设现状、对外汉语专业文化类教材的使用现状等问题，进而针对对外汉语专业文化类课程的构成、教材的编写与实践教学体系的建构等问题进行了初步的探讨。

关键词：对外汉语专业　文化教学　语言教学　教学体系

20 世纪 80 年代，对外汉语本科专业开始在国内个别高校得到发展。近几年，对外汉语本科专业呈现出超常规发展的态势，仅仅是 2006—2009 年，教育部审批同意开办对外汉语本科专业的普通高校就达到了近 160 所。该专业这一快速发展的态势，使得与专业建设有关的各种问题，均不可避免地成为理论研究的关注点，这其中，自然也包括了对外汉语专业文化类课程教学体系的建设问题。

* 基金项目：金陵科技学院 2009 年教育教改研究立项课题（JY092015）。

一、相关研究背景

1.1 不一样的“对外汉语专业”与文化教学

对外汉语专业的办学对象有两类，一类是汉语作为第二语言的学习者，包括外国人或我国的少数民族，以及海外出生的华人子弟等；还有一类则是中国学生，他们经过学习，将从事汉语作为第二语言的教学工作。本文所讨论的对外汉语专业，主要指的是后者。

李晓琪教授曾指出，20 世纪 80 年代以来，“对外汉语文化教学研究，经历了一个从不被重视到被注意、被热烈关注到趋于平稳的过程”。实际上，这句话里所说的“对外汉语文化教学”，指的是针对外国人等进行的汉语作为第二语言教学过程中的文化教学，而不是指面向中国学生的对外汉语专业所开展的文化类课程教学，两者的教学要求是有差异的。与汉语作为第二语言教学过程中的文化教学受到普遍重视所不同的是，对于国内目前快速发展的对外汉语专业（面向中国学生）而言，文化类课程的教学究竟应当涵盖哪些内容以及应当如何展开等问题，仍然有待学界给予必要的关注。

1.2 对外汉语专业的课程设置及文化类课程的地位

关于对外汉语专业（面向中国学生）的课程设置，有的学者认为主要有四大课程模块：（1）语言模块；（2）文学模块；（3）文化模块；（4）教学法模块。而国家汉办于 2007 年编制完成的《国际汉语教师标准》则认为，一名国际汉语教师应具备的知识、能力和素质主要由五个模块组成，分别为：（1）语言基本知识与技能；（2）文化与交际；（3）第二语言习得与学习策略；（4）教学方法；（5）教师综合素质。

可以注意到，无论是哪种分类，文化类课程模块都在其中占据了一席之地，这充分说明了文化类课程的地位与重要性。可是，在实际教学中，语言模块（包括第二语言习得与学习策略）、文学模块、教学法模块（含教师综合素质）的教学和教材建设因为有较好的传统，已有较为规范和成熟的教学体系；而文化类课程模块的教学乃至教材建设，则因为对于“文化”的理解有较多的争论，相对显得不那么成熟，甚至有所滞后。笔者所做的相关调查也表明了这一点。以下即结合调查，对我国对外汉语专业文化类课程的开设现状以及文化类教材或专著的编写现状做一分析。

二、对外汉语专业文化类课程教学开展的现状

2.1 对外汉语专业文化类课程的开设现状

笔者选择了国内较早开设对外汉语本科专业或在办学过程中有较好声誉的高校，针对对外汉语专业文化类课程的开设现状这一问题进行了调研，结果详见表 1（不分必修课、选修课）。

表 1 对外汉语专业文化类课程的开设现状

学校	中国文化系列课程	西方文化系列课程	交际文化系列课程
北京语言大学	中国文化史纲、中国文化要籍导读	西方文明史	中外文化交流史、宗教与文化、语言与文化专题
北京师范大学	中国文化通论、汉字与文化	国际文化与礼仪	中外文化比较、语言与文化专题
北京外国语大学	中国文化（第二学年）、中国艺术专题		中外文化交流史
南开大学	中国文化概况、中国人文地理、旅游与文化、中国风俗研究等		跨文化交际
天津外国语大学	中国文化要略、环渤海地区文化	国别文化	跨文化交际学、中外文化比较、文化语言学
南京大学	中国文化通论	西方文化与礼仪	
南京师范大学	中国文化概论、中国文化要籍导读	各洲概况（专题讲座形式）	跨文化交际
苏州大学	中国文化概论、中国地方文化、文化经典选读	英美文化	跨文化交际
南京审计学院	中国文化通论、中国人文地理、中国哲学智慧、中国民俗学	外国文化通论、各国文化与礼仪	跨文化交流

（续表）

学校	中国文化系列课程	西方文化系列课程	交际文化系列课程
华东师范大学	中国文学文化系列，包括中国现当代文学、中国古代文学、中国文化通论、艺术理论、中国民俗、中国思想文化等	西方文学文化系列，包括西方文化、世界文学经典、英国文学史及作品、美国文学史及作品等	
暨南大学	中国文化概论		跨文化言语交际、语言与文化

由表1可见，所调查高校的对外汉语专业，虽然均开设了中国文化方向的系列课程，但是西方文化、交际文化两个方向的系列课程，各高校的开设情况就不尽相同了。同时，在上述三个方向上，各高校所开设课程的数量、课程名称乃至教学侧重点，也有非常明显的不同。比如南京师范大学以专题讲座形式开设《各洲概况》课程；北京外国语大学的《中国文化》课程开设了一学年，其他学校大多数只开设一学期；华东师范大学则是将文学与文化课程整合在一起，开设出中国文学文化系列、西方文学文化系列两个课程群。因此，从总体上来看，各高校对外汉语专业开设的文化类课程，显得不系统、不规范、不成熟。这在一定程度上说明，各高校对于文化类课程的教学，尚有争论，尚缺乏基本统一的认识。这也许与“文化”内涵的难以清楚界定有关，但是不可否认的是，这一现象显然阻碍了该专业学生形成对第二语言教学中文化导入等问题的清晰认识。

2.2 文化类教材或专著的编写现状

在调研、探讨对外汉语专业文化类课程开设现状的基础上，笔者进一步选择了八家在对外汉语教学界有一定影响的出版社，依据这些出版社官方网站上提供下载的书目信息，以及亓华《中国对外汉语教学界文化研究20年述评》、陈瑜敏《对外汉语文化教材话语态度分析》等文的相关信息，梳理出了目前对外汉语专业学生可以使用（学习和阅读）的文化类教材或专著的大致书目，并从“知识文化”和“交际文化”两方面对之进行了分类（详见表2）。需要说明的是，本文在对这些教材或专著进行归类时，所依据的“交际文化”这一概念，主要来自张占一等人的阐发。虽然这一概念目前尚有争论，但是本文借用这一概念的主要目的，是希望能借此发现和说明相关的问题。

1984年，张占一先生首次从功能角度，把语言教学中的文化背景划分为“知识文化”与“交际文化”，赵贤州先生随即对之做了响应。他认为，“所谓交际文化，主要指两种文化的人进行交际时直接发生影响的言语中所蕴含的文化信息，即词、句、段中有语言轨迹的文化知识。”1992年，张占一先生又进一步指出，交际文化“指的是那种两个文化背景不同的人进行交际时，直接影响信息准确传递的语言和非语言的文化因素”，进而把“非语言文化因素”引进“交际文化”的研究中。虽然后来周思源先生据此指出，“交际文化”概念的这一发展，容易造成分类混乱，以及对“知识文化”概念的挤压，但是应该说，“交际文化”的提法，毕竟突破了之前学界将文化教学看成是“置于语言教学之外的文学历史课”的认识，更重要的是，这一提法“帮助人们从纷繁多样、界定不清的文化概念中跳出来”。不过，出于讨论方便和概念明晰的需要，本文仍然倾向于将“交际文化”的讨论范围，局限在语言系统内。也就是说，表2在对相关教材或专著进行归类时，所使用的“交际文化”这一概念，主要关注的还是“语言要素中含有的影响交际的文化意义”。

表2　文化类教材或专著的编写现状

出版社	知识文化类	交际文化类
北京语言大学出版社	中外文化交流史（马树德）、中国民俗（舒燕）、中国社会概览（上、下）（沈治钧、高典）、中国国情（肖立）、中国古代史（郭鹏）、中国人文地理（李富）、中国文化（韩鉴堂）	对外汉语教学与文化（周思源）、说汉语 谈文化（吴晓露）、汉语文化双向教程（杨瑞、李泉合编）
高等教育出版社	中国传统文化（张岂之）、中华传统礼仪概要（彭林）、中国文化史概要（谭家健）、中国文化史（冯天瑜）、中国文化导论（陈荣杰、任家瑜）、中西文化概论（张志烈、伍厚恺）、中国文化常识（中泰对照/中德对照）（国家汉办）、体验汉语·文化篇（曾晓渝）	

出版社	知识文化类	交际文化类
外语教学与研究出版社	中国文化要略（程裕祯）、中国文化掠影（丁往道）、中华文明撷要（何道亮）、中国文化概况（廖华英）、中国文化读本（中文本 / 简编本 / 英文版 / 韩文版）（叶朗等）、中国文化常识（中日对照 / 中韩对照 / 中法对照）（国家汉办）	
北京师范大学出版社	中国文化概论（张岱年）、中国文化史（李山）、中国文化概要（张景华）、中国民间文化（赵月华编）、中国近代文化概论（龚书铎）、中西历史文化概要（张有智）	
北京大学出版社	中国文化史纲要（吴小如等）、中国文化史简编（王锦贵）、中西文化比较导论（辜正坤）、中国文化地理概述（胡兆量）、世界旅游文化（孙克勤）、中国传统文化十五讲（龚鹏程）、欧洲文明十五讲（陈乐民）、美国文化与社会十五讲（袁明）、《中国传统文化与现代生活》（留学生中级文化读本）（张英、金舒年）	汉语与文化交际（杨德峰）
复旦大学出版社	中华文化（曹顺庆）	汉语与中国文化（申小龙）
华语教学出版社	中国文化面面观（梅立崇等）、中华文化趣谈（张亚军）、中国文化常识（中西对照 / 中俄对照 / 中阿对照）（国家汉办）	汉语与中国文化（汉日对照）（鲁宝元）
商务印书馆	世界文化通论（马树德编）、中国文化入门（[美]Robert DiYanni，Theresa Jen 编著）	汉语与中国传统文化（郭锦桴）

由表 2，可以发现以下两点：

（1）目前出版的文化类课程教材，多属于“知识文化”方向，而较少“交际文化”方向的教材——特别是对汉语语言本体与中国文化之间的隐性关系进行介绍和揭示的教材，相对比较缺乏。即使有，由于各高校在对外汉语专业文化类课程的设置中对于“交际文化”的普遍忽视，这些教材的影响也较为有限。

（2）目前出版的文化类课程教材，还缺乏有效的专业针对性。表现在：① 在对外汉语专业教学中使用较多、较有影响的文化类教材，其实并非是专门针对该专业学生的学习需要而编写的，如北京师范大学出版社的《中国文化概论》(张岱年)、外语教学与研究出版社的《中国文化要略》(程裕祯)等。同时，这些教材还存在着成书较早、内容比较陈旧、对于中国当代文化的展示和呈现不足等问题；② 一些教材如北京语言大学出版社的《中国民俗》《中国社会概览》《中国国情》，北京大学出版社的《中国传统文化与现代生活(留学生中级文化读本)》，华语教学出版社的《中国文化面面观》，高等教育出版社的《体验汉语·文化篇》，以及表 2 中所列的有关中国文化常识的汉外对照教材等，从其教学目标来看，其实主要是面向国外汉语学习者的普及型、口语化的文化辅助读物，更适于汉语作为第二语言的学习者使用，而不是对外汉语专业的学生。

总体来说，目前的市场上似乎并没有专门针对对外汉语专业（面向中国学生）开发的文化类课程的系列教材。因此，即使是从教材的编写情况来看，对外汉语专业文化类课程的教学，也是普遍处于一个与语言教学缺少关联的状态，仿佛置身于语言教学之外。可是，在语言教学的过程中，有一点已经被反复证明了，那就是语言和文化是密不可分的，对外汉语专业文化类课程的教学，特别是“交际文化”课程的教学，亟待引起重视，并进行有针对性的调整。以下即就此提出相应的意见与建议。

三、对外汉语专业文化类课程教学体系的建设

3.1 对外汉语专业文化类课程教学内容体系的建设

前文指出，各高校对外汉语专业开设的文化类课程显得不那么系统和规范，这说明了各高校对文化类课程的教学内容尚有争论，尚缺乏基本一致的认识。那么，对外汉语专业文化类课程究竟应当涵盖哪些内容？本文认为，针对这一问题，对外汉语教学界首先要进一步明确“文化教学”与“语言教学”之间的关系，达成对语言教学中“文化”内涵的基本共识，并在此基础上尽快拟制出“对外汉语文化大纲”，为该专业文化类课程模块教学内容体系的建设提供相应的依据。

自上世纪 90 年代以来，陈光垒、林国立等学者就已开始呼吁制定“对外汉语文化大纲”，并从不同的角度论述了应该如何制定大纲。应该说，制

定大纲的目的，正如有些学者指出的，“文化教学要为语言教学服务”，不过其面向的对象和最直接的受益者，其实主要是汉语作为第二语言的教学者；而对于对外汉语本科专业教学的组织者而言，制定“文化大纲”的意义与价值则在于，可以以此为依据，有针对性地设计该专业文化类课程的教学内容体系，为学生将来从事汉语作为第二语言的教学工作做好相应的知识储备和能力储备。

根据有关“对外汉语文化大纲”的研究成果，相关学者关于语言教学中的“文化”内涵的探讨，以及《国际汉语教师标准》所列的相关标准，本文认为，对外汉语专业文化类课程的教学内容体系，可以考虑分为“知识文化”和“交际文化”两部分。其中，“知识文化”又可分为“中国文化知识”和“世界文化知识”，而这两者均可以包括历史、哲学与宗教、艺术、民俗文化以及国情知识的分科教学，属于感性认识层面的教学；而“交际文化”部分，则主要由“语言与文化”“中外文化比较”和“跨文化交际”三部分构成，重点关注语言要素所折射出来的文化差异问题，并分析文化差异、跨文化等因素对语言教学的影响，这一部分应属于理性认识层面的教学。

3.2 对外汉语专业文化类课程系列教材的编写

那么，在大致确定了对外汉语专业文化类课程教学内容的基础上，该专业此类课程的教材又该如何编写？本文认为，教材的系统性、针对性是非常重要的两个原则，应有助于解决前述现有教材的主要问题。

所谓系统性，是指文化类课程的教材应形成一个互相支撑、配合的知识与能力体系。前文指出，目前适用的对外汉语专业文化类课程教材中，一方面多为“知识文化”方向的教材，“交际文化”方向的教材则较少，或影响有限；另一方面，现有的教材之间也缺乏有机联系。鉴于此，本文认为，编写者首先应考虑形成一个完整的“知识文化＋交际文化”的对外汉语专业文化类课程的教材体系，其次则是要加强两者之间的关联性。其中，“知识文化”方向的教材关注基本文化常识的介绍，是文化学习的基础；“交际文化”方向的教材，则是要在此基础上进一步揭发语言与文化的关系，以及跨文化交际的作用，以培养学生具有在语言教学中察觉、表达文化差异的能力。

所谓针对性，则是指在文化类课程教材的编写过程中，应根据对外汉语专业的需要，灵活而不失规范地设计教学的内容与形式，并注意与语言教学的结合，充分体现“文化教学为语言教学服务”的思路。比如，对于教材中涉及的具有明显的文化特征、容易引起汉语作为第二语言学习者理解困难或偏差的汉语词汇，编写者可以通过有针对性的、深入的注释并加注外文翻译的方式，培养学生用准确的外语介绍中国文化或分析文化差异的能力。同时，编写者还可以尝试在个别文化类教材中引入汉外对照的体例，编写双语文化教材，从而为学生将来从事对外汉语教学工作打下良好的语言基础。

3.3 对外汉语专业文化类课程实践教学的开展

本文认为，对外汉语专业的学习者除了要具备相应的语言文化知识结构，更要具备相关的能力结构，也就是说，对外汉语专业具有比较突出的应用性特征。因此，对于该专业的文化类课程而言，如何在教学中实现理论与应用的最优化，也就成了一个无法回避的问题。作为该专业的教学组织者，除了要在教学内容体系的建设、教材的编写中体现“文化教学为语言教学服务”的意识，更要依据前述“知识文化”与“交际文化”的概念分野，在文化类课程的教学过程中，建构合理的文化类课程特色明显的实践教学体系，通过积极组织文化体验与认知活动、开设系列文化讲座、开展国际文化交流活动、组织国际交换学生项目等措施，达到强化对外汉语专业学生的文化自觉，帮助其形成对第二语言教学中文化导入等问题的清晰认识。这其中，学生能否有较多机会接触异质文化，体察由此带来的文化差异，应是文化类课程实践教学体系的一个重点。

有研究者指出，因为我们中的大多数人很少有直接与多种异文化接触的机会，还有些人则由于对跨文化交际中可能出现的困难认识不足，在得到与异文化接触的机会时畏缩不前，这就导致了对外汉语教师在教学中往往无法摆脱本民族文化的羁绊。应该说，这一现象在目前的对外汉语专业的人才培养过程中仍有较为突出的表现。这就要求该专业的教学组织者，必须要积极依托本校的国际教育交流学院等机构或相关的社会平台，帮助对外汉语专业的学生，在求学期间获得与多种异文化直接接触的机会。例如，目前国内有不少专门从事国际文化交流的机构，通过介绍中国学生到海外参加一定周期的文化交流学习活动，帮助其提高对海外文化与社会生活的感性认识，而对于对外汉语专业的学生而言，参加此项活动，不仅可以直接接触海外文化，达到开阔视野、提高外语技能的目的，更重要的是，学生在活动中可以非常明显地感受到语言与文化的差异性，从而获得对“交际文化”较为直观的认识，进而为其今后的语言教学打下基础。

总之，对外汉语专业开设文化类课程的最终目的，不仅是要培养学生获得全面的文化知识，更在于要使其明确认识到，现在的文化学习，是要为以后的语言教学做准备的。唯有帮助学生树立如此明确的意识与观念，并具备相应的能力，对外汉语专业文化类课程的教学，才可以真正体现出其意义与价值。

参考文献

蔡　绿（2006）文化依附矛盾与跨文化交际能力——也谈对外汉语教师素质，《黑龙江高教研究》第4期。

陈瑜敏（2010）对外汉语文化教材话语态度分析，《语言教学与研究》第6期。

国家汉语国际推广领导小组办公室（2007）《国际汉语教师标准》，北京：外语教学与研究出版社。

李晓琪（2006）《对外汉语文化教学研究》，北京：商务印书馆。

刘　珣（1997）《对外汉语教学概论》，北京：北京语言大学出版社。

亓　华（2003）中国对外汉语教学界文化研究20年述评，《北京师范大学学报》（社会科学版）第6期。

张　英（2009）“对外汉语文化大纲”基础研究，《汉语学习》第5期。

张映光（2006）论国内对外汉语教学专业师资型人才的培养，《云南师范大学学报》（对外汉语教学与研究版）第3期。

张占一（1984）谈汉语个别教学及其教材，《语言教学与研究》第3期。

张占一（1990）试议交际文化和知识文化，《语言教学与研究》第3期。

赵贤州（1989）文化差异与文化导入论略，《语言教学与研究》第1期。

周思源（1992）“交际文化”质疑，《汉语学习》第4期。

对外汉语教学法课程新议

华东师范大学　徐子亮

摘　要： 对外汉语教学法是对外汉语专业培养目标中的核心课程，也是体现本专业特点的特色课程。本文旨在介绍华东师范大学对外汉语学院在汉语国际教育新形势下，针对对外汉语教学法课程的建设工作，重点阐述该课程所具有的突出国际化和专业特点、注重实践性、丰富教学资源和考核方式以及完善课程建设等一系列特点。

关键词： 对外汉语教学法　课程建设　汉语国际教育

对外汉语教学法是研究对外汉语教学规律、培养对外汉语教学能力的一门课程。对外汉语教学法遵循汉语作为外语教学的基本原理，在获得理论知识的基础上，着重培养学生对外汉语的教学能力。通过本课程的学习，使学生了解先进的外语教学理念，熟悉对外汉语教学的基本原则、特点和教学方法，并通过教学实践活动，使学生初步具备对外汉语教学的实践能力。通过学习，也可以使学生学习运用教学法理论分析和研究对外汉语教学的问题，从理论高度来上升对外汉语教学的水平。对外汉语教学法是对外汉语专业培养目标中的核心课程，也是体现本专业特点的特色课程。

我院开设对外汉语教学法课程，在全国对外汉语专业领域起步比较早。经过十几年教学的反复实践、提炼，从最初的单纯理论知识的讲授逐步向知识吸收与能力培养相结合的方向发展，目前已成为一门理论基础扎实、具备科学性与系统性的学科专业基础课程。

近年来，在汉语国际教育的新形势下，我们加强了对外汉语教学法课程的建设工作，形成了新的教学思路，实行了新的教学举措。新形势下的对外汉语教学法课程具有突出国际化和专业特点、注重实践性、丰富教学资源和考核方式以及完善课程建设等一系列特点。

一、突出国际化和专业特点

本课程具有鲜明的国际化特色。对外汉语教学法是教授外国人学习汉语的教学方法，是一门外语教学法课程。学习语言的对象以及汉语作为外语教学的地域和范围决定了本课程的国际化特点。汉语作为外语的教学不仅应在中国本土展开，更应在世界范围展开。因此课程目标的着眼点不仅在于培养学生适应来华人士和留学生的汉语教学工作，还应能更好地适应和胜任汉语作为外语教学的各种国际需求。

对外汉语教学法课程开设至今的十几年间，国内外的对外汉语教学和第二语言教学理论和实践都有了长足的进步。特别是近十年，以“任务型语言教学”为代表的一大批新型的教学范式和方法受到广泛的关注，对外汉语教学法课程应该及时跟上第二语言教学的变化趋势。为此，本课程的教学注意及时引进国外先进的教学理念和语言教学的最新方法，以使学生了解和熟悉国外的语言教学思路和语言技能训练策略，从而使我们培养的学生能贴近国际语言教学发展的趋势，更好地担当汉语国际教育工作。

本课程具有很强的专业特点。对外汉语教学法是研究对外汉语教学规律的一门学科。本课程研究汉语作为外语教学的基本原理，论述对外汉语教学的一般规律和特殊规律，阐述汉语作为外语教学的教学原则、课型特点和教学模式，特别强调对外汉语教学的基本方法以及具体的教学活动方式、教学手段和教学技巧的训练及实践能力的培养。对外汉语专业的学生，从培养目标和就业趋势来看，以从事对外汉语教学事业为主。因此我们在课程建设中应紧紧围绕专业特点，探索理论、知识与能力相结合的教学途径，拓展课堂教学的外延。本课程教学中实践活动的实施，可以使学生通过实际的应用将所学习的理论知识进行更好的消化和吸收，同时也能提高学生的基本素质和竞争能力，使他们在就业时由于具备实际的教学经历而显现出特别明显的专业优势。这不仅使对外汉语专业培养未来对外汉语教师的主要宗旨更为鲜明地突显出来，也将对本专业学生的培养产生重要而持久的积极影响。

二、注重实践性

20世纪80年代以来，世界范围的教育改革围绕着面向21世纪提高教育质量而展开。培养学生丰富多彩的个性，使学生获得全面和谐发展是21世纪世界教育的又一发展趋势。建构主义教学思想和多元智能理论是世界教育发展进程中的重要部分，近年来对我国的教育改革也产生了重要影响。借鉴国外先进的教育理论和教育观念，根据“以学生为中心，以教师为主导”的教学理念，我们更新了课程教学观念，依托于扎实的理论基础，致力于理论与实践的结合，努力探索理论、知识与能力相结合的有效途径。

2.1 更新教学目标，充实教学内容

近年来对外汉语学科随着国际语言学与教育学、心理学及现代教育技术等相关学科的发展，原有的教学模式正在发生深刻的变化。本课程力求把握国际语言教学与对外汉语教学的最新潮流，对本课程的教学目标进行更新，实施分阶段、开放性的课程目标，在符合学生不同阶段的认知特点和发展要求的前提下，进一步加强学生的能力培养，提高教学的内在质量。

本课程教学注意不断修改充实新的教学内容，增加新的教学理念和新的教学方法的介绍，例如任务型语言教学、学生认知风格的分析等等，努力做到常教常新。教学内容由最初停留在理论和知识层面的对外汉语教学法理论、国外外语教学法流派、课堂教学的基本原则与方法、不同课型的教学方法等，在借鉴和吸收建构主义等教育理念的基础上，逐步增加实践环节，加强能力培养，并予以具体落实。

2.2 改革教学方案，加强实践环节

根据国际语言教育发展趋势和汉语国际教育新形势的要求，结合本课程的

特点，我们重新修订了教学方案，构建了本课程任务型教学法“干中学”的新模式，在抓紧理论知识学习的同时，增加实践环节，拓展课堂教学外延。我们设计了两大平台、三大板块的教学结构，即：主课堂教学和分课堂见习两大平台；课堂知识学习、教学设计操作、教学见习的实地听课与讲课这三大板块，更加注重技能的训练和实践能力的培养。为落实教学方案，重新调整了教学时数，除了知识的课堂传授以外，参照国外的教学经验，安排一定的教学时数进行课堂讨论和交流以及进入留学生课堂见习，为学生提供解决问题的机会，创造自主学习、协作学习的条件。

为了落实教学见习这一环节，我们特别精心设计了教学见习方案，对指导教师和学生都有具体的要求和明确的任务。见习方案通过一次次的教学实践，不断加以修改、调整和完善。

教学见习主要利用本院资源，在学院留学生学历与非学历班级进行。课程主讲教师负责将学生分组，每组三人将被安排进入留学生班级。课程主讲教师同时将分组名单报给系（留学生本科）和语言文化中心（非学历留学生），由系主任和中心主任分头落实与安排见习的指导教师和留学生班级。

见习阶段，指导教师的任务是安排学生随堂听课与讲课，指导学生撰写所讲授课程的教案，指导教师在学生讲课后做出分析与讲评。教学见习一般为12学时，其中听课10学时（包括听指导教师的课6学时，见习同学互相听课4学时），讲课2学时。见习结束时，学生须交出一份见习报告。指导教师应根据学生在见习期间听课、写教案与讲课的具体情况给出相应的成绩。见习结束后，主讲教师组织全班学生交流见习心得并集中讲评，解答问题与难点，巩固成绩。

教学见习给学生提供了独立解决问题、自主学习和协作学习的机会。学生通过进留学生课堂听课与讲课，加深了对理论知识的理解，体验了课堂教学的过程，掌握了基本的对外汉语课堂教学方法。

理论与实践结合的教学见习受到学生广泛的欢迎和好评，成为学生最为期待的教学活动。很多学生在见习报告中畅谈了深刻的体会、热情洋溢的感观以及对未来担当对外汉语教师的期待。教学见习作为教学实践活动计入学生学习经历，并成为学生就业求职简历中的一项特色内容。

2.3 改进教学方法和手段

对外汉语教学法课程的课堂教学采用多种教学方法和手段，力求打破传统的“教师讲授—学生听讲”的教学模式，增加学生讨论和实践的比重，增加师生互动的机会，力戒教师“满堂灌”。课程中的教案设计环节，通过课堂讲授、演示和课堂讨论，组织学生分组对指定的课文进行教案设计，鼓励学生合作学习和合作研究。教师随堂参与讨论，随时答疑，通过有针对性的指导分解难点。如遇到共同性的问题，则集中解答，以提高教学效率。

教师在课程讲授过程中，注意从具体问题或者具体案例入手，激发学生的兴趣，调动学生运用已有知识和个人经历来对理论问题加以思考，努力帮助学生在学习知识的同时，提高学习能力和研究能力。

三、丰富教学资源，改革考核方式

随着整个对外汉语学科的发展，对外汉语教学法课程注意不断与时俱进，充实更新教学资源，及时改革考核方式，以适应学科发展、人才培养和国际汉语教育的需要。

3.1 丰富教学资源

根据国内外教学理论的发展和本专业学科的改革、建设要求，对外汉语教学法课程经过多次修订，制定了比较完善的教学大纲。根据本科生的学习特点，提供了一套比较完整的教学资料和阅读书目，供学生参考和拓展课程的相关学习，也编写了习题集，供学生消化和巩固所学理论与知识。2005 年由北京大学出版社出版了吸收国内外最新教学与科研成果、体现本课程教学内容与方法、培养和提高学生素质及实践能力的对外汉语教学法教材——《实用对外汉语教学法》。该教材 2008 年在台湾出版了繁体字版，很快还将出版进一步更新的、配多媒体课件的修订版。

同时我们还努力加大现代教育技术的应用，进一步提高教学质量。本课程配合教学进程，制作了多媒体教学课件进行教学演示——展示教学要点、教案设计、语法点教学以及不同课型（如对外汉语阅读课、操练课、活动课）的教学方法和“听”“说”“读”“写”的教案等。我们还搜集了兄弟院校的教学资料，通过电脑进行课堂教学演示，开拓教学思路，开阔学习视野，丰富教学方法。

3.2 改革考核方式

从实现教学目标出发，本课程进行了学生学业评定、考核方式的改革，着重从认知活动和技能活动两方面(兼顾情感活动)，对学生进行全面的综合性的评价，并更注重学生实际教学能力的提高。具体的做法是，将传统的作业和期末考试等注重对结果的评估，逐步向“形成性评估”转化。即在对学生的评价中，把平时的考核放在较为重要的地位，其中包括学生的课堂发言和参与讨论的情况、教案设计、教学见习等，这样可以有效避免学生平时上课不认真，而只是在考试前临时突击背教材和笔记内容等情况出现。

学生的学业评定由三部分组成，即平时成绩（包括课堂讨论、教案设计、教学见习——含讲课教案和见习报告各一份）、考查（笔试、开卷）和考试（笔试、闭卷）。通过三者的结合，检查学生对理论知识的掌握情况，并对课堂操作等实践能力加以综合考察，做出客观、全面的评定。

在对外汉语教学法课程中，教师鼓励学生组成团队，合作完成教师布置的任务，因此在教学法课程的考核与评定中，也会把学生在课程中的合作情况作为一个评价因素加以考虑。在评价中不仅考虑他们最终成果的水平，也考虑他们合作的情况，这样可以鼓励不同起点的学生同样努力学习。

四、课程建设的发展

对外汉语教学法课程将进一步适应新形势发展的需要，推动对外汉语教学法课程在汉语国际教育背景下的转型，实现以本课程为核心、开设系列辅助课程的课程建设目标。

4.1 课程在汉语国际教育背景下的转型

汉语国际教育的发展对对外汉语教学的影响主要体现在两方面：一是教学环境不应仅局限于来华留学生的国内学习，而应着眼于更广阔的国外汉语教学；二是教学对象从成人学生发展扩及到中小学生。因此，现有的基于以成人学生为主的国内对外汉语教学的对外汉语教学法课程需要进行调整、补充和完善。在教学对象方面，要考虑青少年汉语学习者不同于成年学习者的生理、心理和学习特点；在教学目标的设置和教学大纲的制定方面，要分析学习者的学习目的、要求、接受能力、教学内容、教学方法以及教材的选用，等等；在教学环境方面，要注意非目的语环境下与目的语环境下语言教学的差异。凡此种种，目的只有一个，即使对外汉语教学法课程更好地适应汉语国际教育的需要。

4.2 以本课程为核心，开设系列辅助课程

本课程在对外汉语专业教学计划中一直处于核心地位，具有重要作用。提高对外汉语专业学生的理论能力和实践能力是本课程教学的根本任务。而理论教学如何能够与学生实际教学能力培养更好地结合起来，始终是本课程建设关注的核心。长期的课程教学实践，特别是汉语国际教育的发展使我们认识到，以本课程为核心，开设系列辅助课程，以适应多层次、多方面的需要，已经成为本课程建设新的目标。我们基本的思路是以"对外汉语教学法"所涉及的内容为核心，将其中部分重要的内容逐步扩展成选修课，供有兴趣的学生选择，这样可以通过多种形式来提高学生的实际教学能力。2010 年上半年我们开设了《对外汉语课堂教学研究》选修课程，该课程主要注重语言技能教学能力的培养，并拟通过"讨论教学""案例教学"和"微格教学"等手段来提高学生的理论素养和实践能力。

本课程现已得到美国纽约大学（第二语言的汉语教学）教育硕士学分认可。相信通过课程建设，对外汉语教学法课程将能更好地适应汉语国际教育的新形势，对提高学生的理论素养和实践能力发挥更切实有效的作用。

参考文献

商继宗主编（2001）《教学方法——现代化的研究》，上海：华东师范大学出版社。

Leslie P. Steffe & Jerry Gale 主编，高文、徐斌艳、程可拉等译（2002）《教育中的建构主义》，上海：华东师范大学出版社。

“对外汉语专业导引课”教学研究

陕西师范大学　赵学清

摘　要：为适应通识教育的需要，陕西师范大学自2006级开始实行“2+2”教学新模式，即前两年为通识教育，后两年为专业学习。为了帮助学生顺利进入专业阶段的学习，学校研究给各个专业开设导引课。开设对外汉语专业导引课程目的就是帮助对外汉语专业的学生了解本专业的现状、发展和就业等情况。因为专业导引课是新设置的，所以到底应该如何上好这门课我们并没有多少经验。我们尝试了一些教学方法，做了一些调查研究，认为开设这个导引课的关键在于开阔学生视野，让学生熟悉这个专业的基本情况，为他们今后的学习提供帮助。

关键词：对外汉语　专业导引　教学研究

一

陕西师范大学2006级本科生开始实施“2+2”人才培养模式改革方案，即“入学前两年按一级学科为主体的大类进行培养，主要学习通识课程和学科基础课程，以加强基础，提高素质，培养学生进行个人职业生涯规划乃至终身学习所必须具备的基本素质和基本技能。学生进校学习一年后，可在学科内部和学科之间重新选择专业（特殊专业除外，转入与转出比例均控制在10%以内）；专业分流后，在两年到两年半时间内为专业培养阶段，主要学习学科基础课程和专业课程，使学生深入某个学科领域进行专业学习；综合实践教育和科研训练主要集中在最后一年，为学生进一步深造和就业打好基础。”[1]按一级学科为主体的学科大类进行培养。而对外汉语属于文学类（其他文学类专业是汉语言文学、中国语言文学、文秘教育），一年后一次性分流模式，即第一年学习结束后，学生可在学科内部和学科之间重新选择专业（特殊专业除外）。开设“专业选择导引课”，使专业选择更具稳定性和科学性，并组织相关专业考试，根据学生考试成绩和兴趣爱好，实行双向选择。

自2006级开始，17个大类专业根据各自特点开设了相应的专业导引课程。本人执教对外汉语专业的导引课已经有两届，对这个课程如何开设有自己的一些体会，同时也对这个课程的教学和学生反映情况进行了调查，现在就这个课程如何开设、如何取得最佳效果提出自己的一些建议和设想。

二

对外汉语是我校的新办专业，从2001年开始招收本科生，至今共招收了七届学生，已经毕业了三届。如何办好对外汉语专业一直是学校和学院有关领导重视的问题。2005年学校审时度势，将原来归属国际交流与合作处的留学生部独立出来，同时将文学院的对外汉语专业的三、四年级也独立出来，由这样两部分组成国际汉学院。从此，对外汉语专业走上了文学院和国际汉学院合作办学的道路。两院合作培养对外汉语专业的学生，有很大的互补性。对外汉语的一、二年级由文学院培养，主要开设中国语言文学的相关基础课程，目的是让学生熟悉自己要教授的内容，掌握汉语言文字的规律，为今后的对外汉语教学工作打下基础。学生通过前两年的学习后，进入国际汉学院，在这里主要进行相关的专业课程学习，如对外汉语教学概论、对外汉语教学法、跨文化交际、英汉互译、西方礼仪等，为学生从事跨文化的汉语教学以及文化交流进行必要的知识准备。同时，学生在国际汉学院主要参与对外汉语的教学实践，包括留学生的汉语辅导、汉语角以及授课实习等，为今后的汉语国际推广和跨文化交流做好准备。

---

〔1〕 陕西师范大学教务处（2006）《陕西师范大学“2+2”人才培养模式方案》。

针对这个情况，我们认为对外汉语导引课主要是引导学生了解本专业的大致情况，包括基本的课程设置、整体的发展情况、学生要做的主要工作以及就业等。根据学校“2+2”教学模式改革的总体安排，导引课都是18个课时。这个课程不可能讲太多的具体内容，因为在三、四年级将有三门课程具体讲教学理论和教学方法等内容。这些方面讲多了，会产生这样三方面的问题：一是课时不够；二是和后面的内容重复；三是过早讲具体内容，学生接受也有一定困难。因此本人在两年的教学实践中，主要采用的是开阔学生视野的方法。具体措施有下面的几个方面。

三

3.1　以讲座方式把本专业的情况讲给学生

一般在第一次讲座的时候介绍对外汉语专业的基本概况，这个专业是怎么发展起来的，要研究的内容是什么，将来从事这个专业要具备的基本素质，以及对外汉语在当前新的发展形势。现在随着综合国力的提高，汉语在世界范围内引起越来越多的国家的重视。国家对外汉语教学领导小组办公室也适应形势发展需要，改名为国家汉语国际推广领导小组办公室。汉语作为第二语言教学的主阵地开始了从国内到国外的发展。第二次讲座，则讲解汉语的发展与中华文化的密切关系，并讲解全球化背景下的汉语母语意识问题，希望同学们能够充分认识到母语意识的重要性。一个人首先必须重视自己的母语修养，提高自己的母语意识，这样才能在未来全球化的发展中保持自己的民族独立。第三次讲座，则将主要议题放在自己应如何适应当前汉语国际教育的发展形势上，认真思考自己如何从事这样一个职业，现在要做什么样的准备。这个题目非常重要而且具备现实意义。所以，对外汉语2005级的蔡建勇同学以《汉语国际推广背景下对外汉语教师综合素质的分析与思考》为题申报学校图书馆专家导引室的学术沙龙获得批准，本人作为点评人参加了活动。感觉到大家的讨论非常具有现实意义，每个学习这个专业的同学都在思考自己要为将来从事的专业相关工作做一些什么样的准备。第四讲，则把国家汉办2007年发布的《国际汉语教师标准》的主要内容介绍给大家。希望大家能按照相应的标准要求，认真学习，刻苦修炼，为成为一名合格的国际汉语教师而努力。

以讲座的形式开设一年级的专业导引课程，也并非我们的独创。我们学校的文学院在汉语言文学专业导引课程上，就是采取这样的方法进行的。比如，请各个课程的主要负责人来分别讲解相关的内容，包括文艺理论、中国古代文学史、中国现当代文学、汉语言文字学和语言学等专业的相关学科带头人，把每个学科的基本内容给学生做个介绍。根据文学院教学副院长程世和教授的说法，该做法在学生中获得好评。

3.2 结合本专业的实际情况，请有国外教学经验的教师，把国外最新的情况介绍给学生

如在2006级对外汉语专业导引课上，我们曾安排两次这样的活动。一次是请到了对外汉语专业的研究生关颖和齐建涛，他们结合自己在韩国工作的实际经验介绍了韩国中小学开设汉语课程的情况，并就他们在韩国教学活动中的主要内容、遇到的问题以及解决方法、还有需要注意的情况等给同学们做了介绍，很受欢迎。另外一次是请在我校读语言学及应用语言学专业的韩国硕士研究生金玉顺介绍她在韩国当中学语文老师的情况。金玉顺在韩国从事中学教学十多年了，一直给中学生讲授中国语文（作为韩国中学生的第二外语）。她给学生比较全面系统地讲解了韩国中学生学习汉语的内容，老师的教学方式，汉语教学在韩国中小学学习中的地位，等等。

2007级的一次专业导引课上，我们请2007年5月至2008年3月在泰国从事汉语教学的两位研究生刘斐菲和杨娟讲了她们在泰国从事汉语教师志愿者的经历、任教的基本情况、工作和生活的情况等。第二次是请国际汉学院的冯雪俊老师和田志华老师讲授她们在韩国从事汉语教学的经历和感受。冯雪俊于2007年3月至2008年2月作为陕西省教育厅和韩国江原道教育厅合作交流项目的老师到韩国工作。她在课堂上给学生谈到韩国汉语研究与教学的沿革与现状、个人的工作和生活简介、韩国社会文化习俗以及她对作为一名国际汉语教师的反思。她最大的感受是一个人到了国外才真正体会到什么是爱国，怎样才算是爱岗敬业，她的感受和体会对对外汉语专业的同学很有启发，给同学们留下了深刻印象。田志华老师则简要介绍了韩国社会上的汉语培训中心的汉语教

学情况。她的讲座给同学们展示了韩国汉语教学的另外一面。第三次请陕西省赴泰国从事汉语教师志愿者工作队的副队长——2003级对外汉语毕业生益璇同学，她为同学们讲了到泰国从事汉语教学志愿者需要注意的种种细节，同学们感觉受益匪浅。

3.3 介绍相应的学习方法

大学期间读书学习，要充分利用图书馆，充分利用各种条件充实自己，包括社会资源，如学习泰语、韩语、日语等。这方面，本人给学生做了一次对外汉语专业学生如何读书的讲座。今天是信息爆炸的时代，我们面临着太多的资料和信息，那么我们在大学阶段如何读书就成为很重要的问题。我结合很多专家的经验，建议学生读书要读经典，读精品。人们说，读报不如读杂志，读杂志不如读书。对于一个追求学术，想提高自己文化修养的人来说，阅读必须回到经典。人生有限，我们一个人一辈子能做的事情也有限。著名学者徐复观先生说，开始读书的时候不要去读二流以下的作品，要多读某一个专业第一流的作品，宁愿少读，也要细细阅读一流的著作。徐先生说："读了四十多年的书，当然涉猎的范围也相当的广泛。但我现在知道，不彻底读通并读熟几部大部头的古典，仅靠泛观博览，在学问上是不会立下根基的。这即是我在回忆中所得的经验教训。"[2]通过介绍一些大师和大学问家的读书方法，可以让学生了解学问境界的"宗庙之美，百官之富"，树立追求学术，追求真理的思想。另外一个做法是请即将毕业离校的同学，包括考研的学生和要毕业的研究生，来和学生座谈，通过现场面对面的交流，让大一的同学对自己的专业有一个比较真实的了解。从活动结束后的反馈情况看，这样的方式很受同学欢迎，毕业生的现身说法有时候比老师的话更容易为他们接受。

3.4 问卷调查学生关心的问题

大学开设哪些课程，除了征求专家、老师的意见，汇总教学管理部门的经验外，还要最大可能地征求学生的意见。什么课程值得开，应该如何开，等

〔2〕 徐复观（2004）《中国人的生命精神》，上海：华东师范大学出版社。

等。这些问题虽然不能由学生说了算，但是他们的意见并不能忽视。本着这样的原则，我们在对外汉语专业导引课上进行了专业调查，目的是调查学生对这个专业的了解情况。问卷中给了几个让学生们思考的题目：

（1）你是怎么选择这个专业的？

（2）你对这个专业的认识在入学前后发生了什么变化？

（3）你对我校目前开设的这个专业的课程有什么意见？

（4）你觉得这个专业导引课程有没有必要开设？

（5）你认为以讲座方式开设课程对你帮助大不大？

（6）你认为通过专业导引课的学习你有没有加深对本专业的认识？专业导引课是否有助于你在专业分流中选择专业？

在我校2006级和2007级对外汉语专业的导引课上，本人曾让同学们根据这些题目，选择他们想写的内容写一个作业，并以这个作业作为这门课程的考试成绩。这两届学生所写的作业情况对教师和教学管理人员都有很大的启发。如学生反映，入学前对专业都抱着相当高的期望，结果入学后都有一定的落差。有些学生对课程开设提出了一些很好的建议，也对某些老师的课程提出意见。这些都有助于我们把教学工作做好。

上面的几点是本人在对外汉语导引课授课过程中的一些做法和体会，同时也包括一个教学管理者的思考。教无定法，不一定适合其他专业，只是写出来和大家交流，希望能对提高对外汉语专业教学质量起到一些作用。

参考文献

陕西师范大学教务处（2006）《陕西师范大学“2+2”人才培养模式方案》。
徐复观（2004）《中国人的生命精神》，上海：华东师范大学出版社。

面向对外汉语专业的现代汉语语法教学

华中科技大学　董为光　肖牡丹

摘　要：本文主要围绕"对外汉语教学需要什么样的语法体系"及"对外汉语专业怎样完成汉语语法教学能力的培养"这两大问题展开，探索针对对外汉语专业的现代汉语语法教学，以期找到更有效之法。

关键词：对外汉语　语法教学　语法体系　教学能力

一、对外汉语教学需要什么样的语法体系

1.1　理论语法还是教学语法

对外汉语语法是教学语法，完全服务于第二语言教学实际，并接受教学实践的检验。它不重术语的精确、体系的严整、理论的思辨，而重视提供语言使用的规律、规则及其相应的教学方法，讲究的就是一个"管用"。其教学项目突显重点和难点，而不必面面俱到；其分析与讲解具体实用、通俗明了；其例句选用，使用频率较高，富于启发意义，易于加深印象。这些经验屡见于对外汉语教学专家的著述，我们在这里只补充两个小例。

"了$_2$"一向是教学难点。关于它的语气作用，一般认为有"新情况出现""动作现已完成""情况发生变化"等。但是，"他站了起来"和"他站起来了"，都是动作完成，"了$_2$"用与不用有什么不同？"我想起来了"和"我想不起来了"，无论动作完成与否都用上了"了$_2$"。"那天忘了把电话号码告诉

你了”“那是很久以前的事了”，这又是“补充过去的情况”。“这些粮食够吃三个月了”“他的水平算高的了”以及“这就是举世闻名的天安门了”，其中的“了$_2$”又是什么意思呢？正因为原有说法概括不足，所以在实际教学中不太管用。其实，“了$_2$”的功能在于一种“特意告知”的语气，这正与结构上的“单独成句”相称，至于它究竟携带何种特别信息，正需要引导学生通过具体语境去加以体会。

对缺乏汉语语感的外国人教学，有时也须不避琐细，对个性鲜明的语法词尤其如此。比如“又”“再”“还”都表示“重复性事件”，讲解中需要提醒学生注意的方面有：“还”是对整个事件的衡量，管辖范围比“再”“又”大。因此，可以说“还要再……”“还想再……”。“又喝了一杯酒”只是对“喝酒”而言，“还喝了一杯酒”却是对整个进餐过程而言；“又”与“了$_1$”配合表示动作已然，“再”则为动作将行，不与“了$_1$”共用；可以说“不再”，不说能“不又”；口语中“再不”表示“永远不”，语气更强；“再度”“再次”并不表示未然事件，不应与“再”混淆，等等。这些都是理论语法不屑为之的。

1.2 从结构出发还是从表意出发

通行汉语语法体系是根据语言的聚合组合特点构建的，然而从意义表达出发的“组装语法”，更符合第二语言学习者的接受心理，更切合培养语言能力的终极目的。

例如：汉语动量系统，一般以量词为线索来展示。即把动量词粗分为“专用”和“借用”两类，有的还要做更细密的划分。然而仅仅讲解量词种类，还不足以让外国学生迅速理解、掌握汉语的动量系统。而如果从动量的计量类型（这里主要说动量补语系统）入手，教学效果便可能大不相同：

频率量

短时间隔频率：敲了三声鼓

把鼓敲了三下

把鼓敲了三敲

长时间隔频率：敲了三次鼓；敲过三次鼓；敲过三回鼓

延续量

模糊短时延续：看了一下

看了一看；看了看/看看

研究了一下；研究研究

模糊中时延续：敲了一通鼓；安慰了一番

打闹了一阵；猛喝了一气

明确时间延续：坚持了三分钟；看了一小时电视

特定量

特定完成条件：看了一遍课文；跑了三圈；去了一趟

自然结束条件：看了一场电影；吃了一顿饭

1.3 单一理论基础还是综合理论基础

通行汉语语法体系以结构主义为理论基础，这种单一的理论方法，远远不能满足对外汉语语法教学的需要。经验证明：我们不仅需要从语法、语义、语用等方面多维度地分析汉语语法现象，而且需要通过相关语言的对比突显汉语的特点，利用认知科学的成果增强语法解释力，并引导学生建立属于汉语言的认知心理结构。张旺熹、崔永华提出："对外汉语教学语法应改进的方向是：'以认知语法理论为指导，深入研究汉语的语义系统'。"我们非常赞同这个观点。

举例来说，介词"关于""对于""至于"，单从语法角度讲解，外族人很不容易理解和掌握。我们是这样处理的：

从语用看，三个词的作用都是引入话题。"关于""对于"用于提出话题（"对于"还有别的用法），"至于"则用于自然地进行话题转移。从认知心理看，用"关于"引出话题的时候，说话人还注意到有相邻话题内容在；用"对于"提出话题的时候，说话人只注意到他所面对的"这一个"；用"至于"的时候，说话人有意识地把原话题引向有关系的"另一个"。

正因为有这样的心理基础：

（1）"关于"可连续涉及多个事物，常用来说明"有哪些方面的内容"（做标题）、"是什么内容的"（做定语）。

（2）越是重要的事，越是吸引说话人的关注，使他感觉到所面临的事物“只此一件”。因此“对于”多回答“用什么态度？怎样对待？怎么处理？”之类的问题，如，“对于你们的协助，我们表示衷心感谢”“对于这个决定，我持保留态度”“对于考试违纪，学校将严肃处理”；“关于”涉及的事物则一般没有那么强的“面对感”，多用于提供信息、告知消息等，如，“关于假期旅游的事，你可以到留办询问一下”。

（3）“关于”与“对于”使用有交叉，但有不同的倾向：“关于”涉及的话题，是说话人主动“挑选”出来的一个；“对于”涉及的话题多半是说话双方已在谈论的，或是设想为已在语境中的。

二、对外汉语专业怎样完成汉语语法教学能力的培养

对外汉语专业所需的汉语语法教学能力主要通过前后相继的三个课程环节进行培养。

2.1 《现代汉语》课程的语法教学

在可预见的将来恐怕仍不会有一部真正适合对外汉语专业的《现代汉语》教材面世。当然，在汉语语法教学能力培养的第一环节，利用现有教材让学生首先了解汉语语法的基本框架，掌握分析汉语结构的基本方法，也是不无益处的。需要做的事情，是从有利教学的角度，对现行教材进行适当的取舍增补与适当改造，使语法框架条理更简明，语法项目特点更突出，语法分析方式更加实用有效。

我们使用的《现代汉语》教材是黄伯荣、廖序东主编的增订第四版教材，以词类部分为例：汉语词类划分的理论依据、同音同形词与兼类词的分别等，在汉语教学中很少用得到，不必多做讲解，而词类的意义类型、用法特征则应予强调，并配以合适的练习。至于一些更为理论化的问题，诸如“雪白雪白、漆黑漆黑、血红血红”之类，是否“属于修辞学的反复”而“不算构形重叠”的问题，“住了三个月”与“住了三年”有所不同，“年”是时间量词，“月”是时间名词的问题，都应予以删减。教材中的一些应用性的分析题、正误题，大

部分于汉语教学有益，但由于教学时间的限制也要有所选择。为了切合教学实际，分析题还可增补一些对外汉语教学材料中的项目，提供一些留学生语言偏误的例子。

2.2 《现代汉语语法专题》课程的语法教学

《现代汉语语法专题》作为提高性课程，内容具有更大的弹性。我们可以尽量吸收现有研究成果，促使学生从汉语基本意义范畴的角度，去熟悉汉语语法的表达方式与认知背景，从而对汉语语法既能“从结构到意义”进行分析，又能“从意义到结构”进行描述。可以设想的专题有：汉语话题优先的表现，汉语语序安排的特点，汉语的时间表达，名量与动量的表达，行为方式与结果的表达，事件的时态与动态，处置、致使与被动，性状的判断、描绘与比较，汉语的语气表达，等等。

例如：“把”字句是汉语教学重点之一，我们放在“处置、致使与被动”中做专门介绍。

经验证明，掌握“把”字句的基本结构并不难，但如果不明语义结构、不懂语用要求，就会导致表达错误。当教师示意结构方式说“我把书放在桌子上”，学生就会马上仿造说“我把饺子吃在饭馆里”（吕必松例），或者说“孩子们把弹子球玩高兴了”（吕文华例）。从语用上看，汉语的“把”字句与“被”字句都有较强的结果性，如果说话人不认为事件带来一个“特别”的结果，一般也不会采用“把”字句。所以，可以说“他把饺子都吃完了”，而不说“他把饺子吃过了”；可以说“我算把这个人看透了”，而不说“我把张老师看见了”。

“把”字句的简明语义结构如下：

谁/什么+（已/要/能/不）+把某物、某人+怎么样

这个“怎么样”语法内容很丰富，教学实践中需要逐次交代，不必一下子弄得很复杂。

有时陷入纷繁语法形式的泥潭，反而看不清问题的实质。比如黄本《现代汉语》就说，“把”字短语和动词之间一般不能加否定词，不过像“怎能把人不当人呢”这样熟语性句子例外。其实这个“不当人”，正属于“怎么样”里面的

内容，根本谈不上是“例外”。我们完全可以将此句变换为：“怎能把人当牲畜呢”或“不能把人不当人”。

其次，我们可以通过典型例句，展示“把”字句的常见语义类别，这一点对实际教学有多方面的作用。

（1）使某物或某人位置改变。包括：

放置类（我把牛奶放进冰箱了）；

位移类（大家高兴得把他抬起来）；

赠弃类（你把这朵玫瑰送给谁；你去把垃圾倒了）；

告诉类（请你把事情的真相告诉我）；

安排类（公司把他派到了上海）

（2）使某物或某人自身改变。包括：

变形类（把纸揉成一团）；

变性类（他把我的照相机弄坏了）；

度量类（把会议时间延长了一天）；

情态类（一句话把她逗得哈哈大笑）；

程度类（跑了一天的路，可把我渴死了）；

转变类（他们决定把这些规定制度化）；

看待类（老大娘把她当成自己女儿）

（3）表示致使造成的变化。包括：

变性类（工业废水把这条河流污染了）；

情态类（这件事把他愁得吃不好睡不香）；

转变类（改革开放把深圳变成了一座现代化城市）

（4）完成某种预定的事务。包括：

完成类（我把毛线衣打好了）；

达到类（她这才把事情弄明白）；

数量类（你把桌上的文件清理一下；他把那本小说认认真真读了一遍）；

周遍类（他把全国的风景名胜都跑了个遍）

(5)缺省说法。包括：

不快遭遇类(正缺人手呢，把老张也病了)；

省略处置类(我把你这个调皮鬼)；

强调情状类(看把你热的)

最后小结为：

处置而位移——处置而变化——处置而完成
——致使而变化
——遭遇而生变

2.3 《对外汉语教学法》课程的语法教学训练

本课程是一门实践性很强的课程。我们应该在系统性语法学习的基础上，进一步开展贴近实际的汉语语法教学训练，以期发展学生针对常见语法项目进行简明分析讲解的能力，根据教学对象从具体教学语料中提取语法点的能力，为语法教学广泛收集语料、提炼典型例句的能力，调动学生积极参与课堂语法教学活动的能力。

训练项目可从现行对外汉语教材或HSK考试辅导材料中选取。本课训练还可以同模拟课堂教学与专业实习活动结合起来，做进一步的延伸。

参考文献

房玉清(1992)《实用汉语语法》，北京：北京语言学院出版社。
刘月华等(1983)《实用现代汉语语法》，北京：外语教学与研究出版社。
刘月华(1989)《汉语语法论集》，北京：现代出版社。
卢福波(1996)《对外汉语教学实用语法》，北京：北京语言学院出版社。
吕必松(1992)《华语教学讲习》，北京：北京语言大学出版社。
吕文华(1999)《对外汉语教学语法体系研究》，北京：北京语言大学出版社。
马　真(1997)《简明实用汉语语法教程》，北京：北京大学出版社。
赵金铭(1997)《汉语研究与对外汉语教学》，北京：语文出版社。

建设对外汉语专业《现代汉语》数字化教学资源刍议

南京大学　徐昌火　宫　辰

摘　要：新形势下的教师、教材、教法“三教”问题突显了加强对外汉语本科专业课程建设的紧迫性。从目前人才培养的“供需”矛盾来看，也必须提高《现代汉语》课程教学内容的“含金量”和“实用度”。为此，整合优化各种教学资源，利用网络博客平台建立专题延伸阅读资料库和现代汉语语言要素的网络检索模板，可以在一定程度上创新本科教学模式，实现师生的异时深层次互动。

关键词：对外汉语　三教问题　教学资源建设

一

在“中国热、汉语热”的新形势下，汉语国际教育的教师问题、教材问题和教学法问题，引起了学界的关注。如何解决这“三教”问题，不少学者发表了自己的见解。崔希亮（2010）深刻地揭示了“三教”问题的成因：“从中观层面看，无论是对外汉语教学还是海外汉语教学，学习者群体、学习动机、学习目标、学习环境都呈现出多元化的趋势，然而我们还没有完全适应这种变化；从微观的层面看，教学观念、教学模式、教学手段、教学方法、教材编写、课程设计、教师培训等具体问题的解决都亟须与时俱进。”教师、教材、教法都十分重要，究竟何为问题“求解”的核心所在？对此，金立鑫（2006）强调语言本体研究和教学法建构的重要性："教师和教材是一般人很容易看到的表层平面，而教学法和汉语语言体系的解释才是教师和教材的灵魂。"崔希亮（2010）则提出最核心的问题是教师问题，"因为好的教材是好的教师编写出来的，教学法也要靠教师来实践。换言之，没有合格的教师，就不会有优秀的教材和教学法"。我们觉得，目前汉语教师短缺的实质是"合格"师资的奇缺，而不仅仅是泛泛意义上的师资不足。这一方面涉及对外汉语本科专业如何建设的问题，包括课程如何设置、教学内容如何实现"专业化"等问题；另一方面，国内现有的对外汉语教材编写和教法探索，大多是针对国内教学单位汉语作为"第二语言"的教学语境。随着汉语国际推广事业的蓬勃发展，在全球化语境中的汉语作为"外语"的教学研究相对比较薄弱。因此，"教师、教材、教法"都很重要，但三者都是汉语国际教育的"表层结构"，其深层结构应是专业人才如何培养的问题，其核心关键词是"人才"。此"人才"不仅仅包括在国内外从事汉语国际教育的一线师资，还应该包括众多高校培养汉语国际教育储备人才的对外汉语专业教师，更应该包括研究本学科如何进行结构性调整、如何"与时俱进"的研究者和宏观布局者。在任何一个环节出现了内容组合式失误或结构方向性失误，都会导致所谓的"专业师资"难以胜任海内外实际汉语教学、编出来的"教材"不受欢迎、所用的"教法"与学习者及施教环境难以"匹配"等种种窘况。从对外汉语本科专业来看，"三教"问题突显了完善本专业课程建设的紧迫性。

在对外汉语本科专业的课程设置中，绝大多数高校都将《现代汉语》列为专业基础平台课之一。对外汉语的毕业生要想胜任汉语作为第二语言或汉语作为"外语"的教学工作，必须要学好《现代汉语》课程。"如果没有好的汉语语言系统的理论解释，就不可能有好的教学效果"，"如果没有这些学科内的语言本体研究成果的支持，我们的对外汉语教师在课堂上将无法面对学生的提问，面对学生的问题我们的教师将无所适从。"（金立鑫，2006）目前各高校选用的《现代汉语》教材，大多是基于中文系汉语言文学专业的培养目标与课程设置编写而成的。这些教材对汉语言文字学领域近十余年来的相关研究成果介绍并不多，对语言现象的描写和分析大多是规定性的简单化处理，知识体系多数还停留在传统语言学的范畴之内，总体来看重分类描写不重多维解释，教学内容较为陈旧，拿到对外汉语本科专业来用，在教学内容方面更是存在着针对性不强、应用性较弱等弊端，这对培养高素质、实践性、复合型的国际汉语教育人才无疑起到了一定的负面作用。一言以蔽之，人才培养的“供需”矛盾突显了对外汉语本科专业《现代汉语》课程改革的紧迫性。

二

如何实现对外汉语本科专业《现代汉语》的课程改革？

首先，在宏观层面，必须重视对外汉语专业的学科建设。正如郭卉（2010）所言：“学科是专业的基础，专业是基于一定的学科知识体系构建，离开了学科知识体系，专业就失去了内在依据。”任何一个专业都会面临很多实际的问题，但如果只去讨论表层问题的解决对策，不重视本专业的学科建设，不去努力建构本专业的学科知识体系，就是“头疼医头，脚痛医脚”的短视行为，不利于本专业的健康发展，更无法保证本专业的不可替代性。对外汉语专业课程的体系和内容必须要更能体现专业的内涵和特色，使学生既掌握宽厚的专业基础知识与核心技能，又能够及时了解最新科研动态和学科发展方向，为多元培养阶段选择多种发展路径奠定坚实的基础。只有这样，才能真正实现“专业化”，为事业的发展注入更大的活力。

其次，在中观层面，必须对现有的教学内容进行删增重组。作为对外汉语专业的核心课程，《现代汉语》的课程建设迫在眉睫。一般认为，《现代汉语》的教学目的是使学生掌握现代汉语的基础知识，提高学生运用现代汉语的能力，提高学生分析、解决现代语言实际问题的能力。但现实情况是，部分高校的对外汉语专业学生，在学了一年现代汉语之后，并没有掌握多少本学科的研究理论与方法，对现代汉语的汉字、词汇、语法问题基本没有进行专题研究的能力，甚至写出来的一般文章还是错别字很多、语病很多、标点符号用错的很多。这些学生在中学阶段打下的语文基础并不差，进入大学对外汉语专业学习以来，他们中的很多人对《现代汉语》教材的内容不太满意。目前各高校对外汉语专业使用的《现代汉语》教材，多数选择的是黄伯荣、廖序东版的《现代汉语》、胡裕树版的《现代汉语》或邵敬敏版的《现代汉语》，而这些教材在编写时并未考虑到服务于汉语“走出去”战略的国际化教育师资的个性化需求，内容相对陈旧，在一定程度上影响了汉语国际推广后备人才培养的质量。为此，很有必要在《现代汉语》的课程教学中突出近30年来现代汉语各领域所取得的研究成果，以提高教学内容的“含金量”；同时，要突出在汉语作为第二语言或“外语”教学的全球化语境中在语音、汉字、词汇、句法、语用修辞等方面可能遇到的实际问题，以提高教学内容的“实用度”。

第三，在微观的操作方法层面，必须整合优化各种教学资源，实现教学途径的多元化。作为对外汉语专业的主打课程，《现代汉语》不仅要系统讲授语音、文字、词汇、语法、修辞等学科必修知识并提高学生自身运用汉语的能力，同时还应通过大量的实际语料分析使本科生掌握造字法、构词法、句法分析方法、语义分析方法、语用分析法、辞格分析法，提高本科生对外国学习者汉语中介语的语言表现的分析能力，提高他们应对汉语国际推广过程中可能遇到的汉语语言文字实际问题的能力。这些目标的实现，仅靠一本教材和任课教师的课堂讲授是难以实现的。为此，我们必须充分利用网络平台整合优化各种教学资源，拓展教与学的互动空间，提高对外汉语这一应用型专业人才培养的质量。此外，随着海外汉语教学的快速发展和学习汉语人数的急剧增加，海外汉语教师的供需矛盾日益突出，合格的汉语师资缺口极大，师资培训工作任务紧迫。现有的“请进来”和“走出去”的师资培训模式的经济成本较高，无法长期性、常规化操作，在一定程度上降低了汉语国际推广的成效。《现代汉语》数字化教学资源库的建设正是顺应这一时代发展的需求，依托网络平台突破时空限制的资讯服务优势，实现汉语国际推广内在品质的提升。南京大学陈骏校长指出，中国高等教育和西方发达国家的一流大学之间的差距主要在两个方面：一是课程的丰富程度和前沿尖端度上，二是教学方法上，后者主要包括研讨式教学、互动式教学这样的方法和小班上课的形式。《现代汉语》数字化教学资源库的建设正是提高对外汉语本科专业课程丰富度，实现研讨式、互动式教学的必选路径。

三

从大形势来看，我国网络教育资源建设正逐步形成专业化、规模化的发展趋势。近几年高校在网络精品课程等教育资源的建设方面资金投入和政策扶持力度较大，出现了一大批高质量的网络教育资源。就传统学科《现代汉语》课程的网络资源建设来看，有代表性的是北京大学、山东大学、暨南大学等高校的《现代汉语》网络精品课程。但总体来看，上述网络课程多基于中文系通用的《现代汉语》教材，从内容和模板设计上看大部分缺少评价与反馈环节，缺乏对学习者学习过程的指导，互动性较差，有的还停留在教师备课 PPT 的网络化展示这一阶段，甚至只是纸质教材的电子化。上述网络资源都是面向传统的汉语言文学专业的本科生，似乎难以见到面向汉语国际推广师资培训和对外汉语专业本科生的《现代汉语》网络资源库。在对外汉语教学领域，现有的教学资源多数设计的是面向外国学生，但由于外国学生汉语水平参差不齐、汉字字库编码不兼容等因素，上述资源的实际使用效率较低，其"宣传"意义远大于其实用价值。相对而言，发达国家和地区的汉语教学网站建设更注重适用程度，网上各种汉语练习和资料对汉语教学的确起到了教学辅助作用。以北美为例，北美高校对汉语网络资源的应用主要体现为三个层面。一是教师应用于课前准备工作，二是教师直接应用于课堂，三是学生在课后使用。运用网络资源，学生在做家庭作业时可以使用某个网络资源复习当天学习的内容。如学习语音部分时，学生可以在网上看电视录像并且完成练习。总而言之，面向汉语国际推广的汉语教学资源的发展潮流是注重需求分析，注重实效，注重服务优先。设计者不仅仅要了解资源的内在结构和深度广度，更应该了解资源使用者的需要，并将两者有机地结合起来，在技术层面上则注重使用者的"傻瓜式"操作和海量信息的自由检索功能。

传统纸质教材和传统课堂教学模式，由于受到教材篇幅的"空间"制约和课堂教学口耳相传、转瞬即逝的"时间"制约，教与学的内容广度、深度及教学实施的"效度"均有待提高。这在一定程度上，影响了对外汉语专业本科人才的培养效果。《现代汉语》数字化教学资源的建设需要充分发挥互联网突破时空限制、交互性强等特点。交互性是网络的主要特点之一。网络汉语学习充分体现了学习者的主体地位，网络学习用户可根据自身需求自主控制学习情境。同时，网络信息具备双向传递功能，丰富了教师与学习者间的交互性。学习者在消化学习资源的同时，可通过课程反馈或论坛交流与教师或其他学习者进行实时和非实时的交流。对外汉语教师可以借助网络博客等新传媒形式，利用评论、留言、网络小纸条等模板初步实现师生异时异地互动。

南京大学初步设计的《现代汉语》数字化教学资源包括以下三个方面的内容：课程基本内容板块、专题延伸阅读资料板块、现代汉语语言要素的网络检索板块。首先，将对外汉语专业的《现代汉语》课堂教学的教学计划、各章节的教学内容、讨论话题、课余活动安排等提前在网络博客发布。其次，在广泛搜集现代汉语各领域相关研究资料的基础上，建立外国人学汉语的难点和重点的专题延伸阅读资料板块，如外国学生学习汉语虚词“了、着、过”的偏误表现与教学案例分析以及相应的学术界研究成果等，再如汉语委婉语、禁忌语、称谓语等国俗语义的相关资料等。第三，建立一系列的面向汉语国际教育的汉语语言要素的网络检索系统，包括常用汉字的构词及释义网络检索、基于关键词的外国学生常见语法错误关键词网络检索、基于拼音检索的现代汉语近义词辨析等，以提高对外汉语专业学生分析语言事实的实际动手能力，并为一线对外汉语教师提供资料，服务现代汉语语言要素的网络检索板块。

必须指出，没有完善的学科基础研究，没有完善的教材建设，任何数字化教学资源必将“沦落”为传统纸质教材的电子化。同样，建设《现代汉语》课程数字化教学资源需要以对外汉语教学界的集体智慧为支撑。在操作过程中，必须基于对外汉语专业的学科基础研究，一方面要搜集整理作为“母语”的现代汉语在语音、汉字、词汇、语法、修辞各分支领域的相关研究成果，另一方面要对外国学生学习汉语的中介语进行全面的描写和分析，对主要语种的汉语学习者在汉语语音偏误、汉字书写偏误、词汇理解与使用偏误、汉语虚词和句法结构的偏误与习得规律等进行较为系统的整理，建立相应的专题延伸阅读资料库。

我们相信，整合优化各种教学资源，建设《现代汉语》数字化教学资源，可以拓宽教学内容，丰富教学手段，借助网络实现师生异时互动，创新本科教学模式，同时为对外汉语本科生进行课题研究提供一个基础平台，为拓宽学生的学术视野、培养其初步的科研能力打下良好基础。我们期待有更多的同行加入到这个基础工程中来。

参考文献

崔希亮（2010）汉语国际教育“三教”问题的核心与基础，《世界汉语教学》第1期。

郭　卉（2010）主动适应社会需求是高校学科专业设置改革的方向，《高等教育研究》第7期。

胡　勇、王　陆（2006）异步网络协作学习中知识建构的内容分析和社会网络分析，《电化教育研究》第11期。

金立鑫（2006）试论汉语国际推广的国家策略和学科策略，《华东师范大学学报》（哲学社会科学版）第4期。

下编

（四）专业建设与发展

对外汉语教学师资培养的历史回顾及相关思考

上海师范大学　曹秀玲

摘　要：对外汉语教学作为一项“国家和民族的事业”，作为一门独立的学科，其发展和壮大的前提是有一支合格的教师队伍。本文在回顾对外汉语教学师资培养的发展历程的基础上，对目前对外汉语师资培养中存在的问题加以探讨，以期引起相关部门的重视。

关键词：对外汉语教学　师资培养　历史回顾　思考

〇. 引　言

中国历史上就存在“对外汉语教学”。在东方，留下日本和朝鲜汉学家的历史佳话；在西方，传教士留存下来的文言作品反映了他们很高的汉语文言水平。然而，正如吕必松先生（1997、2006）指出的那样，直到20世纪，汉语教学不论对内对外，一律是以古汉语、文言文为中心，教学上的表现是重视中国古代文献的阅读，也训练文言文的写作和古风律诗的吟咏。

现代意义上的汉语作为第二语言教学的历史已有60年，特别是改革开放后的30年中国对外汉语教学实现了跨越式发展。人们习惯上将全球范围内出现的这种汉语学习人数迅速增加、学习热情高涨的现象称为“汉语热”。然而，世界汉语教学不断发展的同时，我们特别应该对对外汉语教学的形势和学科性质有一个冷静的认识。正如有专家指出，除了我们邻近的日本、韩国以外，在世界上绝大部分地区，目前还谈不上所谓的“汉语热”，学习汉语的人数虽然增长得很快，但绝对数字则根本无法与学习英、法、德、西等语言的人数相比。与此同时，与英、法、德语作为第二语言教学相比，对外汉语教学起步较晚，在教学理论研究的广度、深度等方面还有一定的差距。

对外汉语教学作为一项“国家和民族的事业”，对外汉语教学作为一门独立的学科，其发展和壮大的前提是有一支合格的教师队伍。因此，本文拟在回顾对外汉语师资发展历程的基础上对目前对外汉语师资培养上存在的问题加以探讨，以期引起相关部门的重视。

一、对外汉语师资的从无到有

从上世纪50年代初到60年代初，我国对外汉语教学事业属于初创阶段。吕必松先生（1997、2006）将这一阶段对外汉语教学的主要特点概括为：从无到有，建立了专门的教学机构；形成了一支相对稳定的专职教师队伍，并着手专门培养有一定外语水平的对外汉语师资；对驻华外交人员的汉语教学、刊授和函授汉语教学以及向国外派遣汉语教师等各项工作也已开始。

由于建国初期我国只少量接受外国汉语学习者，尽管此前没有专门的对外汉语师资，但仍可勉力维持。后来我国政府应邀向越南、匈牙利、保加利亚等国派遣汉语教师。在国外从事汉语教学这一工作性质向外派教师提出了更高的要求，即不但要具有较高的专业水平，还必须具备较高的外语水平。

由于没有科班出身的对外汉语教师，当时应对这一较大师资缺口的做法是，采用集中培训的方式进行师资培养，具体又可以分成两种模式。

1.1　中文专业优秀毕业生进修外语

从1961年起，高教部从一部分大学中文系挑选优秀应届毕业生，作为储备出国汉语师资，派到北京外国语学院和北京大学，分别进修英语、法语、西班牙语和阿拉伯语，进修期限为三年。这是我国专门培养对外汉语师资的最初模式。

1.2 教师培训和专业培养相结合

从1964年开始，培养出国汉语师资的任务转移到北京语言学院（当时称外国留学生高等预备学校）。这时对外汉语师资的培养方式是一方面继续从大学中文系选拔应届毕业生进修外语，同时招收四年制本科生。从事对外国人的汉语教学主要的业务条件是中外文兼通，所以培训课程是一部分中文专业课程和一部分外语专业课程的组合。这是我国培养对外汉语师资的另一种模式。遗憾的是，第一届本科生尚未毕业，对外汉语教学就因“文化大革命”开始而中断。

1.3 举办全国性的对外汉语教师进修班

1965年，越南政府向我国派遣2000名留学生，承担对这批留学生进行预备教育任务的，除了北京语言学院以外，还有国内20多所院校。由于许多院校没有从事对外汉语教学的经验，高教部委托北京语言学院于1965年暑期为各院校准备教授越南留学生汉语的教师举办了一期培训班。这是我国第一次举办全国性的对外汉语教师培训班。参加这期培训的教师，不少现在仍然活跃在对外汉语教学岗位上，成为各院校的教学骨干和学术带头人。

为了办好这期培训班，北京语言学院在总结建国以来对外汉语教学经验的基础上，写出了20多种讲稿和材料，内容包括教学大纲和教学法介绍、教材分析、不同阶段课程的教学要求等。这些讲稿和材料不但在当时对各院校的对外汉语教学发挥了重要的指导作用，而且对以后的对外汉语教学产生了一定的影响。（吕必松，1997、2006）

“文革”以后，对外汉语教学工作得以恢复，百废待兴，其中面临的一个最突出的问题就是教师人数不足。虽然有两批因“文革”开始而未能按时分配工作的储备出国师资陆续走上对外汉语教学岗位，但是远远不能满足实际教学需要。为此，北京语言学院连续几年举办时间长短不等的教师培训班。培训内容涉及教学法、语言要素教学和课型教学，期间还开设了若干专题讲座。培训班的举办不但培养了一批熟练的对外汉语教师，而且为对外汉语教师的在职培训积累了一定的经验。

1.4 建立旨在培养对外汉语师资的专业

改革开放后，国内的政治环境和社会理念发生巨大变化。为了发展对外经济技术交流与合作，国家不但继续通过政府协议交换留学生，而且支持高等学校直接与国外发展人员和学术交流，允许有条件的学校跟国外的对口学校进行校际交流，其中互派教师和留学生往往是主要的交流内容和方式。此外，国家也允许一部分学校直接接受国外实业机构和友好团体派遣的留学生，也可以直接接受个人申请。（刘珣，2000、2005）

随着来华学习汉语人数的迅速增加，仅靠培训的方式培养对外汉语教学师资显然难以满足实际教学需要：一是师资培训的周期长短不一，成效和规模不好控制；二是现有教师的知识结构难以满足教学需要；三是客观上需要把对外汉语教学当作一个专门的事业来做。1978 年，北京语言学院率先创办了四年制的现代汉语本科专业，以培养汉语教师、翻译和汉语研究人员为主要目标。这样就可以确保每年都有数十名汉语“科班出身”的专门人才走上对外汉语教学岗位。

二、对外汉语学科地位的认同

在过去相当长的一个时期内，许多人不了解对外汉语教学的性质和特点，因此不重视理论研究、课程设计、课堂教学和测试等，基本上是凭经验办事，教师队伍建设也没有明确的标准和方向。（吕必松，1997、2006）在社会上，对外汉语教学更被看成是教人“人手足刀尺”的小儿科。要使对外汉语教学事业得到健康的发展，就必须把对外汉语教学作为一门专门的学科，加强这门学科的建设。

1978 年 3 月，中国社会科学院在京召开北京地区语言学科规划座谈会，与会学者根据国外第二语言学科特点和规律的研究，以及我国对外汉语教学理论和教学实践的发展，提出了“对外汉语教学”是一门学科的看法，这个建议得到了与会语言学家的支持，形成了会议的共识。著名语言学家王力和朱德熙等也积极呼吁对外汉语教学是门学问。对外汉语教学界的前辈王还先生提出：“如果教外语是一门学科，我们教汉语就是作为一种外语教，自然也是一门学科。”

1983 年成立了全国性的学术团体“中国教育学会对外汉语教学研究会”，这标志着对外汉语学科的正式诞生。1984 年 12 月，时任教育部长的何东昌在外国留学生工作会议的报告中明确指出：“多年的事实证明，对外汉语教学已发展成为一门新的学科。”这标志着对外汉语教学作为一个专门学科，其学科地位及其命名得到我国政府的正式确认。1985 年，世界汉语教学学会成立。1987 年 7 月，对外汉语教学领导小组成立，负责统一领导和协调全国的对外汉语教学工作。这使得我国的对外汉语教学走上了更加有计划、有组织的发展道路。1997 年，对外汉语终于作为独立的专业写入教育部的专业目录。

随着对外汉语教学事业的发展，人们对这项工作的性质和特点的了解逐渐加深，逐渐认识到，对外汉语教师应当具备特定的知识结构和能力结构。对外汉语教师必须经过专门培养，但不能以一部分中文专业和一部分外语课程简单相加的方式进行，因为这两类课程的组合不可能完全形成对外汉语教学所需要的知识结构和能力结构。（吕必松，1997、2006）

经教育部批准，北京语言学院于 1983 年首先开设对外汉语教学专业，以培养对外汉语教师为主要目标。这一专业的主要特点是根据对外汉语教学对教师知识结构和能力结构的要求设计课程和确定教学内容。两年之后，北京外国语大学、上海外国语大学、华东师范大学等院校也设立了相应的专业。1986 年，北京大学和北京语言大学还开始培养以对外汉语教学为专业方向的硕士研究生。这样，对外汉语教师不但有了稳定的来源，而且基本素质可以得到保证。1997 年全国第一个带有对外汉语教学方向的“语言学及应用语言学”博士专业获准在北京语言大学建立。我国的对外汉语教学由此形成多类型、多层次、比较完整的教育体系，人才培养的规格和层次得到提升，教师队伍的建设方面取得较大进展。

三、对外汉语教师资格的认证

为了确保对外汉语教师的基本素质，国家教育部门还要求对外汉语教师不论已取得何种学位，都必须通过教师资格证书考试，率先在各学科中实行资格考试制度。国家教委制定了《对外汉语教师资格审定办法》，为经过考核证明能够从事对外汉语教学的人员颁发资格证书。该制度实施后，出国教授汉语的教师将只能从具有资格证书者中选派。从1992年开始的国家对外汉语教学资格审定工作和资格考试，对提高对外汉语教师的素质，加强教师队伍建设起到了很好的推动作用。迄今已有近2000人获得对外汉语教师资格证书。（刘珣，2000、2005）

由于种种原因，该项考试到2003年截止。国家汉办目前正在根据对外汉语教学的新形势，改革、更新和调整汉语作为外语教学能力的考试内容和形式。[1]国家教育部于2004年颁布了《汉语作为外语教学能力认定办法》。规定赴外任教教师的基本资格是获得《汉语作为外语教学能力证书》。该证书由国家教育部颁发，证明持有人可以从事对外汉语教学工作，已具备相应的专业知识水平和技能。《能力证书》分为初级、中级、高级三类。

为了满足世界各地日益增长的汉语学习要求，提高国际汉语教师的专业素质和教学水平，国家汉语国际推广领导小组办公室组织研制了《国际汉语教师标准》。2007年，《国际汉语教师标准》由外语教学与研究出版社出版。《标准》借鉴了TESOL等国际第二语言教学和教师研究新成果，吸收了国际汉语教师实践经验，反映了国际汉语教学的特点。

《标准》是针对国际汉语教学对师资的要求制定的，在汉语作为第二语言教学历史上尚属首次。它是对从事国家汉语教学工作的教师所应具备的知识、能力和素质的全面描述，旨在建立一套完善、科学、规范的教师标准体系，为国际汉语教师的培养、培训、能力评价和资格认证提供依据。《标准》将对外汉语教师的能力和知识结构归纳为五个模块，分别为：（1）语言基本知识与技能，具体包括“汉语知识与技能”和“外语知识与技能”。（2）文化和交际，包括“中国文化”和“中外文化比较与跨文化交际”两部分。（3）第二语言习得与学习策略，要求教师了解汉语作为第二语言的学习规律和学习者特点，能够帮助学习者成功学习汉语。（4）教学方法，包括“汉语教学法”“测试与评估”“汉

〔1〕 目前国内外都有较大的对外汉语教师缺口，社会上各种名目的对外汉语教师培训和资格认证林林总总。

语教学课程、大纲、教材与辅导资料”和“现代教育技术及运用”四个标准。（5）教师综合素质，主要对教师职业素质、职业发展和职业道德进行描述。

四、专业学位的认定——汉语国际教育硕士

汉语作为第二语言的教学实际大体上包括两个方面：在使用汉语的环境里进行的汉语作为第二语言的教学（即对外汉语教学）；在非汉语环境里进行的常常是汉语作为外语的教学。国内的对外汉语教学仅是世界汉语作为第二语言教学的一个组成部分，虽然由于得汉语故乡的天时地利而成为汉语作为第二语言教学的中心和基地，但从某种意义上来说是在比较特殊的条件下进行的教学。

刘珣先生（2000、2005）指出，遍布世界各地的汉语教学犹如汪洋大海，教学规模之大，学习者人数之多，提供的经验之丰富，都是我国对外汉语教学所不能比拟的。就其所体现的教学规律的普遍性而言，应该说是我们学科研究的主要方面。

为了满足海外汉语教学师资的巨大需求，近年国家设立汉语国际教育专业硕士学位，由经国家批准的汉语国际教育硕士专业学位研究生培养单位授予。“汉语国际教育”是指面向海外母语非汉语者的汉语教学。汉语国际教育硕士专业学位英文名称为“Master of Teaching Chinese to Speakers of Other Languages”，简称 MTCSOL。汉语国际教育硕士专业学位培养目标为适应汉语国际推广工作，胜任汉语作为第二语言 / 外语教学的高层次、应用型、复合型专门人才。汉语国际教育硕士专业学位获得者应具有扎实的汉语言文化知识、熟练的汉语作为第二语言 / 外语教学的技能、较高的外语水平和较强的跨文化交际能力。全国现有 39 所高校承担汉语国际教育硕士的培养工作。

五、对外汉语师资存在的问题与思考

对外汉语师资队伍从无到有，从培训到全方位、多层次的学历教育，印证了我国对外汉语教学事业发展和壮大的辉煌历程。但是目前对外汉语师资队伍还存在一些制约可持续发展的瓶颈问题：其一，对外汉语教师的教学工作量比

较繁重，科研时间有限，在各高校纷纷推出的科研评价体系中承受巨大压力；其二，强调对外汉语教学的特点，汉语本体知识教学相对于汉语言文字学专业不够厚实，致使有些用人单位认为对外汉语专业的研究生有的只是理论花架子，因此只有在人才培养规格上做到“水涨船高”，才能在将来的工作和科学研究中可持续发展；其三，国内就业形势严峻，特别是对外汉语教学主要集中在高等院校，本科毕业生现已不可能进入高校承担对外汉语教学工作，硕士研究生在高校就业也日益艰难。因此，只有处理好人才培养规格和市场定位才能使培养的人才真正发挥效用。

参考文献

国家汉语国际推广领导小组办公室（2007）《国际汉语教师标准》，北京：外语教学与研究出版社。
李　泉（2005、2008）《对外汉语教学理论思考》，北京：教育科学出版社。
刘　珣（2000、2005）《对外汉语教育学引论》，北京：北京语言大学出版社。
吕必松（1997、2006）《对外汉语教学发展概要》，北京：北京语言大学出版社。

海外汉语教学需求与对外汉语专业建设的对接

厦门理工学院　刘保华

摘　要：目前，汉语在国际范围内日趋流行，来华留学已无法满足世界对汉语文化的学习需求。这就需要我们打开国门走出去，将汉语和中国文化推广到世界的各个角落。因此，如何培养符合海外汉语教学需求和适应海外汉语教学环境的对外汉语教师，已成为亟待解决的问题。笔者根据汉办公派、在美两年的汉语教学经历，探索海外汉语教学实际需求与国内对外汉语专业的人才培养的对接问题。

关键词：海外汉语教学　对外汉语专业建设　课程设置

据美国《纽约时报》2010年1月20日报道，美国政府进行的一项调查显示，在美国外语教育节奏缓慢之时，汉语教学在美国外语教育中一枝独秀。目前，共有1600所美国学校开设汉语课，汉语即将超越德语成为美国第三大外语。美国政府的一项粗略统计显示出，现在美国约有1600所公立及私立学校开设汉语课，十年前只有300所学校开设汉语课，大部分开设汉语课的学校都在东海岸或西海岸。但是最近几年，开设汉语课的学校数量正急剧增长，包括俄亥俄州、德克萨斯州及犹他州的公、私立学校。该统计还显示，在美国开设外语课的2.75万所学校中，开设汉语课的学校比例占到了4%。而在过去1997至2008年间，开设汉语课的学校仅占开设外语课学校的1%。截至2009年1月，仍在美国任教的汉语教学志愿者有253人，分布于美国34个州，承担着

300多所中小学和幼儿园的中国语言和文化教学任务。这些教师来自全国各地，虽然有着相似的语言教学经历，却有着不同的受教育背景和教学经验。在美国传播汉语的过程当中，出现了这样或那样的问题。比如，汉语专业知识不够过硬，不适应美国当地文化和地理环境，与当地教师和学生沟通不畅，找不到现成合适的汉语教材，美国的汉语教师还有很大空缺。美国的汉语教学现状，在某种程度上折射了整个海外汉语教学的现状。海外汉语教学在很大程度上还需要依托国内对外汉语专业的这个“大本营”。如何使国内对外汉语教学与海外汉语教学稳妥接轨和整合，使国内外两支教学队伍双赢，是目前急需解决的问题。

2007年，国家汉语国际推广领导小组办公室制定了《国际汉语教师标准》，规定合格的国际汉语教师由以下五个模块组成：语言基本知识与技能（汉语知识技能和外语知识技能两个标准）、文化与交际、第二语言习得与学习策略、教学方法和教师综合素质。根据《国际汉语教师标准》和美国海外汉语教学市场和教学过程中出现的问题，笔者认为国内的对外汉语专业学生培养可以侧重以下方面：

一、开设双语对比课程培养学生的双语对比能力

语言的基本知识与技能包括了汉语与外语两个标准。如果汉外语言的基本知识与技能的对比能够贯穿汉外词汇、语法、发音、句型、口语表达、文学和文化的异同并将其对比教学，将能促进汉语与外语学习者的理解，达到事半功倍的效果。对比教学法不仅使对外汉语专业学生在学习汉语与外语的过程中受益，也会使之将学到的规律运用到对外汉语的教学过程中，使外国学习者的汉语学习变得更为有效。例如，笔者在美国教授汉语的过程中，发现很多美国学生把拼音C读成了[k]，当教学过程中出现了这种典型的母语对外语学习的负迁移作用现象时，教师不仅应非常熟悉汉语拼音和英语音标，还应该有能力将英语和汉语的语音进行对比并归纳总结，并将其运用到汉语拼音的教学过程中去，使英语对汉语学习的负迁移作用最小化。

二、现代教育技术类课程

在当今教育科技化发展日趋发达的今天，充分利用多媒体工具辅助教学，

充分发挥各种电子教学产品的优势，在提高学生的学习兴趣和促进学习效果方面起到不可估量的积极作用。多媒体、多方位、多层次、多角度地调动教师和学生积极性，使教与学和谐地融为一体。如教学软件的开发和合理利用，不仅能够充分体现学生自主学习的特色，还能调动学生学习汉语的兴趣和积极性。教师可以用多媒体进行各种演示，运用图形、图标、图表、符号等使汉语教学形象化、立体化；教师可以熟练运用办公软件 word，excel 等来制作 gradebook 并登记总结学生学习情况，或者学会制作知识点小册子，分发给学生；而 hotlist 等软件的熟练使用可使教师利用互联网将中国文化做成专题，学生上网就能学习；熟练使用美国课堂中的各种声、光、电等多媒体教学工具，如扫描仪、数码相机、电子触摸屏、电子白板等必定会使汉语教学更生动活泼。

三、与教材编写相关的选修课

国外的教学对象类型多样，各个国家乃至一个国家不同地区都会有不同的外语教学大纲和标准，常需要教师具有自主编写特定对象教材的能力。在美国，小学对外汉语的教学系统实用、操作性及针对性强的教材几乎没有。汉办每年给海外汉语教师免费赠书很多，但并不能满足教师教学要求和学生实际情况。美国的汉语教学一般只要求符合 5C，但是没有教学大纲。每位汉语教师各自的教学背景也不同，很多老师都是临时根据各州及学校的情况、学生特点临时自编教学大纲、教学计划和课文，因地制宜，因材施教。编写的教材既有别于国内对外汉语教材，又有别于国内学生使用的语文课本，因为他们的生长环境和语言环境跟国内差别太大。如果对外汉语专业的学生能够有临时编写教材的能力，就可以将美国当地的教学标准和大纲与实际教学对象和内容有机结合，发挥双向优势。

同时，辅助读本的选编对海外汉语教学者和学习者都十分重要。西班牙语在美国的学校非常火热，在美国学校的教室、图书馆、书店到处都可以看到西班牙语编写的故事书、杂志和教学参考书等。这些书籍和教学很好地补充扩展了教学内容。很多美国学生都能对很多经典的西班牙故事朗朗上口，这对西班牙语在美国的流行起到了举足轻重的作用，很值得我们借鉴。

四、注重对外汉语专业学生跨文化意识的培养

首先，跨文化交际技巧是对外汉语教师应必备的能力，要了解和尊重世界各国的文化多样性，不同种族的文化特色、生活禁忌、交往特点、交际技巧，尤其是在实际情景中的口语运用能力、突发事件的应变能力、赴国外生活的适应能力，可以帮助他们与国外任教的学区领导、同事、家长和学生进行无障碍交流与沟通，以减弱汉语教师在任教国家因“文化冲突”和“交际失败”，“交际矛盾”或者“交际焦虑”而引发的心理及生理问题以及由此产生的种种恶果，从而促进汉语和中华文化在国外各个学区和社区的推广。

同时，在汉语教学中也应增强对汉语文化的了解和跨文化意识。汉语学习者往往由于文化差异和语境生疏而产生语言交际的障碍。文化是话语交际的重要背景，文化对话语产生、连贯以及话语表达方式起着非常重要的作用。语言与文化的“水乳交融”关系，决定了对外汉语教学中，语言教学和文化教学密不可分。中华文化博大精深，“音、形、义”三位一体的汉字与表音的字母文字有很大差异，蕴藏了丰富的汉语文化内涵。而汉语言中的词、词组、句子、篇章都能体现出中国的文化特征和汉民族心理模式和思维方式。因此，对外汉语教学的实施者有责任和义务深入进行跨文化研究与教学，在汉语结构、使用和意义教学中引入跨文化意识，将语言教学与文化教学有机地融为一体，清楚地了解学生母语文化和中华文化二者之间的差异及可能产生的冲突，帮助学生顺利度过文化适应期，不断提高教学效果。

五、外语教学法课程的开设

中美两国的外语教学法大相径庭。传统语文教学法、翻译法等不能与北美学校教育特点相一致，影响汉语教学效果，应开设外语教学法课程来介绍国外外语教学理论或对其产生重大影响的语言学、心理学、社会学、人类学等理论。美国课堂教学法提倡通过各种课堂活动来满足多元智能的不同学习风格学习者的需求。因此，适应不同年龄段的对外汉语教学法，不仅能丰富汉语课堂教学活动，充分调动多元智能学生学习积极性，增强不同学习风格的学生学习

汉语的兴趣，更能使学生轻松快捷地掌握汉语的学习技巧。汉语作为外语的教学法既可以借鉴世界各国语言的外语教学法，也应因其不同的语言特色，而有其实践过程中总结出来的相对独特的教学法。

教学法教育应该有针对性。教学法课程应该针对小学、中学和大学不同程度的教学而选择不同的教学法教材。学生的不同学习阶段，都会有独特的学习心理、学习方法，教授汉语的难度和程度也不尽相同，这就要求汉语教师能够使用和学生年龄相当的教学法，否则将会起到相反的效果。汉语教学法还应该能够更好地和外国当地的教学法交融。适合中国学生的教学方法不一定适合美国学校的实际情况。比如，美国的外语教学法就比较灵活，注重实际生活中的运用。著名的外语教学 5C 的标准理念深入人心，这 5C 是 Culture（文化），Communication（交流），Connection（联系），Community（社区）和 Comparison（对比）。美国教师比较注重学生的合作意识的培养，所以有很多作业都是要求小组共同完成的。笔者在美国俄亥俄州教授汉语的时候，使用了其他汉语老师推荐的“拍苍蝇”游戏。这是一个单词记忆的竞赛活动，具体做法是：先选出两名小朋友，站在汉字前面，听到老师说汉语的词汇，就要迅速拿手中的苍蝇拍去拍该词，谁先拍到正确的词，谁就得一分。竞赛很好地激发了学生的积极性，可是总有学生因为失败而感到受挫，甚至哭泣。看到这种情况，在一边旁听的美国当地老师就提出建议，在课堂教学活动的设计中，尽量使用合作式而非竞赛式教学方法，原因是当地的学生已经适应了该校教师一贯推广的合作式小组共同完成项目的学习作风，对这种激烈的个人竞争式的比赛非常不适应，所起到的效果将事倍功半。因此，对当地教学法进行了解，并适当与其结合运用，才能不断提高汉语教学效果。在最近几年的美国汉语教学过程中，很多教师都在遵循外语教学原则的前提下，演绎法、归纳法同用，机械性练习、有意义练习、交际性练习并举，翻译法、直接法、听说法、交际法共存。可以说美国汉语教学中开始实行的是折中法和综合法。只有开设教学法的课程，才能使对外汉语专业学生训练有素、经验丰富，才能根据自己的教学对象、教学环境和自身特长，做最优化配置，争取在汉语教学上取得最佳效果，以达到教学目的。

六、教育心理学的开设

对外汉语教学活动既是传授语言知识、形成语言技能的实践活动，也是在特定情境中的人际交往活动。在汉语学习的过程中，国外学生由于受到各种因素的干扰，他们会出现诸如焦虑、压抑等不利于学习的情绪。作为对外汉语教师，应该及时发现学生情感上的变化，并能做出正确的判断，帮助他们渡过情感上的难关。让他们能够保持积极的学习态度，这也是汉语学习成功的关键。

教育心理学能使教师明白学生如何学习思考，不同年龄段学生的心理特点，不同学生的思维和行为方式、学生学习行为特点、学习动机、教师的课堂技巧等等，所有这些都会帮助教师掌握利用这些特点，设计有针对性的课堂环节，选择教学内容，提高课堂效率。同时，教育心理学能帮助教师激发学生学习动机，提高教师教学和学生学习的效果。

七、课堂管理技巧的培训

有中文背景的汉语老师最大的困难是管理课堂，因为西方文化讲究个性张扬，孩子们无论是课上课下的表现都过于自由甚至散漫。课堂管理的好坏对汉语教学效果起到举足轻重的作用。课堂管理可详细分为课堂纪律管理、学生评估方法、作业管理、教学考勤、奖惩制度、学生矛盾冲突解决办法等，以帮助教师在海外教学时面对不同文化背景的学生，不同性别、不同接受能力以及有多动症、自闭症等心理问题的学生时，能够相应采取合理的教学方法，创造一个良好有序的汉语学习环境。

八、中国文化特长选修课

中华文化博大精深，要求传授汉语及中华文化的教师不仅要有深厚的文化功底，能够对中国的文化特点了如指掌，更应该对其中的某项有专长，比如国画、武术、书法、茶道、中国传统舞蹈、乐器等，以达到好的教学效果。

九、教师资格证考试培训与指导课程

教师资格证考试培训与指导课程能有效帮助学生考取相关对外汉语教师资

格证。帮助学生进行题型分析，讲解答题技巧，并进行模拟测试，能够极大提高对外汉语教师资格证的通过率，真正帮助学生成功走向对外汉语教学岗位。

对外汉语专业建设应该放在国际化大舞台的背景下进行，可以借鉴一下国外正在进行的各种外语教师培训项目。美国的俄亥俄州克里夫兰州立大学教育学院的 Core Program（核心课程）于 2007 年开设，专门培养外语教师来满足迅速增长的外语教师的需求。克里夫兰州立大学开设的 Core program 课程包括 Psychological Foundations of Education，Inst Development in Foreign Language Education，Technology in the Classroom，Diversity in Educational Settings，Secondary Instruction and Management，Sem on Professional Practice，Content Area Literacy，Conflict Resolution Training，Educational Research and Social Issues and Education 等。最后，学生还要参加教师资格证考前培训等课程，通过教师资格证考试后，才能向学校申请成为真正的汉语教师。该课程设置可以作为对外汉语师资培训的借鉴。

参考文献

崔建新（2005）从加拿大汉语教学现状看海外汉语教学，《汉语学习》第 6 期。

高剑华（2007）对外汉语教学中的跨文化意识，《教育科学》第 5 期。

李　艾（2010）多媒体技术在海外汉语教学中的实践与启示，载《第五届中文电化教学国际研讨会论文》。

任　英（2008）论情感因素与对外汉语教学，未发表。

[美]印京华（2005）近五年美国汉语教学状况与发展趋势，《国际汉语教学动态与研究》第 1 辑。

东南亚的汉语教育与广西汉语人才培养的战略意义

广西大学　黄南津

摘　要：本文分析了东南亚主要国家的汉语教育现状、东南亚国家汉语人才需求的特点和广西面向东南亚的汉语国际教育人才培养的战略性意义，进而指出广西高校在汉语国际教育高级人才培养体系中不完善的一面，以促进广西发挥地缘优势，把汉语教育的目标转向对东南亚输出汉语国际教育人才。

关键词：东南亚　汉语国际教育　人才培养　战略意义

一

据有关数据显示，东南亚国家和地区的汉语使用人数在2000万以上。这个数字说明，中国和东南亚各国之间的联系甚为紧密，双方在经济合作和文化交流方面都很活跃，更说明东南亚的华文教育已具有一定规模和成效。为华文教育做出重要贡献的力量之一是东南亚的华侨华人，他们占世界华侨华人的80%以上，不仅在他们这个群体本身里，华文教育有极大的市场，而且他们也是推动华文教育在该地区推广的主要力量。

比如马来西亚，华裔人口636万，占该国总人口的24.7%。那么华人就会有较大的社会力量坚决维护自己的文化力量，促进政府在法令、政策和措施上支持华文教育。事实上，马来西亚也正是东南亚华文教育状况最好的国家之一。马来西亚有一个从小学、中学到大学的华文教育体系，有1300所华文小学、60余所华文中学和3所民办华文大学（即南方学院、新纪元学院和韩江学院），学生总数在70万人左右，教师在3万人左右，并有华文教育机构，如华校董事联合会、华校教师工会总会等。马来西亚是东南亚国家中唯一保留华文小学、华文中学教育体系的国家。马来西亚也是海外拥有华文报纸最多的国家，有《南洋商报》《星洲日报》和《光华日报》等18家报纸，还有6套华语广播节目和3套华语电视频道。

华裔人口占新加坡总人口的76%，可以说华人社会是这个国家的主体。新加坡的华文教育有150余年的历史，80%以上的新加坡华人讲汉语较为流利。新加坡的华文教育基本实现了产业化与国际化，其信息化程度在东南亚国家里处于领先地位，华文报纸有40多家，如著名的《联合早报》《联合晚报》等。新加坡的汉语教师需求通过两种方式解决：一是从中国引进高水准的华文教师，二是对本国华文教师进行多渠道的培训，中国在新加坡的两所孔子学院也承担起一部分培训任务。

菲律宾的华文教育有100多年的历史，现共有中小学华文学校170余所，纯华人血统的学生占30%左右，菲华混血的学生占60%以上。菲律宾没有专门的华文大学，有20余所大学开设华文专业。华文教育机构有1991年成立的菲律宾华文教育研究中心、1993年成立的菲律宾华文学校联合会和1994年成立的菲华商总文教委员会。数家华文报纸中，《世界日报》影响较大。柬埔寨的华文学校也较多，达80余所，多私立华校，如规模最大的端华学校，为潮州会馆兴办，有一万多名学生（80%为华裔），两百个班，教职员工有230多人，还有客属会馆兴办的崇正学校、海南会馆兴办的集成学校等。柬埔寨的华文教育已形成一套统一学制、统一教材和统一师资调配的完整的教学和管理体系。

这些华人人数多的东南亚国家的汉语教育发展得各有特色，但优秀和高级的汉语人才缺口很大，这些国家很难做到汉语人才自产自销，同样急需来自中国的汉语教师资源的补充。值得注意的是，近年来一些华裔人口所占比重不大的东南亚国家，汉语教育事业发展的速度更快。比如泰国的汉语教育最近五年里有了长足的发展，泰国成了东南亚开设孔子学院和孔子课堂最多的国家，有孔子学院 23 所，足见中国政府对泰国华文教育的支持力度。中文是泰国的第一外语，泰国华文学校有 150 余所，两千所中小学有汉语课程。从 2006 年起，国家每年向泰国派遣 500 名汉语教师志愿者，每年资助千名泰国本土的汉语教师赴华留学或培训，并提供赴华留学奖学金。现在，广西大学和广西民族大学的对外汉语专业学生每年共有百余人赴泰国、越南等地中小学进行一至两个学期的汉语教学实践。汉语国际教育专业的硕士生就读期间，有一年要赴东南亚国家实习，给泰国等国家带来汉语人才的支持。

世纪之交，印度尼西亚政府和中国开展了华文教育方面的合作。2001 年起，印尼教育部推行了在印尼全国推广华文华语教育的一系列措施，并和中国教育部联合主办了印尼首次汉语水平考试。2002 年，又恢复了“印尼华文教师在中国的培训计划”。现在，华文已成为印尼中学的外语选修课程，有十余所大学开办中文专业。随着“汉语热”的升温，印尼出现了数百所华文补习学校。然而，在印尼的孔子学院迄今只有一所，与该国的汉语教育需求极不协调。

东南亚国家华文教育结构的总体特点是，教育层次不高，主要是基础教育（学前教育、小学、中学），华裔多的国家办学形式以华人私立办学为主，其他国家则在公立学校内发展汉语教育，辅以社会上的汉语培训机构。华文教育的传统对象是该国华人子弟，现在则呈现出多元化对象，在小学层次的华文教育中非华裔的学生一般占 30% 左右，也有占 50% 以上的。华文高等教育层次不多，但也有所发展，除了马来西亚几所专门的华文高等学校，很多国家大学里常设有中文系。中文系也是华文高等教育的重要阵地，比如新加坡大学的中文系、泰国法政大学的中文系。新加坡南洋理工大学的传播学院（目标是培养华语新闻人才）等。

东南亚各国华文教育的办学模式各异，马来西亚实施母语教学的模式，菲律宾以纳入国民教育体系的华校为主，柬埔寨以民办式补习性质的华教模式为主，马来西亚和新加坡还具有体制化、规范化的华教体系。总之，除了正规的全日制华文学校、业余的中文补习学校、各种中文学习班之外，社会教育对汉语推广的作用渐显威力，如东南亚国家与中国传统节日有关的文化艺术活动，中文影视、戏剧，博物馆、图书馆等举办的各种中文展览、中文演讲比赛、中华传统文化气功、武术、舞蹈、书法等学习班。这显示了东南亚华文教育形式和层次的多样化，也反映单一办学形式并不能满足该地区人们的汉语学习要求。

“汉语热”带来教育对象结构的复杂化，各国还存在华文教育目标定位上的困难，非华裔的大量加入引发人们重新审视华文教育的性质、宗旨、目标、办学形式等，由此产生了中文学校教学实践上的许多难题。对象不同，汉语基础和汉语学习能力不同，汉语学习的目的也不同，那么对于不同群体应该有不同的教学目标、教学内容和方法。如教育对象若是中方机构和企业人员的子女、中国移民的子女，其培养目标是维护母语教育，发扬中华文化，培养具有中华文化气质，能适应所在国科技、社会发展要求的建设性人才；而对非华裔的汉语教育，则以掌握汉语言的运用技能为主要目标，为当地培养具有双语能力的建设性人才。但这只是大体的两种目标，实际情况远比这复杂，何况这两种目标在同一教育建制中很难得到区分对待与实现。

二

东南亚汉语教育首先面临的问题是大量缺乏综合素质高的教师，这不仅使中小学汉语教学的质量难以有大的提升，更使高层次的汉语教育难以发展。从师生比例上看，汉语教师在数量上还远远不够，那些临时充数的汉语教师，缺少专业训练。据说在越南老街汉语培训中心任教的教师多数只会说而不会写，其汉语水平仅在初、中级之间，泰国情况也大致如此。有些汉语教育机构聘用华侨来担任汉语教师，但并不是能说汉语就能教好汉语的，这些教师并没有汉语专业教学的知识和技能，其教学水平相当低下，实际上是很难胜任汉语教学的。

国家汉办每年派往越南、泰国等东南亚国家的汉语教学志愿者，已经成为该地区汉语教学的一支主力军。但他们通常在大城市里的大学中文系和汉语培训中心工作，对中小学汉语教育影响甚微。汉语基础教育在东南亚所占比重大，但汉语教师的素质却相对较差，这应当引起国家汉办的高度重视。

东南亚国家在汉语教材方面，存在教材品种少、内容陈旧、质量有待提高的问题。东南亚华文学校的汉语教材有中国的侨务部门、教育部门专门为其编写的，有当地华文学校、华人社团或个人编写的，有用当地华人所撰写的文章充当汉语教材的，甚至有译成汉语的当地教科书，只有少量使用中国对外汉语教学系列教材的。有些教材几十年不变，也没有与相应语种对照的汉语教材。这在菲律宾比较严重，有些华文学校还一直使用60年代台湾出版的教材，内容刻板，强调道德说教和中华文化的传播，对如何进行科学的汉语学习重视远远不够，并且也严重脱离菲律宾国家和社会的实际。

因此，我们急需了解该地区的高素质的汉语教育人才，为东南亚各国各种教育层次编写合适的与相应语种对照的汉语教材，解决内容过于艰深而不适合华裔儿童的汉语学习水平、内容脱离当地华人的具体生活状况等问题。在编写新的教材时，还要考虑如何合理安排师资、课时等情况，如何避开社会族群敏感内容，如何针对具体地区语言和社会的特殊情况，强调或加强某方面的汉语技能训练，等等。当然还可以借鉴当地的汉语教学改革经验，如缅甸华商商会有一个东方语言与商业中心，他们除了开设汉语基础课程，还开设跟社会需求相结合的导游、电脑和经济等课程，明显表现出汉语教学内容以商用为主、文化目的为辅的思路。再如菲律宾华教中心编写的《新编菲律宾华语教材》，依照菲律宾中小学十年学制设计了一套系列汉语教材，提出语感培养教学理念下的教材编写原则，对国别汉语教材的编写、出版和发行有极大的启发。

东南亚国家在汉语教育规划方面的人才也极为稀缺。目前这些国家在汉语课程教学大纲、课程设置上有很多不合理、不符合汉语教学规律的地方，当然这其中也有实际执行的问题，由于教学条件的限制，有些只能进行汉语听、说、读、写方面的技能教学，中华传统文化的教育则几乎没有，有些虽然兼顾了语言与文化，但思想依旧是过去的华文教育模式，内容多，学生难以消化，教学效果不佳。现在，东南亚国家的汉语教育主体普遍纳入其国民学校教育体系，学校体制、汉语课程设置、教学媒介、汉语教材以及学校设施等均由该国教育当局统一规定，但汉语教育规划人才依然是从当地汉语教育界来的，所以当地的汉语人才也就决定了此地的汉语教育水准。

这些国家不同地区的汉语教学水平参差不齐的状况也值得关注，这种不齐的差距是很大的。如越南南、北部汉语学习的差异极为明显，越南北部省市的汉语教育层次已到中小学，中部则偏重于成人汉语教育，南部胡志明市华人多，偏重于商业汉语应用及成人汉语教育。泰国汉语教育发展得较好的地方都在城市，农村的汉语教育很差，其中，中、北部的城市又比南部的城市发展得好，南部只有宋卡王子大学的汉语教学发展得较好，宋卡王子大学和广西师范大学联合创办的孔子学院于2006年揭牌，又进一步推动了该地区的汉语教育。

东南亚国家的汉语教育规划还要考虑对民间力量加以恰当的引导。以往的汉语教育都以民间力量为主，现在这股力量还是不容忽视。东南亚国家通常是通过民间教育机构来跟中国进行汉语交流合作，尤其是泰国，私立高校有67所，这些高校都有意开展汉语教育。越南的一些学校在政府之外，还试验性地开始了与中国学校的国际交流合作、合办双语学校或互派学生交流、在中国开办夏令营等。

东南亚华文高等教育开始有些发展，主要表现形式有：一是大学里开办中文系，二是华人社团创办华文高等院校，三是与中国大学合办孔子学院（截至2010年，国家汉办在东南亚国家创办了34所孔子学院和孔子课堂），孔子学院在对外汉语教学方面具有师资、教材等方面的优势，而其他形式的华文高等教育机构依然缺乏高素质的汉语教育人才。

三

随着中国成为世界第二大经济体，汉语国际推广作为一项国家战略更显紧迫。语言的国际地位是国家、民族和文化是否强盛的重要标志，美国等英语国家就非常重视与其国力相应的语言推广。汉语推广的重要性还在于语言与文化是自然结盟的，在国际上推广汉语就是维护我们国家的文化安全。东南亚国家与中国是近邻，在该地区的汉语推广对国家安全的重要性更是不言而喻了。

汉语国际推广的关键在于培养合格的师资，教师外语水平和跨文化交际能力不足，或对国外教育体制和学生状况缺乏了解，就无法适应国外汉语教学的需要。还要“超常规”“大规模”地培养教师。2010年，全球学习汉语的人数据估计在1亿人左右，需要数百万汉语教师，但是从事对外汉语教学的教师不足10万。国内目前对外汉语师资的培养无论在数量上还是在质量上，仍然无法满足海外汉语教学增长的需求。汉语国际教育硕士专业的设立有助于大大改善这一局面，但需要进一步对接国内的对外汉语本科教育，形成有机的海外汉语教师的本土化培养体系。我国是有很多高等院校在本科层次中开设了对外汉语专业，但事实上，对外汉语专业的本科毕业生大部分都未从事对外汉语教学工作，我国也有47所高等院校培养对外汉语教学方向的硕士研究生，不过数量极其有限。

广西毗邻东南亚，是中国与东南亚联系与交往的重要前沿和枢纽，在中国—东盟自由贸易区中具有特殊的地位和作用。两者在地缘文化、语言、生活习俗上有一定的接近性，广西在培养该地区的汉语人才上更容易做出成绩，并且广西的汉语人才也更适应该地区的环境。广西应该瞄准东南亚的基础汉语教育市场，提升其质量，抓住这一历史性机遇。在面向东南亚的国际化战略中，经济贸易国际化是核心，高等教育国际化是动力，其关键都是人才培养国际化，使人才构成国际化、人才素质国际化和人才活动空间国际化。广西高校抓住了提升汉语国际教育高级人才培养层次的机遇，自2009年起有三所高校招收汉语国际教育硕士专业的研究生，但必须加快发展力度，使该专业针对性更强，人才层次更高，在面向海外的汉语教育人才培养格局中将越来越占据重要的地位。然而，广西跟全国其他地区情况一样，对外汉语的学科设置和汉语国际教育人才培养体系还不完善，不能较好地满足面向东南亚汉语国际推广的需要。主要表现在：

（1）没有理顺对外汉语本科与汉语国际教育硕士专业的学科层次、教学层次等关系，没有理顺在汉语言文学、外国语言文学、教育学等不同学科领域培养的对外汉语人才与汉语国际教育硕士专业的关系。

（2）人才培养模式的转变有一定的难度，以往的培养模式以培养学术型人才为主，如今要加强对外语能力和跨文化交流能力的培养和对第二语言教学实践技能的训练，这就要求培养单位的领导与教师要快速转变教育观念，适应新的教育形势。

（3）对外汉语本科专业的培养规格、教学模式需要较大改进，在教学目标、课程设置、教学形式上都要适应对新形势下对外汉语人才培养的要求，加强实际教学能力的训练和面向东南亚的小语种学习，以使大部分人在毕业后可以直接走上东南亚国家中小学的对外汉语教学岗位。

（4）广西高校培养的这一新规格的对外汉语人才规模小、数量不足，不能满足东南亚国家汉语教育增长的需求，东南亚对外汉语教学教师严重匮乏对广西来说，既是机遇又是挑战。

（5）汉语国际教育硕士专业的研究生生源渠道很宽，虽然说不同教育背景的人才加入到汉语国际推广的队伍中来，可以促进汉语国际推广人才的多样化，但是由于他们的汉语知识水平参差不齐，也给培养提出了难题。

（6）既然有了汉语国际教育硕士专业，那么就有了为从事汉语国际教育教师的继续教育和深造的平台，这有利于现行的对外汉语教学人才培养体系变得更加健全，也有利于扩大中国学位的国际影响力，但是为东南亚国家的对外汉语教师提升这一专业学历教育的步伐还没有启动，这应该成为负责海外招生部门的重点工作之一。

（7）广西可以积极拓展国际教育市场，特别是东南亚国家的教育市场，这样也有利于广西高校自身的发展，使国际、国内两种教育资源得到优势互补。广西高校与东南亚国家合作创办的孔子学院在数量与规模上还需要更大力度的开拓，在高等教育国际化中充分发挥作用。

（8）广西还欠缺为提高东南亚国家汉语教育的社会地位的应有努力，广西可以与东南亚国家合作创办中小学，并尽可能提供后援，免费赠送教材，派出教师，举办中小学生的华文作文比赛、中国传统文化专项活动等。

（9）广西在对外汉语人才培养体系中还要研究制定正确的面向东南亚国家汉语教育的策略。比如了解当地政府对汉语教育的定位，在某些国家和地区，只需明确汉语教育就是语言教育，不能突出学习汉语是为弘扬中华文化，这样会更有利于汉语在普通民众中的普及。再比如要正视东南亚国家中文简体与繁体并存的现实，以采取正确的对策。

（10）广西要开发面向东南亚的对外汉语教材和相关书籍，并扶持这一出版产业，解决东南亚国家的对外汉语教材问题。

参考文献

曹保兴等（2010）汉语国际教育的战略管理，《广西社会科学》第4期。
陈　真（2007）东南亚华文教育的发展趋势、问题及对策研究，《云南师范大学学报》（对外汉语教学与研究版）第4期。
崔希亮（2010）对外汉语教学与汉语国际教育的发展与展望，《语言文字应用》第2期。
唐　翀（2003）CAFTA启动后东南亚华文教育状况，《比较教育研究》第9期。
王焕芝（2008）新时期东南亚华文教育的特点研究，《惠州学院学报》（社会科学版）第4期。

广西高层次汉语教育人才培养的格局

广西大学　李子荣

摘　要：本文分析了广西高层次汉语教育人才培养的现有格局、对外汉语专业本科教育的局限，提出了广西面向东南亚的汉语国际教育人才培养模式的建构。立足汉语国际教育硕士专业学位和对外汉语本科教育，构建广西高层次汉语教育人才的体系，其目标是培养面向东南亚的汉语教育与文化传播的高层次、应用型、复合型专门人才，并形成本地区汉语高级人才培养的传统与优势。

关键词：汉语教育　人才培养模式　高层次　格局

一

近些年，东盟国家对汉语教师的需求量大幅增长，广西高校是应对东南亚国家“汉语热”的桥头堡，各高校较好地利用了广西作为中国—东盟自由贸易区的中心地位、毗邻东南亚国家的地缘优势，尤其是广西大学等高校利用中国—东盟博览会永久举办地的优势，不断扩大与这些国家的文化、教育和学术交流，众多区域性对外汉语培训基地均有长足发展。此前应对“汉语热”的办法主要是两个：一是向东盟国家输送汉语教师志愿者，二是帮助东盟国家培训本土汉语教师。自 2006 年以来，广西向国外派遣多批汉语教师志愿者，共计 300 余人，主要都是派往东盟国家。广西的主要高校在这些年里先后为越南、泰国等东盟主要国家培训汉语教师的人数，也与志愿者数相当。

广西高校在汉语教学方面师资力量雄厚，教学经验丰富。广西大学是国家教育部最早确定的一批全国对外开放接受外国留学生的66所大学之一，自1962年以来已为以亚洲、非洲为主的64个国家培养了一大批本科和硕士研究生。而早在上世纪50年代，广西大学受国家委托创办了“越南育才学校”，为越南培养了约4000名干部、教员和3000多名学生，很多越南领导人都曾经是这所学校的学生。广西大学有50多年培养留学生的历史和经验，又有地缘语言文化优势。广西大学着力开办层级齐全的汉语培训班、课程师资培训、汉语与中国文化夏令营等，形成了服务于东南亚并兼顾世界各地各类留学生的对外汉语教学的传统与特色。多年来广西大学在汉语言文学、语言学等学科硕士点上培养了一批对外汉语教学研究的硕士，他们中一部分已成为包括北京大学、暨南大学、南京航天航空大学等在内的高校对外汉语教学与研究的骨干力量。2004年始，广西大学积极响应并实施“国际汉语教师中国志愿者计划”，从研究生及本科生中挑选优秀学生赴泰国、印尼支教，志愿者们不负众望，圆满完成支教任务，受到当地政府和学校的好评。近年来，作为一个外向型的语言教学和文化传播基地，广西大学加大了建设力度，并通过“走出去，请进来”，采取外派师资、合作办学、邀请知名专家、召开学术讲座及会议等方式，不断扩大广西大学在东南亚地区和世界其他地区的影响。广西大学已在海外创办两所孔子学院，一是与泰王国川登喜皇家大学共同组建的素攀孔子学院，二是与爱沙尼亚塔林大学合作创建的孔子学院。广西大学作为广西唯一的一所“211工程”项目学校和国家西部省区重点建设学校，在急剧上升的中国—东盟经济“文化热、汉语热”中，其重要性越来越突显。

广西其他高校的对外汉语教育实力也不容忽视，如广西师范大学虽然不在中国—东盟博览会永久举办地，但是它有“国家对外汉语教学基地”，历史上也是全国首批海外汉语教师志愿者派出单位，有汉语水平考试（HSK）高等考点，并有一所与泰国宋卡王子大学合办的孔子学院；广西民族大学则是教育部“海外汉语教师来华培训资助项目执行学校”“中国支持周边国家汉语教学重点学校”“汉语作为外语教学能力认定考试点”和“国家外语非通用语种本科人才培养基地”，并有一所与泰国马哈沙拉坎大学合办的孔子学院。

二

对外汉语本科专业培养对象是中国学生，为输出型人才。实际上，对外汉语专业人才不全是输出国外，大部分毕业生仍留在国内工作，且不一定从事与汉语教育相关的职业，这种就业形势必然影响到本专业的办学思路，导致培养目标模糊、课程设置偏离本专业人才规格的要求，这是广西乃至全国面临的普遍问题。

目前广西开设对外汉语专业的大学有：广西大学、广西师范大学、桂林电子科技大学、广西工学院、广西民族大学、河池学院、玉林师范学院、百色学院、广西师范学院、钦州学院、广西大学行健文理学院、广西师范大学漓江学院、北京航空航天大学北海学院。

广西大学的对外汉语专业培养目标是："注重汉英及其他非英语语种的双语教学，培养学生具备系统扎实的汉语语言文学知识和良好的英语语言素养，了解第二语言习得规律和外语教学理论，熟悉跨文化交际技巧……学生毕业后能在国内外外事机构、各类学校、新闻出版、文化管理和企事业单位从事涉外工作、对外汉语教学和海外华文教育、中外文化交流、口语翻译等相关工作，成为实践型语言学专业高级人才。"

广西师范大学对外汉语专业培养目标是："本专业注重汉英双语教学，培养具有较扎实的汉语和英语基础，对中国文学、中国文化及中外文化交往有较全面了解，能在各类学校进行面向外国人的对外汉语教学，或在新闻出版、文化管理和一般企事业单位从事中外文化交流相关工作的语言文学高级人才。"

广西民族大学对外汉语专业培养目标是："培养对外汉语教学及中外文化交流工作的高级专门人才。注重汉英双语教学，培养学生具有系统的汉语理论知识，较扎实的英语听说读写功底，了解中外文化及其交流状况，掌握对外汉语教学技能，具备运用一门东南亚国家语言（越、泰）进行交流的能力。毕业生能在国内外各类学校从事对外汉语教学，能在涉外单位和外资合资企业从事文秘或文化交流工作。"

本专业要求学生既具有汉语言文学专业学生的文化功底，又具有外语专业学生的外语水平，这样才能较好地教授外国人汉语，但这只是一个理想，本专业学生的现实情况是汉语水平不如中文系学生，外语水平不如外语系学生，缺乏扎实的专业知识，许多高校为顾及学生就业，希望他们以后也能在国内教育单位、文秘部门、新闻出版界等找到工作，还开设“教育学”“心理学”“商务外语”“秘书写作”“新闻学”等专业必修课，结果对外汉语专业就形成了“四不像”的尴尬局面。

现在汉语国际推广已上升为国家战略，中国教育主管部门和国家汉办等机构不断强调直接让外国人通过汉语学习来更深入地了解中国和中国的政治、经济、文化等，再通过他们来传播汉语与中国文化。广西目前的汉语教育人才培养格局在这一新形势下，亟待新的调整。广西高校中东盟国家留学生人数虽然可观，但汉语教育专业方面的留学生不多。自2009年广西三所高校（广西大学、广西师范大学、广西民族大学）获得汉语国际教育硕士专业点起，已连续招收三届汉语国际教育硕士专业的外国留学生，总人数在130余人，并在逐步完善该专业的外国留学招生与培养计划。

三

“十一五”期间，教育部实施了包括“特色专业”“精品课程”“双语教学”“人才培养模式创新实验区”“实验教学示范中心”“教学团队”等内容的“高等学校本科教学质量与教学改革工程”建设，足见国家非常重视高校进行各类专业人才培养模式的探索与实践。汉语国际推广也要求对外汉语人才培养模式的创新。2005年开始，国家实施汉语国际推广工程，2006年7月的全国汉语国际推广工作会议上，国务委员陈至立指出要树立新的汉语国际推广观，从发展战略、工作重心、推广理念、推广机制、推广模式和教学方法上实现“六大转变”，要加强汉语国际推广能力的建设，对汉语作为第二语言/外语教学教师的能力与素质的培养提出了更高的要求。具体内容为：在发展战略上，从对外汉语教学向全方位的汉语国际推广转变；在工作重心上，从将外国人“请进来”学汉语向汉语加快“走出去”转变；在推广理念上，从专业汉语教学向大众化、普及型、应用型转变；在推广机制上，从教育系统内推进向系统内外、政府民间、国内国外共同推进转变；在推广模式上，从政府行政主导为主向政府推动的市场运作转变；在教学方法上，从纸制教材面授为主向充分利用现代信息技术、多媒体网络教学为主转变。此后，国家还推出三大“汉语国际教学标准”，即《国际汉语能力标准》《国际汉语教师标准》与《国际汉语教学通用课程大纲》。广西是面向东南亚对外汉语人才培养的桥头堡，必须要吃透这一新理念，调整、创新自己的对外汉语人才培养模式，不断更新教学内容，改革教学方法与手段。

广西对外汉语专业人才培养模式研究要顺应东南亚国家的汉语人才需求和高校国际化的需求。首先在教学理念上树立培养应用型、复合型、国际化人才的教育理念，既能胜任国内的对外汉语教学，又能适应国外的对外汉语教学环境。应用型理念指的是本专业学生所掌握的知识与能力倾向于应用性，汉语学习以传播与交流为目的；外语学习以听、说练习为主；文化学习以体现中国文化的各种元素如书法、国画、中国传统乐器演奏、太极拳、京剧、剪纸、中国结等为主，并以培养跨文化交际能力为目标；在教学方面，以掌握备课技巧和管理课堂技巧、学习各种教学方法、熟悉教学环节设计流程、熟练制作多媒体课件等为主要内容。复合型理念指的是本专业人才不仅要能够教授汉语，而且还要从事文化传播、涉外文化交流和相关的经济活动，通常要具备语言类、教育类、文化类、经济类等四个方面的知识与能力。国际化理念指的是要认识到对外汉语的内涵已经发展成汉语国际推广，要按国际所需人才的规格培养本专业人才。

广西对外汉语专业人才的培养分两个层次，一个是对外汉语本科，一个是汉语国际教育硕士。它们都要以汉语国际推广需求为导向，培养应用型、复合型、国际化创新人才，本科专业以培养满足东南亚国家中小学的汉语师资需求为目标，汉语国际教育硕士以培养满足东南亚高等学校和高级汉语培训中心的汉语师资需求为目标。本专业人才均需要掌握第一外语或第二外语为东南亚国家的某种语言，能做到用他们的语言进行简单的听、说来辅助汉语教学，还要建立长期稳固的专业人才培养保障体系，如建立以孔子学院（课堂）为主的实践教学基地、现代教育技术实验室和微格教学实验室等。

课程设置应遵循以下三个原则：一是根据培养目标设置“基础＋应用＋实践”的课程体系。基础课程指教育部本专业目录规定的现代汉语、应用语言学等基础课；应用课程指对外汉语语音、词汇、语法、汉字教学，对外汉语教学理论、对外汉语课堂分析等课程；实践课程指课堂组织与管理、中华才艺、跨文化交际等课程。二是根据东南亚汉语国际教育的特殊要求设置职业技能课，如东南亚小语种学习，以听说课为主。三是根据东南亚地域文化与广西地区特色设置文化课或经管类课程，除了教育部规定的中国文化通论、西方文化两门课，广西还可以开设东南亚宗教文化、东盟经济与文化、社会礼仪与涉外事务等课程。在课程学时比例上，基础课程应占 30% 左右，外语课程应占 20% 左右，应用类课程应占 20% 左右，实践类课程应占比例为 20% 左右，文化与教育类课程应占比例为 10% 左右。对外汉语专业课程的总体特点是多学科综合、实践性强，这会对任课老师提出很高的要求。目前广西仍未形成一个稳定的、高素质的对外汉语专业师资力量，任课者大多是原来的汉语专业老师和语言学专业老师，他们的教学方法并不适合本专业课程的教学要求，还需要有一个较大的转型。

国家汉办对汉语国际教育硕士专业的课程体系有较为详细的指导性文件，即《汉语国际教育硕士专业学位研究生指导性培养方案》，结合广西面向东南亚的汉语人才培养实际，其课程除教学实习之外，课程设置比例最好为汉语 3∶教育学 3∶语言学 2∶文化 1∶外语 1。选修类课程设置应以实用为基本设置准则，如汉语教材教法、汉语水平考试（HSK）研究、课堂教学和测试评估、教学设计组织与管理等。广西在该专业的课堂教学上要实施“微格教学”，以保障人才培养质量。“微格教学”就是在现代教育理论指导下对教师教学技能进行模拟训练的实践活动。本专业学生踏入工作之前的学习年限很短，通过这种训练可以很快掌握对外汉语教学的技能。在教学中，教师能够及时发现学生的不足并进行分类指导，能够大幅提高对外汉语人才培养的效率与质量。

广西对外汉语专业人才的培养完全可以建立以孔子学院（课堂）为主的实践教学基地，广西的高校目前在东南亚国家共创办了四所孔子学院，还将继续争取创办更多的孔子学院。广西大学与泰王国川登喜皇家大学共同组建素攀孔子学院，自2006年创办以来开展对泰汉语教学和中泰文化交流，帮助泰国培训本土汉语师资，不遗余力地推动泰国汉语教学的发展，对推动中泰教育、文化、经济等方面的交流与合作起到了良好的促进作用。在过去几年的时间里，川登喜皇家大学素攀孔子学院分别为川登喜皇家大学的师生、素攀府和大城府基层公务员、素攀府公众、泰国中部地区中小学汉语教师、廊开府少儿等不同对象展开了教学和培训，合计一千多人次，共两千余课时，并举办过多次中国文化节，为广西大学汉语国际教育硕士的培养和发展打下了基础。与此同时，广西大学对外汉语专业本科学生在孔子学院的组织下，每年都赴泰国各地中小学进行一个学期的对外汉语教学实习，为人才成长提供了优越条件。广西师范大学和泰国宋卡王子大学联合创办的宋卡王子大学孔子学院，也于2006年正式揭牌，学院旨在推进两校关系，为泰国中文学习者提供优越的学习条件，增强当地的汉语教育和学术标准。学院主要任务是向社会人士提供专门技能的汉语培训以及中文教师的教学能力培训，并为宋卡王子大学提供中文专业和公共汉语的学历教学，以及合作进行学术研究。广西民族大学与泰国玛哈沙拉坎大学合作创办的孔子学院将按中小学、大学、研究生层层推进汉语教学，目前，该孔子学院已在玛哈沙拉坎、加拉信、黎逸、乌隆四个府六所中学设立教学点，并负责玛哈沙拉坎大学、黎逸皇家师范大学、黎逸艺术学院三所大学19个班次、五百多名学生的汉语教学。在孔子学院里，玛哈沙拉坎大学与广西民族大学合作共建中泰语言文学硕士点，目前已经有20名研究生在读。广西高校于2010年3月又在东南亚地区增加一所孔子学院，即广西民族大学和老挝国立大学合办的孔子学院。广西的高校应该抓住国家实施汉语国际推广工程这一契机，在东南亚国家建立更多的孔子学院，这不仅锻炼了自己的对外汉语教师队伍，还为本专业学生提供了实践场所，同时为学生走出国门就业提供前哨支援。

广西大学、广西民族大学、广西师范大学等高校已经抓住机遇，加快建设以东盟经济、文化与语言学科建设为平台的东盟学科群，积极探索国际化办学新路子。尤其是广西民族大学，已经创造了东南亚非通用语人才培养品牌，在本科生中率先实施“3+1”“2+2”跨国人才培养模式，为服务我国外交战略、加强与东盟国家的交流与合作做出了贡献。广西诸高校将充分发挥东盟特色专业优势，搭建外向型人才公共培训平台，每年为中国—东盟博览会培训、选派大批志愿者，为中国—东盟博览会提供各种服务。广西大学和广西民族大学都有“中国—东盟研究中心”“中国—东盟文化论坛”或“东盟学院”，它们是拓展外向型的人才培养阵地。

参考文献

陈　真（2007）东南亚华文教育的发展趋势、问题及对策研究，《云南师范大学学报》（对外汉语教学与研究版）第4期。

崔希亮（2010）对外汉语教学与汉语国际教育的发展与展望，《语言文字应用》第2期。

国家汉办（2007）《汉语国际教育硕士专业学位设置方案》，http://baike.baidu.com/view/3261409.html。

李　军、王　靖（2009）基于汉语国际推广的对外汉语专业人才培养模式研究，《中国电力教育》第17期。

伊继东、刘六生、冯用军（2009）面向东南亚国际人才一体化培养模式研究，《教育科学》第1期。

河南省对外汉语教学对弘扬中原传统文化的促进作用及应用研究*

华北水利水电学院　魏新强

摘　要：本文在对河南省对外汉语专业调查研究的基础上，提出了实现河南省对外汉语事业和中原文化提升之间的对接理念，充分发挥对外汉语教学对中原文化提升作用的具体措施以及省政府又该做哪些与时俱进的战略决策。

关键词：对外汉语教学　中原传统文化　促进

一、课题背景

汉语在全球范围内的快速发展是本课题首要的背景。通过加强汉语国际推广工作，来增强我国文化影响力、提高国家软实力，借此树立我国良好的国际形象、维护世界文明多样性、构建和谐世界的必然要求已经成为一项国家战略。在这一战略的带动和全球对汉语教师需求的拉动下，国内纷纷上马了对外汉语的本科专业。目前我省已经有郑州大学、河南大学、河南师范大学、华北水利水电学院等23所高校开设了对外汉语的本科专业。

河南省委省政府建立文化强省的努力是本课题的另外一个背景。中原文化是中华文明的源头和核心，可谓是中华文明的血脉真传。从表层看，它是一种不同于楚文化、巴蜀文化、三晋文化、齐鲁文化、岭南文化等文化分支的地域文化；从深层看，它源远流长、博大精深，又不是一般的地域文化，而是中华

* 本项目为2009年河南省政府决策研究招标课题，项目号：B515。

民族传统文化的根源和主干，在中华文化发展史上占有突出地位。然而，我省对文化资源的开发和推广工作做得还不够，中原文化的知名度、影响力和我省的经济文化地位仍然不相称；文化产业化程度也有待进一步提高。

无疑，语言是一种自然现象，但它更是一种文化现象。语言作为文化的载体是反映文化的（罗常培，1989）。阎军、史艳岚（1995）认为汉语是中国文化的载体。要弘扬中国文化，大力开展对外汉语教学工作是一条重要途径。对外汉语教学是语言、文化一体化的教学，在教学过程中将语言教学与文化教学有机地结合在一起，在教授语言的同时也传播中国文化能够做到"随风潜入夜，润物细无声"。

对外汉语教学是一种语言教学，同时也是一种文化教学。武忠刚（越南）（2006）在其硕士毕业论文中强调"对已经掌握了本民族语言，形成了一套本民族文化观念的外国人来说，学习汉语的过程实际上也同时是学习、习惯并逐渐接受汉民族文化的过程。要实现跨文化间的交际，仅仅学会语言是永远不够的，还必须掌握其承载的文化内涵。对外汉语语言教学也是在汉字、词汇、语法及修辞等方面的文化渗透。""就汉语讲汉语，重视了语言结构系统的学习和掌握，却忽视了文化的教学，这只能是干巴巴的、被抽空了文化内蕴的语言。"

朱慧勤（2007）也在毕业论文中论述了对外汉语的文化因素教学。她谈到"地域文化学习兼并模式"最为明显的一个特点就是文化教学在外语课程中内容范围在不断扩大，由传统的大写 C 文化（人类文明成果和对文明所做的一切贡献之总和）扩展到人类学和社会学所强调的小写 c 文化（人们的生活方式、行为规范、风俗习惯和传统等）。而且，很重要的一点，"文化教学的'非明显性'…… 在语言课程里并没有一个独立明显的'文化成分'"。文化因素体现在词汇层面、语法层面和语用层面。西方三种主要的语言文化教学模式"地域文化学习兼并模式""模拟交际实践融合模式"和"多元文化互动综合模式"受到了很多人的认可。众多的研究都是强调对外汉语教学中要重视文化教学以及如何进行文化因素的教学。通过文化学习语言和通过语言的学习来传播文化就像一枚硬币的两面。马洪骏（2007）从传播学的视角为我们提供了掷地有声的观点。他认为对外汉语教学的授课方式本身就是文化传播；在电视、网络、无线通讯等高度发达的今天，语言仍是最基本、最重要的交流媒介。汉语的语音、词汇、语法和修辞不同程度地体现着中国文化。对外汉语教学可以“送去”（输出）中国文化，提升国家软实力。张德鑫先生指出：“对外汉语教学的宏观宗旨是弘扬中华文明，这从根本上决定了对外汉语教学就是传播中国文化。”

总之，对中原文化的发扬光大、推陈出新既要着眼于省内、国内，也要瞄准国外，尤其要重视对外汉语教学在中原文化推广中的作用以及在国外的影响。对外汉语教学对中国传统文化的促进作用、推广作用是显而易见的，这是一个立足我省现有的宝贵资源，以一个全新的、独特的视角来审视中原文化的推广、传播和提升的创意。着眼对外汉语教学，着力地域文化的推广，这在全省乃至全国都还是首次。

二、研究目的

借助积极响应并贯彻国家的语言战略来促进中原传统文化的发扬光大，本身是一个有价值的思路。如何实现我省对外汉语事业和中原文化提升之间的对接？充分发挥对外汉语教学对中原文化提升作用的具体措施都有哪些？省政府又该做哪些与时俱进的战略决策？对这些问题的回答正是本课题的主旨。

三、研究对象

我省对外汉语教学专业的基本面、中原传统文化的独特和璀璨之处以及二者之间的内在关联都是本课题的研究对象。本课题的研究对象还包括省内部分高校对外汉语专业的学生，他们对对外汉语教学中的文化教学的意识、对作为地域文化之一的中原文化的概念的熟悉程度、有没有展示和传授给外国朋友具有中原（或中国）风格的成熟技艺使他们也成为本课题研究的对象。

四、研究方法

本项目没有完全抛开传统的思辨性研究方法，同时加入了实证性的研究方法。本研究有效样本数是240，受访对象为郑州大学、华北水利水电学院、郑州航空学院等高校对外汉语专业的大一或大二的学生以及河南大学语言学及应用语言学专业的50名研究生。运用SPSS软件客观分析所得数据，审慎地得出结论。

五、研究发现

在反馈回来的240份有效问卷中，很多数据对我们如何从对外汉语教学的视域下提升和推广中原文化很有指导意义。现在把有代表性的问题分析举例如下：

（1）您对对外汉语教学中的文化教学的意识如何？（A. 很明确　B. 明确　C. 听说过　D. 不知道）在对这一问题的回答中，“很明确”只有21人，占全部问卷的8.8%，选择第三项“听说过”的有95人，占39.6%，选择第四项“不知道”的有26人，占到了10.8%。可见，在教学的过程当中必须引导学生牢固树立文化介绍的意识。在留学生学习汉语的起始阶段，一般遵循寓文化教学于语言教学之中的原则。

（2）您对中原文化、齐鲁文化、荆楚文化、岭南文化等概念熟悉程度如何？（A. 很熟悉　B. 熟悉　C. 听说过　D. 第一次听说）对这一问题的回答中，选择“很熟悉”和“熟悉”的加起来仅有50人，占到全部问卷的20.8%，而71.7%的人（172人）只是“听说过”中原文化这一概念。有18名被调查者选择了第四项“第一次听说”，占到7.5%的比例。后两项相加达到了79.2%，也就是说近八成的被试（对外汉语专业的学生）对中原文化还比较陌生，更不要说掌握中原文化与楚文化 、巴蜀文化、三晋文化、齐鲁文化 、岭南文化等地域文化的不同和优势了。

（3）假如汉办已经决定派您出国推广汉语，您有没有展示、传授给外国朋友的具有中原（或中国）风格的成熟的技艺？（A. 已经有　B. 马上学习　C. 没有也不会马上学　D. 没必要）问卷中该问题的反馈结果更加令人深思，已经具有“展示、传授给外国人的成熟的技艺”的只有64人，占全部人数的四分之一多一点，即26.7%。有148位被调查者选择了“马上学习”，达到61.7% 。那么，学什么？怎么学？可以实现的机会如何？目前省内开设对外汉语专业的众多高校，能否让学生在毕业离校的时候拥有一项具有中原风格的成熟技艺？各个院校可以请有书法专长的老师开设书法选修课；请有烹饪专长的老师传授烹饪技巧；如果没有，那么，能不能让一些饭店的厨师来提供一些专业的帮助？

（4）您认为给全省范围内所有对外汉语的学生编写一本《中原文化概要》一类的教材的必要性有多大？（A. 很有必要　B. 有必要　C. 无所谓　D. 没什么必要）对《中原文化概要》一类的教材同学们还是比较期待的。近一半的受访者（104 人）表示热烈欢迎，另有 48.8% 的受访者（117 人）表示欢迎，两项相加占到 92.1%。目前，全省范围内从对外汉语教学的角度专门介绍中原文化的教材应该说还是一片空白。

（5）在您看来，中原文化最具特色和魅力的方面是什么？（A. 武术　B. 太极　C. 古城　D. 民俗）从统计的频率表中可以看出：武术占 75.4%（181 人），太极占 53.3%（128 人），古城占 57.9%（139 人），民俗占 66.3%（159 人）。（注：这些数字加起来超过 100% 是因为受访者能够选择不止一个选项）

武术文化又称功夫文化，具有中原文化的鲜明特色。河南温县陈家沟人创立的太极拳，以刚柔并济为特征，以强身健体、修心养性为主旨，是中国武术文化的又一重要流派。中原大地、河洛之风，古城、民俗资源十分丰富，应好好在这方面做些文章。

（6）您接触过的外国人对中原文化的了解有多少？（A. 很了解　B. 有一定了解，但有偏差　C. 完全不了解　D. 没接触过）外国朋友对中国的文化了解很有限，就是了解一些也不一定就是关于中原文化的。认为“很了解”的有 2.1%（5 人），只占很小的比例；选择“有一定了解”的超过四分之三（77.1%），达到 185 人。一位外教这样谈论他原来对中国的印象：中国人都会武术，都会飞。这种从电影中得来的印象不免与中国的实际有很大的偏差。

（7）您认为目前外国人对中原文化的了解主要通过什么？（A. 中国电影　B. 国内艺术文化出国展览　C. 国内艺术团体出国演出　D. 对外汉语教师的教学）对“外国人了解中原文化的途径”这一问题的回答比较分散，73 人（30.4%）选择“中国电影”，82 人（34.2%）选择“艺术文化展览”，68 人（28.3%）选择

"艺术团出国演出"，选择"对外汉语教师"的占很小的比例，只有17人（占7.1%）。但是，随着时间的推移和我省对外汉语教学事业的发展，对外汉语教学对中原文化的推广和提升作用一定会越来越大。

（8）对外汉语教师在向国外推广中原文化时，您认为效果最好的方式是什么？（A. 文化课课堂讲授　B. 技艺展示　C. 视频展示　D. 融汇在汉语口语教学中）在对外汉语教师推广中原文化时的途径的回答中，选择"文化课课堂讲授"的仅有很小的6.7%（16人）的比例；认为"教师技艺展示"的占到近五分之一，即19.6%（47人）；有18.3%的人（44人）选择了"视频展示"；超过一半，55.4%的人（133人）选择了"融汇在汉语口语教学中"。但是和对外汉语教师文化知识、文化推广能力密切相关的第一、第二和第四项相加达到81.7%。可见对外汉语教师在文化方面的修养是至关重要的。

六、基本结论

很显然，外国人了解中原文化的途径是多样化的，包括中国电影、国内艺术文化出国展览、国内艺术团体出国演出、对外汉语教学等，但对外汉语教学是一个独特且有效的途径。未来的对外汉语教师对对外汉语教学中的文化教学的意识还不够明确（选择第三项"听说过"的有95人，占39.6%；选择"不知道"的有26人，占到了10.8%）；对作为地域文化之一的中原文化的概念还不够熟悉（选择"很熟悉"和"熟悉"的加起来仅有50人，占到全部问卷的20.8%；而71.7%的人（172人）只是"听说过"中原文化这一概念；有18名被调查者选择了第四项"第一次听说"，占到7.5%的比例；后两项相加达到了79.2%）。大部分学生还没有展示、传授给外国朋友的具有中原（或中国）风格的成熟技艺（已经具有"展示、传授给外国人的成熟技艺"的只有64人，占全部人数的四分之一多一点，即26.7%。有148位被调查者选择了"马上学习"，达到61.7%），这些都是值得人深思的问题。针对这些问题，我们认为河南省开设对外汉语专业的高校有必要培养学生在对外汉语教学中的文化教学意识，加深对中原文化的学习和初步研究以及尽早掌握具有中原（或中国）风格的成熟技艺。华北水利水电学院和嵩山少林武术职业学院联合招收对外汉语专业（三本）正是出于这一目的，以少林武术为特色，以武术为载体来更好地弘扬中原文化。做好了这些工作，再加上对各门课程各个教学环节的严格把关，就能够充分发挥对外汉语教学对中原文化的提升作用，同时也能实现我省对外汉语事业和中原文化提升之间的对接，因为汉语讲授和学习的过程本身就是文化传播的过程，汉语语音传递了文化，汉语词汇传递了文化，汉语语法传递了文化，汉语语用更传递了文化，而且使学生拥有了理解和表达中国文化的工具和载体。

很多问题仅靠单个院校不能得到很好的解决。我们建议：

（1）教育主管部门牵头组织省内所有开设对外汉语教学的高校共同确定若干个基地，这些基地可以参照国家汉办在全国范围内设立的汉语推广基地，我们这里就叫作“河南省对外汉语专业促进基地”。比如，安阳殷墟甲骨文研习基地、开封古城体验学习基地、登封少林武术体验学习基地，等等。确立这些省级的基地，不仅可以供省内对外汉语专业的学生感知、了解汉语和汉文化，确保学生实习、实践能够顺利进行，也可以供全国各地该专业的学生使用，甚至可以作为旅游的目标（这些基地本身可以和景区、古迹实体重叠）。

（2）创设一种中原文化认知情感培养机制。比如，让学生在大学四年级实践前后有组织地到省内的各个文化基地去考察、体验和学习，增加对省内历史文化的认知和感情。我们认为这种方式效果最好，可能花费会高一些。或者换一个思路，让每个特色文化归属地的开设对外汉语教学专业的高校，选派一名或若干名最了解本地文化特色的老师到所有其他开设这一专业的高校去巡讲，这种交流方式不仅成本较第一种低很多，而且能很好地促进本省各个开设对外汉语专业的高校之间的交流。

（3）参照其他类似的教育协会或者学会，成立河南省对外汉语教学学会，可以作为中国对外汉语教学学会的次级组织。我省 23 所开设本专业的高校将有一个互相交流、资源共享、共同成长的平台，这将是我省对外汉语教学事业快速发展的一大促进力量。

（4）组织一些院校编写教材。教材不是一般意义上介绍中原文化的教材，而是完全从对外汉语教学的角度、按照对外汉语教学对文化因素处理的规律来编写。要坚持可接受性原则、适用性原则、针对性原则和趣味性原则，要有足量的英语版面。目前，全省范围内从对外汉语教学的角度专门介绍中原文化的教材应该说还是一片空白。

（5）对23所开设本专业的高校进行课程设置、教学实习方面的规范。比如，英语课程的必要要求、对中原文化课程的设置等给出指导性的意见。

七、存在的问题及后续努力的方向

本项目研究成果存在的不足或欠缺体现在，虽然对外汉语教学事业对中原文化的促进和推广的结合点在理论上实现了对接，但在实践上的完美对接可能还会遇到不少具体的问题，比如“河南省对外汉语专业促进基地”的确定问题和经费问题；“让每个特色文化归属地开设对外汉语教学专业的高校，选派一名或若干名最了解本地文化特色的老师到所有其他开设这一专业的高校去巡讲”的学校和人员的选定问题；“河南省对外汉语教学学会”的生命力等问题，本项目都没有来得及深入研究。另外，全面、深刻地了解河南省对外汉语专业的学生对中原文化的认知还需要更翔实、更深入的问卷调查。

参考文献

爱德华·萨皮尔（1985）《语言论》，北京：商务印书馆。
马洪骏（2007）对外汉语教学中的文化传播研究，大连理工大学硕士学位论文。
[越南]武忠刚（2006）中国文化与对外汉语教学，福建师范大学硕士学位论文。
朱慧勤（2007）试论对外汉语的文化因素教学，上海外国语大学硕士学位论文。
徐光春等（2007）《中原文化与中原崛起》，郑州：河南人民出版社。
阎　军、史艳岚（1995）对外汉语教学中的文化传播思考，《兰州大学学报》（社会科学版）第4期。
L.R.Palmer（1936）*An introduction to modern linguistics*. London: Macmillan.

珠三角独立学院对外汉语专业的现状与发展探索

北京理工大学珠海学院　傅思泉

摘　要：目前在珠三角地区有17所独立学院，其中开设了对外汉语专业的独立学院除了珠海的三所独立院校外，还有中山大学南方学院、广东外语外贸大学南国商学院等。本文以珠海的北京师范大学珠海分校、吉林大学珠海学院以及北京理工大学珠海学院为例，通过对这三所独立学院对外汉语专业的发展现状和存在问题的探讨，来思考其未来的发展途径。

关键词：独立学院　对外汉语专业　现状　发展

一、引　言

对外汉语专业是个前景非常广阔的专业。随着中国国力的日益强盛，无论是国际上还是国内，需要学习中国语言和文化的外国人也越来越多，需要为此服务的专门人才也将越来越多，对外汉语专业也将持续繁荣地发展下去。因此，全国开设对外汉语专业的高校日益增多，至今已近300所。

目前在珠三角地区有17所独立学院，其中开设了对外汉语专业的独立学院除了珠海的三所独立院校外，还有中山大学南方学院、广东外语外贸大学南国商学院等。本文以珠海的北京师范大学珠海分校、吉林大学珠海学院以及北京理工大学珠海学院为例，通过对这三所独立学院对外汉语专业的发展状况来探讨其未来的发展途径。

以北京师范大学珠海分校、吉林大学珠海学院以及北京理工大学珠海学院三所院校为例，是因为这三所院校具有共同的办学背景：

（1）都是在2004年前后在珠海建立的独立学院；

（2）都是在2007年前后申报成功并开设对外汉语专业；

（3）招生规模比较接近，每届都是在90—100人左右。

下面具体谈谈三所院校各自的发展现状并对其未来发展进行探讨。

二、发展现状及存在的问题

2.1 各自的发展现状

（1）吉林大学珠海学院

吉林大学珠海学院于2008年开设对外汉语专业，对外汉语专业架设在中文系之下，要求学生修满170学分，其中实践教学22学分，对外汉语专业课和专业选修课共计98学分，占整个理论教学的57.6%。整个专业目前没有开设各方向。

依托于吉林大学优秀的中文教育资源，吉林大学珠海学院的办学特色是注重对外汉语基础教育，特别注重培养学生对中国语言和中外文学的掌握。从培养计划上看〔1〕，现代汉语、古代汉语、语言学概论、中国古代文学、中国现当代文学、外国文学、对外汉语教学概论、对外汉语教学法、教育学、教育心理学等十门基础理论课时共计60学时，占整个专业课和专业选修课总课时的61.2%。

同时，吉林大学珠海学院注重学生实践能力的培养。一方面，学院为学生与留学生交流积极创造条件，培养学生对外汉语实际教学能力；另一方面，学院注重学生的语言文字表达能力的培养，突出学生的写作和编辑能力，如大力开设中文写作课程，组织学生负责文学期刊的编写和印制，组织学生负责校刊的编辑和排版等。通过各种学院组织和学生自发组织的活动大大提高了学生的语言文字表达能力。

〔1〕 依据2009年修订的2008级对外汉语专业培养方案。

此外，学院为满足学生发展需要，开设了多门特色专业选修课，如旅游文化学、中国民俗学、港台文学与华文文学等。

（2）北京师范大学珠海分校

北京师范大学珠海分校于2002年就开设了对外汉语相关课程，但只是作为汉语言文学专业下的一个方向，2007年才正式开设对外汉语专业，架设在文学院之下，与汉语言文学、编辑出版学等专业并列。

专业要求学生修满160学分，其中实践教学28学分，对外汉语专业课和专业选修课共计78学分，占整个理论教学的48.8%，其中现代汉语、古代汉语、语言学概论、中国古代文学、中国现当代文学、外国文学、对外汉语教学概论、对外汉语教学法、教育学、教育心理学等十门基础理论课时共计32学时，占整个专业课和专业选修课总课时的41%〔2〕。整个专业开设了对外汉语教学和涉外事务管理两个方向。

北京师范大学珠海分校依托校本部丰富的教学资源和自身的优势，形成了自己独特的教学理念和教学风格。

首先，学院实行全程导师制。从学生入学到各个专业领域（中国文学、现代汉语、对外汉语教学等）以及学生的毕业实习、毕业论文等各个环节均有相应的导师负责，从而保证学生在各个环节均有负责的教师指导，确保教学质量。

其次，学院注重学生的实际教学能力和科研能力的培养。其中一大特色是开设“专题研习工作坊”实践课程，从第二学期至第六学期每学期开设各个专业方向的研讨课程，如词汇方向、文字方向等，教师或学生围绕某一专业方向提出各种课题，学生分小组围绕某一个课题在课下调查研究，然后在课堂上由学生代表讲述研究内容，其他小组学生进行提问和探讨，整轮进行下来，每学期每位学生有3—5次登上讲台的机会，学生通过一次次讲述，不仅大大提高了学术研究能力，更提高了实际的教学能力。

最后，学院以港澳为平台，部分课程采用双语教学，大力发展国际化特色。如建有“国际汉语文化研究所”“普通话研究与发展中心”等，开设了《港澳台公务商务文书写作》《港澳普通话及中文教育》《海外华文教育》等选修课。

---

〔2〕 依据2007级和2009级对外汉语专业教学计划。

（3）北京理工大学珠海学院

北京理工大学珠海学院于2007年建立对外汉语专业，架设在文法学院下，专业要求修满166学分，其中实践课34学分，对外汉语专业课和专业选修课共计80学分，占整个理论教学的60.6%，其中现代汉语、古代汉语、语言学概论、中国古代文学、中国现当代文学、外国文学、对外汉语教学概论、对外汉语教学法、教育学、教育心理学等十门基础理论课时共计44学时，占整个专业课和专业选修课总课时的55%[3]。专业开设了对外汉语教学和涉外高级文秘两个方向。

北京理工大学珠海学院无法像以上两所独立学院那样可以依托校本部的对外汉语专业，因此，北京理工大学珠海学院走了一条自主探索的道路，也因此形成了一种居中的培养模式：既注重学生基础知识的掌握，又注重学生实践能力的培养。专业基础课、专业选修课、实践课学时分别是44、36和34，形成比较均衡的格局。

北京理工大学珠海学院注重在中文基础上重新理解对外汉语专业的特色需求，因此在教学上侧重学生对外汉语实际教学能力的培养，大力开展相关的实践课程。其中一个特色是开展“课程实习”，即在第六学期中旬，学院统一组织学生前往珠海市各语言培训机构、中小学进行为期三周的实际教学实习，通过实习提高学生理论联系实际的能力；同时开设《课件制作与教学设计》《课堂模拟教学实务》等课程来加强学生的教学能力，开设《语言文学专题研习》《学年论文》等课程来加强学生的研究能力。

此外，为满足专业要求和学生的文化需要，开设了《书法基础》《中国画基础》《太极拳入门》《围棋入门》等中国文化类特色课程。

2.2 共同存在的问题

以上是对三所独立学院现状的一个大致概括，各独立学院虽然努力探索适

〔3〕 依据2010年修订的2008版教学计划。

合自身特点的发展道路，形成了各具特色的培养模式，但是在许多问题上，这三所独立学院存在共同之处：

2.2.1 办学资源有限

首先，三所院校的办学时间都在五年左右，许多社会资源还未充分开发，不管是与港澳，还是与珠海市外企、外语培训机构等各企事业单位，都还没有形成紧密合作的关系；其次，各自校本部的资源也未能及时而充分地投入进来，特别是留学生基地建设方面；最后，作为独立学院，在教学资源的投入上始终面临资金问题的困扰。因此，这三所独立学院在办学过程中都存在着不同程度的资源有限的问题。

2.2.2 办学经验尚浅

由于三所学院都是在最近三年才建立起对外汉语专业，整个教学过程还未进行完一轮。因此，如何设置课程、如何展开实践、如何更好地适应珠三角的社会需求等问题，始终处于不断的思考之中，由此导致各院校的教学计划也在不断的调整之中。

2.2.3 对外汉语专业本身的困境

对外汉语专业是个前景非常广阔的专业，但是在这个专业发展的过程中，本身存在着许多问题：如，对外汉语专业的学科定位到底是什么？对外汉语专业的核心课程到底如何设置？对外汉语专业本身是否能获得教师资格认定？我国已经停止了对外汉语教师资格的认定，学生未来如何走上对外汉语教学岗位？不能从事对外汉语教学的学生该从事何种工作？这些问题随着教学活动的展开不断地困扰着教师和学生，从而让教师和学生处于模糊茫然之中。

三、对未来发展的探索

尽管三所独立学院面临着以上各种问题，但是，这些都是新事物发展过程中都会遇到的困难，关键是如何踏踏实实建设好这个专业。在此，本人认为可以从以下几方面着手：

3.1 大力开展教学实践活动，保障教学实践能力

对外汉语专业是门实践性很强的专业，如何让学生具备实践能力至关重要。在对北京理工大学珠海学院2007级对外汉语专业学生的毕业实习调查中，我们发现从事教师实习的学生中，在外语培训机构、语言学校等企事业单位从事对外汉语教学的只占43.2%（其中有50%是学校统一安排至语言机构从事对外汉语教学实习），其余56.8%则是从事各中、小学的教师实习。由此可见，对外汉语专业的学生不仅仅需要丰富的对外汉语教学能力，更需要扎实的教学能力。

因此，必须大力开展教学实践活动，一方面保障学生日后能够从事对外汉语教学活动，另一方面也能保障学生从事中小学等教学活动。

那么如何大力开展对外汉语实践活动呢？本人认为应从校内和校外着手。

3.1.1 丰富校内实践活动

这主要包括：一、尽可能提供学生与留学生的学习交流活动；二、尽可能让学生与学校的外教形成一帮一的互助活动；三、尽可能开展教学实践类课程，丰富实践教学环节，举行如“教学模拟大赛”“课件制作大赛”等活动。

3.1.2 大力开拓珠海市各种教学资源

珠海市尽管相对于珠三角其他城市来说地广人稀，企业不多，但是作为经济特区，有着丰富的资源可供开拓，从而为对外汉语专业提供各种实践机会。根据本人调查，珠海有以下三方面资源还有待各高校开发：一、外国人及港澳台胞集居地；二、外国独资或合资企业集结地；三、外语培训机构和语言学校。目前，各高校仅仅与珠海市部分外语培训机构和语言学校有所合作，还没有形成稳固的紧密合作关系，因此这几方面的资源还有待进一步开拓。

3.2 加强涉外文秘方向的建设

在对北京理工大学珠海学院2007级对外汉语专业自主毕业实习的统计中，我们发现，在中小学、外语培训机构、语言学校等单位从事教学实习的人数只

有37.4%，62.6%的学生在珠海、广州、深圳等地的企事业单位从事助理、策划等文秘实习；同时，根据就业市场反馈的消息，我们也发现，就业市场上对文秘的需要大大超过了对教师的需求。

在这种残酷的现实面前，我们不得不反思，当我们的学生无法从事对外汉语教师工作以及普通教师工作的时候，我们是否应做好两手准备，即加强涉外文秘方向的建设？

从三所独立学院的培养计划来看，各学校都做好了这方面的准备，开设了相关的文秘课程，如吉林大学珠海学院开设了《秘书学》《行政管理学》《档案管理学》《多媒体技术与应用》《办公自动化》等，北京师范大学珠海分校开设了《档案与数据库管理》《涉外事务管理》《商务谈判》《企业文化》等，北京理工大学珠海学院开设了《人力资源管理》《文书与档案管理》《国际商务函电》《公关策划与公关实务》等。

但是，对以上三所独立学院开设的各种文秘方向的课程进行调查，我们发现各院校开设的文秘课程差别非常大，共同的课程很少，这就存在一个急需解决的问题：作为对外汉语专业下的一个方向，涉外文秘到底需要学习哪些文秘课程？涉外文秘方向的学生应具备什么样的文秘能力？同时，我们还发现各院校开设的涉外文秘方向的实践课程非常少，各院校将更多的实践时间让给了对外汉语教学实践。

因此，本人认为，涉外文秘方向不能仅仅作为对外汉语专业一个锦上添花的附庸，或者说是被现实逼迫而采取的无奈措施，涉外文秘应成为对外汉语专业本身应有的素质要求。因此，必须将涉外文秘提高到与对外汉语教学同等的地位，进行统一的规划，并加大课程建设力度，提高学生实践能力。

3.3 开拓对外汉语教学方向的就业渠道

尽管上面讲述了目前对外汉语专业的就业困境，学生毕业一般无法从事对外汉语教学，但实际上，对外汉语教师的需求是非常广阔的。随着对外汉语教学需求的日益广阔，对外汉语教师的缺口也日渐明显，因此，如何解决对外汉语专业的学生从事对外汉语教学的问题还得从渠道入手。

那么如何畅通对外汉语教学方向的就业渠道？本人认为除了在国内各语言培训机构从事对外汉语教学外，还可以从以下两方面努力：

3.3.1 积极参与国家汉语教师志愿者活动

目前我国在全球各地建立了300多个孔子学院，但是仍然无法满足世界日渐高涨的对汉语教师的需求。随着一座座孔子学院的落成，世界对汉语教师志愿者的需求也将日渐增多，这为许多期待从事对外汉语教学的同学提供了宝贵的机会，因此，如何参与其中需要各院校多加努力。

3.3.2 开拓民间汉语教师输送渠道

国外对汉语教师的需求非常旺盛，而从国家汉办途径出去的汉语志愿者在数量上和时间上都不能满足这种旺盛的需求，同时，国外对汉语教师的许多特殊需求（如周末班、家教等）也无法通过孔子学院来解决。因此，国内有很多民间培训机构来沟通国外的汉语教师需求与国内的学生出口需求，如北京汉语国际推广中心联合北京师范大学汉语文化学院、中国国际人才市场共同推出“国际汉语教师职业能力培训班”，通过参加这种类型的培训，获得相应资质，从而获得被推荐到国外从事对外汉语教学的机会，为想出国从事对外汉语教学的学生开拓一条新的途径。

四、结　　语

从以上三所独立学院的发展状况来看，我们既看到可喜的、勇于开拓对外汉语事业的进步的地方，又看到专业建设发展中存在的各种困难和矛盾。同时，在专业发展过程中，仍然有许多值得改善和努力的地方。对此，本人提出了一些建议和探索，谨此抛砖引玉，还请各位专家学者批评指正。

实际上，自1985年对外汉语专业成立至今已有25年。25年来对外汉语专业建设面临内外诸多问题，但是随着全球化的发展，中国日益融入全球大家庭，对外汉语专业将持续发展下去，专业建设也将持续完善下去，对此，我们应坚定信心。

参考文献

程　棠（2004）对外汉语教学学科发展说略，《汉语学习》第6期。

高增霞（2007）汉语国际化与国际推广刍议，《北京行政学院学报》第6期。

刘　甦（2000）近20年对外汉语教育学科的理论建设，《世界汉语教学》第1期。

王路江（2003）对外汉语学科建设新议，《语言教学与研究》第2期。

王路江（2007）在科学发展观指导下做好汉语国际推广工作，《世界汉语教学》第1期。

原新梅、孙小兵（2007）对外汉语专业建设的思考与探索，《现代语文：下旬-语言研究》第12期。

依托地域和师范优势 做好对外汉语专业建设

辽宁师范大学　原新梅

摘　要：本文根据世界汉语热、国内外人才市场对对外汉语师资和对外交流人才的需求状况，结合省属师范大学的学科和地域优势，充分借鉴外校专业建设的经验，为培养高质量人才，在培养方案、课程建设、实践教学等方面进行了全方位探索，取得了初步成效。

关键词：对外汉语专业建设　地域特色　师范优势

对外汉语专业是我校结合国内外人才市场、东北老工业基地的振兴和大大连建设，结合省属师范大学的学科和地域优势，申报并获批的新专业。本着“以立项促建设”的目的，我们申报了教学改革项目“新增对外汉语专业建设的研究与实践”，并获得重点资助，围绕着项目研究，探索具有地域特色和师范优势的优质品牌专业建设模式。探索内容主要涉及八个方面：

——全国对外汉语专业建设现状与发展趋势；

——对外汉语专业的定位和人才培养目标；

——地方师范性大学对外汉语专业建设的特色；

——人才市场需求和毕业生就业情况；

——对外汉语专业人才培养方案及课程体系调整；

——对外汉语专业课程教学改革与实践；

——面向国际化对外汉语专业学生专业素质和综合技能的培养；

——对外汉语专业教学实践环节的改革和实习基地的建设。

经过几年的努力，对外汉语专业建设取得了初步成效，并于2008年被评为校级重点专业，对外汉语专业建设探索项目获得校教学成果一等奖，2009年获得辽宁省教学成果奖。

一、建立具有地域和师范特色的人才培养方案

1.1　专业定位和培养目标立足本土，体现国际意识

我们针对国内外人才市场的迫切需求，结合我校省属师范大学的学科、资源、地域优势增设对外汉语专业，目的是立足大连，服务辽宁，辐射日韩，为国内外培养合格的对外汉语师资和对外交流人才。力争培养的毕业生能胜任对外汉语教学工作，具有汉语汉文化和国际社会的基本知识、基本理念，基础宽厚，具有双语和现代信息处理技能，具有对外汉语教学和跨文化交际需要的理论知识和综合素质。

1.2　构建专业性、师范性、实践性突出的课程体系

（1）突出专业主干课程，扎实汉语中国文化基础。十门专业必修课中，突出对外汉语教学概论、现代汉语、古代汉语、语言学概论、中国文化通论等课程的教学，增加课时量。（2）强化外语教学，四年不间断。外语教学以英语为主，日语为辅。第一、二学年除了大学英语外，还在一、二、三、四学期依次开设英语听力、英语口语、英美报刊阅读、英汉翻译等课程；三年级开设第二外语（日语）；四年级开设专业英语。（3）选修课模块注重培养良好素质。35门选修课由对外汉语、语言学和汉语言、文学、英语、综合素养五个系列模块组成，对学生的综合素质和专业能力的培养发挥重要作用。（4）保障实践环节，注重能力训练。形成课程见习、教学实习、对外交流与对外汉语考察等实践教学体系，培养学生的对外汉语教学和跨文化交际能力。（5）依托师范优势，引入教育类课程，突出师范性。

1.3　建立并完善大纲体系，修订教学计划

为规范教学基本建设，围绕培养目标和课程体系，组织教师编写各种相关

的教学材料，结合辽宁省新专业评估和教育部本科评估，形成了教学大纲、考试大纲和实践教学大纲三位一体的大纲体系。借鉴同类院校的对外汉语专业建设经验，结合学校和学院实际，2006年、2010年两次调整教学计划的课程门类，进一步强化专业主干课程，增加课程教学论、英语系列，开设二外（日语），适量引入教育类课程和东北地域文化，在文化和民俗教学中体现东北地域文化的教学。

二、加强基础理论课程建设，保证教学质量

2.1 以课程为核心，深入细化课程教学改革

在大层面调整培养方案的基础上，针对具体课程的教学问题，深入细化课程教学改革。通过召开教学讨论会、组织听课等活动，对比分析汉语言文学专业和对外汉语专业某些相同主干课程在教学内容、教学方法、教学重点等方面的异同，突出对外汉语专业教学的针对性。如，在现代汉语、语言学概论教学中增加汉外比较；对外汉字教学注重在汉字本体研究的基础上对留学生汉字偏误类型和教学策略的教学；中国现当代文学课程加强名著名篇的分析。从教材选用、教案编写到教学内容、教学方式的选择全面体现对外汉语专业培养目标的要求。此外，为了培养学生的教学能力，在课程教学论中引入微格教学、对外汉语教学教案设计等。在教学过程中，注重考研指导，激励学生树立远大志向。对外汉语专业2005级考研率达到29.17%，2006级考研率上升到42.50%，其中有的考入英、美、日、韩等国，有的考入南开大学、华中师范大学、厦门大学、中国传媒大学等国内知名院校。

2.2 以《对外汉语教学概论》为引领，加强精品课程建设

组织以《对外汉语教学概论》为代表的精品课程建设，将理性的系统讲授、个性的案例分析、丰富的课外实践、严格的能力训练结合在一起，使学生系统掌握对外汉语教学的基本理论和基础知识。

注重基本功的训练，以培养和提高该专业学生运用对外汉语教学基本理论和基础知识的能力以及从事对外汉语教学的专业素质。北京语言大学校长崔希亮教授曾多次在学术研讨会上阐述“对外汉语教师的知与能”。我们在为每届学生讲授课程前都坚持向学生介绍该报告中的内容。对语言表达能力、理解能力、表演能力、课堂组织能力、亲和能力、科学研究能力、现代教育技术能力等都提出明确的要求，并进行严格训练。

在课程教授中，注意渗透科研意识和方法，教师经常向学生推荐“中国学术期刊网”“中国优秀硕士博士论文网”“国家汉办网”“中国语言文字网”“华语桥”等相关网站，引导学生关注对外汉语教学研究的最新动态，并指导学生学会使用“中介语语料库”“现代汉语语料库”等，为论文写作和辅导留学生服务，培养学生对汉语本体和对外汉语教学问题的创新意识和探究能力。如结合第五章对外汉语教材基本理论的教学，开展为期一个月的“读教材·说教材·评教材”活动，通过指导学生上网查资料、撰写书评等让学生掌握选择优秀教材的标准、编写教材的程序、编写体例等，从内容到格式指导学习书评的写作方法；结合教学法、课堂设计教学，组织学生到大连多所高校进行课程见习，增强学生的专业意识，提高对知识学习、能力训练的自觉性。该课程于2007年通过优秀课程评估，2010年成为校精品课程。

目前，主干课程中现有八门被评为校级优质课程，三门被评为校级精品课程，两门正在准备申报省级精品课程。

三、构建立体化实践教学体系，形成课堂、校园、社会的三结合

开展的多项实践教学活动力求系列化、立体化、科学化，构建对外汉语专业实践教学体系。实践教学做到：对外汉语教学理论与对外汉语课堂教学实际相结合，课上与课下相结合，学习和探究相结合，校园与社会相结合，国内与国际相结合。

3.1　组织多场专题报告，开阔学生视野，强化专业意识

我们结合全球汉语热、孔子学院建设和汉语作为第二外语教学能力证书考试，组织了多场专题报告，如：请专业教师向学生介绍世界人才市场对汉语教师的需求；介绍学术会议内容，让学生接触对外汉语教学研究的前沿，了解对外汉语教学的发展趋势；请从韩国、俄罗斯从事汉语教学归来的教师做专题报告，介绍在非汉语环境下的汉语教学经历、异国文化历史风俗等；请来自美国、法国、日本的研究生介绍孔子学院对教师素质能力的要求；请考取研究生的毕业生介绍自己的考研经历。这些报告对学生开阔专业视野、强化专业意识、规划自己的人生道路等起到积极的作用。

3.2　鼓励学生课下辅导、应聘兼职，积累经验、锻炼能力

组织对外汉语班和国际教育学院的留学生班建立友好班级，开展课下汉语辅导。课下汉语辅导，可以积累教学经验和研究资料，使学生提高对专业知识和理论学习的积极性、自觉性：在老师的指导下建立留学生课下辅导问题记录本，积累留学生提出的各种问题，建立微型语料库；指导学生留心过去习焉不察的汉语问题，学习从中挑选典型问题，写成小论文，为汉语教学和初步科研能力的培养提供很好的机会。随着大连留学生人数的增加，除了高校外，各种语言培训学校也面向社会招聘对外汉语教师，我们鼓励学生在不影响专业学习的前提下，去参加面试应聘，通过面试，进行实际的课堂讲授，这对促进学生的理论学习和能力锻炼将发挥较大作用。

3.3　以高校为主体，在见习基础上，建设实习基地

在学院领导和主讲教师的积极联系组织下，由主讲教师带队分别到辽宁师范大学国际教育学院、大连交通大学、大连理工大学、东北财经大学等进行课程见习。主讲教师拟定见习计划，规定见习的具体任务和要求，召开见习工作说明会。见习过程中，主讲教师指导学生做好听课记录，总结教学规律和特点，客观评价每位教师的课堂教学效果，对比教学实际，反思自己在能力和素质上的不足，从而激发学生学习专业理论知识、培养综合能力组织的积极性，

认真总结见习收获。见习得到了有关单位的帮助和支持，签订了实习基地建设合同。每年见习、实习结束后，通过召开对外汉语专业实习单位座谈会等形式汇报情况、听取建议、不断改进。第一批实习基地的建设为日后增加数量、扩大范围打下基础。待时机成熟后向国内外扩展，争取让学生能有在非汉语环境下进行教学实习的机会。

3.4　通过暑期社会实践，开展对外汉语和地域文化调查

按照教学计划安排，利用暑期组织学生分集中和分散两种方式，到辽宁各地调查对外汉语与民俗文化，教师指导调查报告写作，并进行中期检查、监督。主要调查内容：一是关于对外汉语和语言文字应用的调查；二是开展地域文化和民俗考察，即结合世界文化遗产和非物质文化遗产的申报，了解收集具有鲜明地域特色的文化和民俗，说明历史渊源、主要内容和特色、保护沿革等情况。通过实地考察，撰写调查报告，学生不仅获得了创新学分，还为专业建设提供可以借鉴的经验，增强了国际意识，激发了对中国文化的热爱，同时增强了学生的对外汉语专业角色意识。

四、教学与科研相互促进，初步形成良性循环

为加强专业建设，提高师资队伍水平，提倡教学与科研的互相促进。学术交流和科研工作促进了教学和专业建设，教学实践和专业建设实践为对外汉语课题研究提供了丰富的研究内容，初步形成良性循环。

4.1　开展学术和专业建设交流

骨干教师多次参加国际、全国学术研讨会和专业建设会，积极开展学术交流，学习专业建设经验。如应邀参加世界汉语大会・第八届国际汉语教学讨论会（2005年7月，北京）、第九届国际汉语教学讨论会（2008年12月，北京）、第十届国际汉语教学讨论会（2010年9月，沈阳），与来自世界多个国家和地区的专家同行，交流对外汉语教学的探索研究成果。应邀出席全国对外汉语专业建设讨论会、中国语言学研讨会、全国应用语言学研讨会、全国修辞学研讨

会等，在会上与专家学者交流专业建设经验，了解人才市场的变化和专业建设中的问题和对策。同时，也通过省内外一些高校专家领导的来访，交流专业建设的问题。

4.2 取得了一批高质量的教学科研成果

近五年来，主持和主持完成国家社会科学基金项目、教育部人文社会科学项目、辽宁省社会科学基金项目等10余项，出版著作、教材《东去的语脉：韩语中的汉字词研究》《汉语论稿》等9部，获得辽宁省教学成果奖1项，在《语言文字应用》《世界汉语教学》《语言研究》《辞书研究》《光明日报》《修辞学习》《汉字文化》《语文建设通讯》等发表论文40余篇，研究论文被收入商务印书馆出版的《对外汉语教学专题研究书系》，获辽宁省哲学社会科学成果奖，大连市优秀科学论文一、二等奖。

我们的探索伴随着新专业的起步而开始：紧密结合对外汉语专业建设的具体问题来进行问题探索，探索实践又为专业建设提供了直接的指导。探索成果成为新专业评估的主要材料，为新专业顺利通过教育部本科评估发挥了作用。在探索过程中，北京第二外国语大学、鞍山师范学院、辽东学院等单位曾来交流。在建设过程中，我们得到国家汉办、北京师范大学、南开大学等单位专家的指导。在学校的支持下，在教务处、国际教育学院和东北财经大学、大连理工大学、大连交通大学、大连商务学院等单位的支持下，通过全体教师的共同努力，教学质量稳步提升，2008年就被评为校重点专业。但由于是新增专业，相对传统专业而言，建设时间短，还有许多方面的工作需要探索。我们将继续关注国内外人才市场需求和毕业生的就业情况，根据人才市场变化，调整培养方案，加强中青年教师的培养和引进；继续关注国内外最新对外汉语教学信息，学习借鉴不同院校的建设经验，使对外汉语专业得到持续发展。

总之，我们有信心、有能力把对外汉语专业办成省属师范大学的品牌专业，为国内外培养优秀的对外汉语师资和对外文化交流人才，从而为推进汉语和中华文化走向世界、促进对外汉语教学这一“国家和民族的事业”的发展尽我们的绵薄之力！

参考文献

高　思（2007）提高高等学校本科教学质量的重大举措，《中国大学教学》第2期。
李铁范（2004）对外汉语本科专业建设几个主要问题的思考，《淮北煤炭师范学院学报》第5期。
原新梅、孙小兵（2007）对外汉语专业建设的思考与探索，《现代语文》第12期。
张英彦（2006）实践教学的理论基础探析，《中国大学教学》第6期。
赵金铭（2004）《对外汉语教学概论》，北京：商务印书馆。

跨文化交际意识与对外汉语师资培养

山东泰山学院　刘　欣

摘　要：培养对外汉语师资必须树立跨文化交际意识，因为跨文化交际意识的树立是实现教学目的、增强教学效果的有力保障，也是对外汉语师资培养的客观需要。因此，在对外汉语教学过程中要引导学生认识到世界各族文化多样化同时具有平等性的特点，注重培养学生对文化差异的敏感性，这样才能提高对外汉语师资培养的教学质量。

关键词：跨文化交际意识　对外汉语教学　师资培养

一、引　　言

汉语作为第二语言教学，教师素质在一定程度上影响着教学质量和教学效果。陆俭明在《对外汉语教学展望》一文中提出，发展对外汉语教学所要抓的根本问题是怎么确保教学质量不断提高，而“要确保教学质量不断提高，就必须要有一支高素质的教师队伍，要有一整套高质量的汉语教材，要有一套高效率的教学方法”。崔希亮在《汉语国际教育“三教”问题的核心与基础》中提出，对外汉语教学工作面临的教师问题、教材问题和教学法问题这三个问题中，最核心的问题是教师问题，“因为好的教材是好的教师编写出来的，教学法也要靠教师来实践”。两位学者提出的问题都涉及一个师资培养的问题，那么对外汉语专业应该培养具有何种专业素质的教师成为许多学者关注的焦点。

近年来，中国对外汉语教师培养获得了长足发展，教师的专业素养大幅度提高，但与培养具有较强的跨文化交际能力以及国际视野的国际化人才的目标相比还存在一定的距离。我们认为，将跨文化交际意识纳入对外汉语师资培养体系之内，是实现这一目标的有效途径。本文从跨文化交际角度提出对外汉语师资培养应当与对外汉语教学的客观需要相适应，面向对外汉语师资培养必须树立跨文化交际意识。

二、跨文化交际意识简析

跨文化交际意识是指在尊重不同文化的基础上，认识并理解文化间的差异，自觉地在不同文化之间建立积极的交流。跨文化交际意识的知识背景和文化结构，直接影响跨文化交际能否顺利地进行和开展。跨文化交际指的是来自不同文化背景的人们之间的交际。与普通交际相比，跨文化交际的特别之处在于要超越不同文化的束缚，在互相尊重双方文化的基础上，求同存异，开展交流。在交际过程中，由于处在不同文化背景下人们的思维习惯不同、行为准则不同、价值观念不同、生活习惯不同、风俗民情不同等，常常会因此引起文化冲突，形成交际障碍，从而造成交际的失败。为了避免这些情况的产生，交际者首先要树立跨文化交际意识，树立容异意识，提高自身的跨文化交际能力。

语言是文化的载体，每一种语言都反映了孕育该语言产生发展的民族文化。当今社会不同民族创造的文化以及各种文化之间的不断交融必然导致多元文化的产生。对外汉语教学面临的教育对象和教育环境也是处在多元文化背景下的，这是一个客观现实。因此，对外汉语教学总是涉及不同文化之间的对比交流。由于不同民族文化传统差异很大，在对外汉语教与学的过程中常常会不可避免地产生文化冲突。这就要求对外汉语教师首先要掌握和了解所教学生的不同文化背景知识和文化内涵，丰富和充实自己的文化知识，以应对复杂多元文化背景下的教育教学现实。其次在教学的过程中，教师要充分尊重和照顾到学生的文化差异，营造宽松和谐的课堂氛围，做到兼容并包，有的放矢，教学要有针对性。在教学过程中，只要教师能够具有跨文化交际意识，理解和承认不同民族存在文化、观念和行为的差异，训练在越来越复杂化的多元文化背景下的跨文化交际能力，就能够有助于提高对外汉语的教学效率与质量。

三、树立跨文化交际意识的必要性

对外汉语教学过程中，教师的跨文化交际意识是实现教学目的、增强教学效果的有力保障，树立跨文化交际意识的必要性可以从以下两方面进行探讨：

3.1 实现教学目标的需要

语言是文化的产物，由于世界各民族不同的社会历史，必然会产生不同的文化，而这些不同文化又会反映在语言特征及语言使用上。因此，学习一门语言就意味着要接触目的语的文化观念。不同民族的文化传统、社会习俗、思维方式都有自己的特点，这些特点不仅反映到语言及其使用上来，还会对第二语言的学习产生影响。对外汉语教学的实践告诉我们，面对来自不同文化背景的汉语学习者，每一堂汉语课都可能涉及不同的文化，有时对外汉语教师在不经意间就可能会出现知识和教学方法的失误，从而影响教学目标的完成。

在对外汉语教学中，对外汉语教师不仅要使汉语学习者掌握汉语的文字、语音、词汇、语法等方面的基础知识，还要让他们了解一定的文化知识，也就是说在进行汉语语言知识传授和语言技能训练的同时，还必须进行与之相关的中国文化背景知识的教学。在文化知识方面，对外汉语教师自身除了应掌握一定的中华民族文化，还要掌握世界各民族的文化知识，诸如民情风俗、历史发展、地理概况、价值观念、思维模式、行为规范、审美情趣、宗教信仰等等。这是因为，忽视了文化教学的对外汉语教学是不完整的语言教学。应在教学中寻找文化共性，发掘文化个性，从而更好地实现教学目标。

3.2 增强教学效果的需要

“学习一门语言就是培养该语言的语用能力（pragmatic competence）的过程。”什么是语用能力呢？Leech 提出区分语用语言学和社交语用学，语用能力也就相应地区分为语用语言能力和社交语用能力。语用语言能力以语法能力为基础，涉及语言的使用规则，不仅包括正确使用语法规则遣词造句的能力，而且还包括在一定的语境中正确使用语言形式以实施某一交际功能的能力。社交语用能力是指遵循语言使用的社会规则进行得体交际的能力，是更高层次上的语用能力。何自然认为“语用能力可以解释为运用语言进行得体交际的能力，它可以简化为表达和理解两个方面”，并且他提出：“为使语言表达得体合适，语言的使用者就必须学会针对特定的语境，考虑到社会和文化因素，灵活、合理地使用语言。”

在交际过程中，人们为了顺利完成交际任务，往往会选择得体的言语行为策略。所谓言语行为策略是指人们在语言运用过程中如何选择得体的交流方式。人们用以交流的言语行为都是在一定的文化背景中发生的，因而必定要受到文化背景的制约和影响。人们在使用语言的过程中，往往会选择有利于交流的交际模式以达到成功交际的目的。人们对交际模式的选择也就体现为言语行为策略的确定。社会文化背景语言交际过程中的不得体的原因往往不在于交际者在语言形式方面的缺失，而大都因为与特定的社会文化背景不协调。例如，汉语为母语的人们常用的招呼语“吃了吗”就有一定的社会文化背景。中国人自古就强调“民以食为天”，长期以来人们都很关注吃饭问题，以至见了面也要问对方是否吃过饭，以表示相互间的关心和爱护，历史形成的言语表达习惯作为礼貌用语被广泛使用。所以，在汉语中这句话只是表示一种礼貌，传递的只有感情信息而无任何其他含义。但如果拿这句话和西方人打招呼，他们就会误认为这表示邀请他们吃饭。之所以有如此不同的解释，就是因为以汉语为母语的人与西方人没有共同的社会文化背景为参照。

培养汉语学习者的语用能力是对外汉语教学的一个重要方面。这是因为，对外汉语的教学效果体现在汉语学习者运用汉语进行交际的能力，即在具体的语境中恰当、灵活地运用汉语的能力。语言教学的根本目的是提高学习者的语言能力和语言交际能力，即互相传递信息，以达到彼此了解或理解的能力。因此，语言学习者将学到的词汇和语法知识放到各种具体的交际场合去接受检验和辨别是十分必要的。具有明确跨文化交际意识的教师，在教学中会有的放矢地引导学习者如何在具体的场合得体地使用语言进行交际。

四、培养跨文化交际意识的方法

从上文的分析中可以看出，文化会对语言学习产生这样或那样的影响，因此对外汉语教学与文化息息相关，对外汉语师资培养中的跨文化交际意识对于对外汉语教学事业具有举足轻重的作用。

首先，在对外汉语师资培养过程中，要引导学生认识到世界各民族文化多样化同时具有平等性的特点。文化具有民族性，是以民族的形式存在的。由于各民族的历史、社会、经济、文化发展的进程以及客观条件不平衡，各民族对事物、行为、价值观念的取向必然存在广泛而明显的差异。因而，对外汉语教学必然面临着多种文化的交融和冲击，但是尊重和理解不同文化的存在和发展是非常必要的。尽管不同的国家或民族的生活环境不同，社会历史不同，但人类创造的物质文化、精神文化以及制度文化方面还是存在着许多共同之处。从广义上来说，任何一种语言都是由某一社会中的人创造的，有其使用规律，为某一社会的人所共有。语言可以用来描述某一社会的文化现象，表达和传播文化，促进文化发展。语言间的这些共同之处作为人类文化的共性成为对外汉语教学的基础。

其次，在对外汉语师资培养过程中，要注重培养学生对文化差异的敏感性。文化共性是对外汉语教学的基础，而文化个性则是对外汉语教学的难点所在，因此承担对外汉语教学任务的教师应该兼有本国文化与异国文化的双文化知识。提高学生对文化差异的敏感性、宽容性以及处理文化差异的灵活性，要让学生意识到中外文化的差异，从而增强学生跨文化交际的敏感性，自觉培养跨文化交际能力。为了进行有效的跨文化教学，我们完全可以创造一个系统的跨文化交际氛围，调动学生的参与意识，改变单一的跨文化知识传授模式，增强动态知识传授，融知识传授与交际能力培养为一体，让学生在实践中培养和提高自身的跨文化交际能力。可以采用的方法包括对比学习法、案例分析法、角色扮演法、环境模拟法、文化专题讲座等。通过这些行之有效的跨文化教学方法，可以提高学习者的兴趣，加深对外汉语教学从业者对所学文化知识的印象，收到事半功倍的效果。

总之，对外汉语教师对汉语的词汇、语法、语篇、文化背景知识和独特的交际文化要深入了解，认真对待中外文化的异同，在教学中对中外文化异同进行必要的解释和比较，尽量减少由于文化干扰造成的文化“休克”和表达“空缺”对汉语学习者产生的困扰。

五、结　语

对外汉语教师的教学理念决定了教材的质量、教材是否适用及教学法的取舍。而教师的教学理念来自于教师的专业素质。教师良好的专业素质是对外汉语教学质量的根本保证。对外国人来说，汉语学习是一种非母语语言学习，学习环境、学习方式、文化背景等方面都会对教学效果产生影响，因此，教学过程中的每一个环节都需要对外汉语教师在正确的第二语言教学理论指导下，根据语言学习的普遍规律进行设计和安排。

同时，对外汉语专业的学科性质决定了对外汉语教学从业者的必备素质之一就是跨文化交际能力。在师资培养过程中，着眼于跨文化，用文化的观念去提升语言教学，为语言教学服务，只有这样，对外汉语教师队伍的整体素质才能得到提高，教学质量才能得到保证。

参考文献

崔希亮（2010）汉语国际教育“三教”问题的核心与基础，《世界汉语教学》第1期。

何自然（1997）《语用学与英语学习》，上海：上海外语教育出版社。

黄锦章、刘　焱（2004）《对外汉语教学中的理论和方法》，北京：北京大学出版社。

陆俭明（2003）对外汉语教学展望，http://ccl.pku.edu.cn/。

赵金铭（2007）汉语作为外语教学能力标准试说，《语言教学与研究》第2期。

对外汉语专业实践性教学活动的探索

山东师范大学　张捷鸿　张幼冬

摘　要：山东师范大学国际交流学院在对外汉语人才培养中将专业性培养与时代性需求紧密结合起来，突出针对性与应用性，根据汉语国际教育事业专门人才的实际需要，把专业知识、人格素养、实践能力三方面有机地结合起来，在实践性教学模式上进行了有特色的探索和创新。本文重点介绍本专业在实践教学模式上的建设与创新，并推出了若干成功案例。

关键词：对外汉语专业　实践教学模式　探索与创新

在中国经济迅猛发展及汉语国际推广的大形势下，国内许多高校开设了对外汉语专业。山东师范大学国际交流学院于2007年新开对外汉语本科专业并于当年招生。几年来，学院坚持高起点规划、高标准培养的专业建设原则，在对外汉语人才培养中把专业性培养与时代性需求紧密结合起来，突出针对性与应用性，根据汉语国际教育事业专门人才的实际需要，把专业知识、人格素养、实践能力三方面有机地结合起来，在实践性教学模式上进行了有特色的探索和创新。

一、加强实习基地的建设，为实习实践活动打下坚实的基础

实习实践活动是对外汉语专业人才最重要的培养内容之一，这是对外汉语专业的特点所决定的。和一些地处大城市和沿海地区的综合大学相比，山东师

范大学在地理位置上和学校总体排名上都不占优势。在这样的条件下开展实习实践活动，自然有很多局限性。比如，本校留学生的数量不多，本地没有专门接收外国学生的国际学校，因而可供学生专业实习的单位较少。我们较早地注意到了这些不利因素，在加强教学管理，搞好课程建设的同时，很早就着手实习基地的建设。我们的做法是：

利用兄弟院校的资源。山东有一些高校虽然招收留学生，但是没有自己的对外汉语师资队伍，也没有开设对外汉语本科专业，有些学校的汉语教师是从中文系抽调的兼职教师，因此他们对汉语师资的需求比较迫切。按照这个思路，我们和泰安医学院、山东理工大学、山东财政学院建立了联系，利用他们的学生资源，解决我院学生的实习问题。我院2007级实习生于2010年春季在上述学校进行了专业实习。学生们由于接受过专业教育，因而训练有素，认真负责，教学方式规范，教学效果良好，有较强的亲和力，给实习单位的老师和学生留下了深刻印象。实习结束后，有的高校几次来电，请我们派人去指导他们的对外汉语教学工作。在去年的基础上，我们今年又新增了一些高校实习基地。事实证明，这是一种让实习单位和我院实习生都能受益的双赢的思路。

利用社会和地方资源。在省教育厅的大力支持下，我们和一些地市的教育部门取得了联系，把我院的学生派到当地的国际学校去。山东省青岛市居住着大量的韩国人，当地有许多国际学校。青岛韩国国际学校就是一所由韩国人开办的国际学校。他们的学生绝大部分为韩国人，年龄从3岁到20岁不等，教学班级分为幼儿园、小学、中学不同层次，共13个年级400名学生。学生们主要学习韩国语、英语、汉语三种语言，还有阅读课、兴趣班等。我院9名实习学生在这里进行了近两个月的实习，在班级管理、课堂掌控、教学技巧、调动学生的积极性、和实习单位老师合作办公等各个方面得到了极大的锻炼。同时，国际学校特殊的教学内容和与众不同的管理模式给实习生留下了深刻印象，为学生将来的就业积累了宝贵的经验。

利用国外友好学校的资源。山东师范大学与国外的60多所高校建立了友好学校关系。在开辟国内实习基地的同时，我们也一直在尝试开辟海外的实习渠道。目前我们把目光主要放在韩国，因为山东省和韩国的地理位置较近，来往比较方便，学生实习的成本相对较低。我校1996年跟韩国蔚山大学建立友好关系以来，双方互派师生交流，关系密切。近年来，我院与蔚山大学人文学院建立了合作交流关系。自2009年起我院每年派15名学生赴蔚山大学参加为期两周的文化交流活动。活动期间，学生参加对方学校的艺术节、文化周、运动会等活动，并在中文系给学生辅导、讲课、办讲座等。实习生都住在中文系学生的家里，充分体验了韩国的社会生活，了解了大学生的学习生活，为毕业后赴海外学习、工作积累了丰富的经验。在文化交流的基础上，两校的语言实习生交流项目也已签订协议并即将实施。

二、加强组织管理，在制定切实可行的规定的基础上狠抓落实

2.1 进行经常性的教育，提高学生做好社会实践工作的自觉性

我院对外汉语专业2007级学生是经教育部批准后当年招收的首届学生，他们分别来自山东、天津、浙江、河南等省，学生的综合素质较好。学院高度重视学生的成长成才教育，针对对外汉语专业的特点，制定了详细的教学大纲，并特别突出了实践教学的环节。

从学生一入校起，我们就利用专业教育、班会、专业讲座等各种机会，对学生进行教育，使他们提高对参加实习实践活动重要性的认识，自觉地把实习实践与自身成长联系起来，因此学生们较早地就具备了自觉参加各项社会实践的意识。比如，学生严盈在大一期间就申请参加了国际大学生实习组织，到印度尼西亚当志愿者，为当地的孩子教授英语。当她回国后，我们让她举办讲座，现身说法，带动更多的学生自觉参加各种社会实践活动。大学四年期间，有的学生到菲律宾做志愿者，有的学生到四川参加支教服务团，有的参加服务队“爱心进社区”，有的参加关爱农民工子女支教服务队，还有不少同学成为全运会、世博会志愿者，等等。学生在社会实践活动中积极主动，大胆创新，充分展示了当代大学生的风采，自身素质大大提高。

2.2 制定符合对外汉语专业的切实可行的规章制度

为了做好实习实践工作，我们从对外汉语专业的特点出发，对学生的专业实习提出了具体要求，以让学生巩固和运用所学的基本理论、基本知识和基本技能，培养他们成为适应汉语国际推广的新型教师。为此我院提出了校内实习与校外实习结合、国内实习和国外实习结合、统一安排与自主实习结合的思路和原则，并参照《山东师范大学专业实习条例》等文件制定了符合本院实际情况的《国际交流学院专业实习实施意见》，具体的规定包括对外汉语专业（教育）实习的目的与任务、专业（教育）实习的主要内容和具体时间安排、专业实习的地点和实习方式、专业实习的组织领导、专业（教育）实习纪律、指导教师的职责和任务、专业（教育）实习经费使用规定、教育实习成绩考核与评定细则等。由于规定具体、措施得力，教师和学生对实习工作的各项任务心中明确，执行起来有计划、有依据，因而有效地保证了实习工作的顺利进行。

2.3 严格落实规定，确保专业实习不走过场

我院非常重视对外汉语专业的实习工作，在2007级的专业实习中，院里专门成立实习领导小组，由院领导任组长，对外汉语系主任、辅导员、领队教师为领导成员。制订了具体的院系实习工作计划，在院内进行了充分的组织动员，使师生明确了实习的目的要求、方法步骤、具体任务。领导小组在整个实习期间及时了解情况，对院内实习具体指导，对校外实习进行中期检查，对个别实习的同学也有具体要求，使实习工作开展得顺利、扎实、有成效。具体有以下环节：

2.3.1 配备好实习指导力量，安排有独立指导能力的教师参加实习指导工作

我院实习指导教师共10名，全部由经验丰富的专业教师组成，半数以上的教师工作时间为10年，有的长达20年。其中硕士以上学历的占90%，教授、副教授占60%，全部为专职教师。他们教学经验丰富，态度认真负责，每人指导5名学生。在六周的实习时间内，除了学生见习教师的课堂教学外，指导教

师每周指导学生备课、试讲、微格录像等3次，师生之间的交流很多，指导效果很好。

校外指导教师一般均为实习单位具有丰富经验的师资，一位教师带两名实习生，指导工作规范，实习效果良好。

2.3.2 根据学生意向，组织不同的实习方式。实习方式以院里统一安排为主，个人自主实习为辅

具体实习方式有以下两种：

集中实习：分两个部分，校外实习和校内实习。在校外实习的同学按实习学校组成实习队，接受实习单位和本院的双重领导；校内实习在本院教师带领下进行。

自主实习：经本院批准，由学生自主联系实习单位，实习内容应和所学专业有关。

无论进行何种实习，在最后一周都应回校参加总结并完成教案写作和微格录像。

我院2007级68名学生中有66人在对外汉语教学单位实习（两人在报社和银行自主实习），97%的学生的实习内容都为对外汉语教学。各单位的教学环节基本相似：

- 听取实习单位关于有关实习内容和情况的报告。
- 观摩课堂教学活动。包括听取任课教师的介绍，见习原任课教师的示范课，了解、接触学生，准备充分试教课程，做好教学衔接。
- 课堂教学实习：具体环节为备课（编写教案、明确教学目的、掌握重点难点并试讲）、教课（按批准的教案进行授课，根据需要调整有关内容，实习生一般要在教师的指导下编写3—5个新教案，授课后应总结经验，改进措施）、评课（除自己授课外还要听取小组其他成员的授课，做好听课记录，每课讲完后指导教师要向实习生提出改进意见，对每个实习生的授课都要进行评议）。

2.3.3 关心实习生的生活、健康和安全，严格实习纪律

实习工作开始前，院里就对此工作进行了周密的安排。特别是对校外实习基地，院领导和有关同志兵分几路，了解基地生活条件，考察教学环境，和基地有关领导多次见面，解决实习生的生活问题和具体的实习内容。学院和各实习单位都有专人负责实习学生的生活和实习工作，双方经常通气，有了问题及时处理解决。如有的基地因留学生情况发生变动，原有的实习方案无法落实。学院便及时调整了实习计划，联系另外的实习单位，使学生们很快投入到正常的实习工作中。

2.3.4 认真总结经验，及时反馈意见

实习的最后一周是总结时间，每个学生都提交了实习总结报告。在此基础上，我们组织了实习交流大会，来自不同的实习单位的同学济济一堂，分别介绍了近两个月的实习情况，有经验也有教训，有收获也有遗憾，大家都感到受益很深。通过对学生的调查，我们发现学生对实习实践活动的要求和建议主要集中在以下几个方面：

（1）希望学院不断完善本科生教育，尽可能多地联系实习单位，避免因一个实习点实习生人数过多而导致实践机会少的情况。

（2）目前的实习主要是自主实习与学院安排相结合，院内实习与院外实习相结合。学生希望随着学院的发展，本科生的实习范围可以扩大到海外的一些友好学校。

（3）经过了近三年的专业训练，学生虽已初具对外汉语教师必备的素质，但有些课程同学们希望在专业实习之前开设，如“跨文化交际”等课程，以便更好地胜任实习任务。学生的这些反映使我们对下一步的工作有了更加明确的目标。

三、我院在开展实践活动方面的几个成功案例

学生们自入学开始，实践活动与四年的大学生活始终相伴。实践内容有丰富的层次性：既可以全体学生参加，也可以部分学生参加。实践方式呈现出多

样化：实践活动的场所有学校、家庭、国内、国外；实习的方式有一对一、一对多、面对面、网上交流等，实现了专业实习和实践活动的连贯性。下面介绍几个比较成功的案例。

3.1 赴韩国蔚山大学参加中国文化周

我校跟韩国蔚山大学有长期良好的校际关系，我院和蔚山大学中文系的交流非常频繁，15 年的时间内，合作关系不断深化，合作内容和方式越来越广泛。从开始的单方面接收韩国留学生到进一步扩大交流合作，并于今年签订了本科生语言实习项目的协议，成功开拓了海外实习渠道。自 2009 年起，我院已连续两年，每年派 15 名优秀学生赴蔚山大学参加为期两周的文化交流活动。具体活动内容为：

（1）体验韩国家庭生活

（2）参观韩国城市和名胜古迹

（3）参加蔚山大学运动会、文化节

（4）和韩国学生同台演出话剧

（5）举办关于中国文化的讲座

（6）参加蔚山大学中文系的汉语教学活动

（7）参加蔚山市中小学的汉语教学活动

由于吃住在韩国人家里，学生的出国费用并不太高，学生本人可以承担。十几天的交流内容丰富，双方合作愉快，中国学生开阔了视野，锻炼了能力，亲身体验了国外的生活，和韩国学生建立了深厚的友谊，也检验了所学的专业知识，为从事汉语推广工作积累了初步的经验。

3.2 中国学生对留学生的一对一汉语辅导

山东师范大学国际交流学院融合了不同学习层次不同学习目标的中外学生。我们充分利用中外双方的办学资源，经常开展中外学生互学互助的活动。不少中外学生主动结成对子，互相学习汉语和外语。我们觉得这种自发的“一对一”辅导活动还有进一步利用的条件，因此几年前开始把“一对一”的辅导正式列入暑期班的课程中。

具体安排是：上午两节汉语课。下午中外学生必须一对一学习，时间必须保证两小时。学习地点可以在宿舍、教室、校园、商店、博物馆等。我们还根据留学生的要求，几次组织他们到中国学生的家里住宿，体验中国普通百姓的生活。这样的教学方式深受外国学生的欢迎。

每期辅导任务开始前，我们都要对担任辅导工作的学生分批进行普通话测试和教学培训。要求他们在每次的辅导中对留学生的学习情况做好记录，包括学生的学习态度、学习中的问题、沟通中的障碍及解决的办法、语料收集等。这个活动已持续了几年，四个年级的学生都有机会参加，很受中外学生的欢迎。这种方法已逐步成熟，有推广价值。

3.3 网上交互式学习交流

2008 年 11 月起我们组织本院学生与美国北伊利诺斯州大学生开展网上汉语交流，每次为期近一个学期，学生每周在网上交流一次，一次两小时。具体做法是：

化分小组：中方或美方学生用英语自我介绍，对方学生自由选择，最后由老师决定，中美学生结成对子。

选定目标：根据 LSP 的教学方法，每对学生自由选择学习内容，他们可以围绕这个内容在网上找学习材料，进行会话交谈，对学习内容进行深入探讨。有的学生研究中国饮食，有的研究太湖的环境保护，有的探讨商务活动中中国人的面子问题，还有的研究中国人和美籍华人的差异等等。

制作 PPT：后期中美学生根据他们的学习心得和研究成果制作 PPT。

集中交流：在本学期学习结束之前的最后一个星期，学生们一起出现在网上“课堂”中，一个一个地演示 PPT。这个工作必须由美国学生用汉语完成。

在整个交流活动中，美方教师可以通过网络平台，对学生们的交流谈话进行监听和录音，并可以及时对他们进行指导。通过这种活动，中国学生了解了中美文化的差异，在实践中体会到对外汉语教学的基本要求，如语速、词汇难度等级、语用等问题的重要性，感性地了解到了专业知识的不足，初步建立了教学方法和教学策略意识，为以后的学习确立了具体的目标和内容。今后我们将继续创造条件，开展类似的教学活动与研究。

3.4 开展“和谐友谊中外文化交流节”活动

虽然中外学生在同一个学院，但是由于文化上的差异，很多同学还是没有机会接触外国学生。为了促进中外学生的深入交流，我们从 2007 年开始，连续几年在本院开展中外文化交流节的活动。这个活动不仅使学院内部形成了良好的和谐共进的氛围，在学校里也产生了很大的影响。我们的主要活动如下：

学术讲座：我们邀请了韩国、德国的知名汉学家和北京语言大学、南京师范大学、山东大学等知名高校的对外汉语专家给中外学生开设讲座；

参观中国中小学：每年组织学生到中小学参加他们的学习活动；

体育比赛：中外学生一起组织参加；

中外学生联欢会：每年有不同的主题，中外学生同台演出，增进了解和交流；

世界各国饮食展：外国学生制作后在校园出售，中国学生参与、帮助；

参观中国知名企业：参观济南的著名企业如柴油机厂、力诺集团等；

各国风情图片展：以班为单位，制作图片展板，在校园里展出；

英语 / 汉语演讲比赛：中外学生互当评委，展开竞赛。

在文化节期间，中外学生接触的机会非常充分，他们一起参观工厂，一起排练节目，一起组织晚会，一起制定活动规则，加深了了解，使学院的环境和气氛更加和谐。中国学生在和外国学生的接触中，增长了见识，开阔了视野，提高了跨文化交际的能力，也增强了从事对外汉语教学工作的信心。专业思想更加牢固，学习的自觉性也不断提高。在 2008 年 12 月举行的全国大学英语四六级考试中，2007 级学生取得了优异的成绩。68 名同学全部参加四级考试，67 人一次通过，通过率达到了 99%。其中，600 分（满分 710 分）以上共 13 名，占总人数的 19%；550 分以上共 40 名，占总人数的 59%。学生在社会实践活动中积极主动，大胆创新，参加了各类社团活动，如济南市大学生辩论赛、诗歌朗诵比赛、中外文化礼仪讲座、校园话剧比赛等，并且成绩优异。

以上是我们在对外汉语本科实习实践工作中所做的一些探索，今后我们将进一步积极探索，大胆开拓，把我院对外汉语本科专业的人才培养工作开展得更加扎实、深入、有效。

CDIO 理念指导下的对外汉语专业实践教学体系构建*

成都信息工程学院　梁　京

摘　要：CDIO 是"做中学"和"基于项目的教育和学习"的集中概括和抽象表达。对外汉语教学作为一门应用语言学学科，实践教学是不可或缺的重要一环。本文尝试着运用 CDIO 的理念来指导对外汉语专业的实践教学，以构建立体化、多层面实践教学体系。

关键词：CDIO　对外汉语　实践教学

随着对外汉语教育教学在世界范围的持续升温，以培养国际汉语教学师资为目标的对外汉语专业在全国蓬勃发展起来，对外汉语教学作为一门应用语言学学科，实践教学是不可或缺的重要一环。CDIO 是"做中学"的一种模式，它以构思、设计、实施及运作全过程为载体形成了新的人才培养模式。本文尝试用 CDIO 的理念来设计对外汉语专业的实践教学体系。

一、CDIO 工程教育理念

CDIO 代表构思（Conceive）、设计（Design）、实现（Implement）和运作（Operate），它以产品从研发到运行的生命周期为载体，为学生提供实践、理论课程之间有机知识关联的教学情景，鼓励学生以主动的方式学习工程学。该改

* 基金项目：本文为成都信息工程学院 2009 年教改项目（Y200990）的研究成果。

革计划的主旨是，在真实工程情境中，一边向学生传授工程专业的基础理论知识，一边通过构思、设计、实施和运作促其动手实践能力的发展。它是“做中学”和“基于项目的教育和学习”(Project based education and learning)的集中概括和抽象表达。

二、对外汉语本科专业的培养目标与教学特点

教育部1998年颁布的《普通高等学校本科专业目录和专业介绍》中，对外汉语专业的培养目标是：本专业注重汉英（或另一种外语或少数民族语言）双语教学，培养具有较扎实的汉语和英语基础，对中国文学、中国文化及中外文化有全面的了解，有进一步培养潜能的高层次对外汉语专门人才以及能在国内外有关部门、各类学校、新闻出版、文化管理和企事业单位从事对外汉语教学及中外文化交流相关的实践型语言学高级人才。

该专业的特色在于培养出来的学生应具有扎实的中文素养、较强的外语应用能力及较好的对外汉语教学技能，其中较好的对外汉语教学技能和跨文化交流技能尤其重要，只有做到知识、理论和技能的统一，才能成为一名合格的对外汉语教师和跨文化交流的人才。在整个人才培养过程中，要坚持实践性原则，始终把语言技能、交际技能和教学技能的训练培养作为重要环节。要防止两种倾向：一是重视理论课，忽视实践课；二是忽视理论课，以片面强调语言技能和交际技能以及教学技能代替系统的理论知识传授。这两种倾向都不符合对外汉语专业性质和培养目标，是不利于人才的培养和专业的发展的。

三、CDIO理念指导下的对外汉语专业实践教学体系的构建

对外汉语专业的学科性质决定了人才的培养必须要夯实基础，加强实践，对学生实践能力的培养不容忽视。实践教学是高等学校教学体系中必不可少的环节，实践教学的质量对高等学校教学质量有着非常重要和直接的影响。2007年教育部、财政部正式启动了直接针对提高高等教育质量的“高等学校本科教学质量与教学改革工程”。“实践教学与人才培养模式改革创新”被列为“质量

工程”的六大内容之一，该项内容就是要大力加强实践教学改革，推进高校本科实践教学内容、方法、管理及教学模式的改革，促进学生自主创新兴趣和能力的培养。所以，对外汉语专业建设必须要树立以能力培养为核心的实践教学观念，建立有利于培养学生实践能力和创新能力的实践教学体系，多渠道、多层次构筑实践教学平台，促进学生全面提升能力素质。

3.1 国内其他高校同类专业实践教学的现状

对外汉语专业的培养目标决定了该专业实践教学的重要性和特殊性。一些重视实践教学的院校则是充分利用地域优势，广泛建设实习基地，如云南的一些院校在越南和泰国建立了实习基地，东北的一些院校在日本、韩国建立了实习基地，为学生在非汉语环境中进行对外汉语教学提供机会，上海、北京、广州的部分院校早已将实习范围扩大到外资企业。

但是，也有不少院校由于主客观条件的制约，缺少必要的硬件设施，缺少实践教学活动和环节，没有相对稳定的见习、实习基地，个别院校的学生入校两年了尚未接触过留学生，更没有走入过留学生课堂。

3.2 构建对外汉语专业实践教学体系的思路

理论教学和实践教学是实现对外汉语专业培养目标的必不可少的两个环节，因此，在重视教育教学的同时，我们也必须创造条件，打造出一个有利于对外汉语专业学生实战能力提高与展露的平台，使学生将学到的知识转化为能力。

鉴于对外汉语专业教育特点，其专业实践教学内容和体系的设计和实施必须与对外汉语专业教学方向特定的专业人才培养目标紧密结合，体现对外汉语教育的专业化要求、应用语言学科的学科性要求以及实践教学的实践性要求。我们尝试着用 CDIO 的理念来开发设计对外汉语专业的实践教学体系，主要思路是建立多元且连续的实践体系，包括课堂子系统、校园子系统、基地子系统和社会子系统。除了课堂实践教学环节外，还要重点开拓三个层次的学生实习实训基地，依托留学生教育建立校内的实习实训基地，依托地方众多的外事机构和外资企业建立稳定的校外实习实训基地，依托与国外高校的联系开辟海外实习实训基地。实践要分阶段、连续不断地进行，按照由易到难，由少到多的顺序逐步展开，立体化、多层面的教学实践体系可以使实践环节多样化、系统化。从因地制宜、节约成本的角度考虑的话，实践的地点应立足校内国内。

3.2.1 课堂实践环节

教学实践课的安排，一是进行实践理论学习，二是安排学生进行课堂教学实习。实践理论的学习可以指导学生科学地完成教学实践。课堂教学实习，能够使学生把学科知识直接转化在实践中，在实践中发现自己的不足，从而使技能得到提高。

课堂教学实践包括专业实践课和技能实践课，如书法、英语口语、现代计算机基本技术的操作、对外汉语课堂分析、试讲等技术的训练，使学生获得比较扎实的职业基本技能。

在进行课堂实践时，还要注重学生的实践总结，可以组织讨论会，鼓励学生就实践中遇到的问题进行讨论交流，学生在沟通、交流的过程中，交换各自的实习经验，交流解决问题的方法策略，有助于最大程度地提高实习效果。

3.2.2 校园实践实训

校内的实践实训主要是课余教育实践活动，如教学设计比赛、试讲比赛、对外汉语教学问题辩论会、职业基本技能的观摩表演等，以达到充分发展学生的兴趣爱好和特长的目的，具体可采用以下形式：

第一，利用实验室进行仿真性教育实践。仿真性教育实践就是充分利用现有的设备条件或创建新的设施，创造出一种虚拟的课堂气氛，使学生进一步去体验对外汉语教师这一角色，加强他们对教材、课堂教学的处理能力。实习过程中，要严格按照正常的课堂程序，备课、教案、课件、板书等缺一不可，在教学中发现问题，每次都写教学后记。为了保证这种教育实践的实效性，可充分利用微格教室的及时反馈评价功能，通过在微格教室内部对学生模拟教学活动的存取来实现。它可以通过简单的摄像头录制或现场播放学生教学全过程，根据其自身表现进行讨论、分析和评价，提出改进意见，使其能够了解自己的表现，学会自我“诊断、治疗”，在研究性教学实践中提高学生的教学能力、教研能力和跨文化交际能力。

第二，充分利用外教和留学生资源。高校一般都有外籍教师，外籍教师有着坚实的专业知识基础，大部分具有一定的汉语口语表达能力，能与中国学生进行简单的口头交流，而且这些外教都是成人，社会阅历丰富，文化评价能力较高。对外汉语专业的学生在课余时间多与外籍教师沟通交流，不仅专业技能和语言上有收获，在人生经验、文化感悟方面也会有帮助。

有留学生的学校要充分利用丰富的留学生资源，外国留学生群体在校内如同袖珍的联合国，尤其是同一国别的人数有绝对优势的留学生群体，俨然是一个仿真的目的语国度。可采取“结对子”的方式，即一个或几个对外汉语专业的学生帮助一个外国留学生学汉语，并安排一定数量的留学生汉语课堂教学实习环节，让每个学生都得到全方位的锻炼。

3.2.3 校外实习基地

相对稳定的校外实习基地是实践教学工作顺利进行的保证。没有合适的实习地点与实践场所，等于不负责任的放任自流，实践也就只能是流于形式。建立实习基地意味着拥有相对固定的实习地点与场所，并与之建立长期稳定的合作关系，使之成为学生实习实践的坚强后盾。

第一，校企联姻。四川拥有中西部地区最多的世界500强企业，其中大部分企业的中西区总部均设立在成都，省内有若干经济开发区，如成都的高新技术开发区、龙泉经济技术开发区等，有数百家中外企业，这些外资企业虽然也雇佣了大批的中国工人，但高层管理者一般是外国人或有外国背景的人士，所以企业文化的主流是非中国化的。对外汉语专业的学生在课余时间渗透在这种独特的文化氛围之中，既能锻炼对外汉语教学和对外文化交流的技能，又能增长经济管理知识，还能在潜移默化中实现文化迁移。

第二，与中小学联合。对外汉语专业的学生可以在课余时间到中小学、双语学校或者幼儿园，进行以听课为主的教育见习。同时，熟悉教育环境，了解学校、教师和学生、教学过程以及师生之间的关系。优秀的学生还可以走上讲台上课，不仅可以训练目的语的口语表达，还能训练双语教学的技能技巧，可为将来走出国门向全世界推广汉语和中华文化做积极的准备。

第三，利用“三下乡”的机会到少数民族聚居地支教，针对少数民族人民开展汉语教学实习。四川是一个多民族的省份，境内有13个少数民族，少数民族人口约570多万，占全省人口总数的7%。对外汉语的学生利用假期“三下乡”到民族聚居区去从事对少数民族的汉语教学工作是很有必要的，这既可以帮助少数民族学生提高自身的文化修养，有助于他们了解更广阔的外部世界，了解祖国的建设情况，也为学生提高汉语教学技能提供了有利条件。

第四，其他社会资源。来自国外的各种目的的访问团体，本身携带着大量的语言文化和其他社会信息，是优质的实践性学习资源。对外汉语专业的学生通过当翻译、导游，积极参与其中，能获得在学校、在课堂学习中根本得不到的东西。

此外，有条件的学校可以联系到就近的外国办事机构进行外事实习，还可以深入外国人居住的小区，通过兼职或参加外国人居住小区的社会活动来接触、了解外国人，进而达到锻炼自己的目的。

3.2.4 海外实践

有条件的高校可在政府部门的协调下，开展国际教育合作项目，并建立长效合作机制，利用“交换生”的方式，从海外选送一批学生到国内来学习汉语，由对外汉语专业的学生教授，同时选送一批对外汉语专业的学生出国为海外学员教授汉语，提高国际化适应能力。

通过多种途径的实践实训，让学生的对外汉语教学能力或文化交流等能力得以切实提高与充分展露，突显对外汉语专业的特色，这是对外汉语专业建设及其核心竞争力提升的关键所在。

参考文献

李曼丽（2008）用历史解读CDIO及其应用前景，《清华大学教育研究》第10期。
查建中（2008）论“做中学”战略下的CDIO模式，《高等工程教育研究》第3期。

汉语国际教育背景下对外汉语专业实践教学体系的构建

西安文理学院　高　萍　刘　艳

摘　要：本文分析了在汉语国际教育背景下对外汉语专业实践教学综合性、多元化、国际化的基本特征，提出实践教学体系构建的原则应以能力培养为本位，面向专业，面向职业，突出实训。从学科需求、个体发展需求和社会需求三个层面分析了对外汉语专业学生所应具备的通用能力、专业能力和职业能力，并以此为培养目标，提出构建实践教学体系的基本思路：以兴趣引导、目标引导、职业引导为理念建立三课堂联动，形成从课内外走向校内外，进一步扩大到海内外的具有持续性和开放性的实践教学体系。

关键词：对外汉语专业　实践教学体系　能力培养

在全球化的发展中，汉语的国际社会地位越来越重要，应用价值不断提升，从而形成世界范围的"汉语热"，这为对外汉语专业的发展提供了良好的契机。国家发展战略从对外汉语教学转向了全方位的汉语国际推广，工作重心也从将外国人"请进来"学汉语转向汉语加快"走出去"。在汉语国际教育的背景下如何培养满足国际社会需求的汉语教师和中外文化交流人才成为目前对外汉语专业建设思考和探索的重要问题。与其他传统专业相比较，对外汉语专业的鲜明特色是在跨文化背景下培养跨文化复合型人才，更强调和关注学生的创新精神和实践能力。因此，围绕人才培养目标，培养实践能力和创新精神成为对外汉语专业建设的一项重要任务。

一、目前对外汉语专业实践教学存在的主要问题

为了促进汉语国际教育的发展，自2006年10月起，国家汉办先后聚集海内外近百名专家和学者，并广泛征求专家学者和一线教师的意见，研制了《国际汉语教师标准》。该标准对从事国际汉语教学工作的教师所应具备的知识能力和素质，从语言基本知识与技能、文化与交际、第二语言习得与学习策略、教学方法、教师综合素质五方面进行了全面描述，对国际汉语教师的素质与能力提出了要求。

面对汉语国际教育的新形势，面对国际汉语教师的新标准，我们需要重新调整对外汉语人才培养模式，重新定位培养目标，不断更新教学内容，改革教学方法与手段，丰富实践体系，但是目前对外汉语专业建设中实践教学体系的构建依然处于薄弱环节。存在的问题主要有：

（1）对实践教学重视不够。2007年1月25日，教育部、财政部正式启动了直接针对提高高等教育质量的“高等学校本科教学质量与教学改革工程”，“实践教学与人才培养模式改革创新”被列为“质量工程”的六大内容之一。实践教学是高等学校教学体系中极为重要的环节，关乎高等学校的教学质量。但目前对外汉语专业建设受传统教育观念的影响，重理论，轻实践，重知识，轻能力。人才培养方案强调培养目标、培养规格、课程体系设置，缺乏实践教学体系与实践能力考核，实践教学内容、学分、学时规定不够明确，实践教学缩水，实习和社会实践活动走形式。

（2）实践教学内容陈旧，形式单一。目前实践教学主要包括课程实践、专业见习、实习、毕业论文等传统实践环节，其能力的获得更多是模仿性学习而缺乏创造性学习；实践环境主要在学校，极为封闭。单调的教学手段和单一的教学环境降低了学生主动学习的兴趣，统一的教学内容和教学要求忽视了学生个体之间的差异，忽视了学生个性特长的培养。

（3）实践教学注重结果评价，缺乏过程培养。实践能力的培养具有过程性，而传统的实践教学比较零散，缺乏系统性，重视专业实习、毕业论文等实践环节，注重实践能力的最终体现，而非实践能力的养成过程。实践教学缺乏

连贯性、层次性和整体性。因此有必要增加实践环节，使能力培养四年持续不断，强调“做中学”的学习方式，使学生在实践中加深对理论知识的理解和掌握，进而在实践中对理论知识进行修正、拓展和创新。

（4）实践教学国际化意识不强。对外汉语是一个非常特殊的专业，是在汉语国际教育背景下培养对外汉语教学师资和中外文化交流专门人才，是外向型的教育事业，培养的人才必须具有国际视野和跨文化交际能力。但目前实践教学国际化意识不强，培养人才达不到国际化必需的外语水平，不具备国际化必需的对外交流能力，缺乏多元文化背景。很多学校对外汉语专业的学生很少有机会接触留学生，没有走入过留学生课堂，更没有机会进行海外实习。

（5）实习基地建设薄弱。实习基地建设，是进行实践教学的根本保障，但目前各个高校普遍缺少稳定的实习基地，缺少必要的硬件设施。对外汉语专业实习主要是面向外国学习者，这种特殊性决定了实习基地建设的难度。高校是留学生最集中的地方，但是一方面高校要保证留学生汉语教学质量，保证留学生招生生源，往往使得本科生实习时间较短；另一方面高校主要满足本校对外汉语专业学生实习，无力为其他学校提供实习机会。对于没有留学生而又设置对外汉语专业的高校来说，实习基地建设成为限制专业发展的重要阻碍。海外实习基地应是最好的发展渠道，但是限于资金的短缺和国际交流的闭塞，对外汉语海外实习基地建设更是薄弱。

由于各方面的因素，实践教学难以做到以学生为主体，有些实践环节仅停留在认识状态，而没有上升到真正意义上的“应用掌握”。实践教学零散，难以构成完整的实践教学体系。

二、对外汉语专业实践教学的新特点与体系的构建原则

世界范围的汉语热带给对外汉语专业一个长足发展的新契机，同时也为人才培养提出更高的要求。对外汉语专业的培养目标以前主要是培养国内各种层次、各种类别的对外汉语师资，现在转向主要培养能够走出去进行海外汉语教

学的师资。在新形势下，对外汉语专业的实践教学随社会需求的变化和人才培养目标的变化呈现出综合性、多元化、国际化的新特点。

综合性：汉语快速走向世界，对对外汉语专业人才培养也提出了更高的标准。国际汉语教师在非汉语工作环境中不仅要有教学能力，还要有汉语文化活动组织能力，与社区沟通、与社会各界交流的能力。因此在实践教学中应培养学生具有专业技术基础之外更广泛的知识与能力。实践内容的设置上更要注重综合性，如通过社会调查、语言访谈、问卷调查、文化考察等环节提高学生实践的外部环境的复杂性，这样对专业知识进行综合应用，学生的综合素质与能力能够得到有效的提升。

多元化：对外汉语专业学生在走向世界时，教学和学习环境发生转变，在不同的非母语地区，要面对纷繁复杂语言文化背景下的不同学习对象、不同学习需求、不同学习目的、不同学习策略的学习群体或个人。如何满足这些学习者群体和个人多样化、个性化的学习需求，如何提高教学质量和学习效率，是教师面临的巨大而艰巨的任务。因此在人才培养中要强调多元文化意识，多维度教学意识。实践教学中，根据不同教学对象的特点和要求，根据不同文化背景的要求对学生进行有效培训。

国际化：从对外汉语教学转向了全方位的汉语国际推广，从将外国人“请进来”学汉语到汉语加快“走出去”的战略转变，为对外汉语专业建设提出更高的国际化要求。人才培养要满足国际社会的需求，必须具备更高的专业知识和综合素质，更重要的是要培养学生置身于国际社会中多元文化背景和跨文化交际能力。因此必须将国际意识渗透在实践教学建设上，通过实践内容的国际化、教学对象的国际化、实践教学环境的国际化形成学生的国际视野和国际化竞争力。

如何构建综合性、多元化、国际化的实践教学体系，是我们亟待解决的问题。实践教学体系应包含目标要素、内容要素和形式要素三方面。结合对外汉语专业的特点与汉语国际教育的需求，实践教学体系应以能力培养为本位，面向专业，面向职业，突出实训。

实践体系的目的重在能力培养。美国工程与技术认证委员会ABET提出的“以成果（program outcomes）产出为导向”给我们很大的启示，强调专业教育的产出质量，也就是学生毕业时已懂得什么，会做什么。实践教学意义即将学生需要学习什么转化为学到什么，将学生的理论学习内化为能力掌握。

实践教学的方式要突出实训。美国肯扬大学白建华强调：“培养高质量的对外汉语教师至少包括两个大的方面，一是培养扎实的汉语基本功，二是培养教师在实际教学中的动手能力。所谓动手能力，主要是汉语教师如何提高学生学习汉语的兴趣，如何增强学生的沟通能力，如何把汉语和其他学科相贯连，这些能力的培养，如果从方法论的角度看汉语作为外语进行教学的关键，我建议采纳医学院的培训方式，加大培训的力度，既要打好坚实的语文功底，更要通过严格的训练，培养实际操作能力。多年来我们在本体研究方面做了大量的研究，可是在培训机制特别是在教学实习及辅导的具体操作上还有待提高。”

实践教学的内容应面向专业、面向职业，以学科需求与社会需求为导向，兼顾学生的发展需求。从个体发展需求来看应培养学生具有一些必备的基本技能和素质，即通用能力，包括语言表达能力、外语听说能力、计算机应用能力、组织协调能力、沟通与合作能力、自我学习能力、个人艺术素质与修养等；从学科需求的角度来看，对外汉语专业属于应用语言学科，汉语言知识与能力是实践教学的核心，但汉语国际推广绝不是推广和传播语言的问题，更重要的应当是以汉语为载体，以教学为媒介，以中华文化为主要内容，把汉语与中华文化一起推向世界，因此在人才培养上不仅需要具备扎实的汉语言知识与能力，还要掌握中国文化的基本知识，并能将知识转化为文化素质，同时还要掌握书法、国画或者武术等中华才艺。从社会需求来看，海外汉语学习人数已超过四千万，对汉语教师的需求非常强烈。面对不同文化国家，不同学习对象、不同学习需求、不同学习目的的学习群体或个人，对外汉语教师应具备更为全面的素质与能力，包括丰富的教学经验，丰富的古今中外文化知识，能够了解对外交往的方针、政策、法规，具有一定的外事活动能力和跨文化交际能力。

三、构建实践教学体系的基本思路

结合对外汉语专业的特点，结合新形势下实践教学的特点，在体系的构建上，建立以课程实践教学、实践技能课、证书培训、文化专题讲座、社会实践、问卷调查、文化考察与调查、专业见习、国际交流活动、毕业论文、留学生课堂实习、海外顶岗实习等实践环节为基本链条的能力训练平台，形成从课内外走向校内外，进一步扩大到海内外的三课堂联动的完整体系。

第一课堂实践教学环境以课堂、校园为主，引导学生的兴趣，激发学生的学习热情。培养语言表达能力、汉字书写能力、社交礼仪、沟通交际能力等，提升学生的语言素质、文化素质。实践内容主要包括课程实践教学、实践技能课程、文化专题讲座、证书培训。课程实践教学主要将专业理论知识内化为能力。语言类课程实施能力目标型教学，制定语音、词汇、语法的能力要求，并以此设计生动有趣的竞赛活动；文学、文化类课程除竞赛之外，建立巨著工程，让学生抄读《论语》《道德经》等经典，将知识内化为素质。实践技能课程群的开设旨在提高学生的实践能力和艺术素养。必修课开设演讲与口才、书法与汉字书写、社交礼仪、现代教育技术、普通话语音；选修课开设武术、太极拳、中国器乐演奏、京剧、国画、音乐欣赏等。围绕对外汉语专业学生的核心能力——语言表达能力和汉字书写能力，开展证书培训，使学生获得普通话等级证书和中国书画等级证书。文化专题讲座以讲座形式介绍世界各国的文化特点，以兴趣吸引学生关注世界文化的差异。

第二课堂教学实践环境从校园走向社会，设置问题与任务，以目标引导学生参加项目的设计、调查、组织与实施。培养学生的调查能力、组织能力、社交能力、研究能力、学习能力。实践内容主要包括社会实践、问卷调查、文化考察、不同文化调查、毕业论文等。许嘉璐在第九届国际汉语教学研讨会闭幕式上讲到无论是剑桥还是牛津，以及斯坦福、哈佛，培养人文社会科学的学生经常是走向社会，进行调查研究，甚至于进行跨国的研究。这对我们的人才培养有很大的启发。问卷调查可围绕留学生语言面貌、对外汉语教学等问题设置，如《汉语拼音在对外汉语教学中的应用》《任务型语言教学在对外汉语口语教学中的应用》《对外汉语教学中口语习用语理解的调查》《留学生学习汉语的主要问题》等，由指导教师设置调查目标，教师与学生共同编制问卷题目，然后由学生实施并加以分析；文化考察可利用寒暑假，组织国内甚至国外短期考察活动，参观历史博物馆以及丰富的文化遗存，让学生走进历史，感受人文，加强对中外文化的感性认识，提高对其他文化的认知，提高人文素质；不同文化调查即通过设置调查主题，如美国文化、欧洲文化、日韩文化、东南亚文化，让学生通过网络途径撰写图文并茂的调查报告，了解世界各国文化的特点。

第三课堂实践教学环境从中国走向世界，以职业引导为理念进行国际交流活动、专业见习、留学生课堂实习、海外顶岗实习等，培养学生的教学能力、沟通能力、跨文化交际能力、中国文化传播能力等。国际交流活动主要是参与学校的短期语言文化交流团、汉语夏令营活动，担任外国学生的语言生活伙伴；专业见习是通过听留学生课堂教学的方式了解对外汉语教学的基本内容、讲课的方法和技巧，然后进行模拟课堂练习，锻炼学生的课堂教学能力；专业实习包含两种形式，一种是国内留学生课堂实习，一种是海外顶岗实习。两种专业实习都为学生提供了真实的工作环境与情境，全面培养了学生的职业能力、职业素质和综合素质。尤其是海外顶岗实习，为学生提供了非汉语的真实的教学环境。实习内容以对外汉语课堂教学为主，在社区及其他文化教育机构从事汉语教学和推广工作；承担或参与教学大纲和教学方案的设计；承担或参与组织、指导举办各类汉语文化活动。在顶岗实习过程中，学生逐渐熟悉执教国的文化特点与语言特点，根据不同语区学习者的特点进行汉语教学，不仅提高了对外汉语教学能力，还在参与、指导汉语文化活动中提高了外语能力、沟通能力、外事能力、跨文化交际能力、中国文化传播能力，提升了团队协作精神、创新精神，具有了国际视野。

对外汉语实践教学体系

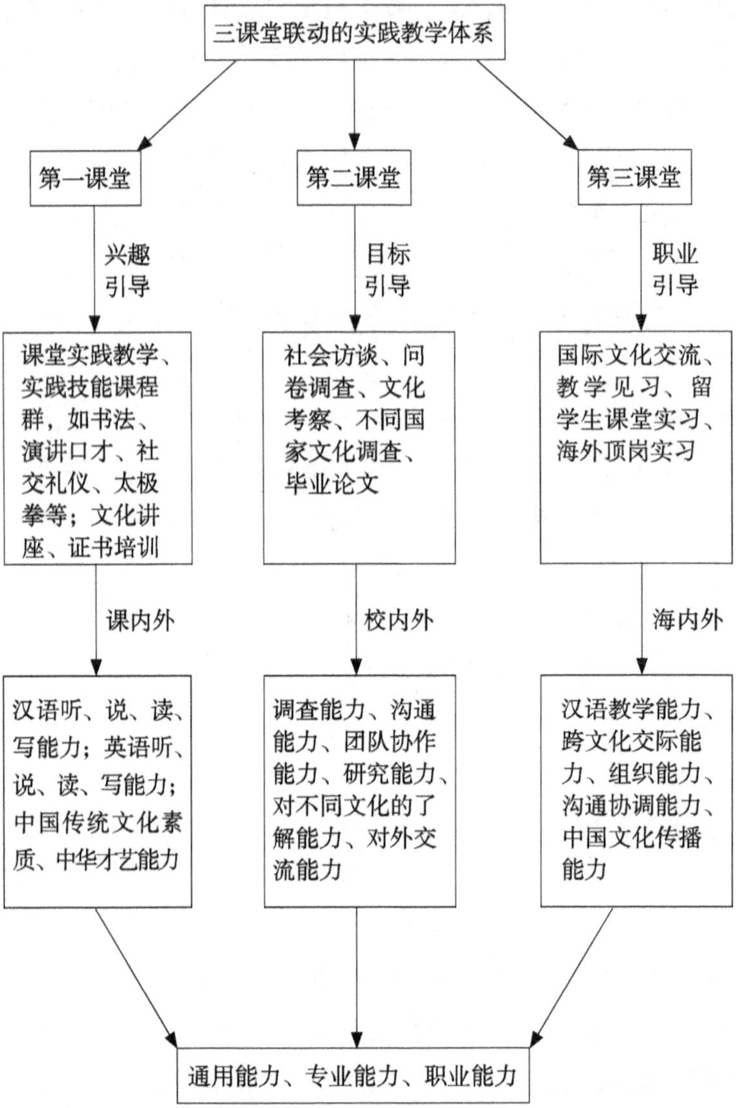

三课堂逐层递进，持续发展，面向国际，构成联动体系。大学四年实践教学连续不断，各有侧重：一年级侧重语言表达能力、汉字书写能力、计算机应用能力等；二年级可结合文学课、文化课进行文化考察、风俗习惯调查以及留学生语言学习调查、社会考察；三年级进行对外交流能力的培训，与留学生结

对，并观摩对外汉语课堂教学，进行教学见习；三年级第二学期、四年级在国内留学生课堂和海外进行教学实习。实践教学环境从课内外走向校内外，进一步扩大到海内外，形成具有开放性和国际化的实践教学体系，可提升学生的国际意识和国际竞争力。

在实践教学体系中，实习基地建设尤为重要，如果没有固定的实习基地，学生的实践教学可谓纸上谈兵。实习基地建设的思路主要有：（1）利用本地高校和语言学校的留学生资源，在学校中建立实习基地；（2）利用企业的外籍人士资源，校企联姻，在企业中建立实习基地；（3）利用孔子学院或孔子课堂，高校与汉办联合，建立海外实习基地；（4）与国外学校合作，建立海外实习基地。西安文理学院对外汉语专业于2007年和泰国的大学合作，建立了海外实习基地，每年派两批学生前往泰国进行为期5个月的汉语教学，既提高了学生的教学能力，也提高了学生的国际竞争力。

总之，在汉语国际教育的大背景下，对外汉语专业国际化趋势日趋明显，专业建设必然会出现新的格局。我们应以此为契机，调整人才培养方案，完善实践教学体系，找准定位，办出特色，使对外汉语专业更能满足国际社会的需要，培养出具有国际视野和国际竞争力的对外汉语专业人才。

参考文献

白建华（2009）有关汉语教师培训的思考，《世界汉语教学学会通讯》第3期。

国家汉语国际推广领导小组办公室（2007）《国际汉语教师标准》，北京：外语教学与研究出版社。

亓　华（2007）汉语国际推广与文化观念的转型，《北京师范大学学报》（社会科学版）第4期。

许嘉璐（2009）第九届国际汉语教学研讨会闭幕式上的讲话，《世界汉语教学学会通讯》第1期。

许　琳（2006）汉语加快走向世界是件大好事，《语言文字应用》第10期。

后　记

2010年12月10日至11日，在教育部高等教育司、北京市教委、中国高等教育学会的指导和支持下，由北京语言大学发起并承办，北京语言大学、华东师范大学、北京外国语大学、上海外国语大学四家最早开设对外汉语专业*的大学联合主办的“2010年全国高校对外汉语专业建设研讨会”在京举行。研讨会以新中国对外汉语教学事业60周年和对外汉语本科专业设置25周年为契机，旨在共同研讨汉语国际教育新形势下对外汉语专业的定位、特色与发展方向，优化人才培养模式、课程体系和教学团队，加强高校间的交流与合作，推进对外汉语专业建设，以适应汉语国际教育事业对高素质专业人才的需求。

这次研讨会呈现出如下特点：

第一，参会人员代表面广，人数多。共有来自全国25个省、市、自治区123所高校的209名代表齐聚北语，其中发表论文的代表120余名，另有80余名代表作为各地区对外汉语专业学科负责人参会。

第二，讨论议题既有深度，又有广度。自发出会议征文通知以来，组委会共收到近两百篇论文，经精心挑选，共有115篇论文在会上宣读（包括大会报告与小组研讨）。这些论文议题广泛，有理论、有调研，体现出研究深度。论文按研究议题可分为七类：（1）对外汉语专业课程建设35篇，占30.4%；（2）对外汉语专业人才培养23篇，占20%；（3）对外汉语专业定位与发展21篇，占18.3%；（4）对外汉语专业整体建设13篇，占11.3%；（5）对外汉语专业语言、文化与教学12篇，占10.4%；（6）对外汉语专业教材建设6篇，占5.2%；（7）对外汉语专业实践教学5篇，占4.4%。

* 2012年，教育部新颁布的本科专业目录中，对外汉语专业与中国语言文化、中国学专业合并更名为汉语国际教育专业。

第三，两百余名与会代表就新形势下对外汉语专业的定位与发展、课程体系与教材建设、人才培养与师资队伍建设等多个主题展开了深入研究和探讨，气氛热烈，提出了很多专业建设的新议题和解决问题的新办法，并一致呼吁搭建各高校间交流协作的平台，充分体现出这次研讨会的宗旨——“交流观点，分享经验，解决问题，共同发展”。

为了全面、充分地反映这次研讨会的成果，组委会组织专家对全部参会论文进行匿名评审后，精选出50篇论文编成《对外汉语专业建设的理论与实践——全国高校对外汉语专业建设研讨会论文精选》。本论文集分为上编和下编，其中，上编收录的是北京语言大学对外汉语本科专业作为教育部特色专业建设点和北京市特色专业建设点的建设成果（这些论文也全部在这次研讨会上宣读），下编收录的是2010年全国高校对外汉语专业建设研讨会的其他精选论文，共分专业定位与特色、人才培养模式、课程体系与教材建设、专业建设与发展四个专题。为求得论文集内部各篇论文的体例统一，编委会对入选论文做了诸如增补摘要和关键词，适当调整行文格式等编辑处理。

论文集的编辑出版得到了各方人士的热情支持和大力帮助，在此一并致以最诚挚的谢意！感谢诸位论文作者，他们不仅慷慨赐稿，而且始终以积极的专业合作精神配合我们的工作；感谢著名语言学家陆俭明先生，他不断给予我们关心和鼓励，并慨然应允将其在研讨会上的大会报告作为序言，令本书增色；感谢北京语言大学出版社的大力支持，他们的专业和严谨无疑是本论文集得以顺利出版的重要条件。

从筹划到最终完成，我们的工作历时两年有余。由于这次研讨会提交的论文数量众多，尚有不少佳作未能收入本书，这不能不说是我们工作的欠缺和遗憾。由于学术水平有限，论文集的选编工作一定存有很多不尽如人意之处，敬请同仁批评指正。

编　者

2013年夏于京